My story

마이스토리
2021년 05월 27일 초판 발행

지은이 | 김정연
발행인 | 박찬우
편집인 | 우 현
펴낸곳 | 파랑새미디어

등록번호 | 제313-2006-000085호
서울특별시 마포구 서교동 357-1 서교프라자 318
전화 | 02-333-8311
팩스 | 02-333-8326
메일 | adam3838@naver.com

가격 17,000원
979-11-5721-153-1 (03810)

마이 스토리

My story

김정연

목차

prologue

꿈을 꾼다.

꿈속에선 현실인 듯하지만, 현실은 아닌 또 다른 나만의 세계가 펼쳐진다.

하늘을 날아오를 때도 있고, 절벽에서 떨어질 때도 있고, 크고 무서운 사자무리 속에 우두커니 서있을 때도 있었다. 난 한 번의 수면으로 여러 가지의 스토리가 있는 다양한 꿈들을 곧잘 꾸곤 했었다. 그렇게 매일같이 꾸었다.

수면을 취할 때 꿈을 꾸는 것은 제대로 숙면을 하지 못하는 것이라고 했다. 정말 그런 것이라면 나는 지금까지 숙면을 취해본 적이 단 한 번도 없었던 것 같다.

하지만 그렇다고 해서 피곤하거나 안타까운 마음이 드는 것은 전혀 아니다. 매일 밤 펼쳐질 새로운 세상이 궁금하기도 하고, 오늘은 또 어떤 다이나믹한 이야기가 펼쳐질지, 달콤한 꿈일지 무서운 꿈일지, 아니면 너무나도 그리운 아빠를 만나게 될지, 매일 밤 잠들기 전 이런저런 생각들을 하며 작은 기대와 설렘을 느껴보기도 한다.

#1 '되고' 싶은 것과 '될' 수 있는 것

초등학생 시절의 얘기다.

한 3, 4학년 무렵이었을 것이다.

학교에서 어느 날 장래희망에 대해 적어 오라 했고, 그때 나는 한참 위인전을 즐겨 읽고 있었던 터라 장래희망을 보자마자 머릿속에 번뜩 떠오르는 게 하나 있었다.

그래서 한 치의 망설임도 없이 또박또박 적었다.

[광개토대왕]

담임 선생님은 내가 적어낸 것을 보고 따로 부르더니 말씀하셨다.

"너 혹시 장래희망이 뭔지 잘 모르니?"

그 질문의 뜻을 순간 이해할 수가 없어서 옆머리를 살짝 긁적거렸다. 그런 나의 모습을 본 선생님은 '역시 이 아이는 장래희망이 뭔지를 모르는 거였어!' 본인의 예상이 적중했다고 확신에 차신 듯했다. 그리곤 다시 차분한 목소리로 설명하셨다.

"왜~ 과학자나 의사선생님, 소방관, 경찰 음~ 아니면 간호사 이런 직업들을 말하는 거야. 네가 될 수 있는 걸 적는 거야. 알겠지? 다시 적어오렴"

선생님의 얘기를 듣고 나서는 '광개토대왕'을 적어냈을 때와는 달리, 아무것도 쉽사리 적질 못하고 있었다. 어려운 문제를 풀어야 하는 것처럼 머릿속이 혼란스러웠다.

될 수 있는 것? 과연 내가 될 수 있는 게 뭘까?

현재 내가 되고 싶은 건 광개토대왕인데, 다른 무엇에 흥미도 관심도 없는데 나는 무엇이 될 수 있을까? 나도 그것이 궁금했다.

도무지 알 길이 없는 숙제 아닌 숙제. 생각하면 할수록 참 어렵게만 느껴졌다. 결국 집에 와서 부모님께 장래희망에 무엇을 적어내야할지 모르겠다고 얘길 했다. 선생님이 내가 될 수 있는걸 적으라고 하셨는데 그게 난 뭔지 모르겠다고 얘길 했고, 아빠는 내가 적어놓은 광개토대왕을 보더니 작은 미소를 지으셨다. 그리곤 한 가지 얘기를 들려주셨다.

"아빠가 재밌는 얘기 하나 해줄까,

옛날 과학시간에 한 선생님이 아이들한테 질문을 하셨어.

'얼음이 녹으면 어떻게 될까요?'

그랬더니 아이들이 다 같이 대답했어. '물!', '물이요!'

그런데 한 친구가 곰곰이 생각을 하더니 손을 들어 친구들과는 좀 다른 대답을 했단다."

"뭐라고요?"

"봄이 옵니다"

나는 피식 웃어보였다. 아빠는 얼음이 녹아 봄이 온다고 얘기한 친구처럼 나 역시 좀 다른 대답을 했을 뿐이라며 용기를 북돋아주셨다. '장래희망'란에 광개토대왕을 적은 것이 틀린 건 아니라고, 하지만 선생님의 말씀처럼 현재도 미래에도 될 수 있는 것은 아니니 광개토대왕은 가장 존경하는 인물로 두고, 장래희망은 그럼 대통령?! 어때? 하며 장난스럽게 물으셨다. 나는 활짝 웃으며 고개를 가로 저었다.

장래희망. 어렸을 적에는 마냥 되고 싶은 것이 너무 많았다.

유치원을 다닐 때에는 예쁜 담임 선생님을 만나 선생님 흉내도 많이 내며 선생님처럼 되고 싶다고 생각을 한 적도 있었고, 초등학생시절 위인전을 즐겨 읽을 때는 광개토대왕과 함께 되고 싶은 인물들이 숱하게 많았다.

'넌 커서 뭐가 되고 싶니?' 한 해 두 해 비슷한 질문들을 반복적으로 듣고 답할 때면, '되고 싶은 것'과 '될 수 있는 것'의 어느 중간쯤 적절한 타협점을 찾아 꿈을 꾸면 되는 거라고 점점 생각하게 됐다.

단순히 하고 싶은 것만을 꿈꾸다가 시간이 흐르면서 하고 싶은 게 변하기도 하고 현실의 벽들도 마구 다가온다.

어렸을 적 장래희망으로 생선장수를 꿈꾸는 사람은 아마 잘 없을 것이다. 생선장수를 장래희망으로 품고 있다 하면 부모님과 주변사람들은 과연 뭐라고 할까?

'우와! 너 정말 멋진 꿈을 가졌구나! 그 꿈을 이루기 위해 열심히 노력하길 바란다. 응원할게. 파이팅'이란 얘기를 들을 수 있을까?

결국 장래희망은 내가 하고 싶은 것, 할 수 있는 것 외에도 부모님도 좋아할만한 것, 주변사람들도 인정할 만한 것으로 생각하고 찾게 된다. 그러다 정작 가장 중요한 '내가 하고 싶은 것'으로부터는 점점 멀어져간다.

그래서 한번쯤은 단순히 아무것도 묻고 따지지 않고 내가 하고 싶은 것만을 가득 생각해보고 싶기도 하다. 내가 하고 싶은 것만을 생각해도 머릿속이 꽉 찼던 적이 있었다.

어릴 땐 학교에서도 주변 사람들도 '꿈'에 대해 많은 질문들을 한다.

하지만 커갈수록 점점 '당신은 꿈이 뭐에요?'라는 질문을 받기가 힘들다. 나 역시 상대방에게 묻지 않는다. 관련 얘기라도 하게 되면 보통은 "어렸을 적 꿈이 뭐였어요?"라는 질문이 대신하곤 한다.

그래서 한 가지 내게 질문을 던져본다.

지금 나는 무엇을 꿈꾸는가? 꿈이 없나?
없다면 왜 없나?
꿈을 꿀 수 없는 나이인가?
꿈은 몇 세부터 몇 세까지만 꿔야 하는 건가?

때론 '광개토대왕'을 꿈꿨던 그 시절의 내가 참 그립기도 하다.

#2 꿈 찾아 삼만 리

화창한 어느 날이었다. 유치원에서 집으로 바래다주는 버스에 올랐다.

버스 안 가득 햇볕이 따스하게 들어왔다. 그 햇빛 때문이었을까? 유난히 선생님의 얼굴이 반짝반짝 빛나고 아름다워 보였다.

바로 그 순간 '아~ 선생님처럼 되고 싶어'하고 나의 마음속에서 작은 속삭임이 들려왔다.

초등학교 선생님도 아니고 중학교, 고등학교 선생님도 아니다.

수학을 가르치고 싶은 것도 아니고 역사나 국어를 가르치고 싶은 것도 아니다. 그냥 어느 유치원의 예쁜 선생님이 되고 싶었다.

이후 선생님을 관심 있게 지켜보았다. 다른 반 선생님보다 예쁜 우리 반 선생님.

여전히 주변에서 빛이 나고 있었다. 집에 가면 즐겨하던 종이인형놀이나 TV에서 하는 만화 보는 일은 잠시 미뤄두고 혼자 유치원 선생님 흉내를 내며 신나게 놀고 있었다.

그날그날 유심히 관찰해온 선생님의 모습을 집에 돌아와 나만의 유치원에서 꼭 하나쯤은 따라 해 보았다.

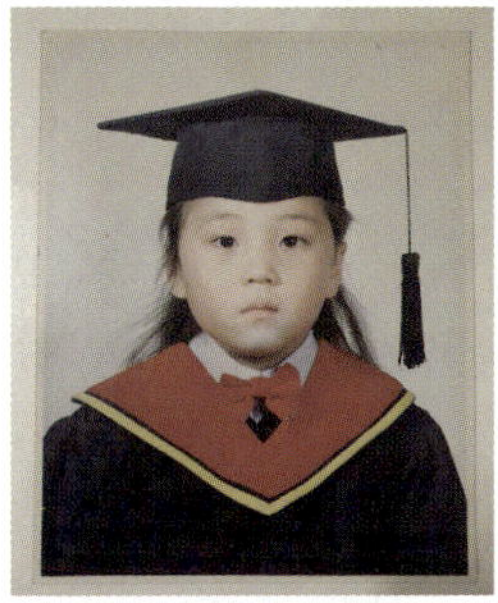

[유치원 졸업사진.
유치원 선생님 흉내를 내려다
왼쪽 머리카락이
잘려나간 모습]

하루는 선생님의 헤어스타일도 따라 하고 싶어 선생님처럼 뒤로 당겨 한 번에 묶어 보았는데 짧았던 나의 옆 머리카락들이 자꾸 빠져나와 귀찮게 하는 게 아닌가.

세게 당겨 묶어도 스르륵- 빠져나오고 더 세게도 묶어보았지만 역시나 또 빠져나왔다. 그래서 난 과감히 구레나룻 쪽의 옆 머리카락을 한 움큼 잡아 가위로 댕강 잘라버렸다.

잘라놓고 거울 속 내 모습을 보고 흠칫 놀란 나머지 집안 한 구석에 잘려진 머리카락을 냅다 던져버렸는데, 매일 집안 청소를 하던 엄마 눈에 그 머리카락들은 금세 발각되었고 황급히 언니 머리와 내 머리를 확인하더니 결국 엄마의 매서운 손바닥은 내 엉덩짝을 향해 강하게 날아왔다.

아무튼 한참동안이나 싫증내지 않고 즐겨했던 유치원 선생님 놀이.

그러던 어느 날 유치원에서 '시장놀이'를 하게 됐다. 나는 몇몇 친구들과 함께 채소가게를 운영하고 있었다. 그런데 함께 채소를 팔던 옆 친구 녀석의 얼굴이 창백한 듯 누런 듯 울긋불긋해지더니 갑자기 울음을 터뜨리는 게 아닌가.

선생님은 곧장 다가와 울고 있는 그 친구를 달래주려 하셨다. 그러곤 울음의 원인을 알아챈 듯 그 친구 손을 잡고 어디론가 데려가려했다. 처음 보는 이 광경에 내 눈은 휘둥그레졌고 하나라도 놓칠세라 더 유심히 바라보고 있었다.

헌데 친구의 연두색 바지가 이상하게도 점점 짙은 녹색으로 번지기 시작하더니, 다리 쪽으로 그 녹색 영역이 빠른 속도로 내려가고 있었다. 바로 소변을 본 것이다.

친구 바지에서 녹색영역이 거침없이 확장되자 그 친구는 마냥 더 크게 울기 시작했다. 몸에 있는 수분이 다 빠져나갈 듯 엄청난 눈물을 쏟고 있었고, 그 수분을 보충이라도 해주려는지 투명한 콧물은 그 친구 입을 향해 거침없이 내려오고 있었다.

선생님은 그런 친구를 품에 안아 올렸다. 순간 정신없었던 친구들은 못 봤을 수도 있겠지만 난 제대로 보고야 말았다.

선생님의 뽀얀 두 손이 초록색 그 축축한 영역을 탄탄히도 바치고 있었고, 선생님의 고운 볼에는 투명한 콧물이 순식간에 달라붙더니 찌-익 늘어나서 그 친구 코와 선생님의 볼 사이를 끈질 게도 연결하고 있는 처참한 광경을 말이다.

시장놀이를 하다 갑자기 오줌싸개가 된 그 친구에게도 그날의 일이 상당한 충격이었겠지만, 한가득 흥이 올랐던 나의 유치원 놀이에 그날의 사건은 큰 충격으로 다가왔다.

집에 돌아오면 평소 때처럼 장롱 속에 있던 베개친구들을 꺼내어 유치원 놀이를 했어야했지만 그날은 베개는커녕 장롱 문도 열지 못한 채 잠시 생각에 잠겼다.

만약 유치원 선생님이 되면 즐겁게 노래 부르며 예쁘게 집에 바래다주는 것만 하는 게 아니구나.

뒷날 유치원에서 본 선생님의 모습은 참으로 이상했다. 전처럼 똑같이 머리카락을 뒤로 묶은 분명 어제와 같은 예쁜 선생님인데 이상하게도 더 이상 선생님 주변에서 그 빛이 보이질 않았다.

그렇게 6살 때의 나의 첫 꿈도 그 빛과 함께 더 이상 보이질 않았다.

그리고 어느덧 고등학교에 진학을 해 열일곱이 되었을 때는 나의 주변에 많은 변화가 있었다. 그 시발점은 바로 학교다.

초등학교에서 중학교까지는 집에서 불과 10분 거리라 동네친구가 곧 학교 친구였으며, 초등학교 친구들이 곧 중학교 친구들이었다. 이렇게 익숙한 생활을 하던 내게 고등학교는 완전히 다른 세상이었다. 집에서부터 차로 1시간 넘는 거리에 있었던 머나먼 고등학교.

다른 동네에서 살다온 애들이라 그런지 내 눈엔 우리 동네 사람들과 다르게 생긴 것 같기도 하고 그 굉장한 낯설음에 저절로 뒷걸음까지 쳐졌다.

하지만 사람은 적응이 참 빠른 동물임을 증명해주듯 낯설음도 다행히 오래가질 못했다.

어느덧 머나먼 학교도 새벽 다섯 시 반부터 일어나 곧잘 다니고 그 외국인처럼 보였던 친구들과도 '하하 호호' 웃으며 잘 어울리고 있었다.

여느 또래처럼 좋아하는 가수와 연예인도 생겼고 그 특정 연예인이 나오는 TV를 꼬박꼬박 챙겨보거나 녹화까지 한 적도 있으니 나의 십대는 그렇게 심심하지도 그리 별나지도 않게 흘러가는 듯했다.

하지만 누구에게나 다른 사람들과 비슷한 면이 있으면서도, 다른 면이 있는 것처럼 나에게도 남들과는 조금 다른 무언가가 있었다.

그건 남들보다 조금 더 특별히 좋아했던 무엇이다.

내가 좋아했던 연예인보다 더욱더 나를 흥미진진하게 하는 건 바로 '동물'이었다. 어릴 적부터 빠지지 않고 챙겨보았던 프로그램은 '퀴즈 탐험 신비의 세계'와 '동물의 왕국'이다.

인기 있는 예능 프로나 토크쇼는 크게 흥미를 느끼지 못하고 채널을 넘기기 일쑤였는데 채널을 돌리다 동물이 나오는 화면이 스쳐 지나가면 난 어김없이 다시 그 채널로 돌아와 한참을 즐겨보곤 했다. 그리곤 결국 TV 속으로 순식간에 빨려 들어 가버렸다. 그 프로가 완전히 끝나야 TV속에서 나올 수 있었는데, 잠 많은 내가 주로 잔잔한 자연관찰 다큐멘터리들은 어떻게 늦은 밤까지 두 눈 말짱하게 잘 볼 수 있었을까. 그건 정말이지 진심으로 좋아하는 것이었기 때문일 것이다.

그렇게 해서 자연스레 '동물'과 연관된 직업 중 알게 된 것이 '수의사'였고, 당연지사 나의 두 번째 꿈으로 발탁되었다. '수의사'를 꿈으로 품었을 다른 사람들은 무엇 때문이었을까? 물론 동물을 사랑하는 게 가장 기본적인 이유일 거라 생각한다.

어떤 사람은 '사'자가 붙는 전문직이기 때문일 수도 있을 것이다.

하지만 내가 '수의사'를 꿈꾸는 이유는 좀 이상적이었다.

수의사가 되어 돈도 많이 벌게 되면 TV속에서만 보았던 대자연이 살아 숨쉬는 '아프리카'로 곧장 떠난다. 그곳에서 나의 지식과 의술을 활용해 아픈 동물들을 치료하고 멸종위기에 처한 동물들도 구조한다.

그렇게 나의 하얗던 피부는 검게 타고 그을려져서 훗날 아프리카 원주민과 비슷한 상황마저 온다. 모닥불을 피워놓고 나무 아래서 잠이 들 때면 아프리카의 넓고 검은 밤하늘에 별똥별이 수없이 떨어진다.

그렇게 점점 하루하루 늙어가 허리도 구부정해지고 주름살도 늘어간다. 그리고 그런 나를 선망의 대상으로 삼고 존경하며 따르는 제자들도 늘어난다.

그러던 어느 날. 내 생명이 다해 갈 때 즈음 난 나의 시신을 공동묘지 땅에 묻지 말고 고국으로 보내지도 말고 그냥 아프리카 어느 벌판에 날 묻어 달라는 유언을 남긴다.

그럼 나 스스로가 대자연 땅의 밑거름이 될 것이오, 그 자리에 초록 풀들이 자라나 초식 동물들의 먹이가 되고, 그 풀들을 먹은 동물들이 변을 보게 되면 다시 또 밑거름이 되고, 그렇게 나는 자연 속에서 돌고 돌아 영원히 남겠노라고~~

나의 아프리카 로망은 아마 현실에선 굶주린 하이에나들이 썩은 시체냄새를 맡고 개떼처럼 몰려와 땅을 마구 후벼 파서 흔적도 없이 꿀꺽?! 이건 정말이지 좀 이상(?)스럽다.

하지만 나는 현실을 깊게 생각해보지 않고 이상적인 생각들로만 가득 차 있었고, 마냥 남들보다 특별한 삶을 꿈꾼다는 생각에 아직 그 꿈을 이루지도 않았지만 그런 꿈을 꾸는 것만으로도 스스로 자랑스러웠고 뿌듯함을 느꼈다.

고등학교 내 자리 책상에다가 아프리카 지도를 커다랗게 유성매직 팬으로 진하게 그려놓고는 그 위에 엎드려 자기도하고 공부도 하면서 난 한발 한발 내 꿈을 향해 달려가고 있다고 생각했다.

또 어느 영화에서 본 건 있어서 'NO Fate!('운명은 없다'-터미네이터 영화 속)'라고 책상에 새겨놓고는 운명은 스스로 만들어가는 거라며 친한 친구들에게 주저리 말하고 다녔고, 나의 미래 모습은 마치 터미네이터에 나오는 여주인공처럼 강하고 멋질 것이라고 상상했다. 그리고 주변 친구들의 꿈들이 바뀔 때마다 항상 굳건히 지조를 지키던 내 꿈은 더욱 빛나 보이는 듯했다.

어느 날 엄마에게 내 꿈이 '수의사'라는 걸 가볍게 알려주었는데 반응은 내 기대와 달랐다.

"뭐 수의사?" 분명 좋은 뉘앙스의 어조는 아니었다.

"꽤 힘들고 더러운 일도 많이 하는데? 똥 묻은 소 엉덩이 만지고 주사도 놔줘야하고~ 뭐 너 알아서 해라. 수의사야 되기야 되면 좋지."

혼란스러웠다. 찬성을 하는 건지 반대를 하는 건지,

단순 '수의사'가 아니라 아프리카 대자연 속에 영원히 살아 숨쉬는 '수의사'라는 것을 다시 자세히 설명을 해주어야 하나 잠시 잠깐 고민했다.

지금까지 돌이켜보면 부모님은 나에게 뭐가되라, 뭐가 됐음 좋겠다고 말씀하신 적이 없다. 크던 작던 부모라면 가졌을 자식에 대한 기대와 희망사항도 넌지시 말씀하신 적도 단 한 번도 없었다. 훗날 깨닫게 된 것인데 그저 자식인 나를 믿어주셨던 것 같다.

특출나게 공부 잘했던 것도 아니었고, 한 가지에 매달리면 집중력을 발휘해 무엇이든 해내는 모습을 보였던 것도 아니었고, 뱉은 말은 무조건 실천해내는 끈기 있고 믿음직한 모습을 보인 적도 없었는데도 말이다.

잔소리 한번 제대로 않으시고 어디가면 자식 자랑할거라곤 겨우 "착하다"라는 것밖엔 딱히 말할 게 없었던 그런 자식을 믿고 묵묵히 지켜 봐주시는 건 정말 존경스럽고 대단한 일인 것 같다.

미래의 내 자녀가 나와 같은 생각을 가지고 있고 또 나와 같은 행동을 한다면, 과연 부모님처럼 할 수 있을지, 절대적으로 믿어줄 수 있을지 아직도 자신이 없고 의문이다.

아무튼 그렇게 황망했던 제2 나의 꿈은 고2 때까지도 지조를 지키며 이어나갔다.

그런 지조 있던 나의 꿈에 찬물을 끼얹은 건 바로 고2때의 담임 선생님이었고, 그럼에도 불구하고 굳건히 잘 버티고 있던 나의 꿈에 얼음물을 끼얹은 건 고3 담임 선생님이었다.

반 친구들이 한명씩 차례대로 담임과의 1:1 면담을 할 때였다.

면담의 주된 내용은 진로에 대한 것이었다. 내 차례가 되었고 선생님은 우선 나의 모의고사 성적표와 내신 점수를 유심히 살펴보고 있었다. 그리곤 때마침 내가 기다리고 있던 질문을 던지셨다.

어느 대학을 목표로 하고 있는지. 난 일초의 망설임도 없이 '수의학과'가 있는 대학이면 어디든 괜찮다는 대답을 씩씩하게 했다.

선생님은 좀 난감해 보이셨다. 난 어느 대학이든 괜찮다고 하는데, 나의 당돌한 선택을 받은 대학들은 내 성적이 괜찮지 않으니 말이다.

선생님은 내가 무엇인가 잘 모르고 있다고 판단하셨는지 수의학과는 성적이 지금보다 훨씬 더 높아야 하며 현재 나의 성적으론 힘들다는 답변을 주셨다.

하지만 난 충분히 그 사실을 잘 알고 있으며 그래서 열심히 하겠다는 나의 불타는 의지를 선생님을 위해 살짝 보여주었다.

그런데 강한 의지를 비췄음에도 불구하고 선생님은 내 머리론, 내 마음으론 이해할 수 없는 말씀을 하셨다.

"수의사는 보통 '의사'되고 싶은 사람들이 안 되면 하는 거야."

동물을 치료하는 '수의사'가 높은 벽임을 내가 이해를 잘 못한다고 해서 그렇게 말씀하신건지, 또렷하게 '의사'에 비교를 해주면 빨리 현실을 깨닫고 진로를 변경하리라 생각해서 말씀하신 건지 아무튼 선생님의 그 발언은 나의 중심부를 향해 정확하게 명중했고, 이날 상당한 충격을 받았다.

선생님과의 상담내용은 생각하면 생각할수록 나를 꾹- 짓눌렀다.

'의사가 못되는 사람들이 수의사를 하는 거라고?' 난 부정했다.

쉽사리 받아들여지지가 않았다. 왜 사람 치료하고 싶은 사람은 사람을 치료하게 해야지 사람 대신 동물을 치료한다는 말인가.

충격의 소용돌이에 휩싸인 채 집으로 돌아왔고 문득 궁금증이 생겨 컴퓨터를 켰다. 그리곤 인터넷 검색을 했다.

[수의사는 어떤 사람이 되는 걸까요?]

수의학과 진학을 위한 내신등급, 수능 점수 등 이미 알고 있던 사실들은 재빨리 페이지를 넘겨버렸고 난 내가 원하던 필요하던 답변을 결국 찾아내고야 말았다.

[수의사는 동물을 정말로 사랑하는 사람이 되어야 합니다. 왜냐면 의사는 사람만을 치료하고 인체에 대해서만 배우겠지만 수의사는 사람을 제외한 모든 동물에 대해서 공부하고 치료를 할 수 있어야 하니까요.

심지어 금붕어까지도 말이죠. 그러니 수의사는 진정 동물을 아끼고 사랑하는 마음이 없으면 할 수 없습니다. 동물의 생명이 인간의 생명보다 가볍다 해서 책임감을 덜 느낀다고 생각하는 사람도 절대 할 수 없습니다]

난 아직도 궁금하다. 이 답변을 쓴 사람은 수의사였을까? 아니라면 수의사가 되려는 사람이었을까?

무튼 내가 찾은 금쪽같은 답변 덕분에 나는 희망의 끝자락을 움켜잡고 고등학교 시절 내내 무사히 내 꿈의 지조를 지켜갈 수 있었다.

#3 웃음도 죄가 될 수 있음을

열아홉. 수능시험을 보았다. 그러나 생각보다 점수는 많이 좋질 못했다.

지금까지 나름 중상위권이었던 내신점수들은 재 가루처럼 흩어지고, 나의 공부 수준은 그 한날 치른 수능 점수에 마치 결론 난 것처럼 그렇게 느껴졌다.

가령 운동선수라면 열심히 연습은 해보았지만 정작 예선전에도 못 미칠 기록을 세웠다면 아무 소용도 없다는 것이다. 물론 연습을 더해서 다음번 경기에 다시 도전을 해볼 수도 있겠지만, 연습기간 동안 특별히 눈에 띌만한 최고기록은 없었기 때문에 결과 그대로 받아들이기로 했다. 그리고 어쨌든 결승 날 제 실력발휘를 제대로 못한 거라면 그것 또한 실력의 일부이니까 말이다.

400점 만점에 300점도 못 넘겼던 내 성적표. 하지만 난 수능시험을 치른 날 아주 해맑게 웃으며 집으로 들어왔다. 엄마는 너무나도 밝고 환하게 웃던 내 모습에 '시험 잘 봤니?' 라고 묻지도 않으셨다. 그냥 같이 웃으셨다.

그리고 친척 어른들의 전화가 걸려와 나의 시험에 대해 물을 때면 "잘 봤나 보드라~ 아가 환하게 웃고 들어오데~ 하하 몰라~ 성적표 나와 봐야 알지 하하….”라고 같은 말을 반복하고 있었다.

난 생각보다 단순했다.

수능 시험을 볼 적에 내가 적어낸 답들을 따로 어디 적어온 게 없었기 때문에 가채점을 하지도 못했고, 아는 것은 풀었고 모르는 것은 찍었으니 찍은 게 잘 맞았다면 좀 더 좋은 점수가 나올 것이고 잘 안 맞았다면 점수가 덜 나왔겠지 하고 태평하게 생각했다.

그래서 성적표가 나오기 전까지 확실히 알 수 없었다.

더군다나 시험을 잘 봤던 못 봤던 그것은 내게 더 이상 중요하지 않았다. 이제 TV도 실컷 볼 수 있고, 잠도 실컷 잘 수 있으며, 컴퓨터 메신저로 친구들과 밤새 재잘거릴 생각에 마냥 신나있었다. 몸도 마음도 그렇게 가볍고 후련할 수가 없었다.

내가 수능시험을 본 장소는 부산에 어느 여자고등학교였는데 그 옆에는 한 전문대가 있었다. 학교 위치가 정말 경사가 심한 곳이었고 난 수능시험을 보고나와 그 경사 길을 내려오면서 그 대학교 정문을 보게 되었다.

[부산 취업률 1위 대학!!!]이라는 문장이 새겨진 현수막이 떡하니 걸려있었다. 그 문구를 보며 ‘아무리 취업률 1위라도 이렇게 경사길이 심한 데는 못 다니겠다. 이 오르막을 매일 어떻게 다녀?’ 하고 생각했다. 그렇게 다시 볼일도 없을 것 같은 그 전문대와 영영 안녕- 하는 듯했다. 내가 나중에 2년 동안 다녀야할 학교였다는 것도 전혀 모른 채 말이다.

아무튼 수능시험을 본 후 수능 점수가 나오기 전까지의 약 한 달이 내 생애 가장 행복했던 기간을 꼽으라면 당연지사 베스트 10에 들어갈 수 있으리라.

부모님은 내가 수능을 보고 온 날. 나의 해맑은 미소 때문에 한시름을 놓았던 상태였고,

학교에선 수능 후 이틀 뒤 바로 2박3일간의 졸업여행을 떠났다.

신나게 졸업여행을 다녀온 후 학교에 가도 수업을 하진 않았으며 하루 종일 영화를 보거나, 친구들과 매점에 가 과자를 먹으며 수다를 떠는 등, 성적 통지일이 있기 전까지 그렇게 한 달간은 정말 꿀만 같았다.

하지만 달콤한 시간은 빨리 흘러가는 법. 그리고 달콤함 뒤 맛보게 되는 쓴맛은 더욱더 쓰디쓴 맛으로 느껴지는 법이다.

드디어 내 성적을 확인할 수 있는 성적 통지일이 다가왔고 수능 성적을 눈으로 확인한 순간 가슴이 덜컹-하는 것을 느꼈다. 뭐든지 눈으로 다 확인해야 현실을 깨닫는 바보였다.

뒤늦게 성적을 확인한 엄마의 첫마디는 "이게 뭐시고? 근데 너 그때 왜 웃었어?"였다.

나의 성적표에 '이게'라는 말이 붙어버렸고, '왜 웃었냐?' 라는 말에 난 함부로 웃으면 죄가 될 수 있음을 깨달았다.

차라리 수능 치른 그때 엉엉- 오열하며 울고불고 들어왔어야 했나? 하고 잠깐 엉뚱한 후회를 했다.

아빠는 크게 한숨만 한번 내뱉으시더니, "뭐 어쩌겠냐. 실력이 이정도 밖에 안 되는 건데, 질질 우는 것 보다는 낫다"라고 말씀하셨다.

그제야 죄송함과 부끄러움이 물밀 듯이 밀려왔다. 부모님의 실망과 허탈함이 고스란히 내 가슴속으로 전해졌다.

그 후로도 가끔 부모님은 "우린 그때 네가 시험을 진짜 잘 본줄 알았다" 하시면서, 어찌 그리도 해맑게 웃으며 집에 들어올 수 있었는지 어이없어 하셨다.

아무쪼록 나의 몹쓸 웃음 덕분에 부모님 역시 그 한 달만은 즐겁게 보내셨으리라 믿어 의심치 않는다.

부모님의 한숨소리를 뒤로 한 채 나는 내 방으로 숨듯이 들어와 조용히 컴퓨터를 켰다. 친구들과 대화하는 메신저는 더 이상 켜지 않았다.

친구들에게 이 사실을 알리고 친구들의 성적도 궁금해 하기보다 지금 나의 가장 큰 궁금증은 바로 '나 이제 어디로 가야하나요?'였다.

내 점수가 몇 등급인지를 먼저 살폈고 그 등급엔 어떤 대학에 지원할 수 있는지 두 번째로 살폈다. 아악- 가슴속에서 외로운 비명소리가 들려왔다. 내가 원했던 '수의학과'와 내 점수로 지원할 수 있는 대학 중간에는 참으로 수많은 대학교가 있었다.

그 중간에 넘쳐나는 대학들도 그림의 떡이었으며, 그 한참 위에 있던 '수의학과'는 그림에도 없는 떡이었다.

뒷날 학교에 가보니 친구들은 어제와는 달리 다들 분주해 보였다. 어떤 대학교에 지원을 할지 친구들과 상의하기도 하면서 한가득 들떠있는 분위기였다.

잠시 후 담임 선생님은 교실로 들어와 한명씩 수능 성적에 맞춰 지원할 수 있는 학교를 살펴봐주고 있었다. 등급별로 대학교가 쫙- 나열되어있던 커다란 종이. 그 종이는 3-4등급 어느 중간쯤에서 반으로 접혀 있었고 선생님은 상위권 친구들에게 앞면에 있는 대학교 여기저기에 표시를 분주히 해가며 상기된 표정으로 정성껏 상담을 하시고 있었다.

내 차례가 되었다. 나의 성적을 확인하셨다.

"음-" 조용히 반대 면으로 뒤집어 책상위에 살포시 올리셨다.

그랬다. 난 1-3등급 학교가 나열된 앞면을 볼 수 없었다. 그 앞면에 내가 가고 싶어 했던, 그토록 지조를 지켜왔던 내 꿈을 이루게 해줄 '수의학과'가 떡하니 있는데도 말이다.

그날 현실의 벽이 얼마나 높은지 그리고 나는 꿈만 꿨을 뿐, 그 벽을 넘을 수 있는 나의 능력이 얼마나 부족하디 부족한지 뒤늦게 깨닫게 되었다.

#4 엄지손가락과 새끼손가락

엉겁결에 여기저기 지원해둔 4년제 대학 합격통보가 왔다.

작업치료학과, 멀티미디어학과, 유아교육과, 응용수학과 각 다른 학교, 각기 다른 과에서 골고루 합격통지를 받았다.

내 적성은 도대체 무엇인가? 합격된 과만 보면 도대체 내가 무슨 기준으로 지원했는지 도무지 알 수가 없다.

상상을 해보았다. 각 전공의 4년 동안 대학생활이 어떠할지, 그리고 4년 후는 어떠할지, 이전에 단 한 번도 생각하지 못한 전공과목인데 잘 해낼 수 있을지, 적성에는 맞을지, 잘 버텨낼 수 있을지. 점점 자신 없고 부정적인 생각들이 나를 무겁게 누르고 있었다.

나는 언니와 한 살터울이다. 언니 역시 대학생이었다.

언니는 부산에 있는 한 외대를 다니고 있었다. 부모님의 경제적 능력에서 자식 두 명을 연속으로 4년제 대학 뒷바라지를 하는 것을 생각해보았다. 만약 내가 공부를 잘 했더라면 학비가 비교적 저렴한 국립대에 갈 수 있었을 텐데, 안타깝게 난 국립대에 갈 성적은 못 되었다.

그럼 사립대를 언니와 나 동시에 다녀야하는 거라 생각하니 죄송한 마음에 다시 한 번 가슴 한편이 꾹- 짓눌렸다.

내가 중학생 때 우리나라에 IMF가 터졌다. 당시 수많은 사람들이 큰 어려움을 겪었고, 우리 집 역시 이 어려움을 피해갈 순 없었다.

당시의 우리 집 경제사정을 내가 일일이 다 기억을 하지도 못하고 알지도 못하지만 마치 어제 일처럼 아직도 생생히 기억하는 일이 하나 있다.

아빠가 하셨던 일은 중장비 개인 사업으로 아빠는 자영업자셨다.

IMF로 인해 아빠가 일한 뒤 받아놓은 약 5천만 원 상당의 어음이 순식간에 휴지조각으로 되었다. 아빠가 받아야 할 돈은 없어졌지만, 부품 값이며 갚아줘야 할 돈은 많이 있었다.

학교 수업이 끝난 후 친구들과 즐겁게 하교하는 길이었다. 왁자지껄 떠들며 아파트 입구에 들어서는데 웬 아저씨 한 분이 화단에 엎드려 있었다. 얼굴이 보이진 않았지만 뒷모습만 봐도 우리 아빠임을 한눈에 알 수 있었다.

옆에 친구들이 말했다. "뭐야, 저기 아저씨 뭐지?"

나는 아무 말도 하지 못했고, 차마 아는 체 조차 할 수 없었다.

마치 나는 아무것도 보지 못했다는 듯 딴청을 피웠고 그렇게 곧장 집으로 얼굴을 숙이고 겨우 들어왔다.

엄마는 한창 저녁식사 준비로 분주했고, 아빠도 들어오실 시간이 다 되었는데 하면서 아빠를 기다리고 있었다.

엄마에게 '아빠 밖에 있던데요?' 라고 말을 해야 하나, 하지만 절대 말할 수 없다.

'그럼 넌 왜 아빠를 안모시고 왔니?'라고 할 것이고 나는 그 물음에 대답할 수 있는 적절한 변명이 없다. 아빠가 그냥 온전히 계시는 게 아니라 화단에 엎어져 있어서 단지 부끄러움 때문에 쓰러져있는 아빠를 모른 척 두고 왔다고 더더욱 내 입으로 말할 수가 없었다.

째깍째깍 초침소리가 유난히 요란하게 들렸지만 시간은 멈춘 듯했고 머리는 멍해졌다.

압력밥솥에서 치-익 김빠지는 소리가 매섭게 들린다.

밥 짓는 소리, 찌개 끓는 소리, TV 소리에 주변은 소란스럽기만 한데 난 그저 몽롱한 눈으로 오로지 TV에만 초점을 고정하고 있었다.

엄마는 아빠가 왜 이렇게 안 오시지? 하며 베란다 창문 밖으로 고개를 빼죽 내밀어 아파트 입구 쪽을 살펴보고 있었다.

그때였다.

인터폰이 뚜르르- 뚜르르- 크게 울렸다. 엄청난 소리에 순간 심장이 떨어질 듯 화들짝 놀랐다. 경비실에서 걸려온 인터폰이었다.

"아니~ 여기 502호 아저씨가 많이 취하셔서 누워계신데 아예 못 일어나시는데 예~ 와서 좀 모시고 가이소~"

인터폰을 받은 엄마는 소스라치게 놀라더니 말을 버벅이며 황급히 나를 불렀다.

"겨..겨..경아! 큰일 났다! 아빠가 지금 아파트 입구에 쓰러져 있단다! 아이고~ 이게 도대체 무슨 일이고~ 동네 창피해서 이를 어째! 가서 빨리 아빠 데리고 오자!"

엄마는 정말 정신없어 보였다.

엄마 손에 이끌려 결국 나는 억지로 따라 나섰다.

좀 전에 봤던 모습 그대로 여전히 아빠는 엎드려 있었다.

엄마는 그런 아빠를 세차게 흔들었고 깨워 보려 안간힘을 썼다.

"민경이 아빠! 여기서 왜이래요?! 일어나요 좀 일어나!"

하지만 아빠는 미동조차 없었다.

"민경이 아빠!!!!" 엄마의 소리가 한층 더 커졌고, 아파트 입구를 지나는 사람들은 기웃기웃 조심스레 우리를 쳐다보고 있었다.

"아빠 좀 같이 일으켜보자. 너는 아빠 저쪽 잡아 엄마가 이쪽 잡을게."

나는 그 상황을 빨리 벗어나고 싶어 마지못해 아빠에게 겨우 다가섰고 엄마가 지시한대로 아빠 팔 한쪽을 잡으며 아빠를 일으켜 세우려 했다.

그때였다.

아빠가 힘겹게 돌아눕더니 엄마와 내가 잡고 있던 팔을 뿌리치며 말씀하셨다.

"우리 큰딸~~ 민경이도 불러와 민경이~!"

아빠에게서 술 냄새가 진동했다.

"민경이 지금 학원 가 있잖아요! 집에 가있으면 민경이 온다. 들어가자 좀 들어가~!"

엄마는 화가 난 듯 우는 듯 말했고,

그런 엄마를 도와 기어들어가는 목소리로 나도 말했다. "아빠 들어가요 제발."

아빠는 눈을 꿈-뻑 꿈-뻑 거리면서 엄마와 나를 번갈아 보더니 겨우 일어나 앉으셨다. 그러곤 나에게 손짓을 하셨다.

"아빠 옆에 앉아봐 작은딸~."

주변 구경하는 사람들의 시선이 부끄러워 그 자리에 1초라도 더 있고 싶지 않았다. 혹시나 학교 친구들이라도 볼까 무서웠다.

"아빠 그냥 집에 가요."

내가 앉지 않고 서서 버티자 아빠는 고개를 강하게 저으며 다시 말씀하셨다.

"아냐~ 아냐~ 아빠 옆에 앉아봐"

아빠가 쉽사리 일어날 것 같지가 않았다.

내가 앉지 않으면 이 상황이 길게 대치될 것 같았다. 결국 나는 울며 겨자 먹기로 아빠 옆에 꾸역꾸역 앉았다.

내가 옆에 앉자 아빠는 한결 편안해진 표정으로 내 손을 잡더니 손바닥을 뒤집어 하늘을 보며 오므려보라고 하셨다. 아빠가 시키는 대로 순순히 따라했다.

하늘을 향해 꽃 봉우리모양을 하며 살짝 오므리고 있는 내 손가락 위에 아빠의 거칠고 두터운 손바닥이 갑자기 턱-하니 올려졌다. 순간 아빠의 손 무게에 내 손가락이 다 접 질러질 뻔했다. 아빠는 내 손가락 위에 흔들흔들 얹혀 진 아빠의 손을 다른 한 손으로 툭툭 치면서 말씀 하셨다.

"경아, 이게 우리 집이야. 우리 가정."

그러더니 아빠의 손을 힘겹게 받치고 있던 다섯 손가락 중 나의 엄지손가락 하나를 쓰러뜨렸다.

"근데 아빠가 이렇게 무너졌어. 그럼 우리 가정이 어떻게 되지? 휘~청 하겠지? 엄지손가락 대신 우리 가정을 받들고 있는 나머지 손가락들은 엄청 힘들겠지. 그렇다고 우리 가정이 이대로 무너지면 될까? 이 엄지손가락이 일어날 때까지 나머지 손가락들이 힘을 합쳐 잘 버티고 있어야 해~.

아빠, 금방 일어날 거야."

그리고 나의 새끼손가락을 잡으며 한 말씀을 더 하셨다.

"이 작은 녀석이 제일 힘들 거야."

#5 후회하지 않도록 살겠습니다

결국 난 4년제를 택하지 않았다.

나에겐 왜 대학을 가야 하는지 여러모로 혼란을 겪고 있어서 제대로 선택을 할 수가 없었다. 분명한 건 나에게 어쭙잖은 대학교 간판 따위는 필요하지 않다는 거였다.

아니, 필요하지 않은 게 아니라 필요하지 않도록 살고 싶었다.

그래도 대학 졸업장은 꼭 있었으면 하는 부모님의 의견과 바람에 따라 반을 줄여 2년제를 택했다. 2년제로 가서 빨리 졸업을 해서 '시간을 벌자, 시간을 택하자' 싶었다.

엄마는 걱정하셨다. 짧을 대학생활에 훗날 아쉽지 않겠냐는 것이었다.

그리고 아빠도 내게 후회하지 않겠냐고 물으셨다.

나는 대답했다. "후회하지 않도록 살게요. 엄마 아빠"

그렇게 내가 택한 2년제 전문대학. 미련이나 후회가 없도록 짧을 대학생활 더욱 알차게 열심히 공부를 하겠노라고 다짐했다. 하지만 그 다짐은 아주 열심히 대학 문화를 즐기는 데에 바쳐졌다.

자유를 느꼈다. 고3이라는 억압에 풀려난 자유가 한없이 느껴졌다.

긴 세월 어디 갑갑한 곳에 갇혀 있다 처음 세상 밖으로 나온 사람마냥 거침없이 자유를 만끽했고 그랬으니 대학교 성적이 좋을 리가 없었다.

가끔 친구들이 학과성적이 좋아야 나중에 취업할 때 도움이 된다는 진심어린 충고를 해주어도 내가 대학 성적을 보여 달라는 회사에 지원을 하겠냐며 그렇게 나의 미래를 걱정하지도 기대하지도 않았다.

사실 그때 나는 나 자신을 좀 비난하며 지내고 있었다.

내가 다닌 2년제 대학은 수능을 보고 급한 경사 길을 웃으며 내려왔을 때 지나쳐왔던 그 대학교였고, 불과 몇 달 전만 하더라도 '난 이렇게 경사진 높은 곳에 있는 학교에 힘들게 다닐 일은 없을 거야'라고 오만했었다.

그런 나임을 누구보다 잘 알고 있었던 스스로가 부끄러웠고, 또한 그런 내 자신을 감추기 위해 혼자만의 반항으로 난 못하는 게 아니라 안하는 것임을 몸소 보여주고 있었던 것 같다. 그렇게 시간을 벌겠다는 처음 다짐과는 달리 오히려 시간을 버리고 있었다.

그러던 어느 날.

한 통의 뜻밖의 연락을 받게 되었다. 대략 8개월 전 서울에 상경한 중학교 선배 언니였다.

당시 나는 '수의사'라는 꿈의 몰락에 기가 한풀 꺾여 있었고, 가족과 친구들에게는 꿈을 조심스레 '사육사'로 바꿔치기(?) 하고 있었다.

그 타이밍에 그 선배는 자기가 일하고 있는 놀이동산에 사육사 보조자리가 한자리 났는데 혹시 지원해보지 않겠느냐고 선뜻 제시를 해왔다.

나중에 알게 된 거지만 그 선배와 중학교 친구 사이였던 우리 언니가 나를 위해 그 선배에게 사육사 자리가 혹시 있는지 한번 알아봐달라고 부탁을 했단다.

중학교 친구들은 모두 그 선배언니가 서울로 상경해 우리나라에서 가장 유명한 놀이동산에 잘 취직했으며 친구들에게 종종 놀러오라고 초대도 수 차례 했다고 했다. 정작 초대에 응해 놀이동산에 직접 놀러갔다 온 사람은 아무도 없었지만, 우리 모두 그렇게 알고 있었다.

아무튼 생각지도 못한 갑작스런 제의에 내 가슴은 오랜만에 요동치듯 마구마구 뛰었다.

이것저것 따지며 깊게 생각해볼 겨를도 없이 당장 준비하겠다고 했고, 내가 무엇을 어떻게 하면 되는지 바로바로 생각나는 질문을 순서 없이 쏟아 부었다. 그 후 '사육사'가 되기 위한 상경을 위해 약 한 달 동안의 준비기간을 가졌다.

우선 제일 먼저 기본 이력서를 작성해서 보냈고, 자기소개서도 필요하다 하여 e-mail로 보냈다.

이력서는 특별히 적을 게 없어 학력만 간단히 작성하고 끝냈지만 자기소개서는 좀 달랐다.

지금까지의 나의 염원과 소망을 담아 몇 날 며칠 고민해가며 굉장한 정성을 기울여 한 자 한 자 적어냈다. 그리고 결과를 목이 빠지게 기다렸다.

드디어 선배에게서 기다리던 연락이 왔다. 서류 면접은 무사 통과됐으며 2차 면접을 위해 준비해서 서울로 오라는 것이다. 그런데 2차 면접은 사실 대면의 의미만 있는 거라며 이것은 합격된 거나 마찬가지니 걱정 말고 바로 일할 준비를 해서 올라오면 된다했다.

면접을 위한 정장 한 벌이 필요할 것이라 했고, 내가 지내야할 기숙사는 혹시 모르니 미리 예약부터 해 놓는 게 좋다며 기숙사비도 10만원을 붙여달라했다.

당시 모든 걸 엄마와 함께 준비를 했다. 가서 입을 옷과 사용할 화장품도 구입하고 정장도 적당한 것으로 마련했다. 그리고 마치 위쪽 지방에선 제대로 된 세안제품을 구할 수 없을 거라는 듯이 샴푸와 린스까지 사서 짐 가방에 넣었다. 그렇게 올라가서 내가 사용할 물품들로 하나씩 하나씩 잘 채워지고 있었다.

물론 이 과정에서 부모님의 반대가 전혀 없었던 건 아니다.

집 떠나 생활하기엔 그것도 학교생활도 아니고 사회생활을 하기엔 21살이란 나이는 참으로 어설프게만 느껴지셨을 것이다.

아빠는 "네가 시골 할아버지 댁에 있는 외양간 소똥도 한번 안 치워봤는데 사육사를 갑자기 어떻게 할 수 있겠냐?"라며 방학기간 동안 시골 할아버지 댁에 가서 실전이다 생각하고 매일 소똥부터 치워보고 나서 다시 생각해보라고 하셨다.

하지만 그때 나에겐 부모님의 걱정과 반대는 그리 중요하지 않았고 들리지 않았다.

'사육사'가 된다는 생각에 한껏 기대에 부풀어 있었고 마냥 기뻐하던 나를 보며 부모님도 끝까지 반대하지는 못하셨다. 아빠는 끝내 사육사가 되기 위한 작은 딸의 갑작스런 상경을 허락해주시며 걱정스레 말씀하셨다.

네가 생각하는 것과 달리 막상 접해보면 많이 힘들고 고될 수 있을 것이라고… 그리고 못하겠다 싶으면 주저하지 말고 언제든 집으로 다시 돌아오라는 말씀도 함께.

나의 꿈이 극적으로 '사육사'로 탈바꿈하고, 또 그것을 순식간에 이룬 소식은 친척들 사이와 친구들 사이에 힘차게 퍼져나갔다.

곧 상경하여 사회첫발을 내딛을 나를 위해 주변 사람들은 기꺼이 아낌없는 격려를 보내주었고, 친한 친구들과 만나서 오늘이 마지막인 것처럼 거하게 술도 한 잔 하며 미래를 기약했다. 심지어 다른 지역에 살고 계시던 친척 어른들도 오셔서 격려해주며 위쪽 지방에서 생활할 때 혹 필요한 거 있음 보태 쓰라며 용돈도 두둑하게 챙겨주셨다.

그렇게 기다리고 기다리던 상경할 바로 그날이 되었다. 기차역엔 엄마와 나의 가장 절친한 고등학교 친구 한명만이 대표로 배웅을 나왔다. 친척오빠의 회원 할인을 받아 조금 더 저렴하게 끊은 KTX 표를 받아들고는 기차 시간을 기다렸다.

전날부터 울었던 엄마의 두 눈이 밝은 대낮에 보니 더욱 발갛게 충혈되어 있었다.

나는 그런 엄마를 보며 이제 그만 울라며 나 꿈을 이뤄서 가는 건데 왜 그렇게 우느냐고, 꿈을 이룬 건 굉장히 좋은 일이라고, 남들은 다 부러워하는데 왜 자꾸 우냐고 철부지 없는 소리만 자꾸 내뱉었다.

결국 엄마는 나와는 더 이상 정서적 교감이 안 된다는 걸 깨달았고, 바로 옆에서 엄마의 어깨를 토닥이며 잡아주고 있던 내 친구에게 물었다.

"아이고. 얘 잘 가는 거 맞나? 보내도 되는 거 맞나?"

엄마의 물음에 내 친구는 상냥하게 답해주었다.

"예- 어머니. 너무 걱정 마세요. 선경이 잘 할 거예요."

하지만 엄마는 이 말을 듣고는 더욱 우셨다.

드디어 기차의 출발시간이 다가왔다.

난 또다시 몹쓸 웃음을 날리며 캐리어를 끌고 뒤도 돌아보지 않고 승강장으로 곧바로 들어갔다. 나중에 친구를 통해 얘길 들었는데 엄마는 한참 동안이나 내가 들어간 입구에서 눈을 떼지 못하였고 그 자리에 그대로 서서 손수건이 한가득 젖을 때까지 계속 울고 계셨다고 했다.

#6 꿈★은 이루어진다

내가 살았던 부산 우리 집은 낙동강변이 내려다보이고 그 강변을 따라 올라가는 기찻길이 보이는 곳에 위치해 있었다.

집 안에서 기차가 오고가는 모습을 볼 때면 난 저 기차 안에 탄 사람들을 상상하곤 했었다.

과연 어딜 가는 걸까, 또 어디를 다녀오는 걸까,

반대로 그날은 내가 기차 안에서 우리 집을 볼 수 있었다. 우리 집 베란다 창가가 보였다. 순간 나도 모르게 가슴이 뭉클했다.

'지금 우리 집 두고 나 혼자 어디 가는 거지?'

하지만 그것도 잠시.

'나 이제 서울 간다!! 서~울 서울~!!!' 몹시 설레고 흥분되었다.

처음 타보는 고속열차 KTX. 행여나 처음 타보는 티가 날세라 마치 몇 번 타본 사람처럼 익숙한 듯 태연한 표정을 지어보았다. 가장 빠른 속력을 내는 구간인 대구와 대전 사이를 지날 때는 속에서 '우와! 귀까지 멍멍-하네!' 하며 감탄사가 저절로 터져 나왔다.

그렇게 저녁 6시경 부산을 출발한 지 약 2시간 반 만에 드디어 서울역에 도착했다.

날 마중 나오기로 한 중학교 선배에게 전화를 걸었고, 서울역으로 오고 있는 중인데 1시간 정도 늦을 것 같다며 조금만 기다려 달라했다. 선배와 간단히 통화한 후 다음으로 엄마에게 전화를 걸었다. 엄마의 목소리는 바로 옆에 있는 듯 내 귓가로 가까이 들렸지만, 그제야 엄마의 곁에서 우리 집에서 나 홀로 멀리 떨어져 있다는 게 실감났다.

엄마는 저녁시간인데 배고프지 않느냐며 혼자 뭐라도 사먹을 수 있겠냐고 걱정하셨다.

난 어디 한두 살 먹은 어린애냐며 벌써 햄버거 하나를 사먹었다고 자랑스레 답했다.

그렇게 간단히 나의 도착 상황을 알린 후 전화를 끊고 정확히 한 시간 뒤에 그 선배를 만날 수 있었다.

처음 보는 서울역 바깥 풍경. 사람들이 정말 많기도 했고 너무 복잡해 보였다. 그리고 참 신기했다. 내가 서울역에 이렇게 꿈을 이루기 위해 서있다는 것이.

선배는 오늘 하루 휴가를 냈다며 바로 기숙사로 가지 않아도 된다 했다. 근처 찜질방에서 하루 편하게 자고 내일 아침에 같이 들어가자 했다. 나는 흔쾌히 동의했고 서울 지하철을 타고 세 번 정도 환승을 하여 서울역에서 꽤나 멀리 있는 찜질방으로 가게 되었다. 내일 그 찜질방 근처에서 회사 팀장님이 픽업을 해주신다는 이유에서였다.

찜질방 입구에 도착했을 때 선배가 말했다.

지금 월급 전이라 돈이 거의 없으니 찜질방 비를 대신 내줄 수 있겠냐고, 월급 받으면 바로 갚아주겠다고. 난 또 흔쾌히 내주었다.

서울의 찜질방은 지금껏 내가 부산에서 친구들과 가보았던 찜질방과 차원이 달랐다.

손목에 차고 있는 팔찌하나만 있으면 컵라면과 계란, 음료수도 사먹을 수 있고 결제는 나중에 나갈 때 하면 된다했다. 그리고 한 건물을 통째로 사용하고 있던 규모가 큰 찜질방이었는데 층별로 보석판매점도 있고 정말 없는 게 없어 보였다.

이게 바로 서울 찜질방이구나! 하고 새삼 놀라웠다.

하지만 날 더욱 흥분시키는 건 하룻밤만 지나면 내일은 '사육사'가 되기 위해 동물원에 있을 거라는 설렘과 기대감이었다.

새로운 출발을 생각하니 너무 설레어서 도무지 잠이 오지 않을 것 같았지만 찜질방 구경을 이만 끝내고 내일을 위해 억지로 잠을 청하기로 했다.

찜질방 안에 여러 수면실이 있었고 그중 화덕모양의 굴속 같은 개인 수면실이 있었다.

혼자서 안락하게 잠을 잘 수 있는 공간이었다. 낯선 환경 탓인지 쉽게 잠이 들지 않았고 이리 뒤척 저리 뒤척이고 있는데 때마침 어떤 사람의 휴대전화가 울렸다.

내 귀에 너무나도 익숙한 소리였는데 바로 친언니의 휴대폰 벨소리와 똑같은 벨소리였다.

순간 지금까지 미처 모르고 있었던, 모른 척했던 눈물이 가득 차올랐고 주르륵 양 볼을 타고 흘러내렸다. 컴퓨터가 놓인 내 작은방이, 노을 지던 강이 내려다보이던 우리 집이, 아버지의 모습이, 엄마의 얼굴이, 우리 언니가 몹시도 보고팠다.

집 떠난 지 겨우 몇 시간 밖에 지나지 않았는데 마치 아주 오랫동안 떠나온 것처럼 가슴속이 마구 일렁였다.

전날 밤 굴속에서 한바탕 울음보가 터졌지만 아마 나는 그날 밤 그 찜질방 안에서 제일 잘 잔 사람 중 한 명으로 꼽히리라. 마치 기절한 듯 입을 헤- 벌린 채 자고 있는 나를 아침 일찍이 선배가 흔들어 깨웠다. 이제 그만 준비해서 나가야겠다고 말했다.

나는 졸린 눈을 비벼가며 겨우 일어나 목욕탕에 들어가 깨끗이 씻고 나왔다. 우릴 픽업해준다는 팀장이 오길 기다리는 동안 선배와 근처 식당에 들어가 아침식사부터 간단히 해결하기로 했다.

식사 주문을 해놓고 음식이 나오기 전 면접과 하게 될 업무에 관해 궁금한 것들을 선배에게 질문했다.

기숙사는 어떻게 생겼는지, 몇 명에서 방을 같이 쓰는지, 나는 어떤 동물을 맡게 되는지, 선배의 대답도 채 듣기 전에 궁금한 것이 너무도 많아 이것저것 질문들을 쏟아 부었다. 순간 선배의 얼굴빛이 살짝 어둡게 느껴졌다. 갑자기 너무 많은 것을 물어보았나 싶어 그만 질문을 멈추었다. 주문했던 음식이 나왔다. 하지만 선배는 수저를 들기 전에 할 말이 있다며 조심스레 말문을 열었다.

선배의 어둡고 무거운 표정만 봐도 뭔가 심상치 않은 얘길 하려나보다 느낄 수 있었다.

의아하면서 덩달아 긴장되었다. 쉽게 입을 떼지 못하고 머뭇거리던 선배의 모습에 무슨 얘기냐고 어서 말해보라고 보채니 선배 입에서 나온 말은 정말 청천벽력 같았다.

사실 나에게 소개해 줄 일은 사육사 보조직이 아니라는 것이다.

순간 상황 파악이 바로 되질 않았다. 어리둥절했고 그럼 동물원이 아니라 그냥 선배처럼 놀이동산에서 근무하는 직원이 되는 건가 싶었다.

"그럼 뭔데? 무슨 다른 일을 하는 거였어?"하고 최대 침착함을 유지하며 되물었다.

하지만 선배는 일에 대한 얘기는 더 이상 하지 않았고 뭔가 좀 다급한 듯 당최 내가 알아들을 수 없는 얘기들을 시작했다.

"너 여기 서울 온다고 준비하는데 돈 많이 들었지? 한 일주일만 나랑 같이 일하면 여기 올 때 들어간 경비정도는 다 벌수 있어. 그리고 이주만 더 일하잖아? 그럼 돈도 진짜 많이 모을 수 있어."

순간 혼란스러움과 답답함에 짜증이 한가득 밀려왔다.

서울 상경을 위해 약 한 달의 준비기간 동안 엄마와 함께 필요하다는 물품들을 장만했던 날들이 주마등처럼 스쳐지나갔다. 매번 엄마의 지갑에서 나온 현금과 카드로 그 모든 것들을 결제했고 준비했다.

조금 더 흥분된 상태로 다시 물었다.

"아참. 그러니까 그 일이 뭔데? 그럼 나 동물원은 아예 안 가는 거야?"

선배는 잠깐 숨을 고르더니 말했다. 본인은 그 놀이동산에 취직한 적도 없고 아주 다른 곳에서 전혀 다른 일을 하고 있다했다.

지금 본인이 하는 일은 하나도 어렵지 않은 일이며, 돈도 많이 벌 수 있고 내가 직접 해보고 정말 괜찮다 싶으면 주변 친구들에게 소개 시켜줘서 같이하면 되고 그렇게 된다면 승진도 더욱 빨리 돼 더 많은 돈을 벌 수 있다고 했다.

사고가 정지됐다. 아무 생각이 나질 않았다. 더 이상 아무 말도 뱉을 수 없었다.

마침 선배의 휴대전화가 울렸고, "네 팀장님 여기 ㅇㅇ식당이에요"라며 현재의 위치를 그 팀장님께 알려주는 듯했다.

예감이 매우 좋지 않았다. 번뜩 정신이 돌아와 나의 휴대폰을 급히 찾았다. 내 휴대폰이 하필 선배와 더 가까운 곳에 놓여있었다. 휴대폰을 향해 미세하게 떨리는 손을 내밀었다. 그런데 갑자기 선배가 나의 휴대폰을 나보다 빠르게 잡아챘다.

그러면서 다짜고짜 자기를 믿어 달라했다. 아니 선배를 믿었으니 지금 서울에 와있고, 생판 모르는 동네에서 낯선 식당에 이리 멍하게 앉아있지 않는가.

벌어지고 있는 이 상황들이 쉽사리 이해도 되지 않는데 지금 나더러 무엇을 믿으라는 건가. 점점 화가 끓어올랐다. 사이비 종교마냥 아무것도 묻지도 따지지도 말고 자기를 한번만 더 믿어 달라 애원하듯 말했다. 화가 치밀어 올라 더 이상 참을 수가 없었다.

그 순간 나는 버럭 소리를 질렀다.

"내 휴대폰 내놔~~~!!!!!"

식당 안 모든 사람들은 깜짝 놀라 동시에 우리를 바라보았다. 주위 시선에 선배도 순간 민망했는지 쥐고 있던 휴대폰을 얌전히 돌려주었다.

그리곤 선배에게 나는 격앙된 목소리로 불을 내뿜었다.

사람을 가지고 이렇게 장난치면 안 되는 거라고, 얼마나 돈을 많이 버는 일인지는 모르겠지만 선배 혼자 실컷 하라고, 나는 선배 따라 절대 가지 않겠다고!

이성을 잃고 화내는 내 모습에 선배 역시 나만큼 적잖게 놀란 것 같았고 씩씩거리며 그 선배를 매섭게 쏘아보았다. 그리고 곧바로 엄마에게 전화를 걸었다.

"엄마. 그게 아니래. 그 일이 아니래"라고 한마디를 했는데, 갑자기 엄마의 숨소리가 걷잡을 수 없이 거칠어지더니 비명을 지르는 듯 외쳤다. 지금 있는 거기가 어디냐며, 나는 지금 누구랑 같이 있냐며, 서울역까지 혼자 갈 수 있겠는지 묻기도 하고 당장 집으로 내려오라고 지금! 바로! 당장!! 하며 고함치듯 말했다.

결국 밥을 한술도 뜨지 못한 채 식당에서 나왔고 샴푸와 린스 등 오만게 다

들어있던 나의 무거운 캐리어를 끌고 터벅터벅 근처 지하철역으로 향했다.

선배는 어찌 할 바를 모르며 자꾸 내 뒤를 따라왔다.

뒤도 안돌아보고 직진하고 있었지만 자꾸 따라오는 선배가 신경 쓰여 뒤돌아 말했다.

"왜 자꾸 따라오는데?"

"지하철 역 못 찾아갈까봐. 혼자 갈 수 있겠어?"

"그럼 혼자 가지. 그만 따라와. 혼자 갈 거야. 그리고 다시는 연락하지 말자"

선배는 더 이상 아무 말이 없었고 슬픈 듯 쓸쓸해 보이는 표정으로 그저 바라볼 뿐이었다.

지하철역까지 가는 길에 엄마는 쉬지 않고 나에게 전화를 해댔다.

어디쯤인지, 뒤에 누가 따라오진 않는지, 행여 낯선 사람이 도와준다 해도 절대 거절하라며 신신당부를 하더니 채 몇 분도 지나지 않아 또 전화가 걸려왔고, 이번에는 아무래도 안 되겠다며 그냥 택시를 타고 부산까지 내려오라고 했다.

평상시 택시비를 매우 아까워하며 엄마와 함께 택시 타본 날을 손에 꼽을 정도인데 엄마는 서울에서 부산까지 택시를 타고 내려오라 했다.

엄마의 목소리가 한없이 떨리고 있었다. 더더욱 파르르 떨리는가 싶더니 엄마가 마치 무너져 내릴 것만 같았다. 순간 이동이라도 할 수 있다면 지금 바들바들 떨고 있는 엄마를 꼬-옥 안아주고 싶었다. 힘껏 껴안고 난 괜찮으니 걱정마라고 말해주고 싶었다.

엄마 곁으로, 나의 집으로 정말 빨리 가고 싶었다.

아무튼 뒤따라오던 선배를 뿌리치고 찜질방 근처에 있던 지하철역에 홀로 도착했다.

우선 서울지하철 노선도 하나를 뽑아 들고 서울역으로 가는 노선을 찾아보았다. 너무 많은 노선에 순간 어지러움을 살짝 느꼈지만, 정신을 가다듬고 찬찬히 살펴보니 노선들이 각기 다른 색깔로 표시되어 있었고 그 색깔을 따라 내가 타야 할 세 가지 호선을 정했다.

제때 타고 내리고 환승하는 구간만 잘 찾으면 되는 거라 생각보다 큰 어려움 없이 서울역으로 무사히 되돌아올 수 있었다.

내가 타고 왔던 KTX는 바로 30분 뒤면 부산으로 출발하는 게 있었고 1시간 뒤엔 새마을호가 2시간 뒤엔 무궁화호가 순서대로 출발을 기다리고 있었다. 기차표를 예매하기 위해 창구 앞에 줄을 섰다. 금방 내 차례가 되었고 난 아주 작은 목소리로 말했다.

"부산행으로 주세요."

창구직원이 물었다.

"몇 시 어떤 기차로 드릴까요? KTX는 잠시 후 출발하는 게 있습니다."

"음…… 저는 그냥 무궁화호로 주세요."

인생을 살아갈 때에 올라가는 건 느리고 내려오는 건 한순간이라는 말이 있다.

하지만 난 올라가는 건 너무 빨랐고 내려오는 건 느렸다.

아무런 생각이 없었다. 엄마에게 한달음에 달려가고 싶었지만, 나에겐 이 상황을 좀 정리할 시간이 필요했다. 기차를 기다리는 두 시간 동안 한자리에 가만히 앉아 생각만 했다.

내가 왜 이렇게 되었는지. 나를 속인 선배의 잘못만은 분명 아니었다.

누구나 꿈을 그렇게 쉽게 이룰 수 있다면 꿈을 향해 피나게 노력하는 사람들은 왜 있겠는가?

마냥 꿈만 꾸고 있어도 누군가가 자기를 대신해 턱하니 그 꿈을 물어와 준단 말인가?

아무리 생각해보아도 너무 가볍게 생각했던, 그리고 무엇보다 노력하나 없이 쉽게 꿈을 이룬다고 마냥 신나했던 나의 잘못이었다.

당시 '싸이월드'라는 온라인 SNS가 친구들 사이에서 한참 유행이었다. 나 역시 친구들과 함께 열심히 활동했다. 그때 나의 미니홈피 대문 글에 [꿈★은 이루어진다]라고 당당히 적어놓고 온 게 번뜩 떠올랐다. 얼굴이 화끈거렸다.

서울 상경을 준비하면서 한없이 들떠있었고, 친구들에게 간절히 바라면 언젠가는 이루어지며, 인생에서 기회는 누구에게나 오는데 그 기회를 잡느냐 못 잡느냐의 차이라고 아주 신나게 연설도 했었다.

만약 타임머신이 있어 과거로 돌아가 잘못된 무언가를 딱 한번 수정할 수 있는 기회를 내게 준다면 나는 미니홈피 대문 글부터 지워버려야겠다고 생각했다.

#7 나를 위해 오픈한 도넛가게

이른 아침부터 걸려온 내 전화 한 통을 받고 크게 놀랐던 엄마는 내가 서울역에 무사히 도착해 기차표를 끊고 혼자 기다리고 있다는 말에 한결 안정을 되찾은 듯했다.

나중에서야 그날의 생생한 목격자인 언니에게서 전해 들었는데, 엄마가 나의 전화를 받더니 얼굴빛이 시퍼렇게 질려 곧 쓰러질 것처럼 창백해졌다 했다.

어찌할 바를 모르고 아빠에게 전화했다가 한없이 덜덜덜 떨리는 손가락으로 힘겹게 숫자버튼을 눌러가며 주변 가까운 사람들에게도 부랴부랴 전화를 하고 경찰에 신고라도 해야 하는 거 아니냐며 쩔쩔매면서 발을 동동 굴렀다고 한다.

아직도 그때 엄마를 놀라게 했던 걸 생각하면 마음이 짠해온다.

그렇게 KTX를 타고 2시간 반 만에 올라갔던 서울을 바로 하루 뒷날 무궁화호를 타고 5시간 반 만에 부산으로 되돌아왔다.

그날의 사건을 아빠는 '50만 원짜리 찜질방 다녀온 날'이라 부르셨다.

내가 서울 간답시고 준비했던 옷들과 물품들하며 끊었던 기차표 왕복까지 합하면 대략 50만 원 정도가 들었었다.

내가 방에서 쭈뼛쭈뼛 나오면 아빠는 나를 보는 게 아주 재미있다는 듯 웃어 보이며, "작은딸! 서울구경 잘했어?! 오십만 원 찜질방 다녀온 소감이 어때?" 하고 짓궂게 날 놀리셨다.

그렇게 난 내 생애 가장 비싼 찜질방을 다녀온 뒤 내방에서 짧고도 긴 2주간의 은둔생활 아닌 은둔생활에 들어가게 되었다.

다시 부산으로 돌아왔던 그 당일엔 몰랐었다. 뭔가 붕- 뜬 기분은 들었지만, 하루 사이에 어제는 찜질방 굴속에서 울면서 밤을, 오늘은 다시 내 방에서 편안한 밤을.

그래서 그런가보다 했다. 하지만 뒷날 아침에 눈을 떴을 때 확실히 느꼈다. 큰 허탈함을.

이틀 전만 하더라도 오늘의 난 동물원에 있을 줄로만 알았다.

그리고 나의 미래는 신입사원 교육이 끝나면 내가 돌볼 동물도 정해질 것이고 동물원 선배님들의 가르침을 받아 무럭무럭 성장해가는 기특한 후배가 될 줄 알았다.

내가 맡을 동물은 과연 기린이 될지 돌고래가 될지, 그리고 훗날 맹수 팀의 어느 멋쟁이 선배와 눈이 맞아 동물원 사내연애를 하고 결혼도 하고 그럼 나의 자식들은 동물원 구경은 실컷 하겠구나~ 하며 그런 미래를 설레는 마음으로 기쁘게 상상했었다.

가끔 이렇게 나의 상상력은 빛보다 빠른 속도로 뻗쳐나가 10년, 20년 후까지 도달하는 건 일도 아니다.

허탈감은 제2의 꿈이었던 '수의사'를 포기했을 때완 차원이 달랐다.

왜냐면 실제적으로 '수의사'가 되고 싶다고 노래만 불렀지 그 꿈을 이루기 위해서 내가 한 거라곤 특별히 없었기 때문이다.

물론 '사육사' 역시 노력한 건 없다.

기껏 자기소개서 하나 정성스레 쓴 것이 노력의 전부였다. 헌데 정말이지 다 된 줄로만 알고 짐까지 다 싸들고 올라갔던 나였다.

나의 미니홈피에 [꿈★은 이루어진다]하고 사방천지 자랑한 게 바로 엊그제였다. 간절히 바라면 이루어진다더니 내 생각보다 나도 모르게 정말 간절히도 바랬나보구나 하고 어리둥절하기도 했고 잘 믿기지도 않았는데, 하룻밤 사이 내가 있던 원래 제자리로 떡하니 돌아오다니 오히려 지금 이 현실이 난 더 믿기질 않았다.

눈을 찔끔 감았다. 씁쓸했다. 도통 기운도 나지 않고 밖에 나가기가 싫었다. 그래서 그냥 내 방에 조용히 가만히 있었다.

차마 친구들에게 내가 부산으로 돌아왔단 사실도 바로 알릴 수 없었다. 홈피 대문 글도 바꾸지 않았다. 그러기가 싫었다.

오로지 가족들과 기차역까지 배웅해줬던 친구만이 내가 부산으로 하루만에 돌아온 사실을 알고 있었다. 입이 무거웠던 내 친구는 한낱 해프닝일 뿐이라고 위로를 해주었다.

부산 컴백 사실을 아직 모르는 다른 친구들에게서 연락이 왔다.

'서울 잘 갔냐?', '김사육사~ 뭐해?', '일 시작했냐? 할 만해?'

하나둘 들어온 문자를 보고 있자니 쓴웃음이 저절로 지어졌다. 아무 답장도 보내지 못했다.

입 무거운 친구에게만 털어놓을 게 아니라 입이 가벼운 친구를 골라 사육사가 아닌 다단계 사기를 당할 뻔 했다는 걸 알렸어야 했나 싶었다.

씁쓸함에 고개를 푹 숙였다. 집에서 나가고 싶지 않았다. 내 방에서 나갈 수가 없었다.

전에는 하루도 빠지지 않고 고삐 풀린 망아지마냥 밖으로 놀러 다니던 작은딸이 한가득 풀이 죽어 자기 방에서 조차 나오지 않고 있으니, 엄마는 내심 걱정이 되고 많이 안타까웠는지 방에 박힌 지 약 보름째 되던 날 시장을 다녀온 엄마는 다짜고짜 얘기 좀 하자며 나를 불러내셨다.

천상 백수몰골을 하고 해가 비춰 눈부신 거실로 억지로 끌려나왔다.

엄마의 얘기는 우리 동네에서 버스로 약 5분 거리에 있는 대형마트에 장 보러 갔는데 그 마트 안 푸드코트에 도너츠 가게 하나가 생겼다는 것이다. 거기서 일할 아르바이트생을 구하고 있다며 그곳에 한번 일하러 가보는 게 어떻겠냐는 것이었다.

아니, 갑자기 나더러 무슨 도넛가게에서 일하라고 하냐고 손사래를 쳤다. 도너츠의 '도' 자도 모르는데 판매직도 아니고 생산직에 내가 어떻게 일을 하냐고 투덜거렸다.

하지만 당시 나는 2학년 졸업반 2학기수업에 취업이 되어 수업을 받지 않는 것으로 되어 있었고, 담당 조교에게 재직증명서든 급여명세서든 취업된 사실을 증명해야 출석인정을 받으니 관련 서류를 빨리 제출하라는 귀찮은 연락에 쫓기고 있었다.

결국 벼랑 끝에 선 기분으로 엄마 손에 이끌려 이전에 써뒀다 남은 이력서 한 장만 달랑 들고 도넛 가게로 터벅터벅 가보았다. 이 가게의 책임자라며 자신을 '점장'이라 소개하는 사람에게 면접을 보았고 바로 뒷날부터 출근해보라는 연락을 당일 바로 받았다. 번갯불에 콩 구워지듯 순식간에 면접을 보게 되었고 그렇게 도넛가게 생산보조직으로 채용되었다.

썩 내키진 않았지만 어느새 나는 제빵용 하얀 모자를 쓰고 밀가루 반죽을 조물조물 만지고 있었다. 어떻게 제과제빵 자격증 하나 없고, 대학 전공도 전혀 상관도 없는 곳을 다니고 있던 전문대 졸업반 학생을 판매직도 아닌 생산직으로 채용했는지 아직도 미스터리하다.

하지만 난 점장님이 가르쳐주는 모든 것을 곧잘 따라했다. 결국 아침에 가장 먼저 생산되는 기본 도넛 두 종류에 대해서 점장 자신만 알고 있는 비법이라며 나에게만 특별히 가르쳐주는 것이라며 비밀스럽게 전수 받았다. 그러곤 오전 생산물량은 점장님이 출근하기 전까지 최대한 나 혼자 해보고 있으라는 지시가 떨어졌다.

보통 늦어도 8시까지 출근해야 했으나 점장님이 가게에 도착하는 시간은 점점 늦어졌고, 나는 점점 빨라졌다.

생산직이라고 해봐야 사실 점장님과 나 둘 뿐이었기 때문이다.

점장님은 늘 피곤하다는 말을 입버릇처럼 하셨고 점심시간이 되면 두 시간 씩 사라지기도 일쑤였다.

아침 11시가 넘어 출근하셔놓고 12시경 점심을 드시러간다는 분이 오후 2시가 넘어 들어오니 대부분의 도넛을 나 혼자 만들어 내야하는 고단함에 스멀스멀 짜증이 밀려왔다.

수제자는 무슨 수제자.

그런 점장님을 원망스런 눈길로 한번 째려보면, “아이구~ 나 어깨가 너무 아파서 말이야, 침 좀 맞고 왔어 침~” 하면서 묻지도 않은 말에 곧잘 대꾸하셨다.

그러곤 나의 기분을 은근슬쩍 살피며 도넛 가게 메뉴에도 없는 ‘소보루빵’이며 ‘피자바게트’를 만들어 간식으로 먹자고 날 꼬드겼다.

따끈따끈한 소보루빵 맛볼 생각에 금세 기분이 풀렸고 재빨리 마트 안으로 들어가 흥얼흥얼거리며 간식 만들 재료를 사오곤 했었다.

푸드코트 내 여러 매장 중에서도 도넛가게는 상당히 작은 편이었고 마트 안쪽엔 큰 빵 가게도 하나 더 있었기 때문에 사실 우리 도넛가게의 매출은 하루에 30만원도 넘기기 힘들었다. 그리고 한 번도 본적 없는 사장님은 서울에 계신다 했다.

사장님이 운영하는 다른 도넛가게는 부산 유명한 백화점 안에 있으며 그 가게는 하루매출이 몇 백 만원은 훌쩍 넘긴다고 했다.

그래서 그런지 우리 가게에는 도통 아무도 신경 쓰질 않았고, 항상 한가하고 여유로웠다.

아침 일찍 나 홀로 불 꺼진 가게에 들어와 먼저 불을 밝히고 그다음 바로 라디오를 켰다. 라디오에서 흘러나오는 음악을 들으며 밀가루 반죽을 하고 끓는 기름에 반죽된 도넛생지를 조심스럽게 넣었다.

긴 나무젓가락으로 둥실둥실 떠오른 도넛들을 골고루 뒤집어가며 적당히 노릇해질 때까지 튀기면, 어느덧 고소하고 달콤한 냄새가 한가득 퍼져 매장 안이 향긋한 도넛 냄새로 채워졌다.

갓 나온 도넛 하나를 후후 불어 뜨겁게 맛보곤 마치 황금처럼 노랗게 빛나는 도넛을 기름종이를 미리 깔아둔 바구니에 보기 좋게 가지런히 진열해 둔다.

그렇게 오전 중에 나와야 하는 도넛생산을 다 해놓고도 시간이 좀 남으면 선반에 기대어 가져온 책을 펴서 읽곤 했다.

그 시간이 너무도 아늑했다.

바로 옆 가게 커피 집 이모는 냉커피나 생과일 음료를 맛보라며 잘 챙겨주시곤 했다. 뒤쪽에 있던 꽃집 언니와도 많이 친해져 언니의 신혼생활 얘기를 즐겁게 들어주곤 했다.

옆옆 아이스크림 가게에서 아르바이트하던 여동생은 마트 안 은행에서 근무 중인 보안요원에게 반해 내내 그 남성 얘기만 해댔다. 언젠가는 용기 내어 고백하고 말거라는.

하지만 실제 그 보안요원은 오후 우리 도넛가게에서 판매 아르바이트를 하던 예쁜 여동생에게 이미 꽂혀 있었는데 말이다.

마치 잔잔하고 즐거운 시트콤 속에 내가 있는 것 같았다.

그리고 그 도넛가게는 서울사장님을 위해 오픈한 게 아니라, 사육사 사기를 당하고 기가 한풀 제대로 꺾여 자기 방구석에 처박혀 빛마저 거부하던 나를 위해 오픈하기로 되어있던 가게 같았다.

밀가루 반죽을 오물조물 만지다가 그 반죽을 고르고 넓게 편 다음 동그란 모양의 베이킹 도구로 찍어낸다. 그리곤 그 위에 서로 달라붙지 않도록 하얀 밀가루를 뿌린다.

후에 200도가 넘는 기름통 속으로 툴툴- 털어낸다. 뜨거운 기름에 못 이긴 도넛들이 하나둘 기름 위로 올라온다.

노릇노릇.

[도넛 만드는 중]

[오전 생산된 도넛들]

황금빛 색으로 잘 익어갈 때면 내 마음도 저절로 흐뭇해졌다.

집에선 요리 한번을 제대로 해본 적이 없어 아빠는 시집이나 갈 수 있겠느냐며 걱정하면서도 놀려대셨다. 그런 내가 도넛을 반죽부터 튀기는 것까지 홀로 다 해내고 있었다.

그런 뿌듯함과 흐뭇함에 도넛만큼이나 내 마음도 잘 익어가고 있었다.

도넛만큼이나 내 몸과 마음속에도 달달한 향기가 가득 번지고 있었다.

#8 휴대폰아 제발 좀 울려라

3개월 후. 도넛가게에서의 일은 그만두어야 했다. 계속 적자를 보는 매장이라 그런지 월급이 제때 나오지 않았고 매번 '본사'라는 곳에 점장님이 우리 임금은 왜 아직 안 들어 오냐고 큰소리를 쳐야 겨우겨우 늦게나마 지급되었다.

원활하지 못한 급여문제도 있었지만 무엇보다 나는 학교에서 이제 엄연히 졸업을 앞두고 있는 예비졸업생이었고 단순 아르바이트가 아닌 제대로 된 직장을 찾아 취직해야 한다는 생각이 들었다.

지금껏 용돈벌이로 다양한 아르바이트를 경험했기에 새로운 일자리를 알아보는 건 크게 두렵지 않았다. 하지만 더 이상 단순 아르바이트가 아닌 사회생활을 시작할 첫 직장을 찾아야 한다는 것이 꽤 부담스러웠다. 첫 직장이 평생직장이 된다 했다.

과연 어떤 분야, 어떤 직종을 내가 잘 할 수 있을지, 또 해야 할지 도통 감 잡을 수 없었다. 도전해보고 싶은 한 식품회사를 찾았지만 '4년제 졸업 이상'이라는 지원조건이 붙어있었다. 면접에서 탈락되는 것도 아니고 나의 스펙으로는 면접조차 볼 기회가 주어지지 않는 것이었다.

'2년제 졸'인 내가 지원할 수 있는 곳들은 또 내가 그다지 내키지 않았다.

한번은 막내 이모부의 도움으로 대기업 하청회사 사무직에 지원을 해본 적도 있었는데, 쉽게 말해 좋은 낙하산을 탈 기회가 생겼으나 몹쓸 나의 학과성적이 낙하산이 착륙할 수 없도록 발목을 단단히 붙잡았다.

후회란 항상 늦게 오는 법. 그리고 꼬리에 꼬리를 물고 거슬러 올라가는 법이다.

대학친구들이 걱정해줄 때 정신 차려 학과공부라도 열심히 해둘 걸, 더 거슬러 올라가 4년제를 택할걸, 한 단계 또 올라가 고등학교 다닐 적에 수능공부 열심히 할걸.

뒤늦은 후회란 참으로 미련하고 못났다.

스스로 생각했을 때 나의 큰 장점은 잘 하진 못해도 '노력'은 한다는 거였다. 하지만 지난 시간을 돌이켜보니 내가 무엇 하나 제대로 노력한 게 있나 싶었다. 더군다나 세상은 노력하는 건 기본이요, 결과적으로 무언가 남들보다 우월하게 잘 하는 게 하나쯤은 있어야 경쟁력이 있었다.

정말 막막했다. 전쟁터로 나간 한 병사는 총도 제대로 못 쏘는가 하면 칼 휘두르는 법도 모른다. 게다가 그나마 있던 용기와 배짱도 잃었다. 그 병사에겐 절대 승리란 있을 수 없을 것만 같다. 그래. 바로 그 병사가 나였다.

후퇴를 하고 싶었다. 하지만 후퇴할 방법도 몰랐다. 작은 굴속이라도 찾아들어가 숨고 싶었다. 그런데 더 이상 숨을 곳도 없었다.

당장 내가 생계를 책임져야 했던 것도 아니고 부모님 등골을 휘어잡으며 몇 년째 놀고먹고 있었던 것도 아닌데 난 왜 이토록 절박했을까?

아마도 그건 조바심 때문이었을 것이다. 불확실한 내 미래에 조바심이 났다.

가고자 했던 길이 눈앞에서 사라졌다하여 결코 길을 잃은 것은 아니다.

새로운 길을 찾아 또다시 다른 길을 가면 된다. 하지만 목적지까지 언제 도착하나 하는 조바심 때문에 나는 출발 전부터 다시 또 길을 잃으면 어쩌나하고 스스로 불안했던 것이다. 다시 한 번 마음을 가다듬고 여유를 찾고자 노력했다.

그리고 눈을 낮추었다. 조금만 여유를 가지고 주위를 둘러보면 세상에 일자리는 많고 내가 할 수 있는 일도 참 많이 있다는 것이 보인다. 그 일을 잘 할 수 있을지 없을지는 아무도 모른다.

왜냐. 아직 아무것도 시작해보질 않았기 때문이다.

그렇게 마음을 다잡고 여기저기 이력서를 냈다. 처음엔 괜한 자존심 때문에 차마 지원할 생각조차 못했었던 곳에도 지원을 했다. '드디어 자존심도 버렸구나'라고 생각했는데 오히려 나의 자존심은 그 어느 때보다 강하게 자극받고 있었다. 지원한 곳 어느 한군데에서도 연락 한통 오질 않았기 때문이다.

처음엔 곧 어디서든 연락이 오겠지 하고 생각했다. 아님 뭐 다른 곳에 지원하면 금방 또 올 거라 생각했다. 하지만 아무리 기다려보아도 감감무소식이었다. 무심한 듯 있었지만 내 신경은 온통 휴대폰에 가 있었다. 혹 고장이 난 건가 싶어 슬쩍 확인도 해보았다. 휴대폰은 걱정과 달리 말짱했다.

그러던 어느 날. 울리지 않는 휴대폰을 들고 어느 작은 회사 경리 직에 면접을 보러 가게 되었다.

평상시 낯선 길이라도 길 하나는 똘똘하게 잘 찾아다녔는데, 이상하게 그 회사 건물 하나를 못 찾고 엄청 헤매게 되었다. 면접 보기 전 길도 못 찾는 '모질이' 이미지로 비춰질까 싶어서 되도록 전화는 하지 않으려 했으나, 도저히 못 찾겠어서 그 회사에 결국 전화를 걸었고 다시 한번 어떻게 찾아가야 하는지 설명을 들었다. 하지만 그럼에도 불구하고 또 비슷한 자리만 빙빙 돌게 되었고 그 후 몇 번이나 전화를 해대며 방법을 묻고 또 물었다. 택시라도 잡아타고 싶었지만, 택시가 다닐만한 골목도 아니었다.

처음엔 아주 상냥히 길안내를 해주던 직원도 점점 짜증이 나는지 귀찮은 듯 말했다.

결국 면접이 끝났다며 오지 않아도 된다는 게 그 직원과 나의 마지막 통화였다.

이력서를 이곳저곳 아무리 제출해도 연락 한번 오지 않았던 날들.

겨우 남아있던 오기마저 쭉쭉 빠지던 그때. 이젠 이력서마저 길 하나 못 찾아, 아예 내밀어 보지도 못했다. 마침 또 그날은 오랜만에 가족들과 저녁 외식을 하는 것으로 약속된 날이었다. 분명 오늘 면접은 잘 보았는지 물을 것이고 나와 함께 연락이 오길 기다려줄 것이었다.

살짝 눈물이 맺혔다.

길도 못 찾는 모질이. 내 스스로가 어디까지 한심하게 느껴질 수 있는지 그 끝을 보는 것 같았다. 미로처럼 헤매던 골목길을 빠져나와 버스정류장을 찾아 돌아 나오는 길에 잠시 고개가 갸우뚱 거렸다. 평상시 내가 좀 알던 길인데 길이 어떻게 여기로 연결되나 하고 신기했다.

집으로 향하는 버스를 기다리고 있는데 버스정류장 바로 건너편에 있던 아울렛 건물이 눈에 들어왔다. 문득 무엇인가 떠올랐다. 그동안 일자리를 찾는다고 매일매일 구인 사이트에 올라온 구인공고를 외우다시피 살펴봤는데 지금 내 눈앞에 보이는 저 아울렛 안에 있는 한 의류매장에서 한참동안이나 구인광고를 계속 올려대고 있었다.

반복해서 올라오는 그 의류매장의 구인공고를 볼 때면 '또 올라왔네? 사람을 엄청 까다롭게 뽑나? 아님 지원자가 없나?'하고 생각했었다.

잠시 여기라도 지원해볼까 스치듯 생각한 적은 있지만 그 의류매장 구인공고는 한참동안이나 게시되어 있어서 그런지 선뜻 내키지 않았다. 특히나 의류매장은 관련 경력자를 선호한다는 것도 잘 알고 있었다.

'경력자'만 구한다는 구인공고를 볼 때면, '아니, 무경험자도 어딘가에서 그 일을 시켜줘야 경력이 쌓일 수가 있는 건데 너도나도 경력자만을 선호하는 이 사회에 문제가 있는 것이 아닌가!' 하고 혼자 툴툴거려 보았다.

하지만 그 의류매장 구인공고에서 한 가지 눈에 띄었던 점은 '무경력자도 지원 가능합니다'라는 글귀가 특별히 기재되어 있었었다.

그래서 나에겐 지금.

내 눈앞에 보이는 저 아울렛 안, 한 의류매장에서 직원을 구한다는 것과 또한 경력이 없는 자도 지원이 가능하다는 것. 이 두 가지가 머릿속에 번득 떠올랐고 지금 손에는 이력서도 들고 있겠다, 더 이상 망설일 필요가 없었다. 마치 그날 처음부터 의류매장에 지원하러 나온 사람마냥 냅다 뛰어 들어갔다.

솔직히 판매업은 처음이라 자신은 없었지만 대충 3개월만. 길어도 6개월 정도만 일하고 제대로 된 직장을 다시 꼭 찾으리, 하고 걸어 들어갔다.

매장에 들어가 이력서를 내러왔다고 얘기하니 자신이 매니저라며 소개하는 한 여성.

굉장히 차분한 인상이었다. 면접 중 매니저의 설명에 의하면 내가 이 일을 어떻게 생각하고 왔는지 모르겠지만 아마 내가 생각한 것보다 훨씬 힘들 거라 했다.

우선 장시간을 서 있어야 해서 체력소모도 많고 하다 보면 힘들어서 남자들도 금방금방 잘 그만둔다며 정말 할 수 있겠냐고 계속해서 물었다.

마치 어떤 음식을 앞에 놓고 이거 정말 맛이 없는데 그래도 꼭 먹어 볼 거야? 하는 것처럼. 왠지 이분이 내가 마음에 안 들어서 나를 겁주려는 건가 싶기도 했고, 그래서 눈치껏 '아~ 저는 그럼 못 할 것 같네요'하고 이력서를 되돌려 받아가길 바라는 건지 순간 헷갈렸다.

하지만 난 끝까지 할 수 있다고 반복해서 말했고, 그렇게 짧지도 길지 않은 면접을 본 후 그 매장을 빠져나왔다.

그리고 그날 저녁. 거실바닥에 벌러덩 누워 아빠가 보고 있던 9시 저녁 뉴스를 멍하게 따라보고 있었다. 엄마는 잠이 오면 그만 방에 들어가 일찍 자라고 말씀하셨다. 뭉그적거리며 방으로 들어가려던 찰나 내내 고요했던 휴대폰이 웬일로 울렸다.

바로 오늘 면접을 보고 온 의류매장이었다. 매니저 언니의 음성이 들렸고 내일부터 바로 출근할 수 있겠냐고 물었다. 아~ 정말 오랜만에 받아보는 채용연락처럼 느껴졌다.

예전 아르바이트를 구할 때는 이렇게 기다려본 적이 별로 없었다. 어디든 면접을 보면 보통 그 자리에서 바로 출근을 하라 했거나, 아님 최소 당일 빠르게 연락을 받아봐서 난 항상 일자리는 그렇게 쉽게 구해지는 줄 알았다.

하지만 이 당시엔 아무리 여기저기 지원해도 연락 한통 오질 않았다. 그러던 와중 생각지도 못했던 곳에 이력서를 툭 던져놓고 오니 갑자기 내일부터 출근을 하란다. 당장 내일부터 출근하라는 말에 순간 부담스럽기도 하고, 아까 너무 생각 없이 충동적으로 지원을 해버린 건 아닌지 뒤늦게 걱정되었다.

그럼 마음의 준비도 할 겸, 이번 주말엔 친구들하고 좀 놀고 좀 한가할 것 같은 월요일부터 출근한다고 할까 하고 머릿속에 꾀가 스멀스멀 피어오르던 찰나에 이미 내 입은 "네! 내일부터 출근하겠습니다!"라고 말을 하고 있었다.

그렇게 나는 얼떨결에 이력서를 내고 온 한 의류매장에 그것도 가~장 바쁘다는 주말 토요일에 첫 출근을 하게 되었다.

#9 나는 아직, 너무나 젊다

주말 첫 출근은 걱정했던 것과는 많이 달랐다. 그리 힘들지도 바쁘지도 않았다.

하지만 그건 나 혼자만 그러했다. 나만 빼곤 같은 매장에서 일하던 다른 직원들은 모두 땀을 뻘뻘 흘리며 얼굴마저 벌겋게 달아올라 정신없이 뛰어다니며 일하고 있었다. 몸은 편했지만 마음이 너무 불편했다. 하지만 뭘, 어떻게, 무엇을 해야 하는지 몰랐다.

저녁 9시 30분. 아울렛이 문 닫는 규정시간이다.

손님들이 다 빠져나간 후에도 아울렛 안은 여전히 분주하다. 한바탕 판매 전쟁을 치른 후 직원들은 남아 뒷정리를 하며 마무리를 한다.

매니저 언니는 매출 장부를 보며 오늘의 수입금이 맞는지 정산을 했다. 나머지 직원들은 차례로 피팅룸에 들어가 개인 옷으로 갈아입고 나와 내일을 위한 정리를 미리 조금씩 해둔다. 다들 땀이 흥건한 모습인데 나만 아주 뽀송뽀송했다.

그때 매장 둘째 언니의 매서운 시선이 느껴졌다. 그리곤 나를 향해 한 소리가 들려왔다.

"이래서 경력 있는 사람을 써야 되는 거야 아호~"

하지만 매니저 언니는 미처 듣지 못했는지 나에게 아무런 말도 하지 않았고 오히려 그것이 나를 더 불편하게 했다. 정산을 끝낸 뒤 나를 지그시 보더니 오늘은 바빠서 제대로 가르쳐주질 못했다며 월요일부터는 하나씩 잘 배워보란다.

하지만 내일이 또 바쁜 주말인 일요일이고 오늘처럼 또다시 허수아비로 하루를 보내야 한다는 생각에 머리가 지끈지끈 거렸다.

지하상가, 백화점 등 여기저기 판매경험이 풍부했던 매장의 둘째 언니.

둘째 언니가 나에게 판매하는 노하우를 가르쳐 주었다. 종종 감정 섞인 듯 거침없는 말로 지적을 당할 때면 기분이 상하기도 했고, 가끔 이 사람이 생각이 있는 사람인가 하고 속으로 흉보기도 했었다.

둘째 언니의 단점이라면 지나치게 솔직하다는 것이다. 하지만 그것이 곧 둘째 언니의 장점이기도 했다. 속이 훤히 잘 들여다 보이는 둘째 언니에게서 예쁨을 받기란 그리 어려운 일은 아니었다. 둘째언니의 기분을 좀만 잘 맞춰주고 매니저 언니가 자리를 비웠을 때 둘째 언니가 농땡이를 치는 걸 모르는 척 눈감아주면 둘째 언니는 만사 오케이인 사람이었다.

매장에서 나보다 선배지만 나이로는 한 살 어렸던 막내 남동생.

훤칠한 키에 잘생긴 외모. 우리 매장 유일한 남성모델이었다. 일주일 내내 하나도 안 팔리는 옷도 막내가 하루만 입고 있으면 그날 하루에도 여러 장이 금세 팔리곤 했었다. 물론 뒷날 교환과 반품도 들어오긴 했지만 판매된 것이 100% 다 되돌아오는 건 아니니 일을 잘 하고 못하고를 떠나서 매장 내 참 귀한 존재였다. 처음엔 나에게 자기가 선배라며 이것저것 어설프게 가르쳐주었다. 하지만 매니저 언니와 둘째 언니가 바로 제재를 가했고 결국 막내는 그냥 모델 역할만 충실히 했다.

끝으로 매사에 빈틈없는 매니저 언니. 재고관리 하는 법을 가르쳐주었다. 재고관리는 컴퓨터 엑셀 파일과 그것을 똑같이 기록해둔 해둔 노트와 함께 이중으로 기록하고 관리를 했었는데 오히려 매니저 언니의 머릿속이 정확할 때가 더 많았다.

그렇게 언니들에게 업무를 조금씩 배워가면서 본격적으로 일을 하게 되었고 갑자기 오랜 시간 서있는 일을 하다 보니 몸이 생각했던 것보다 빨리 지치고 피곤했다. 하지만 어차피 '3개월용'이라 맘먹으며 시작한 일이었다. '3개월만 버티자'라는 생각으로 지내다 보니 일에 대해 흥미도 못 느끼고 점점 건성건성 해졌다.

너무 지치고 힘든 날에는 '머리가 나쁘면 손발이 고생한다.' 이 말이 딱 날 두고 하는 말이었구나. 하고 내 처지와 신세를 비관했다.

그러던 어느 날. 한 차례 또 판매 전쟁을 치른 후 지칠 대로 지친 무거운 몸을 이끌고 퇴근하는 길이었다. 집으로 가는 버스를 타기위해 정류장으로 힘겹게 발걸음을 옮기고 있었다. 시간은 저녁 10시가 넘어가고 있었다.

내가 근무했던 아울렛은 부산 한 시외버스 터미널과 이어진 곳이라 늦은 밤까지도 건물 앞에는 터미널을 오고가는 사람들로 항상 북적였다. 힘겹게 걷다가 건널목 신호를 놓쳐 그다음 신호를 기다려야 했다.

허리와 다리가 찌릿찌릿한 것이 너무 아파 화단 옆 벤치에 앉아 잠시 쉬고 있었다. 종아리 쪽을 주먹으로 툭툭 두드리며 '손발이 고생. 그래, 손발이 고생하지'하고 생각하고 또 생각하고 있었다.

그때 어디론가 바삐 가는 많은 사람들 중 나처럼 털썩 주저앉아 멈춰있는 한 사람이 눈에 들어왔다. 연세가 많은 할머니였다. 파마를 한지도 상당히 오래돼 보였고 꽤나 큰 짐들을 옆에 두고 쉬고 계셨다. 잠시 후 할머니는 그 자리에서 일어서려는 듯 땅바닥에 양팔을 집더니 엉금엉금 기어서 옆에 있던 나무를 잡고 겨우겨우 일어나셨다.

일어나셔서 바로는 걷질 못하고 숨만 크게 내뱉으시더니 그래도 아직 숨이 가쁜지 계속해서 거친 숨을 내뱉으셨다. 저 할머니에게는 앉았다 일어나는 것마저 숨까지 골라야할 만큼 굉장히 힘든 일인가보다 싶었다. 그렇게 그 할머니를 아련하게 바라보다 문득 한 가지 생각이 떠올랐다.

'나는 저 할머니보단 낫네.'

그리고 또다시 생각했다.

'아니. 아니지. 나는 훨~씬 나은 거지.'

할머니와 족히 50년 이상은 나이 차이가 나니 단순 나이만으로 보면 너무 당연하고 당연한 건데, 이날 길거리에서 우연히 보게 된 그 할머니를 보며 나는 내가 너무 젊다는 것을 새삼 깨달았다. 순간적으로 깨닫게 된 이 생각은 나에게 상당히 큰 울림을 주었다.

지금 내가 아무리 지쳤다 해도 난 일어서기 위해 땅을 두 팔로 집지 않아도 된다.

또한 나무도 잡지 않아도 된다. 집까지 버스타고 40분을 가야 하는데, 만약 버스 안에 앉을 수 있는 빈자리가 없더라도 난 집까지 거뜬히 서서 갈 수 있다. 그만큼 나에겐 아직 힘이 충분히 남아있다.

그래. 난 아직 젊다. 너무나 젊다.

이렇게 때론 일상 속 흔한 사소한 일들이 지금까지의 전체 생각을 바꾸어주기도 한다.

누군가의 좋은 가르침보다, 또 어느 유명하고 좋은 명언보다, 내 삶에 갑자기 파고들어와 큰 깨달음을 주기도 한다.

#10 채찍과 당근

의류매장에서의 일을 시작한 후 몇 개월쯤 지난 후에야 알게 된 사실인데 매니저 언니의 대학전공은 법학과였다. 영국에서 유학생활을 한 적도 있으며 집안도 꽤 잘 사는 집의 외동딸이었음을 알게 되었다.

잘은 몰라도 매니저 언니의 부모님은 의류매장에 근무하는 자체를 굉장히 반대했으며 출근하는 매일 아침마다 어머니의 심한 반대를 무릅쓰고 나오는 것 같았다.

한날 매니저 언니의 도시락 가방 줄이 양쪽에서 팽팽히 잡아당기다 끊긴 듯 처참하게 잘려나간 것을 보고는 더욱 확실히 알게 되었다.

매니저 언니의 처음 꿈이 무엇인지 정확히는 모르지만, 언니네 부모님의 기대는 지금과는 확실히 다른 방향이었을 것 같다. 매니저 언니가 어떻게 의류매장에서 일하게 되었는지 나름대로 다 속사정이 있겠지만 어찌 됐든 현재 자신이 맡은 일에서 최선을 다하는 모습만큼은 정말 멋있고 대단해 보였다.

매니저 언니와 꽤 가까워졌을 때 나는 궁금증 하나를 조심스레 물어본 적이 있었다. 혹시 진로 바꾼 것에 대해 후회한 적이 없었느냐고.

매니저 언니는 망설임 없이 대답해주었다.

많이 후회했다고. 하지만 지나간 시간을 후회만 하고 있을 것이 아니라 현재를 어떻게 살아가느냐에 따라 과거의 그 시간들을 쓴 약과도 같았던 시간으로 만들어 버릴 수 있다고 했다. 과거는 이미 흘러 멈춰있는 게 아니라 현재를 어떻게 살아가느냐에 따라서 미래와 함께 달라지는 것이라고.

나를 따스한 눈길로 바라보며 부드러운 음성으로 다시 한 번 말했다.

"아무리 작은 일이라 하더라도 자기 것으로 만들 줄 알아야 해. 그 일이 하찮고 작다고 해서 스스로도 그렇게 생각을 해버린다면 결국 나는 하찮고 작은 일을 하는 사람밖에 되질 않지. 하지만 너 스스로가 네가 하는 일이 중요하고 큰일이라고 여긴다면, 결국 넌 누가 뭐래도 중요하고 큰일을 하고 있는 사람인 거야"

매니저 언니와의 진솔한 대화 후 나의 마음가짐에 조금씩 변화가 생겼다.

분명 어제와 똑같은 일을 똑같은 시간에 하고 있었지만 더 이상 어제의 내가 아니었다.

힘들고 지치기만 했던 하루하루가 그렇게 보람찰 수 없었다. 저녁 마감할 시간이 다가오면 다리부터 허리까지 심한 통증이 이어졌다. 하지만 힘든 만큼 '오늘도 해냈다'라는 보람이 더욱 커서 항상 웃을 수 있었다.

의류매장에 하루꼬박 11시간을 근무하면서 초반에 받은 한 달 급여는 70만 원이었다.

한 달 중 휴무는 총 4일이었다. 처음엔 체력적으로 너무 힘들었기에 네 번의 휴무 중 친구들을 만나거나 외부활동을 하는 건 두 번이면 족하다고 생각했다. 나머지 두 번은 집에서 잠도 푹 자고 휴식을 잔뜩 취해야겠다고 생각했다.

그래서 나는 월급 70만 원을 받으면서 과감하게 60만 원을 저축했다. 남은 돈 10만 원으로도 두 번의 외출에서 쓸 돈은 충분하다고 생각했기 때문이다. 출퇴근하는 왕복교통비는 매장에서 하루에 2천 원씩 주어지는 간식비로 충당하기로 했다. 그리고 그것은 계획한 대로 무리 없이 실천이 가능했다. 물론 평일에 일이 끝난 후 예정에 없던 약속이 생길 수도 있었지만 거의 그러질 못했다. 내가 일이 끝나는 밤 시각이면 만나서 놀고 있던 친구들도 차차 자리를 마무리하려는 시간이었고, 그리고 대부분 친한 친구들은 여전히 대학생들이었기 때문에 평일엔 학과 공부나 과제, 아니면 동아리 모임에 나보다 바빠 보였다.

친구들이 시간을 낼 수 있는 주말은 오히려 나에겐 가장 바쁘게 일해야 하는 주말이었기 때문에 예전처럼 친구들을 자주 만날 수도 없었고 그렇게 계획한대로 열심히 저축하며 통장 잔액이 점차 불어나는 것을 보며 즐겁게 지냈다.

급한 대로 3개월만 일하자 생각하고 뛰어들었던 의류매장에서 어느덧 1년하고도 8개월째 근무를 하고 있었다. 내 나이도 23살이 되었다.

70만 원을 받았던 월급이 차츰차츰 올라 120만 원이 되었다. 통장을 확인해보니 약 2천만 원에 가까운 돈이 모여 있었다. 그중 약 600만 원은 내 콤플렉스였던 치아를 교정하는데 쓰였고 나머지는 부모님이 필요한 순간 좀 보태드릴 수 있었다.

부모님께 내 힘으로 도움을 드렸던 그날.

지금까지 했던 나의 신세한탄과 한때 노력 없이 꿈을 좇아갔던 무모함, 그리고 매일 말만 앞서갔던 한심함. 그렇게 모든 것들이 합쳐져 나에게 밀물처럼 밀려왔던 뒤늦은 후회들.

그렇게 나를 누르는 이 못난 모든 것들을 한방에 깨끗이 날려버릴 수 있었다.

시간을 벌겠다며 택했던 짧은 대학생활. 속으로 미련도 후회도 많이 했었다.

여전히 학교에서 공부를 하고 있는 친구들을 볼 때면 부럽기도 했었다. 고등학교 때 공부가 부족했던 거라면 왜 대학 가서 한번 제대로 해볼 생각은 하지 못했을까. 하고 항상 숲을 보질 못하는 나는 참 부족하다며 자책하고 지냈다. 그러니 지금 이렇게 힘든 것은 내가 다 자초한 것이며 아무리 힘들더라도 참고 무조건 해내야 하는 거라며 그렇게 마음을 눌렀고, 그나마 보람을 느끼며 일하고 있는 것도 다행이라고 감사히 여겼다.

그렇게 한번은 어두운 생각들이 들어 채찍질을 할 때면, 한번은 또 밝은 생각으로 당근도 줘가며 나 자신을 다독이며 지냈다.

하지만 부모님이 힘들 때, 내가 힘이 될 수 있다는 걸 느낀 그 순간. 지나온 모든 시간들이 처음으로 후회스럽지가 않았다. 만약 시간을 되돌려 충분히 다른 선택을 할 수 있는 기회를 준다하더라도 이제 그 모든 게 다 의미가 없어졌다. 그냥 정말 이거 하나면 충분하다고 느꼈다. 내 힘으로 부모님께 보탬이 되어 느껴본 이 뿌듯함은 세상 무엇과도 바꿀 수가 없었다. '나'란 사람이 정말 좋고 자랑스러워 행복한 비명을 질렀다.

네가 힘들게 일해서 모은 돈을 엄마 아빠가 쓰게 되었다며 미안해하는 부모님의 말씀에 눈물이 맺혔다. 아니, 내가 더 죄송했다.

공부해야 할 시기에 열심히 하질 못했고, 좋은 대학에 가질 못했고, 자랑할 만한 번듯한 직장도 구하지 못했다. 내가 능력이 좋아 돈을 많이 버는 그런 일을 했더라면 지금 더욱 큰 도움을 드릴 수 있었을 텐데, 하지만 난 그러질 못했고 그런 나에게 부모님이 먼저 미안하다고 말씀하는 게 참 가슴 아팠다.

그런 죄송스러움과 감사함에 눈물지었던 밤이었지만 그날은 정말 시원하고 행복한 마음으로 편하게 잠자리에 들 수 있었다.

#11 자신감 하나

인생 멘토 같았던 매니저 언니가 개인 매장을 따로 오픈하게 되면서 일을 그만두게 되었고 매니저 언니의 도움으로 23살의 어린나이였지만 난 매니저 자리를 물려받을 수 있었다.

그렇게 이제 내가 책임지고 영원히 일해야 할 것만 같던 의류매장에서 근무를 끝낼 수 있었던 건 근무했던 매장과 아울렛 사이에 재계약 문제가 발생하면서이다.

우리 매장이 강제퇴거를 하게 됐고, 사장님은 다시 법정소송으로 매장을 되찾을 때까지 나보고 6개월만 기다려 달라했다. 기다리는 동안 사장님의 또 다른 매장으로 임시 근무를 하고 있으라 하셨다.

이미 근무 인원이 충족되어 굳이 나까지 필요하지 않은 매장에 꾸역꾸역 출근하는 게 맞는 건지 아님 적당히 눈치껏 알아서 그만둬야하는 건지 혼란스러웠다. 장소만 바뀌었을 뿐, 같은 일을 하는데 예전 같은 보람도 더 이상 느낄 수가 없었다.

이참에 휴식을 취한 뒤 한번 다른 일을 찾아보는 것도 괜찮겠다는 생각이 들었다. 사실 정 안 되면 판매직 경력이 있으니 언제든 돌아올 수 있다고 생각했다.

부모님은 그동안 힘든 일마다 않고 묵묵히 해왔던 나를 안타깝게 보고 계셨기에 나의 이런 생각에 적극적으로 찬성을 하셨고 그렇게 해서 난 맘 놓고 한 달간 푹 쉬게 되었다.

일을 그만 둔 후 첫 일주일은 거의 잠만 잤다. 의류매장에서 일을 하는 동안 내 몸무게는 이전보다 7kg 감량했었다.

엄마는 내가 통통했을 때가 귀엽고 보기 좋았다며 다시 살 좀 찌라며 맛있는 걸 잔뜩 해주셨다. 힘들게 일한 후 가진 휴식이라 그런지 더욱 더 달콤했다.

내가 1년 8개월간 일 했던 매장은 사실 오래된 건물이라 냉, 난방 시설이 많이 좋지 못했다. 여름엔 얼마나 더운지 가만히 서있기만 해도 땀이 줄줄 흘러내렸다. 그래서 난 여름이면 1.5L 페트병을 꽁꽁 얼려 매장에 두고 녹이면서 시원한 물을 항상 필수로 준비했고, 그것으로도 부족한 주말엔 큰 아이스박스 물통에 엄마가 얼음을 한가득 담아서 차가운 물과 함께 챙겨주곤 했었다.

겨울이면 너무 추워 내의를 기본적으로 입고 두툼한 점퍼까지 껴입고 일해야 했다.

더 추운 날이면 두툼한 보드 복을 입고 일하기도 했었다.

특히 우리 매장이 아울렛 건물 바로 입구 쪽이라 입구에서 찬바람이 세차게 들어와 더 추웠던 것 같다. 강원도나 위쪽 지방에서 근무하는 군인들이 걸린다는 발 동상도 난 의류매장에서 보내는 겨울에 걸렸다.

또 이렇게 추운 겨울에는 손마저 더욱 트는데, 새 옷을 계속해서 만지며 일하다보니 독이 올라 손가락이 거북이 등짝처럼 쩍쩍 갈라진다. 그렇게 갈라진 부분들은 마치 얇은 종이에 사정없이 베인 것처럼 너무 쓰라리고 그렇게 아릴 수가 없었다.

종종 창고 정리와 재고 정리를 동시에 해야 하는데 정리해야 하는 의류 박스 량이 보통 6, 70박스였다.

영업을 위해 하루 만에 끝을 냈어야 했기 때문에 점심저녁 시간도 반납해가며 열심히 일 했었다.

청바지가 들어있는 박스는 웬만한 남자도 쉽게 못들 정도로 무거웠다. 머리, 목까지 이용하여 그런 박스들을 자꾸 들고 내리고를 반복하다보니 아주 1번 척추부터 꼬리뼈까지 어느 한곳 아프지 않은 곳이 없었다.

못 견딜 정도로 심하게 아프던 곳은 항상 허리였는데, 결국 허리복대까지 차고 일을 다녀야했었다. 내가 일을 그만두고 집에서 쉬고 있을 동안 엄마는 시간이 날 때마다 나의 허리와 등 쪽을 두들겨 주면서 정성스레 안마를 해주셨다.

첫 직장이 평생직장이라 했던가. 누군가에겐 전혀 해당되지 않을 수도 있겠지만 나에겐 해당되는 듯했다. 다른 길을 찾아보겠다고 그만두었지만 구인공고를 살피는 내내 판매직만 눈에 들어왔다. 새로운 일자리를 찾고 싶었지만 역시 해본 일이 더 와 닿았고 다른 새로운 일은 내 일이 아닌 남의 일로 보였다.

그러던 중 언니의 대학선배가 'S'이동통신사에서 상담일을 하고 있다는 걸 우연히 듣게 되었다. 엄마는 그런 곳에 일하면 여름엔 시원하고 겨울엔 따뜻하다는 이유 하나만으로도 참 좋겠다며 옆에서 얘길 듣고 있던 나에게도 동의하라는 듯 옆구리를 쿡쿡 찔렀다.

결국 엄마의 부탁으로 언니가 그 선배에게 '상담직'에 지원하려면 어떻게 해야 하는지와 자격요건을 알아봐주었다. 마침 정식 모집기간이라며 직원 추천서를 써주겠다며 기꺼이 지원해보라고 했다. 그렇게 또 나의 이력서를 들고 언니의 대학선배에게 전해주러 'S'회사 근처로 갔다.

이번엔 엄마도 함께 갔다.

서울 가는 것도 아닌데 왜 따라 오냐고, “내가 너무 애처럼 보이잖아~” 했더니, “엄마한테 애 맞지~” 하며 굳이 언니 선배에게 점심을 사겠다는 거였다.

‘사육사’ 사기사건과는 다르겠지만, 그날 역시 엄마의 또 다른 긴장감과 간절함이 옆에서 고스란히 느껴졌다.

초면인 언니의 대학선배.

다소 편하지 않은 자리였지만 엄마는 이것저것 일에 관한 걸 나 대신 잘 물어보고 계셨다.

학력제한은 없는지, 어떤 부분이 힘든지, 면접에 통과하면 바로 정식 직원이 되는지.

나 역시 모두 궁금했던 것들이었지만 정작 난 한마디도 하지 못하고 엄마 따라온 애처럼 밥만 꾸역꾸역 먹고 있었다.

질문을 받은 선배 언니는 친절하게 자세히 설명해주었다.

초반 급여는 얼마정도 되며 처음에 가장 힘든 점은 끊임없이 바뀌는 통신사 제도에 맞춰 공부를 하고 매주 시험을 봐야하는 건데, 물론 힘들어서 금방 퇴사하는 사람도 있지만 그것도 익숙해지면 괜찮다는 것이었다.

상담직은 나이나 학력 제한이 다른 회사들에 비해 까다롭지 않아 나의 조건으로도 충분히 지원가능하다 했다. 원하던 답을 들은 엄마의 표정이 한층 밝아졌다.

그렇게 식사를 끝낸 후 내 이력서를 S회사건물 앞에서 선배언니에게 직접 전해주고 엄마와 함께 집으로 가기위해 발길을 돌렸다.

엄마는 꼭 내가 이 일을 하게 됐으면 좋겠다면서 그 언니선배가 들어간 회사 건물을 물끄러미 바라보며 말씀하셨다.

“이야~ 저 건물 좀 봐라. 진짜 높다. 좋네 좋아~”

건물 안은 몰라도 나 역시 겉으로 보이는 외관은 번쩍번쩍 빛나는 빌딩이 마치 드라마 속 주인공들이 드나들던 건물 같아 보인다고 생각했다.

며칠 후. S이동통신회사에서 연락이 왔다. 면접을 보러 오라는 것이었다.

그렇게 면접 날. 깔끔하게 정장을 차려입고 머리도 단정하게 묶어 면접을 보러갔다. 미리 인터넷으로 검색한 회사관련 자료도 찾아보면서 나름대로 면접을 대비한 연습도 해두었다.

면접 대기실엔 나와 비슷한 차림새를 한 면접생들이 많이 있었다. 대기 중 바로 옆에 있던 한 사람과 잠시 대화를 나누게 되었다. 이전엔 무슨 일을 했으며, 어떻게 이 일을 찾아 지원하게 되었는지 등 간단한 대화였지만 서로의 긴장감을 달래기엔 충분한 대화였다.

나보단 그분이 먼저 면접장으로 들어가게 됐고 좋은 결과 있길 바란다며 서로에게 응원을 해주었다. 그리곤 내 차례가 되었고 나도 면접을 보고 나왔다. 너무 긴장한 탓에 무슨 질문을 받고 내가 무슨 대답을 했는지 기억도 잘 나질 않는다.

면접을 보고 나오니 나보다 앞서 면접을 본 그분이 미소를 띠며 나를 기다리고 있었다.

서로 면접은 어땠는지 물어보았고 함께 회사건물을 빠져나왔다. 그리곤 그렇게 헤어지는 게 아쉬워 서로의 전화번호를 교환했다. 만약 같이 입사하게 된다면 친하게 지내자며 아쉬움을 뒤로한 채 그렇게 헤어졌다.

면접 결과가 개별통보 되기로 한 날. 하루 종일 휴대폰을 손에서 놓지 못하고 만지작거리고 있었다. 또다시 울리지 않는 휴대폰이 참 야속하게 느껴졌다. 휴대폰이 울릴 때면 냉큼 받아보았는데 친구임을 확인했을 때는 기운이 저절로 빠졌다.

그렇게 저녁 6시가 넘도록 기다리던 연락은 결국 오지 않았다.

하지만 잠시 후 나의 휴대폰이 울렸다. 면접 날 번호를 교환했던 그분이었다. 상대방은 약간 들뜬 목소리로 나에게 먼저 물었다. 혹시 합격 연락을 받았냐고. 난 아직 연락을 받지 못했다고 전했다.

내 대답을 듣더니 약간 실망한 듯 미안한 듯 다음 말을 꺼냈다.

본인은 합격 연락을 받았다는 것이다. 같이 합격했으면 너무 좋았을 텐데 많이 아쉽다고 했다. 나 역시 씁쓸하긴 했지만 그분이라도 합격한 것이 진심으로 기쁘기도 했다.

잠시 사귄 사람이었지만 따뜻하고 좋은 사람이라고 느꼈기 때문이다. 못내 아쉬워하며, 내가 좀 풀이 죽어있다는 걸 느꼈는지 자신이 S통신사를 알아볼 때 다른 회사 상담직도 알아보았다고 얘길 꺼냈다.

지금 'L'사와 'K'사 두 통신회사 모두 상담사를 추가 모집하고 있다는 것이었다.

본인은 S통신사가 안 되면 지원하려고 같이 준비 중이었다며 나보고 다시 그 두 회사에도 지원을 해보라는 것이었다. 'K'통신사, 'L'이동통신사. 두 군데 모두 큰 회사였다.

결국 난 그렇게 두 군데 모두 동시지원하게 되었다. 'L'사에서는 서류면접에 이어 적성테스트까지 무사통과 후 면접을 볼 기회가 주어졌다.

하필 두 회사가 같은 날 면접일이 잡혔다. 다행히 시간차가 있어 'K'사 면접을 치른 후 택시를 타고 재빨리 이동하면 시간 안에 맞춰 'L'사에서도 무사히 면접을 볼 수 있었다.

같은 날 연속으로 면접을 보아서 그런지 먼저 면접을 봤던 'K'사보다 뒤에 바로 이어서 본 'L'사의 면접을 한결 편안한 마음으로 여유롭게 잘 볼 수 있었다.

'L'사의 면접이 진행되고 있을 때 면접 내내 미소 한번 없이 딱딱한 표정과 매서운 눈빛으로 면접생을 관찰하듯 노려보는 한 여자 면접관이 있었다.

최대한 저분과는 눈을 맞추질 말아야겠다고 생각했고 조용히 침을 꼴깍 삼켰다.

때마침 다른 한 면접관이 나에게 질문을 했다.

"김선경 씨~ 만약에 직장 내 동료들에게 왕따를 당한다면 어떻게 대처하실 겁니까?"

나는 아주 잠깐 고민하고 곧바로 대답했다.

"먼저 제가 왜 왕따를 당하는지 파악할 겁니다. 저의 '근무태도'나 '성격'에 문제가 있어 따돌림을 당하는 거라면 기꺼이 고치고 나아지도록 노력하겠습니다.

하지만 단순 저의 '외모'가 마음에 들지 않아 따돌림을 당하는 거라면, 그렇다고 성형수술을 할 수도 없고, 많이 속상하겠지만 그것은 고쳐줄 수 없습니다. 전 제 외모가 마음에 들기 때문입니다!"

내 대답이 끝난 그 순간.

그 질문을 던졌던 면접관부터 웃음기 하나 없이 면접을 진행했던 여자 면접관까지 모두 크게 웃음을 터뜨렸다. 그리곤 그 무서운 면접관이 웃으며 나에게 한마디 던졌다.

"자신감 하나는 대단하시네요."

#12 버티고 참아낼 수 있는 이유

며칠 지나지 않아 'K'사, 'L'사 두 군데 모두에서 합격 연락을 받을 수 있었다.

'K'사에서 반가운 연락이 먼저 왔고 잇따라 'L'사에서도 연락이 왔다.

하지만 입사 후의 조건이 좀 달랐다. 아니, 많이 달랐다. 'K'사는 우선 교육생으로 합격을 한 것이고 'L'사는 바로 신입사원이 되는 것이었다.

'K'사 같은 경우엔 교육기간 1개월 동안 성적, 적성 등 추가 테스트를 거쳐 교육을 통과한 후 3개월의 연수기간을 무사히 끝내야만 비로소 신입사원이 되는 것이었다. 하지만 'L'사에선 입사 후 바로 신입사원의 자격으로써 교육을 받을 수 있다했다.

또한 'L'사에서 내게 합격통보를 전하던 남자직원은 나에게 뜻밖의 제안을 했다. 내가 지원한 파트는 이동통신 일반고객을 상담하는 부서인데, 원한다면 특별히 민원상담만 전문적으로 하는 전문부서에서 근무를 할 수 있도록 기회를 준다는 것이었다.

일반 상담직에 비하면 급여는 2배가량 높고 인센티브 역시 마찬가지라 했다.

높은 보수를 받을 수 있고, 전문상담이라 일반상담에 비하면 업무량도 4분의 1 수준이라 했다.

보통 일반상담으로 근무한 경력자 중 부서 이동을 희망하는 우수사원이나 팀장의 추천을 받아 이동할 수 있는 부서인데 이렇게 일반면접만을 보고 바로 지원할 수 있는 곳은 아니라고 했다.

해당 민원부서로의 입사에 동의 한다면 관련 교육과정에 바로 참여하게 될 것이고 교육을 수료하면 바로 근무가능하고, 만약 수료하지 못한다 하더라고 계속해서 재교육을 받을 수 있다 했다. 교육기간이지만 기본적인 생활유지비로 급여는 지급되며 이것은 정말 아주 좋은 조건이라 강조했다. 합격생 모두에게 제의가 가는 것은 아니며, 이번 면접에서 특별히 따로 제시하는 거라고 부연 설명을 더했다.

하지만 난 정중히 거절했다.

남자직원은 '너무 좋은 기회'라고 계속해서 강조했지만 나한테 그런 행운이 거저 올리는 없다고 생각했다. 불현듯 '사육사 사기' 사건이 떠올랐다.

그 남자직원은 내가 단박에 거절할거란 생각을 전혀 예상하지 못했는지 순간 나보다 더 당황스러워했고, 재차 전화가 걸려와 이 제안을 거절하는 이유에 대해 상세히 듣고 싶어 했다. 난 차마 '사기를 당한 적이 있어서요. 행운은 이제 믿지 않습니다'라고 말은 못하고 "아 집안사정이 있어서요."라고 대충 얼버무렸다.

내 대답을 듣더니 이제야 이해가 됐다는 듯 "아~ 그럼 혹시 지금 바로 취업해서 일하기 힘든 상황이신가요?

그러면 최대 1년 보류 해드릴 수 있어요. 1년 안에 언제든지 일할 수 있는 상황이 되면 제게 꼭 연락주세요. 보류해드릴게요."

아직도 이것이 좋은 조건이었는지는 분명히 모르겠다.

분명한 건 'L'사에서 주장하는 이 놀랍고 파격적인 제안에 오히려 나는

'L'사는 좀 이상하다고 여겼으며, 신입사원 자격이 아닌 교육생부터 시작해야 한다는 불확실한 조건이 못내 아쉬운 'K'사로 가야겠다고 마음을 먹었다는 것이다.

부산 남구. 번잡한 거리 속에 당당히 빛을 받고 우뚝 서있던 'K'사의 빌딩.

출근, 아니 교육 첫날. 난 그 자리에서 바로 건물에게 반해버렸다.

'우와. 드라마에서 보던 빌딩인데?!!'

약간 촌스러울 수도 있겠지만 정말 그렇게 감탄하고 있었다.

잘나가는 직장인들의 상징이라 생각했던 회사 출입증과 사원증. 사원증을 찰랑찰랑 목에 걸고 한손에는 커피를 들고 있을 내 모습. 교육을 무사통과하게 되면 나는 드라마에서 봤던 멋진 커리어우먼의 모습을 하고 있겠구나. 하고 기분 좋은 상상을 했다.

사원증 무게가 설령 20키로가 넘을지라도 나는 잘 걸고 다닐 수 있으리라. 생각했다.

내 목뼈는 양팔을 도와 의류매장 청바지박스를 숱하게 함께 들어주었고, 그래서 남들과 비교도 안 되게 단련되어 있을 거라 믿어 의심치 않았다.

교육시작은 때마침 추석연휴를 앞둔 무렵이라 명절연휴가 끝난 뒤 월요일에 바로 시작한다고 했다.

이번 명절엔 엄마도 왠지 모르게 기분이 좋아보였다. 오랜만에 만나는 친척들은 서로의 안부와 근황을 챙겨 물었고, 엄마는 미리 대사연습이라도 해온 듯이 "아니 글쎄~ 다음 주부터 얘가 'K'사로 출근하게 되었네?" 하며 나의 소식을 바쁘게 전하고 있었다.

그렇게 친척 어른들과 사촌들의 축하도 받고 맛난 명절음식을 잔뜩 먹으며 에너지를 가득 충전하고선 드디어 첫 교육이 시작되었다.

회사건물 11층에 위치한 한 교육장. 넓고 아주 깔끔했다.

교육장 뒤쪽 한편에 커피와 차를 마실 수 있도록 잘 준비되어 있었다.

교육내용은 생각보다 어려운 부분이 많았고 양도 상당히 방대했다. 기본적으로 암기해야 할 통신사 상품에 관한 정보가 책 한 권 분량이었고, 그에 따르는 매뉴얼 자료는 셀 수 없이 쏟아졌다.

이 모든 걸 한 달 안에 다 내 것으로 만들어야 한다는 것에 새삼 '상담직'에 근무하는 선배들이 이 과정을 다 통과한 사람들이란 말인가 싶어 대단하다고 생각했다.

하루에 겨우 2~3시간을 자고 계속 공부만 했다. 주 1회 교육시험을 보는데 총 4회의 시험 중 세 번의 일등을 내가 차지했다. 그런 한 달간의 교육기간 중. 내가 가장 좋아했던 시간은 바로 아침이었다.

집에서 회사까지 혼잡한 시간을 피해 버스를 꼬박 1시간은 타야 도착되는 거리에 있다 보니 거의 첫 차를 타기 위해 일찍이 집을 나서야 했고, 그렇게 이른 시각 교육장에 들어서면 아무도 없었다. 창밖으로 줄지어가는 자동차의 행렬이 보이기 시작했고 빌딩 숲 사이로 눈부신 해가 떠올라 아침햇살이 교육장을 환하게 비추었다.

그렇게 도시의 바쁜 아침풍경을 보면서 따뜻한 커피 한잔을 마시곤 내 자리에 앉아 시원하게 기지개를 힘껏 켰던 그 순간이 참으로 좋았다. 약 40명 정도가 함께 교육을 받았었고 그중 반은 교육 도중 탈락되거나 중도 포기를 했다. 스무 명 정도만 남아 3개월 동안 연수를 받게 되었다. 연수기간 중 성적이 우수하면 꼭 3개월을 다 채우지 않더라도 바로 팀으로 배정받아 신입사원으로써 근무할 수 있었다.

교육동기들과 헤어지는 건 섭섭하고 아쉬웠지만 연수를 받은 지 난 1개월 만에 어느 한 팀으로 배정받아 본격적인 상담업무를 시작할 수 있었다.

나와 함께 교육을 받은 동기들 중 연수기간 3개월을 다 채우고 내가 근무 중인 팀으로 동기 한 명이 뒤늦게 왔다.

하지만 끝내 적응하지 못했고 너무 힘들어하더니 결국 회사를 떠났다.

때론 자기가 하는 일이 세상에서 가장 힘든 일이라고 느껴질 때가 있다.

남들은 마냥 편해 보이고 즐거워만 보인다. 모두 나보다 쉬운 일을 하는 것만 같은데, 왠지 나만 생고생을 하는 것 같기도 하고 언제까지 이 일을 해야 하나하고 한숨짓기도 한다.

만약 세상에 직업이 딱 10가지만 있어, 그 일 모두를 하나씩 하나씩 해볼 수 있다면 지금 자기가 하고 있는 일이 '아~ 00번째로 힘든 거였어.' 하고 순위를 매길 수도 있을 것이다.

하지만 실제론 잘 알려지지도 않은 생소한 직업들도 있고, 우리나라엔 없고 다른 나라에만 있는 직업들도 있으며, 과거엔 있었는데 현재는 없어진 직업도 있고 반대로 과거엔 없었는데 현재 새로 생긴 직업들도 있다. 이렇게 세상엔 정확히 셀 수도 없을 만큼 엄청 많은 직업들이 있다.

대부분의 사람들은 살면서 몇 가지의 다른 직업과 일들을 경험해볼 수 있을까?

아마도 그리 많지는 않을 것이다.

그리고 엄마 친구의 딸이 하는 일. 아빠 친구의 아들이 하는 일. 친구가 하는 일, 친구의 친구가 하는 일. 그렇게 건너서 전해들은 다른 직업까지 합하여 약간의 간접 경험이라도 해본들 과연 몇 가지 정도의 직업에 대해 잘 알고 있다고 생각하는가?

그것 또한 역시 그리 많지 않을 것이다. 그래서 사람들은 때론 자기가 하는 일이 남보다 더 힘들다고 느끼게 된다.

상대방의 일을 잘 모르기 때문이다. 아무리 그 속사정을 말해봤자 그 일을 실제로 해보지 않는 이상 크게 공감하기 어려울 것이다. 그래서 같은 일을 하는 사람들 사이에서 '동료애'가 생기는 게 아니겠는가.

아무튼 본격적으로 '상담직'에 관해 설명을 하자면 일단 엄마의 바람대로 사무실 안에서 여름은 시원하게, 겨울은 따뜻하게 보낼 수 있었다는 것이다. 그리고 하루 종일 편안한 의자에 앉아 일하기 때문에 허리도, 다리도 피곤하지 않았다.

힘쓰는 육체적 노동이 아니라서 몸은 상대적으로 아주 편한 직종이었다.

앞전에 일했던 의류매장의 근무상황과 비교를 해보자면 주말은 자동반납, 명절, 크리스마스, 연말 같은 특별한 공휴일엔 휴무란 절대 불가. 겨울엔 발가락 동상, 허리엔 디스크.

의류매장에 비하면 나에게 '상담직'은 천국을 맛볼 수 있는 직종이었다.

하지만 힘들다고 그만두는 선배나 동료, 후배를 볼 때면 내가 만약 의류매장에서 일한 경험 없이 '상담직'부터 사회 초년생으로 도전했다면, 나 역시 퇴사하는 동료들처럼 아니. 교육기간 한 달 중 포기했던 동기들처럼 진즉에 회사를 떠났을지도 모른다는 생각이 들었다.

다수가 힘들다고 느끼는 일에 묵묵히 참아내고 꿋꿋하게 지키는 사람들이 있다.

그 사람들은 참을성이 강한 사람이거나 아님 또 다른 일을 해봤자 힘든 건 역시 마찬가지라는 걸 깨달은 사람이거나, 지금까지 버틴 게 아까운 사람일 수도 있다.

그것도 아니라면 힘든 만큼 보수가 많은 편이니 그걸로 만족하는 사람이거나, 하고 싶은 다른 일도 딱히 없고 새로운 일을 찾는 것이 더 귀찮은 사람일 수도 있다.

내가 상담직을 '4년' 동안 그만두지 않고 버틸 수 있었던 건, 의류매장에서 일했던 때에 비하면 최소 여름을 시원하게 겨울은 따뜻하게 보낼 수 있었기 때문이었다.

#13 내 돈 내놔

상담일을 해본 적이 없는 사람들은 상담업무의 가장 고된 점이 함부로 욕하는 고객을 응대하게 되거나 변태 같은 사람의 전화를 받게 되어 힘들 것이라고 생각한다.

물론 그런 질이 좋지 못한 고객들을 대할 때면 화가 나기도하고 모멸감을 느낄 때도 있다.

요즘은 고객센터에 전화를 걸어보면 안내 멘트에 '지금 전화 받을 직원은 누군가의 소중한 자녀이며, 소중한 친구입니다'라고 감성적인 멘트로 상담사도 '사람'임을 상기시켜준다.

하지만 내가 고객센터에 근무했을 당시는 이러한 부분이 많이 부족했다.

고객은 절대적으로 왕이었고, 그런 고객이 아무리 억지를 부리고 모함을 해도 상담사는 '정말 죄송하다'는 말 밖에 딱히 대응할만한 별다른 매뉴얼이 없었다.

"사랑합니다. 고객님."

"정말 죄송합니다. 고객님."

'K'사 고객센터에 근무하면서 내가 가장 많이 했던 말이다. 어제도 오늘도, 내일도 모레도, 나는 이 말을 복사해서 붙여넣기를 하듯 무한히 찍어낼 것이다.

어릴 적 즐겨봤던 자연다큐멘터리 하나가 떠올랐다.

아마존 정글 어딘가 거대한 군대개미가 있다. 개미들은 각자 주어진 임무를 열심히 수행한다. 난 마치 그 거대한 개미왕국에 일개미 한 마리 같았고, 나 하나쯤 거센 비바람에 없어져버리든 말든 그것은 이 개미왕국에 전혀 중요하지 않을 것 같다. 일개미 하나쯤 없어진다고 해서 거대한 개미왕국이 흔들릴 일은 없을 것이며, 언제나 그랬듯이 하던 일만 바쁘게 계속할 것 같은 개미왕국 속에 나는 앵무새처럼 같은 말만 반복하고 있었다.

엄마는 그런 내게 일개미 한 마리 한 마리가 모여 개미왕국이 굳건히 잘 돌아가는 거라며, 너 스스로를 하찮게 여기지 말라고 하셨다. 그리고 예전 의류매장서 고생하며 일하던 때를 떠올려보라고 하셨다. 그때에 비하면 지금 여긴 얼마나 편하고 좋은 직장이냐며.

엄마 말씀대로 예전 의류매장에서 일할 때 정말 고생했던 건 맞다. 지금보다 젊은 나이여서 버틸 수 있었다고도 생각한다. 하지만 내가 그 고된 날들을 버틸 수 있었던 진짜 이유는 단순히 젊은 나이에 체력이 좋아서가 아니었다. 상당히 열악한 환경이었지만 그래서 더욱 이렇게 힘든 일은 아무나 할 수 없다는 자부심이 있었다. '힘듦' 만큼이나 '보람'을 느꼈다. 그래서 버틸 수 있었다.

'나밖에 할 수 없는 일'이라고 그땐 그렇게 믿었다.

상담 일을 시작한 지 2년째가 되었을 무렵 극심한 슬럼프가 찾아왔다.

고작 20g 무게의 사원증을 목에 걸고 있을 뿐인데 세상 제일 무거운 물체를 걸고 있는 것 마냥 숨이 턱 막히고 갑갑함을 느껴졌다. 동료와 선배들은 원래 이 일이 3, 6, 9개월 단위로 슬럼프가 온다며 우선 3개월만 참아 보라했다.

하지만 하루를 참아내기도 힘들었고 이곳에서 빨리 벗어나지 않으면 내가 미쳐버릴 것만 같았다. 숨을 쉬고 싶었다. 결국 팀장님께 퇴사하겠다고 얘길 했다. 팀장님은 어디 다른 데 취직하려고? 라고 물으며 지금까지 잘 해왔는데 그만두기 아쉽지 않느냐며 한 번 더 생각해보라 하셨다. 너무 힘들어서 그렇다고 솔직하게 얘길 하니, 많이 안타까워 하셨고 그럼 지금 당장 퇴사하지는 말고 부서 이동을 한번 해보는 건 어떻겠냐고 생각지도 못한 권유를 하셨다.

팀장추천으로 전문부서로 지원해줄 수 있는데, 다른 부서로 이동해서 새로운 교육도 받고 그동안 머리도 잠깐 식혀보라는 것이었다. 그 부서는 일반상담에 비해 업무량도 적고 보수는 더 많을 거라 했다.

팀장님의 진심어린 걱정과 조언을 단박에 거절하기 힘들었다. 여러모로 나를 아껴주시고 같이 걱정해주시는 참 고마운 분이었다.

결국 팀장님의 추천을 받아 그렇게 새로운 부서로 이동했다. 새로운 부서에서 일해보고 그래도 정 안되겠다 싶으면 그때 정말 미련 없이 그만두겠다고 다짐했다.

새 부서로 이동한 후 근무는 바로 시작되진 않았다. 아무래도 또 다른 업무인 만큼 일주일 정도 관련 교육을 받아야 했다. 교육받는 동안 회사에 출근해서 공부만 하던 그 일주일이 나는 정말 좋았다. '공부'를 십 대 때 할 게 아니라 '바로 지금' 해야 했다고 생각했다.

일주일간의 단비 같았던 교육이 끝나고 새 부서에서의 일이 시작되었다.

새 부서에서 하는 일은 클레임이 발생된 고객들의 불만이 곧 상품해지와 회원탈퇴로 연결되는데 그것을 방지하고 관리하는 것이었다. 일반 고객센터 상담부서에서는 고객 한 사람 당 짧게는 1분, 길게는 10분 정도 상담을 했는데, 이 '해지방어' 전문부서에서는 고객 한 사람 당 보통은 10분, 길게는 1시간이 넘도록 상담하는 경우도 있었다.

상담시간에서 이렇게 차이가 있으니 일반부서에서는 하루 평균 약 150~200명 정도의 고객을 대하고 상담했는데, 새 부서에선 하루에 4, 50명 정도만 상담을 하면 되었다.

그리고 내가 관리하는 고객들이 유지가 잘 되고 있을 경우 별도의 인센티브도 지급되어 월급이 나왔는데, 실적이 좋은 달에는 한 달 급여가 3백만 원을 훌쩍 넘겼다.

아무쪼록 전보다 2배가량 많아진 급여 때문인지 새 부서의 업무는 전보다 훨씬 편하고 쉽게 느껴지는 기분마저 들었다.

월급날. 매달 수당이 붙은 통장을 확인할 때면 이번 달 실적은 어느 정도일까 몹시 기대하게 되었고, 최고치 인센티브로 갱신할 때면 놀랍기도 했다. 그리고 분기별로 회사 모든 사원에게 보너스가 지급되었는데 이렇게 약 백만 원 정도의 보너스까지 더해진 급여명세서를 받아볼 때면 이게 정말 다 내가 번 돈이 맞나, 싶을 정도로 믿어지지 않았다.

10년이 훌쩍 지난 요즘도 월급을 3, 4백만 원 받는다고 하면 결코 적은 금액이 아닐 것이다. 하지만 내 나이 26살 무렵. 이 정도 수준의 급여를 지금으로부터 약 11~12년 전에 벌고 있었다. 당시 가족들도 달라진 나의 경제능력에 많이 놀라워했고 기뻐했다.

아빠는 30년 동안 공사장에서 일하면서 가장으로써 지친 기색 한번 맘 편히 못 내비치고 처자식을 위해 고생만 하셨는데, 작은 딸이 어느덧 이렇게 많은 월급을 받아오니 정말 대견스러워하며 흐뭇해 하셨다. 하지만 그런 기쁨도 잠시.

어느덧 급여통장을 보고도 나는 더 이상 놀라지 않았다. 높은 액수로 입금되어도 더 이상 많게 느껴지지도 않았고 이젠 당연한 것으로 여겨졌다.

그리고 또다시 일은 힘들고 지겹게 느껴졌다. 쳇바퀴처럼 흘러가는 일상 속에 공허함만이 나를 가득 채우고 있었다.

결국 일반부서에서 2년간 버텨온 만큼 새로운 부서에서 다시 2년을 더 버티고 나는 극심한 슬럼프에 시달려야 했다.

문득 내 적금통장에 얼마가 모여 있는지 확인하고 싶어졌다.

나의 수입이 갑자기 상승하면서 자연스레 급여 관리를 엄마에게 맡겼었다.

과거 월급 70만원 받을 때 60을 저축해봤었고, 그렇게 1년 8개월 만에 2천만 원도 모아봤으니 지금 정도의 수입으로 보면 못해도 7-8천만 원은 모았겠지? 하고 생각했다.

그 정도 돈이면 회사를 그만두고 벌지 않아도 한동안 푹 쉬어도 되겠다, 생각했다.

그래서 내 돈이 얼마나 모였냐고 엄마에게 물어보았다. 갑작스런 내 질문에 통장을 봐야 정확히 알겠지만 4천만 원이 좀 안 될 것이라고 엄마는 말했다.

예상했던 금액과 너무 다른 액수에 순간 짜증이 밀려왔다. 되레 왜 그것밖에 안 되냐고 따져 다시 물었다.

엄마는 살짝 황당한 듯 저축을 그동안 많이 못했지 않느냐고 설명했다.

그랬다. 엄마의 말은 틀림없는 정답이었다.

나는 엄마에게 나름 자금관리를 맡겨뒀지만, 사실 엄마가 자금관리를 해줄 만큼 돈이 많이 남아있지 않았다.

비싼 명품백 하나 산 것도 아니고, 고급 술집에 가 비싼 술을 마셔본 적도 없었지만 매달 내 신용카드값은 항상 월급의 반 이상을 차지했고, 중간중간 카드값을 확인한 엄마는 이번 달 카드 값이 왜 이렇게 많이 나왔냐며 돈을 좀 아껴 써야 한다고 얘기하셨다. 하지만 난 전혀 듣지 않았다.

예상했던 것보다 반도 채 되지 않았던 내 돈. 이 일을 당장 그만둘 수 없고 얼마나 더 해야 하는 건가 하는 생각에 순간 너무 화가 났다.

왜 이것밖에 안 모여 있냐고 이젠 엄마에게 화를 냈다. 엄마는 내 얘길 가만히 듣고 있다 억울한 듯 슬픈 듯 다시 말씀하셨다.

"엄마가 돈 관리를 잘 못한 거냐? 네가 힘들게 벌어온 돈 엄마 아빠가 홍청망청 다 써버렸어? 그래. 다 엄마 잘못이다 엄마 잘못이야."

그리곤 서랍 깊숙한 곳에 꾸역꾸역 숨겨져 있던 내 통장들을 모두 꺼내 주면서 다 네 돈이니 이제부터 스스로 관리 해보라고 하셨다. 그리고 일이 너무 힘들면 그만둬도 된다고 말씀하셨다.

홧김에 엄마에게 무심코 뱉은 말들이 내 가슴으로 다시 날아와 아프게 꽂혔다.

의류매장에서 근무할 적에 모은 돈 중 천 만원이 넘는 돈을 부모님이 필요한 순간 도와드린 적이 있다. 그땐 기쁨과 뿌듯함에 너무 벅차올라 가슴이 아팠었다. 내 힘으로 부모님을 도울 수 있다는 것에 행복한 비명을 질렀던 때가 있었다.

고작 4년 전의 일이었다. 하지만 4년 후의 난 왜 이러고 있는 걸까. 무엇이 나를 이렇게 달라지게 했나.

어디서부터 잘못된 것일까.

안방으로 들어가는 엄마의 뒷모습이 유난히 쓸쓸해보였다. 차마 붙잡지 못하고 그저 바라보고 있는 내가 너무도 미웠다.

#14 불량 친구

회사에서 받은 스트레스를 친구들을 만나 소주 한잔 기울이며 풀어보곤 했다.

같이 사회생활을 하고 있는 친구를 만날 때면 서로의 고충을 털어놓았고, 여전히 공부를 하고 있는 친구들을 만날 때면 마냥 부러워했다.

친구들 중 가장 친했던 일명 '절친'을 만났다.

고등학교 때 친구로 내가 사육사가 되겠다고 상경하던 날 기차역에 바래다준 친구였다. 또래였지만 나보다 모든 면이 어른스러워 내가 항상 든든하게 의지했던 친구다.

친구는 당시 제약 관련 연구소에서 근무하고 있었는데, 아는 교수님의 권유에 따라 석사과정도 따로 준비하고 있었다. 그런 친구가 정말 멋있어 보였다. 언제나 닮고 싶고 배울 점도 많은 친구였다.

대학원 공부는 어렵지 않느냐며 어떻게 뭘 준비하는 건지 물어보았다.

하지만 뜻밖에도 친구는 대학원에 가지 않기로 결정했다는 거였다. 연구소도 그만둔다 했다. 무슨 일인지 쉽게 이해되지 않았고, 그럼 앞으로 뭘 할 건지 다른 계획이 있는지 물었다.

친구는 정말 예상조차 해 본적 없는 답변을 내놓았다.

스무 살 적 잠시 꿈꿨던 외국 생활을 한번 해보고 싶다는 것이었다. 잠깐 떠나는 여행이 아니고 외국에서 생활을 하고 싶다고.

'지금'이 아니면 앞으로 기회는 더 이상 없을 것 같다며 그간 일하면서 모아놓은 돈으로 호주를 가겠다고 했다. 우리나라 밖은 어떤 세상일지 몹시 궁금하다 했다. 그 말을 하고 있는 친구의 눈은 반짝거리며 생기가 돌았다.

친구의 계획과 얘기를 다 들은 후 집에 오는 길에 난 생각했다.

'이 친구가 떠나있는 동안 난 누구랑 술 마시지? 아 많이 심심할 것 같은데….' 그러다 번개라도 맞은 듯 제자리에 그대로 섰고 불현듯 생각했다.

'나는 가면 안 되나? 나는 갈 수 없나?'

잇따라 다시 생각했다. '나도 가고 싶다….' 그리고 순식간에 결심이 섰다. "나도 가보자. 나도 갈 거야. 나도 떠나 볼 거야."

하고 싶은 게 생겼다. 너무 갑작스럽게 찾아왔지만 이것은 너무도 강렬했다.

나는 거대한 전광판 속 작은 전구 하나였다. 전광판 안의 수많은 전구들이 다함께 빛을 내고 있다. 멀리서 보면 마치 하나의 빛처럼 움직인다. 다 같이 초록색 빛을 내야할 때도 있고 빨간색 빛으로 바꿔 내야 할 때도 있다. 순서에 맞게 입력된 대로 빛을 내야 한다.

하지만 난 초록빛을 내야할 때 빨간빛을 내고 싶었으며, 빨간빛을 내야 할 때 초록빛, 파란빛 다른 빛도 내고 싶었다. 언제까지 똑같이 따라내야 하는가. 잠시 아무 빛도 내지 않고 꺼진 채로 가만히 쉬고 싶기도 했다. 하지만 내가 속한 전광판은 그걸 허락할 수 없다.

고장 난 전구는 교체되어야 한다. 오래 기다려줄 수가 없다. 다른 새전구가 내 자리를 채울 것이고 대신할 것이다..그렇게 나 없이도 전광판은 매일 같이 빛난다.

난 내가 왜 그토록 상담일을 버거워했는지, 극심한 스트레스에 시달렸는지 깨닫게 되었다.

'돈'이 나에게 중요하지 않았다. 돈보다 더 중요한 게 분명 있었다.

나는 그걸 원했다. 그것을 꼭 찾고 싶었다.

내 가슴이 원하는 것. 내 가슴을 다시 뛰게 만드는 것. 나의 길을 가보고 싶었다.

#15 왕관을 쓰려는 자, 그 무게를 견뎌라

이 개미왕국과 전광판을 벗어나려면 유치원 때 선생님을 흉내 내기 위해 한쪽 머리카락을 잘라버렸던 용기와 스물한 살 때 사육사가 되겠다고 서울로 상경했던 용기가 그 어느 때보다 필요했다.

결국 잊고 지냈던 용기를 찾아 먼저 부모님께 회사를 퇴사하겠다는 결심을 알렸다.

느닷없는 발표에 부모님은 "그래. 다 컸는데 네 일은 네가 결정하는 거지" 라고 애길 하셨다.

그 말을 듣고 난 다시 애길 했다.

"저 호주 갈 거예요"

"그래. 잠깐 뭐? 어디 간다고?"

엄마의 눈이 휘둥그레졌다.

아빠 역시 갑자기 애가 왜 저러나 싶은지 유심히 바라보셨다.

"호주요. 호주. 외국요."

"니가 거길 왜?"

"그냥요."

"그냥이라니? 여행 갈라고? 누구랑?"

"여행은 아니고요, 한 1년 있다 오려고요. 저 혼자요."

"아니 얘가 지금 뭐라카노? 무슨 말 같지도 않은 소릴 하고 있어. 거기가 어디라고 간단 말이고? 그것도 뭐? 혼자서? 안 된다. 절대 안 돼!"

"허락해주세요. 가고 싶어요. 지원이도 간데요…."

아빠는 엄마와 나의 대화를 옆에서 가만히 듣고 계시다 이제야 상황이 좀 이해가 되었다 싶으셨는지 굳게 다물고 있던 입을 여셨다.

"너 친구 따라 강남 간다고 너도 따라 간다는 거냐?"

차마 부모님께 사실 친구랑 같이 가는 건 아니라고 말할 수 없었다.

당장 그 친구도 이런 내 결심을 몰랐고 '같이 가자' 약속된 바도 없었다. 물론 내가 호주에 가게 되면 비슷한 시기에 같은 나라를 서로 밟고야 있겠지만 처음부터 친구를 따라갈 생각은 없었다. 괜히 친구에게 짐이 되고 싶지는 않았다.

"아니에요. 일도 안 맞고, 잠시 머리도 식힐 겸 많이들 가니까~ 저도 한번 다녀오고 싶어요. 아빠. 허락해주세요."

아빠는 눈을 지그시 한번 감았다 뜨더니 내 눈을 보며 말씀하셨다.

"일이 너무 힘들어서 그러냐? 현실도피를 하고 싶은 거야?"

순간 나도 모르게 눈물 한 방울이 볼을 타고 주룩 흘러내렸다.

손등으로 눈물을 냉큼 닦아내곤 다시 말했다.

"아니에요. 힘들어서가 아니에요. 힘든 것 때문이었음 이미 4년 전에 그만 뒀을 거예요."

나보다 힘든 일을 하고 있는 언니. 그보다 더욱 힘든 일을 하고 계시는 아빠.

그런 가족들을 위해 헌신하고 보살피는 엄마.

이런 가족 앞에서 갑자기 무턱대고 나 살자고 도피를 하겠다는 것이 참 미안했다.

매일같이 아빠와 언니는 이른 새벽부터 출근준비를 했다. 나처럼 주말이나 공휴일. 쉬는 휴무도 규칙적이지 않았다. 언니는 베이커리에서 제빵 일을 하고 있었고 아빠는 중장비 일을 하셨다. 언니의 손등과 팔뚝에는 오븐에 데여 온통 상처투성이였으며 아빠는 하루 종일 좁은 포크레인 속에 갇혀 흙먼지와 담배연기를 마시며 일하셨다. 그런 두 사람이지만 자신이 맡은 일을 책임지고 묵묵히 하고 있었다. 30년 넘도록 같은 일을 해온 아빠 앞에서 고작 난 4년을 해놓고 이젠 너무 지쳐 못하겠다고 외국으로 바람 좀 쐬러 가겠다했다.

해외 경험이라곤 1년 전쯤, 3박4일 태국여행 패키지 한번 다녀온 것이 전부인 딸이 말이다.

엄마는 "너 거기 가면 뱀에 물려 죽는다. 호주 이런 데는 뱀이 엄~청 많다더라"며, 이제 '뱀'까지 동원해서 나를 붙잡으려 하셨다.

하지만 시간이 지나면 지날수록 내 생각과 다짐은 더욱 단단해졌고 그런 엄마에게 난 말했다.

"엄마. 내가 뱀에 물려 죽을 운명이라면 한국에서도 그렇게 죽을 거야. 한국에도 뱀은 많아."

#16 맛있는 쿠키 먹으러

하루에도 수백 번 가슴속에 넣었다 꺼냈다 반복했던 '사직서'를 드디어 회사에 제출했다.

직장동료들은 회사를 그만두는 건 이해할 수 있지만, 그만두고 이직을 하는 것도 아닌 갑자기 해외로 나간다는 것이 쉽게 이해되지 않는 눈치였다.

내년이면 내 나이가 28살이 되는데 한참 결혼을 준비하거나 사회에서 자리 잡았을 때 직장생활을 더 하는 게 좋다는 것이 다수의 의견이었다.

내게 호주를 가겠다던 친구도 이런 내 갑작스런 결정에 놀라긴 마찬가지였다.

친구를 만난 날. 당시 대화를 처음 나눌 적엔 친구 얘기를 다 듣고, "난 돈 좀 더 모으고 2년 후에나 너처럼 나도 한번 가봐야겠다"라고 말했다.

2년 후에나 상황 봐서 가보겠다던 내가, 벌써 회사에 사표도 던져버렸고 바로 내년 호주를 간다고 하니 놀랄 수밖에 없었다.

올해라고 해봐야 고작 3개월이 남은 무렵이었다.

회사를 그만두고 여유롭게 보낼 수가 없었다.

3개월 후 호주 '워킹홀리데이'*를 가기 위해 어디서부터, 무엇을, 어떻게 해야 하는지 아는 것도 준비된 것도 정말 단 하나도 없었다.

친구는 내년 1월쯤 '브리즈번'이라는 호주의 한 도시로 간다고 했다.

나는 결국 혼자 힘으로는 도무지 엄두가 안나 한 유학원을 찾았고 그곳에서 호주 현지에 있는 어학원 몇 군데를 추천받았다.

왕복 비행기 표와 3개월 어학원비, 1개월의 홈스테이 비용을 미리 결제했다. 그동안 일하며 모아둔 돈에서 천만 원만 쓰기로 했다.

어학원에 약 500만 원가량의 비용을 이체하고 나니 500만 원 정도가 남았다. 이걸로 현지에서 필요한 생활비로 미리 100만 원 정도는 환전해 가기로 했다. 나머지 금액은 호주계좌가 개설되면 엄마에게 이체시켜달라고 할 참이었다.

친구와 친척들에게도 내가 '호주 워킹'을 떠난다는 소문이 금세 퍼졌고, 사촌과 친구들로부터 차례차례 골고루 연락이 왔다.

"영어 공부하러 가는 거야?"

"지금 공부하기엔 좀 늦지 않았나?"

"생각보다 가보면 공부가 잘 안 돼."

"여자 혼자 몸으로 갔다 오기 좀 위험할 텐데."

"왜 가는 거야?"

"왜 가는데?"

"아니 도대체 왜~??"

그중 가장 많이 받은 질문은 '왜 가냐는 것'이었다.

왜 가냐고. 처음엔 이 물음에 상대방도 바로 수긍할 수 있는 정답으로 답하고 싶었다. 하지만 제대로 된 답을 하지 못했다. 답을 할 수 없었다.

---

* 워킹 홀리데이working holiday: 해외여행 중인 외국인이 방문한 국가에서 일할 수 있도록 특별히 허가하는 제도.

답을 하면 할수록 더 구체적인 질문들이 나를 조여 왔다.

"가서 계획이 뭔데?"

"다녀와서는 그럼 계획이 뭐야?"

답답했다. 중학교 도덕시간이 떠올랐다.

어느 한 날, 도덕 선생님이 반 친구들에게 질문했다.

"부모님을 가장 기쁘게 해드릴 수 있는 건 뭘까? 말해볼 사람 손들어"

나는 평상시 발표를 잘하는 학생은 아니었다.

하지만 당시 무슨 용기가 났는지 가장 먼저 손을 버쩍 들었다.

"그래 거기 너. 대답해봐"

"제가 잘 되는 것입니다. 제가 행복하게 잘 사는 것입니다."

내 대답을 들은 선생님은 내가 무슨 큰 잘못이라도 한 것처럼 나를 노려보는가 싶더니 아주 신경질적인 목소리로 날 쏘아붙였다.

"뭐? 니가 행복한 게 네 부모님이 행복한 거라고?"

질문이, 질문이 아닌 퀴즈로. 문제로 내는 사람들이 있다.

질문을 던졌다면 그 대답을 들으면 그만인 것인데, 질문 아닌 퀴즈를 내놓고 자기가 정해둔 정답이 나올 때까지 계속해서 질문하는 사람이 있다.

그 도덕 선생님이 그러했다. 나의 대답을 듣고 만족은커녕 심기가 매우 불편해진 듯 보였고, 다른 답들을 계속 찾아 헤매었다. 그 선생님은 결국 정답을 찾지 못했고, 자신의 정답도 알려주지 않은 채 교실 밖으로 나갔다.

나의 돌발행동에 걱정해주고 관심을 가져준 가족과 친구들이 정말 고맙다. 하지만 반복되는 물음에 더 이상 답하지 않기로 했다.

또다시.

"너 거기 왜 가는데?"

정답은 없다.

'호주'라는 나라 땅에 발이라도 한번 디뎌봐야

'아 여기까지 내가 맛있는 쿠키 하나 사먹으러 왔구나'라고라도 답할 수 있을 것이다.

그렇게 해서 나는 2010년 12월 31일. 한국에서 비행기를 타고 27살의 마지막 날에 호주를 향해 출발 했고, 2011년 1월 1일 28살의 첫 날을 호주에서 맞이하게 되었다.

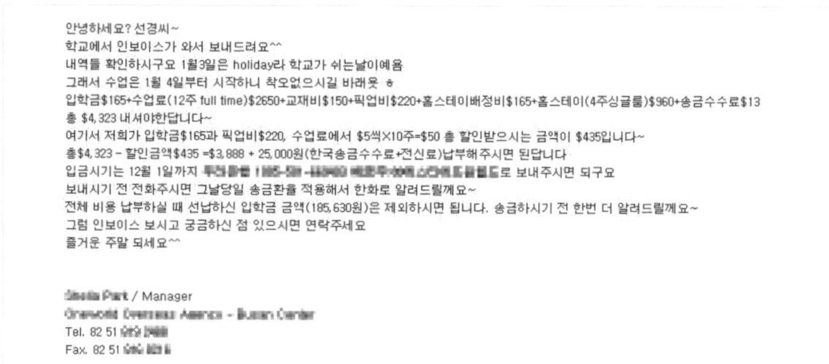
안녕하세요? 선경씨~
학교에서 인보이스가 와서 보내드려요^^
내역들 확인하시구요 1월3일은 holiday라 학교가 쉬는날이예욤
그래서 수업은 1월 4일부터 시작하니 착오없으시길 바래욧 ㅎ
입학금$165+수업료(12주 full time)$2650+교재비$150+픽업비$220+홈스테이배정비$165+홈스테이(4주싱글룸)$960+송금수수료$13
총 $4,323 내셔야한답니다~
여기서 저희가 입학금$165과 픽업비$220, 수업료에서 $5씩×10주=$50 총 할인받으시는 금액이 $435입니다~
총$4,323 – 할인금액$435 =$3,888 + 25,000원(한국송금수수료+전신료)납부해주시면 된답니다
입금시기는 12월 1일까지 [illegible]로 보내주시면 되구요
보내시기 전 전화주시면 그날당일 송금환율 적용해서 한화로 알려드릴께요~
전체 비용 납부하실 때 선납하신 입학금 금액(185,630원)은 제외하시면 됩니다. 송금하시기 전 한번 더 알려드릴께요~
그럼 인보이스 보시고 궁금하신 점 있으시면 연락주세요
즐거운 주말 되세요^^

[illegible] / Manager
[illegible]
Tel. 82 51 [illegible]
Fax. 82 51 [illegible]

[유학원에서 온 이메일]

드디어 내일이다

누군가가 묻는다

왜 가느냐고 무엇 때문에 가느냐고

하지만 아무 대답도 할 수가 없다

난 아직 시작도 안했고 아무것도 해놓은 게 없으니까

무엇이든 시작은 해봐야 '맛있는 쿠키하나 먹으러 갔다 왔어'라고 말을 할 수 있다

질문에 대한 대답은 돌아왔을 때 하고 싶다

이왕이면 멋진 대답으로 말이다

2010.12.30. -

#17 네가 다닌 영어 학원이 어디니? 환불받으러 가자

출국 날. 공항에는 엄마와 언니 그리고 태국여행을 함께 다녀왔었던 친한 동생이 배웅을 나왔다. 연말이라 그런지 공항은 단체 여행객들로 북적였다. 탑승을 기다리는 대다수 사람들은 활기찼고 상기된 밝은 표정을 하고 있었다. 하지만 우린 그들처럼 밝진 못했다. 평상시에도 눈물 많은 여자 넷이 모여 있었다.

언니는 계속 훌쩍거렸고 엄마 역시 눈물을 훔치고 계셨다.

무슨 해외노동시장에 팔려가는 게 아니었다. 이민 가는 것도 아니었다.

내가 스스로 선택했고 결정한 일이었다.

'1년'은 그리 길지 않다고 금방 다녀온다고 엄마와 언니를 다독였다.

어느덧 출발시각이 다가왔고 출국장 앞에서 "잘 있어. 잘 다녀올게" 말하며 씩씩하게 인사했다. 동생과 가볍게 포옹을 나눈 뒤 옆에서 계속 울고 있는 언니도 끌어안아주었다.

그리고 엄마를 보았다. 약 6년 전에 엄마를 기차역에서 울렸던 게 엊그제 같은데, 이젠 공항에서 또다시 눈물짓게 하고 있다. 입술을 꽉 깨물고 엄마를 한품에 꼭- 끌어안았다.

울고 있는 세 사람을 뒤로 한 채 탑승수속을 위해 출국장 안으로 들어왔다.

이제부터는 정말 나 혼자다. 나 혼자서 1년을, 처음 가보는 낯선 곳에서 1년을, 말도 제대로 안 통할 곳에서 1년을 잘 버텨야 한다.

'예정된 목적지로 내가 잘 도착할 수 있을까?' 하는 걱정보다 수화물로 먼저 보낸 나의 캐리어가 잘 도착할지가 더 걱정되었다. 일명 '이민가방'이라 불리는 매우 큰 캐리어였다.

반드시 챙겨가야 하는 게 뭘까 심사숙고를 하며 짐 가방을 꾸렸었다. 외국샴푸는 내 두피에 안 맞을지도 모른다는 생각에 또 샴푸와 린스를 챙겨 넣었다. 하지만 그런 생각으로 생필품들을 챙겨 넣다 보니 가방은 들 수 없을 지경으로 무거워졌고 기준 무게를 훌쩍 뛰어넘어버렸다.

어쩔 수 없이 샴푸 린스를 포함한 기타 자질구레한 용품들은 버려졌고, 그 빈자리에 대신 생리대를 잔뜩 넣었다. 생리대는 무게는 가벼웠지만 부피를 너무 많이 차지했다. 도저히 1년 치를 가져갈 수는 없는 노릇이었다. 다시 한번 심사숙고를 하여 급한 대로 3개월 치만 넣기로 타협했다. 3개월 후에는 적당한 외제품 생리대를 찾을 수 있으리라.

그렇게 생리대가 가방 안의 3분의 1을 차지하는 내 '캐리어'가 홀로 경유지인 홍콩을 거쳐 호주에 잘 도착할지 온통 캐리어 걱정뿐이었다.

탑승. 창가 자리에 앉았다.

기분이 묘했다. 비행기가 정말로 뜨면 어쩌나 걱정이 들었다.

잠시 후 예정된 시각에 맞춰 비행기가 이륙준비를 시작했다. 그리고 드디어 이륙했다. 창가로 얼굴을 좀 더 가까이 대고 아래를 내려다보았다.

부산. 우리 집이 있고 내가 노닐던 거리, 나의 보금자리였던 부산이 내게서 점점 멀어져갔다. 부산을 뒤로하고 나는 거침없이 날아오르고 있었다.

저기 어디쯤 아빠가, 엄마가, 언니가 있겠지 하고 생각이 들었다. 도저히 눈물을 참을 수 없었다. 줄줄 흐르는가 싶더니 그걸로도 안 되어 엉엉- 소리까지 내며 울어버렸다.

앞, 뒤, 옆에 앉아있던 홍콩 단체여행객들은 "학생 왜 그래요?" 하며 걱정스런 눈빛으로 나를 달래주었다. 그럼에도 쉽사리 울음이 멈추지 않았다. 승무원이 달려와 시원한 물 한 잔과 달달한 사탕을 내밀었다. 그렇게 한참을 울다 지쳐 어느덧 잠이 들었다.

두 눈이 퉁퉁 부은 채로 홍콩에 도착했다. 경유를 위해서였다. 홍콩에서 갈아타 호주로 가는 비행기는 약 12시간 후에 출발이었다. 한국에서 이른 아침에 출발했는데 홍콩에 도착하니 점심시간이 다 되어 가고 있었다. 대기시간이 많이 남기도 했고, 보통 경유할 때 대기시간이 길 경우 경유지를 잠깐 구경하기도 한다는 걸 사전에 알고 갔었다. 그래서 홍콩 반나절 관광 코스를 미리 집에서 야심차게 준비해뒀었다.

야경 포인트로 유명한 '침사츄이'라는 곳을 찾아 가보기로 했다. 시간이 된다면 홍콩에서 가장 유명한 디저트 중 하나인 '에그타르트'도 맛볼 참이었다. 대표 맛집 위치와 정보도 따로 출력해왔었다.

기내 수화물로 들고 탔던 배낭 전부를 들고 다닐 순 없어 공항 내 물품을 보관할 수 있는 사물함을 찾는다고 1시간을 넘게 공항 속을 헤매다 시내로 가는 2층 버스에 겨우 올라탔다. 신기한 바깥 구경도 잠시. 버스에서 안내 방송이 나오지 않았다.

어느 정거장이 침사츄인 줄 알고 내려야 하나 도통 알 수가 없었다. 불안한 맘에 버스 1층으로 내려가려던 찰나 다행히 한국인 관광객들을 만났고 물어보니 그들도 같은 곳을 간다하여 그들을 따라 무사히 버스에서 내릴 수 있었다.

정말로 부족했던 내 영어실력. 회사를 그만두자마자 2개월간 영어 학원에 다녔다.

'기초회화'초급반을 수강했고 학원에서 사귄 몇몇 친구들과 스터디 그룹도 결성하여 생존을 코앞에 둔 내 미래를 위해 학구열을 불태워 보고자했지만, 스터디 친구들과 합이 너무도 잘 맞아 걸핏하면 스터디를 빙자한 음주가무를 신나게 즐겼다.

'그래. 어떻게 완벽히 준비를 해서 가겠어? 닥치면 다~ 하게 돼.'하고 가볍게 생각했고, 그런대로 두 달 동안 '말하는' 연습은 좀 했으니까 하고 제대로 착각했다.

낯선 풍경. 낯선 사람들. 다양한 외국인. '아! 여기가 정말 외국이구나?'라는 느낌을 온몸으로 느끼고 있는데 갑자기 어떤 중동계 사람으로 보이는 수염 덥수룩한 남자가 다가왔다. 음흉한 미소를 띠며 영어로 나에게 이것저것 말하기 시작했다.

돈 달라고 하는 건가? 행색은 거지같아 보이진 않았다. 영어로 계속 뭐라 뭐라 하면서 내가 메고 있던 작은 크로스백 가방을 손으로 가리켰다.

역시 돈 달라는 거였구나. 하지만 홍콩은 잠시 경유하는 거라 환전한 돈이 몇 푼 되지도 않았다. 환전해둔 달러는 공항 사물함에 안전히 들어있었다. 그래. 조금이라도 챙겨주자 싶은 마음에 지갑을 열어 지폐 한 장을 꺼내드니 갑자기 "노노노~"하고 이제 겨우 알아들을 수 있는 말을 했다. 뭐지? 구걸하는 게 아니었어?

계속되는 수수께끼는 풀리지 않았고 밝은 대낮이었지만 자꾸만 따라와 가방을 가리키며 알아들을 수 없는 얘길 하는 그 남자가 점점 무섭게 느껴졌다.

내 가방을 통째로 달라는 거야? 홍콩식 소매치기야 뭐야? 그가 눈치 채지 못하게 가방을 꽉 움켜잡았다. 그리고 '난 지금 네가 무슨 말을 하는지

도통 모르겠어'라고 말하고 싶었다. 영어로 어떻게 말해야 하나 배운 대로 천천히 떠올려 보았다. 먼저 주어… 동사… 'I… I'm now……'

머릿속 문장이 완성되기도 전에 그 남자는 아주 답답하다는 표정으로 "Bye"라는 말을 남긴 채 떠나버렸다.

시계를 보니 어느덧 오후 2시가 훌쩍 넘어가고 있었다. 생각보다 시간이 정신없이 너무 빨리 흐르는 것 같았고 한가로이 야경 보고 에그타르트나 먹을 때가 아니다 싶어졌다.

자칫 잘못 하다간 비행기를 놓칠지도 모른다는 생각에 야심차게 계획해 두었던 '반나절 투어' 일정은 곧장 공항으로 컴백하는 것으로 전면 수정에 들어갔다.

공항으로 돌아가기 위해 길을 찾던 중 급 허기가 느껴졌고 바로 앞에 보이는 패스트푸드점에 들어가 햄버거 하나만 간단히 사먹기로 했다.

우리나라에도 있는 대중적인 패스트푸드점이라 낯익은 메뉴들이 메뉴판에 보였고, 나는 치킨버거 세트 하나를 주문했다.

주문을 받은 점원은 음료는 무엇으로 할지 내게 물어보는 듯했다.

그래서 나는 콜라를 주문했다. 하지만 직원은 내 말을 알아듣질 못했다.

나는 다시 천천히 말했다. "코~올~라"

하지만 점원은 살짝 인상을 찌푸렸다.

내 말을 전혀 못 알아듣겠다는 듯 어깨를 들썩이며 옆 사람에게 뭐라 뭐라 내 얘길 하는 것 같았다. 기분이 나빴다.

그래서 나는 눈을 부릅뜨고 "쥬스쥬스! 오렌지쥬스!" 라고 말하며 신용카드를 불쑥 내밀었다.

내 생애 '버거와 오렌지쥬스' 궁합으로는 아마 처음 맛본 것 같다. 하지만 나름 괜찮았다.

다행히 공항으로 무사히 잘 돌아왔고 사물함에 보관된 짐까지 찾아 이젠 정말로 호주로 가는 비행기의 출발만을 얌전히 기다리면 되었다.

출국장을 지나 출국심사를 받기위해 줄을 섰다. 내 배낭이 엑스레이를 통과해서 나오는데 갑자기 공항직원이 날 불러 세웠다. 내 가방인지 물었다.

나는 "Yes"라고 대답했다. 가방을 열어봐도 되냐고 또 묻는다. 왜 이러는 건지 좀 어리둥절했지만 "오케이"라고 답했다.

그러더니 내 배낭에서 '클렌징 오일' 하나를 집어 들었다. 부산공항 면세점에서 사서 넣어둔 것이었다. 그것을 나에게 흔들어 보이며 영어로 또 뭐라 뭐라 하는 것이었다. 이번엔 무슨 말인지 알아들을 수가 없었다. 유추를 해보았지만 알 수가 없었다.

내 한참 뒤에 줄서있던 사람들까지도 출국심사장을 차례차례 다 빠져나가고 있었다. 나는 여전히 그 직원의 말이 무슨 뜻인지 몰라 "What? What?"만 반복해서 말하고 있었는데, 그 직원은 도저히 말로는 안 되겠다 싶었는지 어디 가서 코팅된 종이 한 장을 들고 왔다.

나에게 "코리안?"이라고 묻더니 내가 고개를 끄덕이니 곧바로 종이의 한 부분을 손가락으로 가리켰다. 가리키는 곳에 '한글'이 보였다. 아~ 얼마 만에 보는 건가.

몹시도 반가운 한글이었다.

[물품이 기내반입 허가용량에 위배되어 기내반입을 제한합니다.]

'엥? 이거 들고 비행기 탔는데 왜 위배되지?'라고 생각했고

"그럼 어떻게 해야 하나요?"라고 묻고 싶었는데 또다시 나는 말했다.

"What?"

#18 비야 제발 그만 좀 오렴

예상하지 못했던 홍콩에서의 혹독했던 첫 영어 테스트를 거친 후 멘탈이 탈탈 털린 상태로 밤 11시가 다 되어서야 호주로 출발하는 비행기에 겨우 탑승할 수 있었다.

이륙 후 한 두 시간 지났을 무렵. 기장의 특별 안내방송이 나왔다. 상공에 떠있는 현재시각 기준으로 곧 새해를 맞이하게 됐음을 알려주는 듯 했다. 승무원들은 간단한 샴페인과 와인을 승객들에게 제공하고 있었고 잠시 후 시각에 맞춰 카운트다운을 했다.

2011년 1월 1일. 사람들은 미소를 띠며 서로에게 "Happy New Year!" 하며 반갑게 인사를 나누었다. 나는 승무원이 건네주었던 작은 샴페인 한 잔을 들고 있었다. 주변을 살피다 옆 사람과 눈이 마주쳤다. 그래서 나도 따라 말해보았다.

"해피 뉴 이어."

스물여덟. 호주로 향하는 어느 상공, 모를 지점에서 그렇게 나는 스물여덟을 맞이했다. 내 나이 스물여덟.

'K'통신사에서 매일 복사기처럼 똑같이 찍어 나오는 일상에 지쳤고, 내

일도 모레도 10년 후에도 나는 그 자리 그대로에 있을 거라 생각했다. 그것이 나는 너무 지루했고, 숨이 막힐 것만 같았다. 10년 후 까지 뻔히 예상되는 삶이 싫다고 몸부림치며 달아났더니, 지금은 당장 1분 후도 상상이 되질 않는다. 비행기 창밖 풍경은 아주 컴컴한 밤하늘이었다.

눈앞에 아무것도 보이질 않았다. 작은 별빛마저도 보이지 않았다.

이제, 오늘은 무슨 일이 생길지 내일은 또 무슨 일이 벌어질지 한치 앞을 예상할 수 없다. 칠흑 같던 밤하늘. 마치 내 미래를 보는 듯 했다. 이것이 내가 그토록 간절히 바랐던 미래인가 생각하며 어두운 밤하늘만 하염없이 바라보았다.

곧 호주 브리즈번 공항에 착륙한다는 기내방송 소리에 잠에서 깼다.

창문 덮개를 올려보았다. 비 내리던 브리즈번 공항의 풍경.

내가 좋아하는 풍경이었다. 나는 비 오는 날을 좋아하는 편이다. 왠지 모르게 비가 오면 마음이 차분해지는 것 같고, 빗소리가 참 듣기 좋다. 그리고 비가 오면 좋은 기억 하나도 함께 떠오른다.

공사현장에서 일하셨던 아빠는 별도로 정해진 휴무가 없었다. 빠듯한 공사일정에 맞춰 일을 끝내야 했기 때문에 늘 바쁘게 일하셨고, 개인적인 사정상 꼭 쉬어야할 때는 아빠 대신 일할 수 있는 대리기사를 임시로 고용해야 했다. 아빠가 쉬는 날에도 아빠의 포크레인은 멈추지 않고 일해야 했다.

그러다 아빠와 포크레인이 함께 쉴 수 있는 날은 바로 비가 많이 내리는 날이었다. 비가 많이 오게 되면 현장 땅이 질퍽질퍽한 진흙바닥으로 바뀌어 공사 진행이 어려웠기 때문에 하루 종일 비가 오는 날은 대부분 아빠가 쉬는 날이었다.

이렇게 비가 내릴 때면 엄마에게 항상 주문하는 아빠의 단골메뉴가 있었다. 적당히 다져넣은 홍합 살과 넉넉하게 들어간 청양고추, 향긋한 부추를 듬뿍 넣어 만든 엄마 표 부추전.

아빠는 빗소리 들리는 베란다에 자리 펴고 앉아 부추전에 소주 한잔 같이 기울이는 것을 좋아하셨다. 아빠, 엄마, 언니, 나. 네 식구 모두 베란다에 옹기종기 모였다. 휴대용 가스버너에 동그란 프라이팬 하나 올려놓고 그 위에 넉넉하게 기름을 두른다. 엄마의 내공이 들어간 반죽이 팬 위로 적당히 퍼진다. 고소한 기름 냄새가 올라오며 노릇노릇하게 앞뒤로 구워낸다.

이렇게 비가 내려 아빠가 집에 계신 날이면 우리가족은 어김없이 부추전을 즐겨 먹었다. 혼자서 전 부치기에 바빴던 엄마. 엄마는 맛도 못 볼 만큼 접시에 내려놓기가 무섭게 순식간에 사라지던 부추전. 아빠는 그런 언니와 나를 보며 "우리 먹순이들 잘 먹네"하고 흐뭇해하셨다. 소주 반병을 비워갈 때 쯤, 아빠는 쏟아지는 비로 누런 황토물이 되어 내려오는 낙동강 줄기를 바라보셨다.

"비가 많이 오네." 하고 조용히 잔을 채우시던 아빠. 어딘가 쓸쓸해보이던 모습.

장마기간이 되어 보름도 넘게 일을 나가지 못하게 될 때면, 비가 그쳐도 비 내린 땅이 굳지 않아 공사 진행이 어려우니 더 대기를 하고 있으라는 현장소장의 연락을 받을 때면, 아빠는 홀로 베란다에서 하염없이 담배만 태우셨다. 그때는 정말 알지 못했다. 아빠가 짊어진 삶의 무게를. 그때는 전혀 알아드리지 못했다.

하던 공사가 마무리 될 때쯤이면 다음 새로운 공사현장을 찾을 때까지 여기저기 부탁을 하고 가슴 조려 기다려야 했고, 대부분의 공사현장은 현금이 아닌 어음으로 보수를 지급했기 때문에 이번엔 몇 개월짜리 어음일지, 3개월일지, 6개월일지 아니면 그보다 더 긴 기간이 필요할지 늘 선택권이 없는 건 아빠였다.

쉬어도 쉬는 게 아니었던 우리아빠. 과연 단 하루라도 맘 편히 쉬어본 적은 있으셨을까.

비 오는 날이면 아빠와 함께 맛있는 부추전을 부쳐 먹을 수 있어서 나는 비 오는 날이 정말로 좋았다. 떨어지는 빗방울 하나하나에 아빠 속이 타는 줄도 모르고 아빠와 함께 있는 그 시간이 마냥 행복했다.

내가 'K'통신사 상담원 근무를 하던 당시. 작은딸을 생각하면 이제 두 다리 뻗고 잘 수 있다 했던 우리 아빠. 하지만 그것도 잠시. 잘 다니던 회사를 관두고 갑자기 호주로 가겠다며 가버린 작은딸. 날 생각하면 이제야 마음이 좀 놓인다던 아빠에게 또다시 무거운 짐을 쥐어드리고 온 것 같아 마음이 너무 쓰라리고 아팠다.

한국에서 출국하기 하루 전날. 3개월간 호주 갈 준비를 하는 내게 줄곧 아무것도 묻지도 얘기도 않으셨던 아빠는 내 방에 들어와 말씀하셨다.

"우리 딸. 이제 준비는 다 된 거야? 1년이나 가 있을 거라면서 짐이 저것밖에 안 돼? 뭐 빠진 거 있나 없나 다시 한 번 봐."

"네. 아빠 거의 다 챙긴 것 같아요. 필요한 거는 또 거기서 사면 돼요."

"아빠는 내일 새벽 일찍 일 나가야해서 공항까지 못 바래다주겠네. 엄마, 언니랑 늦지 않게 시간 맞춰서 잘 가도록 해."

"네. 아빠."

"밥 잘 챙겨먹고 아프지 말고 건강하게 조심히 잘 다녀와라. 그리고 힘이 들면 언제든지 바로 돌아와. 언제든지 돌아와. 아빠는 항상 여기 있잖아."

만약 아빠와 함께했던 그때로. 단 하루라도 돌아갈 수만 있다면 아빠의 술잔에 소주 한잔을 정성스레 채워드리고 싶다. 이제야 비로소 좀 알게 되었다고. 아빠의 무게를. 세상이 아빠에게 줬던 무게를 이제야 난 좀 알게 되었다고.

창밖에 또 비가 내린다. 내리는 빗방울이 너무도 야속하다. 아무것도 모르고 다음 부추전만 기다렸던 철없던 그때의 내가 빗방울 수만큼 너무 너무 야속하다.

#19 한국산 벙어리와 호주 픽업할머니

브리즈번 공항에 도착 후 입국심사를 무사히 거쳐 입국장으로 나왔다.

마중 나온 사람들이 여럿 보였고 그 중 웬 백인할머니가 내 이름이 적힌 플랜카드를 들고 있었다.

'아- 내가 공항에서 홈스테이까지 픽업서비스를 신청했었지?'

픽업 할머니는 단숨에 나를 알아보셨고 나를 향해 밝게 웃으며 손을 흔들고 있었다.

이제부터 정말 실전이다. 픽업할머니에게 다가가 한국 영어학원에서 연습했던 말을 시험 삼아 뱉어보았다.

"Hi~ My name is Seon-kyoung Kim. Nice to meet you."

"Oh~ Welcome to Australia! Nice to meet you too!
It's a long flight, wasn't it? You must be tired."

내 이름과 반갑다는 인사말을 건네니, 픽업 할머니는 호주에 온 것을 환영하며 오느라 많이 피곤하겠다며 다정스럽게 대해주셨다.

할머니를 따라 공항 주차장에 주차되어있던 한 SUV차량에 올랐다.

나처럼 잘 도착할지 줄곧 걱정했던 이민가방 나의 캐리어도 트렁크에 잘 실었다.

할머니는 운전석에 나는 바로 옆 조수석에 앉았다. 잠깐의 정적이 흐르고 그 고요함을 깨는 자동차 엔진소리와 와이퍼 작동되는 소리가 들렸다.

할머니는 이제 출발할 것이며 도착지까지 몇 시간 걸린다고 친절히 설명해주셨다. 이어 무슨 말씀을 더 하긴 하셨는데 나는 알아들을 수가 없어서 눈만 말똥말똥 뜨고 있었다.

'의사소통'이라는 건 나 혼자 잘 말한다고 되는 게 아니었다. 듣고, 답하고, 듣고, 답하고.

말을 잘하지도 못했지만 듣는 것은 더 안 됐다. 그리 빠른 속도로 말씀하시는 것도 아닌데 무슨 말인지 당체 알아들을 수가 없었고 유추할 수도 없었다. 그러니 올바른 답도 할 수 없었다. 결국 난 벙어리가 되었다.

한국산 벙어리와 호주 백인 할머니가 한 차를 타고 '브리즈번'으로부터 약 3시간 거리에 있는 '바이런 베이'를 향해 달려가고 있었다.

내리는 비를 쓸어내며 좌우로 왔다갔다 바쁘게 움직이던 와이퍼.

순간 우리나라 자동차에 달려있는 와이퍼와 반대로 움직이는 것처럼 보였다.

나는 무슨 말이라도 다시 건네 보자 싶어 손가락으로 와이퍼를 가리켰다. 할머니는 무슨 일이냐는 듯 나를 바라보았다. 이윽고 내 팔을 'ㄴ' 자로 구부리고 와이퍼처럼 왔다갔다 동작을 따라 한 뒤 말했다.

"서프라~이즈~~"

'와이퍼가 우리나라랑 반대로 움직이는 것 같아요. 그것이 난 신기해요' 라고 내 머리는 외치고 있었지만 내 입에서 나온 말은 '서프라이즈' 단 한마디였다.

[바이런베이에서 다니게 된 어학원]

순간 할머니는 내 말이 잘 이해가 되지 않는다는 듯 고개를 살짝 갸우뚱했고 조용히 작은 미소를 보였다. 아마도 그 백인 할머니는 대한민국 자동차에는 와이퍼가 달려 있지 않은가보다 생각하셨을지도 모르겠다.

'바이런 베이'로 향하는 차 속에서 어느 정도 여유를 찾았을 때 한국에서 가져온 로밍 되어있는 휴대폰을 꺼내 엄마에게 전화를 걸었다. 바깥 낯선 풍경 때문인지 신호음마저 멀게 느껴지는 듯했다. 몇 번의 신호음 후 들리는 반가운 엄마의 목소리.

잘 도착했고 픽업차량을 타고 숙소로 향하고 있다는 나의 안부를 전했다. 그리고 아빠와 언니의 안부도 물어보았다. 언니와 아빠는 출근했으며 엄마는 집 청소를 하고 있다 했다.

그러더니 아빠가 어제 눈이 벌겋게 되어 퇴근해 집에 들어오셨다는 얘길

[홈스테이 대문
(왼쪽)과
내가 묵었던 방
(오른쪽)]

전했다. 무슨 일인가 싶어 가만히 듣고 있는데, 아빠는 내가 출국하던 날인 어제, 일을 다 끝내고 집으로 향하는 길에 상공을 향해 날아오르는 비행기 한 대를 우연히 보게 되었다고 했다.

순간 눈물이 앞을 가려 운전을 제대로 할 수 없어 갓길에 급하게 차를 대 놓고 많이 울고 들어오셨다고 했다. 시간상 내가 탄 비행기는 아니었겠지만 날아오르는 비행기를 보며 우리 딸이 가려는 곳까지 부디 안전하게 날아가 달라고 그렇게 혼자 얘기하셨다고 했다.

엄마에게 전해들은 아빠의 이야기. 아빠의 눈물이, 그런 아빠의 모습이 바로 눈앞에 보이는 듯 선명하게 그려졌다.

엄마와의 짧은 통화가 끝난 후 한두 시간 더 달리다보니 어느덧 비는 개이고 햇볕이 쨍쨍한 바깥 풍경이 나왔다. 비 내리던 브리즈번과는 달리 바이런 베이로 향하는 길은 아주 맑고 화창했다. 어느덧 표지판에 'Byron Bay'가 보였고 잠시 후 고속도로에서 빠져나와 한적한 국도로 들어섰다.

- 홈스테이homestay: 외국의 유학생이 그 나라의 일반 가정에서 체류하며 그 나라의 언어와 문화를 배우는 것을 말한다. 즉 다른 나라에서 연수 온 학생을 집을 빌려주어 머물게 하는 것.

홈스테이 집으로 바로 가야 했으나 픽업 할머니는 어차피 가는 길이니 잠깐 내가 다닐 어학원의 위치만 확인해보는 게 어떻겠냐고 묻는 듯했다. 나는 별 생각 없이 고개를 끄덕였다.

할머니의 배려로 도착한 어학원. 자그만 학교 건물이었다.

호주에서 가장 동쪽에 있는 바닷가. 그곳 작은 마을이 '바이런 베이'였다. 여행 책자에 소개된 내용을 보면 'Light House(등대)'가 유일한 관광명소다. 많은 해변이 있어 서퍼들이 휴가지로 찾는 곳. '바이런 베이'의 첫 느낌은 활기찬 듯 한적했으며, 낯설지만 안정감을 주었다.

이곳이 내가 3개월간 머물 곳이구나, 이곳이 3개월간 내가 다닐 어학원이구나 생각하며 금세 홈스테이 집 앞에 차는 멈췄다. 픽업 할머니는 나를 도와 짐을 같이 내려주었고 성인 키만 한 나무로 된 문에 잠겨 있지 않은 안쪽 걸쇠를 푸시더니 대문을 열고 집 마당으로 걸어 들어가셨다.

픽업 할머니가 누군가를 불렀고 이윽고 한 백인 아주머니가 집에서 나오셨다. 자신의 이름이 셸리(shelley)라고 소개하는 그녀. 홈스테이 집주인이었다.

짧은 만남이었지만 고마웠던 픽업할머니와 아쉬운 작별인사를 한 뒤 셸리의 안내를 받아 집안 거실부터 부엌, 세탁실, 화장실을 구경하고 내가 한 달 동안 머물게 될 나의 방으로 들어갈 수 있었다.

#20 마이 자장구, 마이 바이시클

아늑한 홈스테이 방으로 들어와 한국에서 가져온 짐들을 풀었다. 내 바로 옆방에는 캐나다에서 온 여자 친구 두 명이 함께 생활하고 있다 했다.

그들은 지금 외출중이며 나중에 집에 오면 소개시켜주겠다 했다.

셸리는 도움이 필요한 게 있으면 언제든지 호출하라며 자기 방으로 돌아갔다. 옷걸이에 옷을 걸다 엄마 생각이 나서 다시 휴대폰을 찾았다. 홈스테이에 잘 도착했다는 것도 알려줘야겠다 싶었다. 근데 내 휴대폰이 보이지 않았다. 있어야 할 배낭 옆 주머니에 꽂혀있지 않았다. 혹시나 싶어 입고 온 외투 주머니에도 손을 넣어보았다.

역시나 없었다. 순간 너무 당황스러웠고, 분명 차안에서 엄마와 통화를 했는데 그 사이 휴대폰이 어디로 갔는지 떠오르지 않았다. 차에서 내릴 적에 바닥에 떨어트렸나 싶어서 홈스테이 마당부터 입구까지 샅샅이 살펴보았다. 역시나 보이질 않았다.

급하게 셸리에게 도움을 요청했고, 셸리는 픽업 할머니와 곧바로 연락했다. 내가 픽업 차량 안에서 엄마와 통화를 한 게 마지막이었다는 설명이 되지 않아 셸리는 공항까지도 전화를 걸었다.

하지만 그 어디에서도 내 휴대폰은 찾을 수 없었다. 단말기 할부 값도 아직 남아있는데, 웬만해선 내 물건을 잃어버린 적이 없는 데, 하필이면 타국에서 첫날 휴대폰을 잃어버렸다.

극심한 피로가 느껴졌다. 침대에 누워 좀 쉬고 싶었다. 하지만 맘 편히 쉬고 있을 수가 없었다. 어차피 로밍 된 한국 휴대폰은 일주일 정도만 사용하고 이후엔 카메라 기능만 사용할 생각이었다. 로밍 비용이 비싸기 때문에 현지에서 1년을 사용할 수 없는 노릇이었다. 사전에 알아본 대로 현지 휴대폰을 구입할 예정이었다.

시내로 나가야 했다. 셸리에게 '바이런 베이' 지도 한 장을 받아들고 동네 정보 관련 설명을 자세히 들은 뒤 시내까지 걸어가기로 했다. 셸리는 자신의 자전거를 빌려 타고 가라고 했지만, 나는 자전거를 어릴 적 딱 한 번 타본 적이 있다. 거의 자전거를 타지 못했다.

오랜만에 자전거 탈 자신도 없었지만 셸리 자전거에 혹시나 앉아보니 다리가 땅에 닿지 않아 매우 불안했다. 그래서 걸어서 40분 정도 걸리는 시내까지 그냥 걸어서 가기로 했다.

강렬하게 내리쬐는 땡볕 아래를 10분 정도 걸으니 온몸에서 땀이 줄줄 흘러내렸다. 바닥이 이글이글 끓는 듯했다. 이 뜨거운 바닥에 맨발로 아무렇지 않게 다니는 현지인들도 보였다. 바다에 다녀온 듯 몸에서 물기를 털고 있는 금발의 여성도 보였고 서핑보드를 옆구리에 차고 있는 남자 아이들도 보였다.

자신들을 신기한 듯 쳐다보는 동양인에게 그들은 하얀 치아를 보이며 "How are you"라고 인사한다. 나는 어색해 하며 손을 들어보였다.

홈스테이에서 출발한 지 20분이 지나자 갈증이 느껴졌고, 다행히 셸리가 챙겨준 물 한 병이 있어 그늘 밑에 앉아 잠시 목을 축이며 쉬고 있었다.

반은 왔다 생각했지만, 온 만큼 돌아가야 한다는 생각에 순간 머리가 지끈지끈거렸다.

그렇게 겨우겨우 도착한 시내. 동네 길이 복잡하진 않아서 지도를 보며 쉽게 찾아올 수 있었다. 셸리가 알려준 휴대폰 가게로 들어가 유심카드와 휴대폰을 손쉽게 구입했다. 가장 많이들 하는 기본요금제로 선택하고 간단한 사용법을 안내받은 후 가게를 나왔다.

이미 호주에서 사용할 휴대폰에 대해선 한국에서 어느 정도 조사를 해갔기 때문에 어려울 건 없었다. 그리고 우리나라에서 사용했던 스마트폰이 아니라 단순히 전화와 문자만 할 수 있는 기본 휴대폰이었다. 요금제도 선불 식으로 충전해서 사용하는 그런 휴대폰이었다.

아무튼 휴대폰을 집어 들고 테스트도 해볼 겸 엄마에게 다시 전화를 걸었다. 신호음이 갔다. 엄마가 받았다. 이것이 나의 호주 연락처이니 잘 저장해두라고 일러주었다.

엄마는 숙소도 잘 찾아갔고, 홀로 휴대폰도 사러 나왔음에 참 대단하다고 연신 놀라워했다.

충전된 금액이 많지는 않아 길게 통화할 수는 없다고 얘기하고 짧게 통화를 마쳤다.

이 땡볕에 집까지 어떻게 다시 걸어가야 하나 걱정도 되었고, 홈스테이집에서 어학원까지 차로는 10분 거리지만 걸어서는 족히 30분 거리는 되어 보였는데 3개월간 매일같이 걸어 다닐 생각을 하니 이 무더운 날씨에 그것은 도저히 불가능하다는 생각이 들었다.

달로는 1월이었지만 호주는 우리나라와 계절이 정반대다. 우리나라가 겨울일 때 호주는 한여름이고, 우리나라가 여름일 때는 호주는 겨울이다.

한여름 날씨에 매일 왕복 1시간씩을 그늘 한 점 없는 땡볕 아래로 걸어다닐 순 없다.

무슨 수를 내야 했다. 마침 휴대폰가게 옆 자전거 가게 하나가 보였다. 매장 앞 바깥에는 좀 낡아 보이는 중고 자전거를 세워놓고 판매하고 있었다. 시내까지 걸어올 적에 길거리에서도 살펴보니 사람들 대부분이 자전거를 타고 다녔다. 나처럼 걷는 사람은 거의 보이지 않았다. 역시나 동네의 대표적인 이동수단은 자전거였다.

그래서 나도 내 몸에 맞는 자전거를 하나 구입하기로 했다. 바깥에 진열된 자전거를 유심히 살피다 가장 만만해 보이는 크기의 자전거를 골랐다. 가게주인은 나보고 앉아보라며 권유했다. 앉아보았다. 양 발이 땅에 잘 닿았다. 이 자전거 외에는 다 셸리 자전거처럼 아주 높아보였다. 가격을 물으니 100불이라고 했다. 혹시 몰라 넉넉하게 챙겨온 지갑에서 100달러 한 장을 꺼내어 내밀었다. 타고 갈 건지 아니면 배달을 해줄지 묻는 것 같았다.

너무 더워 끌고 갈 자신도, 그렇다고 타고 갈 자신도 없어서 배달을 택했다. 집주소를 몰라 셸리가 준 지도에 표시된 홈스테이 위치를 가게주인에게 알려주었다.

"No problem~!"이라고 가게주인은 우렁차게 말하더니 홈스테이로 들어가는 길목 어디쯤에 볼펜으로 표시를 한다. 그곳을 가리키며 여기서 오후 4시반경에 기다리라고 했다. 차고 있던 손목시계를 보니 약속시간까지 2시간 넘는 여유가 있었고 집까지 돌아갈 시간은 충분한 것 같아 나도 알겠다고 대답했다. 집으로 돌아오는 길에 배가 고파 한 음식점에 들렀고 샌드위치와 시원한 음료하나를 같이 주문해서 간단히 점심을 때우고 집까지 씩씩하게 걸어왔다.

4시쯤. 시간에 맞춰 미리 나가 자전거가 오기를 기다리고 있었다.

4시 반. 4시 40분. 4시 50분이 넘어가도록 자전거는 오지 않았다. 어떻게 된 일인가 내가 혹시 시간을 잘못 들었나, 아님 기다리는 위치를 잘못 확인

했나 싶어 다시 지도를 펼쳐 살펴보고 있었다.

시간도 분명 4시 반이라 했고, 자전거 가게 아저씨가 표시해준 위치 역시 정확했다. 지도엔 위치와 '4:30 PM'이라고 시간까지 표시되어 있었다. 하지만 5시가 다되도록 자전거가 오지 않았고, 불안한 마음에 자전거값을 지불하고 받은 영수증을 펴보았다. 가게 전화번호가 잘 적혀있었다. 시내까지 다시 걸어가기엔 혹시나 길이 엇갈릴지도 모른다는 생각과 오늘은 너무도 피곤해서 도저히 한 번 더 시내까지 왕복해서 다녀올 자신이 없었다. 아까 사 온 휴대폰을 꺼내 들었다. 영수증에 적힌 번호를 꾹꾹 눌러보았다. 잠깐의 망설임 후 통화버튼을 눌렀다. 뚜르르- 신호가 갔다. 달칵-

"Hello~" 낯선 남자의 목소리가 들렸다. 순간 내가 할 말이 떠오르질 않았다. 준비도 없이 불안한 마음에 너무 급하게 전화를 걸어버렸다.

"Hello~?" 상대방이 다시 말했다. 뭐라고 해야 하나 발을 동동 구르며 '주어+동사', '주어+동사' 이것저것 머릿속에서 문장들을 급히 끼워 맞추고 생각하다 순간 장난전화라 여길까봐 생각나는 단어부터 하나 얼른 뱉었다.

"My bicycle~"

내가 너무 작게 말해 미처 못 들었는지 상대방은 다시 말했다.

"Hello~??"

그래서 난 좀 더 크게 다시 또 말했다.

"Hello~ My bicycle. um.. afternoon I buy um.."

전화를 일단 끊고 말할 문장을 준비해서 다시 전화를 해야겠구나, 하고 생각하고 있는데 뜻밖에 수화기너머 상대방은 내 얘길 알아들었다는 듯이 반갑게 얘길 했다.

내가 산 자전거는 방금 막 출발했다며 조금만 기다려달라는 내용 같았다. 그렇게 진땀 흘리며 통화를 하고 있을 때 작은 트럭 한 대가 골목길에 들어서고 있었다.

운전석에서 손을 흔들어 보이던 남자. 바로 자전거가게 아저씨였다. 나는 그제야 활짝 웃어 보이며 아저씨를 향해 나도 힘껏 팔을 흔들었다.

100달러짜리 노란색의 작은 자전거. 이 자전거가 3개월간 나랑 함께 할 것이다.

호주는 내가 도착한 당시 연 초 홀리데이라 3일 후인 1월 4일부터 어학원 수업이 시작되었다.

어학원 가기 전 딱히 할 것도 없고 자전거 연습을 좀 해둬야겠다 싶어서 자전거를 받은 날부터 동네 한적한 골목길에서 자전거를 타보았다. 흔들흔들. 휘청휘청. 매우 불안했다.

브레이크를 잡을 때면 소리는 또 왜 그렇게 시끄러운지 자전거를 영 잘못 구매했다고 생각했다. 연습량에 비해 전혀 나아지지 않은 자전거 타는 실력이었지만 어학원 수업 첫날 아침. 나는 용기 내어 자전거를 타고 어학원으로 향했다.

부들부들. 거침없이 요동치는 자전거 핸들을 부여잡고 겨우 어학원 앞에 도착했다. 학원 앞 잔디밭에는 꽤 많은 사람들이 있었다. 나처럼 다 자전거를 타고 왔다. 학원 앞에 마련된 자전거 거치대에 자신들의 자전거를 하나씩 세워두고 락을 걸고 있었다. 그들을 따라 나 역시 자전거를 세우고 락을 걸어보려 하는데 갑자기 웬 남자 한 명이 다가와 반갑게 인사를 했다.

"안녕하세요. 혹시 한국인 아니세요?"

한국말에 깜짝 놀라 그 사람을 올려다봤다. 4일 만에 보는 반가운 첫 한국인이었다.

"아 안녕하세요. 네. 한국 사람이에요"라고 인사했다.

나보다 1~2달 앞서 어학원을 다니고 있었던 한국인 남성. 그 옆에는 또 다른 한국인 친구들이 몇몇 더 보였다. 다들 반갑게 맞아주며 내가 타고 온 자전거를 유심히 살펴보는가 싶더니 이윽고 얘길 했다.

"이 자전거 어디서 사셨어요?"

"아, 시내 자전거 가게에서 샀어요."

"얼마주고 사셨어요?"

"100달러 주고 샀어요."

"그래요? 근데 이거 성인용이 아닌 것 같은데, 이거 아동용 자전거예요"

"네? 아동용이요? 아 근데 이게 제 키에 맞는 것 같아서요"

"그리고…" 무언가 한 가지 더 얘기를 하려는 듯 망설였다.

"아까 타고 올 때 보니까 자전거 핸들을 반대로 잡고 있더라고요. 이쪽 방향이 아니라 이렇게 해서 타는 거예요."

그 남자가 알려준 대로 자전거 핸들을 180도 돌려 똑바로 세웠다. 그렇게 해서 다시 타보니 브레이크 잡는 손도 한결 수월해졌고 더 이상 자전거에서 시끄러운 소리도 들리지 않았다.

어학원 수업 첫날. 우선 어학원 접수처로 가서 예약된 수업일정을 확인받고 본인 확인을 했다. 접수처를 나온 후 어학원 직원의 안내를 받아 바로 옆에 있던 작은 방으로 들어갔다. 한 백인 남성이 앉아있었고 인상은 좀 차가운 듯 깐깐해보였다. 반을 배정받기 위해 간단한 레벨 테스트를 치러야 했다. 테스트는 복잡할거 없이 그 백인 남성이 묻는 말에 바로바로 답하는 것이었다.

처음엔 간단히 알아들을 수 있는 일상적인 얘기로 시작했지만 점점 알아듣기가 어려워졌다. 똑같은 말을 반복해서 자꾸만 내게 물었지만 무슨 말인지 알아들을 수가 없어 제대로 된 대답을 하지 못했다.

"오케이" 하며 테스트가 끝났다는 그.

난 어학원 내에서 가장 낮은 하위레벨 반으로 정해졌다.

아침에 어학원 잔디밭에서 만나 잠깐 인사를 나눴던 한국인은 총 5명이었다. 남자 넷, 여자 한 명. 약간의 긴장감을 느끼며 수업중인 교실 문을 열었다. 아까 봤던 한국인 5명중 누가 있을지 궁금했다.

새로 온 학생이라며 레벨 테스트를 해준 그 백인남성은 교실 내 수업중인 여자 선생님께 나를 인계했고, 금발의 젊은 여자선생님은 나를 반갑게 맞아주었다.

선생님과 가볍게 인사를 나눈 후 친구들 앞에 섰다. 각자 자리에 앉아있는 반 친구들이 보였다. 여기도 백인, 저기도 백인, 피부색은 좀 달랐지만 이쪽도 외국인, 저쪽도 외국인. 한국인은 한 명도 보이지 않았다. 쉬는 시간에 알고 보니 한국인들은 나보다 다 상위레벨 반이었다.

내가 지정된 반에는 독일, 스위스 등 유럽에서 온 친구들과 아르헨티나, 브라질 등 남미에서 온 친구들뿐이었다. '외국인이라고 다 영어를 잘하는 게 아니었구나.' 생각이 들어 왠지 모르게 친근하게 느껴지던 반 친구들. 그들과 반갑게 인사를 나눴다.

반 친구들보다는 역시나 대화가 잘 통하는 한국인 친구들과 금세 친해졌다. 그들을 통해 현지 관련한 정보도 듣게 되고, 홈스테이에서 머물고 있다고 하니 홈스테이는 비용이 비싸다며 한 달 후에는 비교적 저렴한 '셰어하우스'로 이동해보라고 권해 주었다.

차후 셰어하우스* 알아보는 것도 함께 도와주겠다고 했다. 이렇게 모든 것이 차근차근 순조롭게 흘러가는 듯했지만 하나 내 맘대로 되지 않던 건 여전히 자전거였다. 핸들 방향도 바로 고쳐 잡았지만 비틀거리는 자전거는 좀처럼 쉽게 중심이 잡히질 않았다.

---

* 셰어하우스share house: 가족이 아닌 사람들이 공간이나 시설 따위를 공동으로 사용하며 같이 사는 집. 각자 자신의 방은 따로 쓰며 거실이니 주방, 화장실을 함께 사용한다.

하루아침은 같은 동네에 지내고 있던 한국인 남동생과 함께 자전거를 타고 어학원으로 같이 가고 있었다. 비틀비틀. 겨우겨우 동생 뒤를 따라가다가 그만 중심을 잡지 못하고 길가 나무 울타리에 그대로 부딪히고야 말았다. 자전거에서 내 몸이 튕겨 나와 잠시 잠깐 하늘을 날았고 그대로 땅바닥으로 난 곤두박질쳐졌다. 부딪히는 소리에 동생은 뒤를 돌아보고 놀라서 되돌아왔고 지나가던 다른 외국인들도 멈춰 서서 많이 다쳤는지 괜찮은지 물어왔다.

팔꿈치에서는 피가 흐르고 있었고, 엄지발톱이 몹시 얼얼하고 아팠다. 많이 다쳤냐고 걱정스레 물어봐주는 사람들의 마음이 고맙기도 했지만 너무 부끄러워 차라리 기절하는 편이 나았겠다고 잠시 생각했다. 결국 절뚝거리며 어학원까지 자전거를 끌고 걸어갔다.

어학원에 도착해서 다친 부위를 자세히 살폈고, 한국인 친구 한 명은 어학원 사무실로 들어가 소독약과 밴드를 챙겨 와주었다. 피가 고인 엄지발톱에 소독약을 부으니 하얗게 거품이 올라왔다. 순간 눈물이 핑- 돌만큼 몹시 쓰라리고 따끔했다. 소독약으로 닦아낸 엄지발톱 윗부분은 쩍 갈라져 있었고 깨진 발톱은 엄지발가락에 달랑달랑 힘겹게 매달려 있었다.

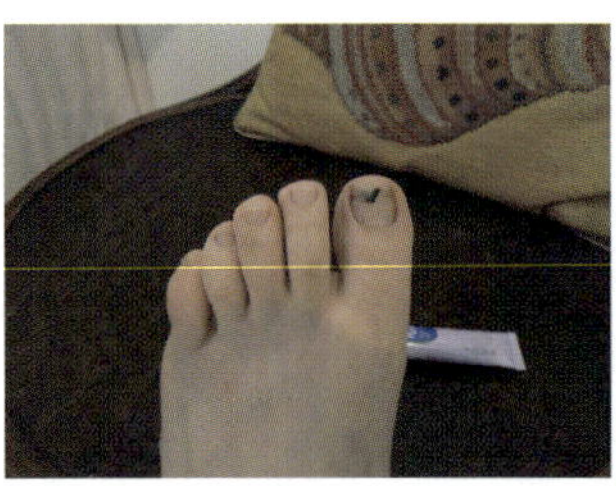

자전거 타다 날아가서 다친 엄지발톱 ▲

라이트하우스 앞에서 ▶

[나의 두 번째 자전거]

오늘도 또 다치고 왔냐며 걱정하던 반 친구들. 며칠째 나는 손바닥이며 허벅지며 종아리며 하루도 빠짐없이 크고 작은 상처가 계속해서 생겨났고, 이 모든 상처는 아직 자전거를 서툴게 타는 솜씨 때문이었다.

친구들은 다친 나를 보며 걱정을 많이 했고, 한국인 친구들은 아무래도 자전거를 바꾸는 게 좋겠다며 잘 타지 못하는 것도 문제지만 자전거가 나에게 너무 안 맞는다는 것이었다.

크기는 작지만 꽤 무거웠던 아동용 자전거.

나는 높이는 이게 맞는 것 같다며 자전거 가게에 내가 탈만한 크기의 다른 자전거가 없었다고 했고 더 연습을 하면 된다고 얘길 했다.

그때 한국인 친구 한 명이 헌 자전거를 고쳐서 파는 할아버지 한 분이 계시는데 그분한테 가면 이 정도 크기의 다른 자전거도 아마 있을지도 모른다고 했다. 그래서 그날 어학원 수업이 끝난 2시경. 한국 친구들과 함께 친구들이 얘기했던 자전거 할아버지 댁으로 찾아갔다.

할아버지의 이름은 토니 안. 따뜻한 미소를 보이며 자신을 '토니'라고 소개하던 백인 할아버지. 가볍게 인사를 나눈 뒤 친구들은 할아버지에게 내가 탈만한 자전거가 있는지 대신 물어봐줬고 잠시 후 할아버지는 창고에서 검정색의 작은 자전거 하나를 끌고 나오셨다.

이윽고 나에게 앉아보라 권했다. 앉아보니 기존에 타고 다녔던 아동용 자전거와 높이가 비슷했다. 양발이 땅에 안정적으로 충분히 닿았다.

자전거를 들어보라던 할아버지. 할아버지가 시키는 대로 자전거를 들어봤다. 너무 가벼웠다. 만만한 느낌이 들어 이 검정 자전거가 마음에 쏙 들었다.

할아버지는 내 자전거를 어디서 어떻게 샀는지 물어보았고 한국인 친구들이 날 대신해 통역해주었다. 할아버지는 그 가게는 어차피 중고물품을 사기도 한다며 내가 사온 자전거를 거기 가서 되팔라고 했다. 그리고 할아버지의 자전거는 60달러에 팔겠다고 했다.

나는 할아버지의 자전거가 너무 마음에 들었고, 할아버지가 알려준 대로 한국인 친구들과 함께 일주일 전 자전거를 샀던 가게에 도착했다.

가게주인은 날 알아보았고, 친구들이 나 대신 이 자전거를 되팔러왔다고 얘기했다. 문제없다는 듯 다시 돌아온 아동용 자전거를 유심히 살폈고, 값은 50달러라고 했다.

친구들은 일주일밖에 안탔다며 좀 더 챙겨달라며 가벼운 항의를 했지만 가게주인은 단호했다.

걸핏하면 나를 내동댕이쳤지만 어쨌든 일주일간 나의 발이 되어준 첫 자전거가 고마웠고, 반이라도 돌려받을 수 있다면 충분하다고 생각했다. 그렇게 아동용 자전거를 되돌려주고 받은 50불과 10달러를 더 보태어 토니 할아버지를 다시 찾아갔고, 나는 가볍고 작은 검정색 자전거를 새로 만나게 되었다.

할아버지 댁 앞 골목길에서 테스트 겸 타보니 굉장히 부드럽게 잘 나가던 자전거.

다리도 한결 가벼워진 느낌이었다. 할아버지는 페달에 종종 기름칠을 해줘야 한다며 자전거에 문제가 생기면 언제든 자기 집으로 들르라고 했다.

마음에 쏙 드는 자전거를 새로 구입한 후 한국인 친구들과 헤어졌고 나는 홈스테이 집으로 갈까 하다가 방향을 돌려 어학원 근처에 있는 작은 운동장으로 향했다. 넓고 한적한 그곳에서 운동장 몇 바퀴를 돌고 또 돌았다.

[바이런베이 라이트하우스]

[노을 지던 바이런베이의 하늘]

지금껏 페달을 천천히 밟으면 자전거가 더 중심을 못 잡고 넘어질 듯 한쪽으로 자꾸 기울다보니 불안한 실력임에도 나는 자전거 페달을 세게 밟을 수밖에 없었다. 어느 정도 빠른 속도로 달려야 그나마 중심이 잡히는 듯했다. 하지만 내 몸에 맞는 이 가벼운 자전거는 천천히 달려도 균형도 제법 잘 잡히고, 이윽고 여유도 생겨 노을 지는 하늘도 감상하면서 느린 속도로 달릴 수 있었다.

'인생'도 어쩜 자전거 타기와 비슷하지 않을까 하고 생각해본다.

앞만 보고 달리기에 바빠 지나가는 멋진 풍경을 놓치곤 한다. 속도를 천천히. 잠시만 멈춰 서서 주위를 한번 둘러보면 이전에 보지 못했던 새로운 풍경이 보이기도 한다.

뒤쳐지면 어쩌나 떨어지면 어쩌나 걱정에 숨도 제대로 못 쉬고 꽉 잡고 달리기보다, 가벼운 힘으로 쉬어가며 천천히 달리다보면 처음 출발할 때 했던 걱정과 달리 어느덧 가고자 했던 목적지까지 잘 도착해있다.

여유를 가지고 천천히 즐기면서 타본다. 무섭고 두렵기만 했던 자전거가 이제는 나와 한 몸처럼 편하게 느껴진다.

인생도 이렇게 자전거와 많이 닮아있지 않은가 생각해본다.

인생도 자전거처럼 이렇게 타보면 되지 않나 조용히 생각해본다.

어느덧 한 달이 다 되어간다.

첫 날 만큼의 낯선 느낌은 훨씬 줄어들었지만

마치 한국을 떠나 온지는 어마어마하게 오래된 것처럼 느껴진다.

이곳 여유로운 생활들이 정말이지 재밌고 즐겁지만,

한국에서의 그리운 건 어쩔 수 없이 그립고 또 그립다.

전에는 상상조차 할 수 없었던 일들이

여기에선 거짓말처럼 가능하다.

한 치 앞도 안 보이는 어두운 밤길에 자전거를 타고 다니고

억수 같이 퍼붓는 빗속에서도 나는 또 자전거와 함께 흠뻑 젖으며 꿋꿋이 달린다.

Byron Bay…

누군가는 유럽인들 서핑 휴양지로 반짝 유명할 뿐이고,

한국 포카리 CF를 찍었던 하얀 등대가 있는

자그마한 여행지일 뿐이라 하겠지만

하루하루의 풍경과 햇살, 별빛, 바람, 구름이 다른 이곳은,

보지 않고 선 절대 느낄 수 없는 동화 속 같은 산책로를 지닌 이곳은,

잠시 머물러 있는 자체만으로 매일 감동을 느끼게 한다.

2011.1.23.

#21 운명적인 만남 Thony

[토니와 나]

한국인 친구들의 소개로 두 번째 자전거를 구입할 때 만났던 토니 할아버지.

자전거 페달이 무겁게 느껴지면 기름칠하러 언제든지 오라고 했었다. 그러면서 곧바로 다시 아니라고 기름칠이 필요 없어도 놀러오고 싶을 때 언제든지 편하게 오라고 하셨다.

한국인 친구들은 할아버지가 나를 좋게 본 것 같다며 아님 여학생이라고 특별히 우대를 해주는 건가 하면서 다 같이 웃어보였다.

토니 할아버지가 자주 놀러오라곤 했지만 정작 바로 갈 수는 없었다.

어학원 수업은 오후 2시면 끝이 났지만, 한국인 친구들은 어학원에 남아 한 교실에 다 같이 모여서 추가적으로 영어 공부를 좀 더 했다.

같은 어학원을 다니는 한국인들 중 레벨이 가장 낮은 나는 당연히 이 자율수업에 참여해야 한다고 생각했다. 그래서 같이 남아 문법을 좀 더 공부해보기도 하고 모르는 것도 그때그때 물어보곤 했다.

하지만 모든 걸 다 물어볼 수도 없고, 자꾸 물어보기만 해야 하는 입장인 내가 친구들의 자율학습에 방해가 되는 건 아닌지 괜스레 미안한 생각이 들었다.

또한 문법공부도 너무 따분하기만 하고 내가 이렇게 공부를 할 거였으면 차라리 한국에서 영어 학원을 더 다녔지 뭐 하러 이 멀리 여기까지 왔나 하는 생각마저 들었다.

한국인 친구들이야 대부분 한국에서도 대학생인 친구들이었고, 나는 학생신분도 아니었고 영어 공부하러 여기 온 것도 아니었다. 친구들과 목적이 분명히 달랐다. 결국 한 일주일 정도 한국인 친구들과 자율학습을 하다, 나는 이제 그만 어학원 수업까지만 듣고 가겠다고 친구들에게 얘기했다.

오후 2시. 어학원 수업이 끝나면 외국인 친구들은 다 같이 어딜 가는지 삼삼오오 모여 바쁘게 자전거를 타고 사라졌고, 나는 홀로 시내에 나가 상점도 구경해보고 숨은 맛집도 찾아보겠다며 여기저기 구석구석 다녔다. 하지만 그리 크지 않은 동네라 시내구경도 금세 끝이 났고 흥미로웠던 상점 구경도 시들시들 해졌다.

MP3를 챙겨들고 해변에 가서 한국에서 담아온 한국음악을 한참이나 즐겨듣기도 해보고, 바이런베이의 유일한 명소라 불리는 라이트하우스(등대)에도 올라보았다. 내가 3개월 넘도록 머물렀던 바이런베이.

'라이트하우스'는 이곳 바이런베이를 떠날 때까지 단 한 번도 지루하다 여긴 적은 없었지만 그렇다고 매일매일 라이트하우스에만 오를 수는 없는 노릇이었다.

결국 시내 외곽 쪽에 있는 다른 동네도 구경해보기로 했다. 비슷한 듯 저마다 다르게 생긴 집들. 벽돌집, 나무집, 세련된 현대식 집도 있었다. 시내 구경보다 현지인들이 살고 있는 동네 구경이 훨씬 이국적이고 재미있었다.

그러다 한날. 어디서 본 듯 익숙한 길목이 보였다. 약 2주 전쯤 두 번째 자전거를 구하기 위해 한국인 친구들을 따라 와봤었던 토니 할아버지 동네의 입구였다. 기억을 더듬어 할아버지 댁 근처로 가보았다. 잠시 후 할아버지 집이 보였다.

할아버지가 계신가 싶어 조심조심 기웃거리고 있는데 갑자기 개 한 마리가 왈왈 짖으며 쏜살같이 달려 나왔다. 순간 너무 깜짝 놀라 뒷걸음 쳤는데 '으르렁'거리며 날 물려고 하는 게 아니라 반갑다고 꼬리를 세차게 흔들며 나에게 점프를 해댔다.

그 순간 들리던 휘파람소리와 남자목소리.

"휘잇- 베어~! 스탑!"

고개를 들어 앞을 보니 바로 토니 할아버지였다.

날 보더니 조금 놀란 듯 반갑게 인사하던 토니. 혹시 자전거에 무슨 문제가 생겼냐며 얼른 들어오라고 손짓하셨다. 할아버지가 자전거를 살펴보려 해서 나는 아무 문제가 없다고 얘길 했고, 정말 좋은 자전거라고 말했다.

이윽고 할아버지가 말씀하셨다.

"헤버씨-"

내 귀에 할아버지의 영어가 들린 그대로다. 헤버씨?

할아버지는 대답도 않고 가만히 있는 내게 한 번 더 얘기하셨다.

"헤버씨-"

우선 들리는 대로 스펠링을 머릿속에 하나씩 떠올렸다.

'Hae..ver..si.. Haeversi ??'

이런 단어가 있나 갸우뚱거리고 있는데, 이번엔 할아버지가 한손을 내밀더니 내가 알아들을 수 있도록 천천히 다시 말씀하셨다.

"Seat~~"

할아버지의 손동작과 "씨잇트~"라는 말을 들으니 그제야 '아! 나보고 앉으라는 거였구나!'하고 이해를 했고 바로 뒤에 있던 빈 의자에 앉아보려던 찰나. 좀 전 나에게 반갑다고 짖어대며 달려왔던 토니 할아버지의 강아지 '베어'가 귀를 쫑긋 세우더니 곧바로 땅바닥에 엉덩이를 대고 앉아버리는 게 아닌가.

'아. 내가 개보다 한발 늦었구나. 개보다도 못하구나 내가.' 상당히 충격적이었다. 토니 할아버지는 그런 베어와 나를 번갈아보더니 이 상황이 아주 재밌다는 듯 크게 웃으셨다. 그리고 나에게 정말 잘 왔다며 매우 반갑다고 연신 말씀하셨다.

그렇게 우연인 듯, 우연이 아닌 듯 찾아가게 된 토니 할아버지의 집. 나는 그 집을 바이런베이에 머물 동안 가장 많이, 가장 자주 들락거리게 되었다. 하지만 토니와 처음부터 말이 잘 통한 건 아니었다. 할아버지의 발음이 영 쉽게 들리지가 않았고 어려웠다.

매번 의사소통에 문제가 있었지만 그럼에도 토니를 계속해서 찾아갔던 건 나를 너무도 반가워하는 모습에 따뜻함과 고마움을 느껴서이다.

혹시 외국인 친구가 생기면 선물해 주려고 한국에서부터 가져온 전통 차(둥굴레차, 녹차) 티백이 좀 있었다. 그것들을 조금씩 나눠들고 토니에게 찾아가면 토니는 어김없이 야외차고에서 고장 난 자전거를 늘 손보고 있었고, 자신을 찾아온 나를 발견하고는 어서 오라고 반갑게 손짓했다.

'베어'랑도 금세 친해져 내가 "씨잇~" 하고 말하면 베어는 꼬리를 살랑살랑 흔들며 착하게 그 자리에 앉아보였다.

챙겨온 둥굴레차를 토니에게 맛보라고 건네주면 토니는 놀라운 표정을 하며 나의 작은 선물에도 크게 기뻐했고, 곧장 집 안으로 들어가 뜨거운 물과 머그잔 두 개를 챙겨 나왔다.

적당히 구수하게 우러나온 둥굴레차를 맛보며 정말 건강한 맛이 난다며 참 좋아하셨다.

내가 토니의 말을 못 알아들을 때면 기름때가 묻은 손으로 땅바닥에 정성스레 영어 스펠링을 써주셨고 내가 그것을 전자사전에 입력해보고 이해할 수 있을 동안 충분히 기다려주셨다. 전자사전의 도움을 받고도 이해를 못하고 있을 때면 토니는 같은 말을 좀 더 다른 쉬운 표현으로 바꿔가며 반복해서 말해주곤 했다.

나에게 토니는 어학원 선생님보다 더없이 좋은 현지 스승이었고, 어학원에서 사귄 여럿 친구보다 더없이 좋은 친구가 되어주고 있었다.

어느 주말엔 토니가 다니던 교회를 따라가게 됐고 나는 기독교가 아니라고 뒤늦게 말했지만 토니는 그런 건 상관없다며 일요일마다 교회를 같이 가자고 했다. 교회를 가면 토니가 아는 다른 할아버지, 할머니와도 인사를 나눴고 예배시간이 끝나면 교회에서 준비한 간단한 크래커와 샌드위치, 향긋한 커피를 함께 맛볼 수 있었다.

그렇게 영어도 잘 못하던 나를 잘 챙겨주는 토니에게 항상 고마웠다.

하루는 강아지 '베어'와 토니 아들과 함께 가까운 농장에 일하러 가야 하는데 혹시 나도 같이 가지 않겠냐고 연락이 왔다. 무슨 일인가 싶어서 물어보았더니 말을 관리해주러 간다고 했다.

알고 보니 토니는 자전거 수리 말고도 또 다른 일을 하고 있었는데, 그것은 바로 말발굽을 관리해주는 것이었다. 토니가 정기적으로 찾아간다던 농장인데 농장이 아주 멋지다며 원한다면 나도 함께 가도 된다는 것이었다.

호주 농장은 어떤 모습일지 몹시 궁금하기도 했고, 딱히 하는 일도 없었고 다른 약속도 없었던 터라 토니를 따라나서기로 했다. 그렇게 토니의 차에 올라탔다.

운전석엔 토니 아들이, 조수석엔 토니가, 뒷좌석엔 베어와 내가 타고 있었다. 가는 길에 주유소에도 잠깐 들러 주유를 했다. 가는 길이 점점 더 한적해지는가 싶더니 어느 한 코너를 돌아 좁은 길목에 들어서니 이윽고 비

포장도로가 나타났다.

한 20분가량 더 울퉁불퉁한 흙길을 달리니 드넓은 초원이 펼쳐지고 울타리도 보였다. 그리고 저 멀리 연기가 피어오르는 한 농가주택이 보였다. 잠시 후 토니의 차는 그 집 앞에 멈추었고 토니는 이제 다왔다며 여기라고 얘기했다.

차에서 내려 농장주인 가족과 반갑게 인사를 나눴다. 이미 교회에서 다른 할아버지, 할머니들과 인사를 많이 해봐서 나에 대한 간단한 소개와 인사 정도는 어렵지 않게 말할 수 있었다.

토니는 굽을 점검 받아야 하는 말에게 다가가 말의 컨디션부터 살폈고, 말발굽을 살피더니 굽을 바꿔줘야 한다고 했다. 농장주인은 그럼 교체해달라고 토니에게 답했고, 토니는 말굽을 교체하는 것은 시간이 좀 걸릴 테니 나보고 앉아서 기다려도 되고 혹 지루하면 농장 구경을 해도 좋다고 했다.

농장은 끝이 어딘지 안보일 만큼 엄청 넓었는데, 농가 바로 근처에 나무 울타리가 쳐져 있었다.

그 안에는 젖소와 염소, 당나귀 그리고 닭들이 노닐고 있었다. 주변을 두리번거리고 있던 내게 저 울타리 안을 구경해보지 않겠냐고 농장 주인이 물어왔다. 나는 좋다며 고개를 끄덕였고 농장주인은 옆에 조용히 서있던 한 꼬마에게 내게 농장을 안내해줄 것을 부탁했다.

그 아이는 농장주인의 아들인 '얀'이라는 남자아이였다.

얀은 조금은 부끄러운 듯 작은 미소를 보이며 이윽고 나에게 자길 따라오라고 말했고 그렇게 나는 얀을 따라 울타리 안으로 들어가 다양한 종류의 가축들을 구경했다. 한 20분가량 동물 구경을 한 후 울타리에서 나왔고 그때도 여전히 토니는 열심히 말발굽을 손보고 있었다.

토니는 말을 붙잡고 있었고, 토니 아들이 말의 발톱을 깎기도 하고 긁어내기도 하면서 세심하게 손질했다.

잠시 후 굽 교체작업이 마무리될 때쯤 농장 안주인 아주머니는 겉 표면에 이슬이 맺힌 시원한 맥주 몇 병을 가져왔다. 수고한 토니와 그의 아들을 위해 준비해주는 듯했다.

그렇게 무사히 교체작업을 다 끝내고 우리는 나무로 만든 테이블과 통나무 의자에 모여앉아 가볍게 맥주를 마셨다. 시원한 바람이 기분 좋게 솔솔 불어왔다. 드넓게 펼쳐진 들판 위로 황홀한 노을빛이 번지고 있었다.

4월 초. 바이런베이를 이제 그만 떠나야 할 날이 다가왔다.

처음 3개월만 머물기로 계획하고 온 곳이었지만, 호주의 한 도시 '브리즈번'에서 지내고 있던 친구가 놀러와 바이런베이에 한눈에 반해버렸다. 그렇게 이곳에서 친구와 같이 좀 더 생활하게 되었다. 친구는 나와 함께 자전거를 타고 달리며 바이런베이를 신나게 즐겼고, 나는 내가 알고 있는 숨은 명소들을 하나씩 친구에게 자신 있게 보여주었다.

1년 내내 호주 이곳에만 있다 가도 후회가 없을 것만 같은 바이런베이였지만 이미 처음 계획했던 것보다 2주가량 지체되고 있었고, 자금 여유가 좀 있을 때 여행도 해보고 일자리도 찾는 것이 좋을 거라고 생각했다.

바이런베이에서 아르바이트를 구해 생활비를 좀 마련하고자 했으나 리조트 청소나 일용직 알바만 간간히 생길 뿐이었다. 여름 성수기 시즌에만 관광객이 몰려오고 다른 시기에는 보통 한적한 작은 마을이다 보니 고정적인 일자리는 경쟁도 엄청 치열했고 많지도 않았다. 결국 친구와 상의 끝에 친구가 먼저 머물렀던 도시인 '브리즈번'으로 같이 이동하기로 했다.

바이런베이를 떠날 준비를 하나씩 끝내고 떠나기 며칠 전. 호주에 와서 맨 처음 1개월간 머물렀던 홈스테이 집주인 '셸리'가 생각났고, 속에 불고기를 넣은 한국식 '월남쌈'을 만들어 도시락 하나를 챙겨들고 셸리의 집으로 다시 찾아갔다. 셸리는 너무도 반갑게 나를 맞아주었고 내가 정성스레 싸온 도시락을 보며 감동받은 듯했다. 그렇게 짧은 작별인사를 나누고 마지막으로 작별인사를 해야 할, 반드시 해야 할 단 한사람만이 떠올랐다.

차마 그가 있는 방향으로 발걸음이 쉽게 떨어지지 않았다. 토니에게 이젠 정말 안녕이라고 말해야 하는 순간이 온 건가. 할 수만 있다면 시간을 붙잡아 좀 더 천천히 가도록 하고 싶었다.

슬픔이 밀려왔다. 아까 만들어 남겨둔 도시락 하나를 마저 들고 이젠 눈 감고도 찾아갈 수 있을 만큼 익숙해져버린 토니의 동네로 갔다. 예전엔 즐거움에 흥얼거리며 들어섰던 골목길인데 오늘은 마냥 슬프고 쓸쓸하게만 느껴졌다.

토니의 집 앞. 역시 같은 자리 앉아 같은 일을 하고 있는 토니가 보였다. 베어도 기다렸다는 듯 나를 보며 또 힘차게 달려와 꼬리를 마구 흔들며 반겨주었다. 도시락을 내밀며 이따 출출해지면 맛보라고 얘길 했다. 그리고 한참을 뜸들이다 어렵게 말을 꺼내었다.

나는 이제 곧 바이런베이를 떠나야 한다고. 다른 도시로 가봐야 할 것 같다고.

토니는 별다른 대꾸 없이 나를 보며 고개를 천천히 끄덕였다. 나는 토니가 묻지도 않았지만, 다음 할 적당한 말이 뾰족이 생각나지 않아 이어서 다른 얘길 더 했다.

영어가 아직 한참 부족해서 호주 다른 곳에 갈 자신이 없다고. 어학원을 3개월간 다녔는데도 처음 올 때와 영어실력이 별반 다르지 않아 너무 부끄럽다고. 그냥 한국으로 돌아갈까 봐~ 하며 억지웃음을 지어보이며 말을 건넸다. 내 얘기를 조용히 다 듣더니 토니는 하던 일을 잠시 멈추곤 기름 묻은 손을 옆에 놓인 헝겊으로 닦았다. 그리곤 내게 손을 줘보라고 한다.

토니의 손에 나의 손을 올렸다. 내 손을 꼭 잡아주던 토니.

그리고 나를 보며 똑바로. 정확하게. 천천히. 내가 잘 알아들을 수 있도록 말해주었다.

"넌 내가 한국말을 못하면 날보고 멍청하다고 할 거니?"

나는 그건 아니라는 듯 고개를 저었다.

그리고 이어서 토니는 다시 내게 말했다.

"영어는 너의 나라 언어가 아니야. 영어를 못하는 건 부끄러운 일이 아니란다. 절대 부끄러워하지 마.

Don't be shy~

Don't be shy"

토니의 진심어린 목소리.

당신을 만나기 위해 어쩜 나는 이 먼 곳까지 왔는지도 모르겠다. 당신을 만나기 위해 어쩜 난 자전거를 그리 못 탔는지도 모르겠다.

내 지난 모든 날들이 토니 당신 한 명을 만나기 위해 맞춰져 있었다는 생각이 들었다.

기름 묻은 손으로 바닥에 영어 스펠링을 한자 한자 적어가며 나에게 맞춰 대화를 나눠주었던 백발의 파란 눈동자를 가진 토니. 그런 토니의 눈 색깔을 신기한 듯 골똘히 바라볼 때면 "너의 갈색눈동자가 더욱 예뻐"라고 말해주며 나를 참 예뻐해 주었던 토니.

자기 손에 묻은 기름때가 씻어도 이젠 깨끗하게 지워지지도 않는다던 토니. 그럼 나는 "우리아빠 손 같아"라고 웃으며 토니의 손을 꼭 잡았다. 그렇게 토니 옆에 매일같이 동양인 여자애 한 명이 있었다.

영어를 잘하지 못해 오늘 물어본 걸 내일 답하는 하루 늦은 대화를 할 적도 있었다. 내가 가져온 둥굴레차를 정말 소중하고 맛있게 마셔주던 토니.

갑자기 앞이 안 보일 정도로 소나기가 억수같이 내릴 때면 하던 일을 멈추고 차고 지붕 아래에 나와 함께 나란히 앉아 비 오는 풍경을 보며 쏟아지는 빗소리를 함께 들었던 토니.

이런 토니를 언제 다시 또 볼 수 있을지, 한 번 더 만나러 올 수 있을지 가슴이 아리고 또 아려왔다.

토니는 잠시 기다려보라며 집으로 들어가 종이 한 장과 펜을 꺼내왔고 거기에 자신의 집주소와 이메일 주소를 적어주었다. 그리고 내가 어디에 있든 자기가 생각날 때면 언제라도 편지하라고 항상 기다리고 있겠다는 말을 마지막으로 전했다.

그 후로 나는 호주를 이곳저곳을 여행할 때면 꼭 그 여행 장소의 대표적인 풍경이 담긴 엽서 한 장을 사서 토니에게 편지를 썼다.

도시에 있을 때는 한인마트에 들러 토니가 즐겨 마시고 좋아했던 둥굴레차와 녹차 티백이 든 차 한 박스를 사서 토니에게 종종 보냈다.

토니는 나의 선물에 매우 고마워했고 자기는 이걸 잘 챙겨먹어서 건강을 꼭 오래 유지하겠다고 답장을 보내왔다.

토니는 내가 언제 다시 바이런베이로 놀러올 수 있냐고 물었고 나는 정확하게 약속할 수가 없어 항상 바이런베이가 생각나고 그립다고만 답했다.

내 친구 토니.

피부색도 다르고 눈동자 색깔도 다르고 머리카락 색도 달랐던 토니와 나. 단순히 호주인 할아버지와 한국인 여자애가 아닌 우리는 마음을 나눈 진정한 친구였다.

결코 부끄러워 말라며 부끄러워할 일이 아니라고 용기를 줬던 고마운 친구 토니.

그는 내게 이렇게나 큰 울림을 주고 용기를 주었는데 나는 과연 그에게 무엇을 줬을까.

[자전거 수리중인 토니]

[토니의 차 안.
왼쪽부터 토니, 베어, 토니 아들]

[드넓게 펼치진 농장의 초원]

[농장 안내를 맡은 얀(위), 농장 안주인 아주머니께서 주신 맥주(아래)]

나는 항상 받기만 했던 것 같다. 그의 나지막하고 따뜻했던 음성이 눈을 감으면 지금도 귓가에서 들리는 듯하다.

"Don't be shy. Don't be shy."

바이런베이를 떠나온 지 약 4개월 후.

한국으로 돌아갈 준비를 하던 친구가 마지막으로 다시 한 번 꼭 가보고 싶은 곳이 바이런베이라고 하여 그렇게 친구와 함께 2박3일간 짧게나마 다시 그곳을 찾았다.

친구와 추억이 있던 장소에 잠깐 잠깐씩 머물렀고, 토니의 집도 찾아가 보았다. 하지만 토니는 없었다. 오래 기다릴 수는 없어 잠시 기다려보다 결국 토니를 다시 만나진 못하고 바이런베이를 떠나야했다.

나는 토니에게 다시 바이런베이를 찾아갔던 것과 집 앞에 찾아갔던 것을 알리지 않았다.

호주를 떠나 한국으로 돌아온 후 한 4년 동안은 이메일로 토니와 나는 연락했다. 마지막으로 토니에게 내 소식을 전한 것이 나의 결혼소식과 임신소식을 알리는 내용이었다.

토니는 매우 축하해줬고, 자신은 손자를 봤다며 손자 '해리슨'의 사진도 함께 보내왔다. 그리고 나는 예쁜 딸을 낳기를 바란다고 답해왔다.

토니의 바람대로 나는 다음 해에 예쁜 딸을 낳았다.

보낸사람 Anthony Fysh VIP

Re: hello Kara

2015년 8월 21일 (금) 오전 12:53

첨부파일 1개 모두저장

20150720_181306_ 944.4KB

Hi Kara,congratulations,I always knew that you would marry the man of your dreams, and you are having a baby, how wonderful, hope you have little baby girl,all is great here I have a lot of work with horses and I am happy. My daughter had a baby boy on my birthday last year in October 24th,his name is Harrison,I love him very much,you look very beautiful in the photos you sent and your man looked great,hope you have a happy and joyful life together.you always were very special to me .such a beautiful woman, hope your life will be happy. Must go miss you heaps hope to see you and your husband one day and your baby, bye for now,hear from you soon your friend always Tony.picture of Harrison attached

[토니와 주고받은 마지막 메일]
호주에서 사용한 나의 영어이름은 'Kara'였다.
Kara의 뜻은 '즐거운 멜로디'다.

#22 바이런베이를 떠나며

[3개월간 다닌 어학원에서]

바이런베이(Byron Bay)에서 머무는 동안 정말 한가하고 여유로운 시간을 보냈다.

해변에 누워 하루 종일 음악을 듣기도 하고, 은하수가 보이는 밤이면 밤새 산책을 하기도 했다. 그렇게 매일 반복되는 듯 흘러가는 시간이 나에겐 어제가 다르고 오늘 하루가 다르고 마냥 아름답게만 느껴졌다.

바이런베이는 풍경이 정말 멋졌던 곳이라 하루 온종일 하늘만 올려다보고 있어도 전혀 지루하지가 않았다.

오늘 하루는 뭘 할지, 내일은 뭘 할지 설레는 마음으로 다가올 시간들을 상상했다. 오늘은 또 무엇을 먹을지, 무엇을 마실지 내가 어떤 요리를 잘하는지, 내가 무슨 음식을 좋아하는지 온통 '나'에 대해서만 생각했다.

도대체 내가 왜 여기까지 온 걸까, 무엇을 위해 왔을까 사실 특별히 하는 것도 없는데 이렇게만 있다가 한국으로 돌아가는 걸까. 뭐라도 찾아서

[바이런베이에 마켓이 서는 날. 푸드트럭에서 주문 중]

[머리를 땋아 악세사리를 붙이는 중]

[자전거를 타고 달리는 길. 이 길을 달릴 때면 파도소리를 한가득 들을 수 있다.]

해야 하나. 하는 생각도 들었다.

문득 내가 여기 와서 가장 많이 한 게 무엇인가 생각해보았다. 매일 내가 무엇을 먹을지, 무엇을 좋아하는지, 무엇을 잘하는지를 생각했었다.

[흐린 날씨의 바이런베이 바다]

그렇다. 나는 매일매일 매순간마다 나 자신과 많은 대화를 나누고 있었다. 여기 온 이유를 알 것 같았다. 드디어 여기 온 이유를 찾았다. 나는 나와 대화를 나누기 위해 온 것이다.

[바이런베이 바닷가에서]

정들었던 바이런베이를 떠나던 날. 처음 도착부터 지금까지 지나온 날들이 떠올랐다. 단순 어학원비가 다른 지역에 비해 저렴한 편이라 택했던 바이런베이. 그곳에서 만난 좋은 사람들과 친구들.

비교적 어린 나이에 사회에 뛰어들어 많이 지쳐있던 내게 잠깐 쉬어가도 괜찮다고, 여기서 쉬었다 가라고 말해주던 바이런베이. 그런 바이런베이를 만나서 찾게 되어서 더없이 감사하고 또 감사한다. 언젠가 다시 꼭 가고 싶은 곳 바이런베이.

눈 감으면 그곳에 가득 울려 퍼졌던 파도소리와 멋진 풍경들이 선하게 그려진다.

#23 도시를 찾아온 시골 쥐

[비싼 항공권으로 도착한 멜버른 국내선 공항]

친구와 함께 바이런베이에서 버스를 타고 3시간이면 도착하는 호주의 대도시 '브리즈번'으로 향했다. 브리즈번에 처음 와본 것은 아니었다. 바이런베이에서 홀로 생활하고 있을 때 친구가 지내고 있던 브리즈번으로 주말에 놀러 와봤던 적이 있었다. 그리고 처음 호주에 도착했던 곳이 바로 브리즈번 공항이었다. 따지고 보면 세 번째 브리즈번 방문인 것이다.

높은 빌딩들과 많은 사람들. 브리즈번은 분주해 보이는 딱 도시의 모습이었다. 지리에 익숙한 친구의 길 안내에 따라 친구가 지냈었던 셰어하우스에 잠시 묵기로 했다.

우린 며칠 후 호주의 동남쪽에 위치한 섬. 바로 '태즈메이니아'로 다시 이동하기로 되어있었다. 단순 여행으로써 가는 건 아니었다. 친구와 함께 일

[멜버른 시내 풍경, 멜버른에서 '트램'은 대표적인 교통수단이다]

자리를 찾다가 호주 워홀들을 위한 '한인 인터넷카페'에서 연어공장에서 근로자를 구한다는 정보를 입수했기 때문이다.

보수도 좋고 근무시간도 좋고 조건이 괜찮았다. 그래서 친구와 함께 그 연어 공장이 있다는 '태즈메이니아'로 이동하기로 했고, 그곳으로 이동하기 위해 공항이 있는 '브리즈번'으로 와야 했다. 태즈메이니아로 이동하는 길에 태즈메이니아 섬과 가장 가까운 도시인 '멜버른'에 들러 일주일 정도 여행해보기로 계획을 세우며 가장 저렴한 항공권으로 사전예매를 해뒀다.

'멜버른'으로 출발하는 당일. 브리즈번에서 멜버른까지는 비행기를 타고 약 2시간 반이면 도착한다. 오전 출발이었던 비행기를 타기위해 친구와 함께 브리즈번 공항으로 갔다.

체크인을 하려는데 뭔가 이상하다. 우리가 탑승해야할 비행기가 확인되지 않는다. 무슨 일인가 싶어 공항카운터에 가서 물어보니 우리 항공편은 결항이 되어 있었다. 예상하지 못한 일에 상당히 당황스러웠고 그럼 어떻게 해야 하는지 물어보니 마냥 기다리거나 아님 다른 항공편을 예매해야 한다고 했다.

결항에 대한 사전 안내문자 한 통 받지 못했다. 알고 보니 우리가 이용하려했던 항공사는 원래부터 결항이 잘 되는 저가항공사로 악명이 높았다.

역시 싼 게 비지떡이란 말인가, 생각하며 친구와 급하게 상의했다. 다시 브리즈번으로 돌아가 며칠 더 묵으면서 새로운 항공편을 구할까 하는 생각도 해보았지만, 이미 '멜버른'에 예약해둔 숙소가 있었고, 그보다 더 중요한 것은 스케줄에 맞춰 '태즈메이니아'에 가서 만나기로 했던 한국 중개인이 있었다. 그 중개인을 통해 태즈메이니아에서 머물 셰어하우스까지도 픽업받고, 연어 공장에 이력서도 지원키로 했던 참이었다.

이 모든 약속된 일정을 미루기보다 계획대로 움직이는 것이 낫겠다고 판단했다. 친구와 함께 당일 오후에 출발하는 항공편으로 다시 예매했다.

둘이 합쳐 약 30만 원으로 항공권 가격을 들었는데, 어째 150불이 아닌 300불씩 각자의 영수증에 찍혀있다.

[위, 왼쪽. 길거리 퍼포먼스, 돌 조각상처럼 보이지만 실제로 사람이다]

[비 내리던 멜버른(왼쪽), 마켓이 열린 어느 마을에서 (오른쪽)]

['그레이트 오션 로드' 투어차량을 기다리는 중]

다시 가서 확인해보니 "each~"라고 정확하게 얘길 해준다.

악- 처음엔 둘이 합쳐도 10만원도 채 안 되는 항공권을 구해놨었는데, 6배가 훌쩍 넘는 돈을 지불하며 비싼 항공편을 타고 그렇게 '멜버른'으로 향하게 되었다.

고액의 항공권 충격에서 친구와 너무 아까워했지만, 둘은 앞으로 연어공장에서 일하게 될 테니 그럼 금방 돈을 모을 거라며 서로를 위로하고 의기투합했다.

그렇게 원래 계획했던 시간보다 훨씬 늦게 도착된 멜버른. 짐이 많아서 멜버른에서 여행할 동안 묵을 숙소까지 픽업차량도 미리 신청해뒀었다.

예약해둔 시간보다 훨씬 늦게 도착했지만 다행히 픽업차량은 변경된 시간에 맞춰주었고, 우리를 멜버른 숙소까지 잘 데려다주었다.

쌀쌀하고 추웠던 멜버른의 날씨.

2시간 반을 내려왔을 뿐인데 온난했던 브리즈번의 기후와 정반대로 달랐다. 픽업아저씨의 설명에 의하면 남극과 가까워 멜버른은 눈도 내리고 추운 날씨가 많다고 했다. 같은 나라에서 시차도 있고, 같은 달이지만 기후까지 여름과 겨울로 다르다니 호주란 곳은 정말 얼마나 큰 땅덩어리의 나라인가 새삼 실감했다.

[위풍당당한 12사도]

아무튼 여기서 약 일주일간. 친구와 함께 멋스러운 멜버른 시내 곳곳을 구경했고, 현지 여행사를 통해 세계 문화유산으로도 등재된 아름다운 해안도로 '그레이트 오션 로드'도 가보았다.

바로 눈앞에 보이는 풍경이 비현실적으로 느껴질 만큼 장관이었던 '그레이트 오션 로드'의 12사도. 거센 파도와 정면으로 맞서며 '12사도'라 불리는 거대한 바위들이 해변에 있다.

원래는 12개의 바위가 해안가에 있었지만 4개의 바위가 침식으로 인해 무너졌고 현재는 8개만 그 자리를 당당히 지키고 있었다. 하지만 남아있는 8개의 바위도 자연 침식으로 언젠가는 사라져 못 보게 될 거라고 가이드는 설명했다. 가이드의 얘기를 듣고 12사도를 다시 바라보니 더욱 귀하고 신비롭게 느껴졌다.

#24 오스트레일리아 최남단 섬, 태즈메이니아

친구와의 멜버른 여행을 끝낸 후, 이젠 최종 목적지인 태즈메이니아의 '호바트'로 이동할 날이 되었다.

멜버른 국내선 공항에서 호바트 공항까지는 비행기로 약 1시간 20분이 소요된다. 그렇게 도착한 호바트. 해가 져서 어두웠고 비도 부슬부슬 내리고 있었다.

숙소까지 픽업해주기로 했던 중개인은 호바트 공항에 나오지 않았다. 공항이 아닌 중개인이 알려준 다른 동네까지 우리가 우선 찾아가야 했다. 사전에 안내받은 대로 그 동네로 가기 위해 버스를 탔다. 버스를 두 번 갈아타야 중개인이 오라고 했던 동네에 도착할 수 있었다.

동네는 시골마을처럼 한적했다. 중개인에게 우리가 도착했다는 것을 알리니 중개인은 한 30분 걸린다고 조금만 기다리라고 했다. 우리가 지내게 될 숙소 근처엔 마트가 없으니 미리 먹거리를 사두는 게 좋을 거라고 했다.

주변을 둘러보니 마트 하나가 보였고 중개인의 조언대로 그를 기다리는 동안 친구와 함께 마트로 들어가 당장 먹을 쌀과 다양한 식품을 구입했다. 한 2주 치 정도 되는 양이었다.

잠시 후 숙소까지 데려다줄 한국인 중개인이 도착했고, 그의 차를 타고 더욱 한적해 보이는 고요한 어느 마을로 들어왔다. 우리가 묵을 숙소 주변에는 다른 집 한 채도 없었다.

너무 낯설고 살짝 무섭기도 했지만, 친구와 함께라서 괜찮았다. 낡은 나무문을 열고 숙소에 들어서니 처음 보는 여자 2명이 더 있었고, 한 사람은 한국인, 다른 한 사람은 아이슬란드였는지 아일랜드였는지 아무튼 그 비슷한 곳에서 온 외국인이었다.

그 두 사람은 친구와 나를 반갑게 맞아주었다. 집 한 채 보기도 힘든 이 한적한 시골에 있는 한 외딴집에 그렇게 여자 넷이 모이게 되었다. 그들은 먼저 우리가 사용할 방을 안내해주었다.

낡아 보이는 2층 침대가 있었다. 아래층은 내가, 위층은 친구가 사용하기로 했다. 우선 필요한 최소한의 옷과 물건만 짐 가방에서 꺼내놓고 집 구경도 해볼 겸 방을 나왔다.

걸을 때마다 낡은 나무 바닥에서 삐거덕 소리가 들렸다. 거실에는 오래돼 보이는 소파가 있었고, 부엌 역시 세월의 흔적이 느껴지고 있었다. 화장실과 샤워실은 집안에 없었고 야외에 따로 마련되어 있었다.

이 시골마을 농가주택 셰어하우스는 좋게 보면 빈티지고, 나쁘게 보면 공포영화 속에 등장할 것 같은 집이었다. 무튼 가볍게 집 구경을 끝내고 다시 주방으로 들어가 아까 마트에서 사온 식자재를 정리했다. 친구와 함께 정리하고 있는데, 아까 그 여자 친구 두 명이 우리에게 다가왔고 여기까지 어떻게 알고 왔는지 묻기에 서로 자연스럽게 대화를 나누기 시작했다.

한국인 친구와 외국인 친구는 둘 다 '세컨 비자'* 취득을 위해 현재 사과

---

* 세컨 비자second visa: 워킹홀리데이 첫 비자는 체류기간 1년을 준다. 1년 더 추가적으로 체류하기 위해선 두 번째 비자를 취득해야하는 데 그것이 바로 '세컨 비자'다. 세컨 비자를 취득하려면 1차 산업에서 총 90가량 일해야 하는데, 1차 산업이라 하면 보통 농장, 목장, 그리고 공장 정도가 있다.

농장에서 일하고 있다 했다. 그들의 얘기를 듣고 우리는 그냥 연어공장에 일자리가 있어 찾아왔다고 말했다.

그들은 연어공장이 보수도 좋고 일도 쉬운 편이긴 하지만 취직하기가 매우 어렵다는 얘길 들려줬다. 빈자리가 생겨야 들어갈 수 있는데 경쟁도 치열하고 심지어 몇 달을 기다려도 일 한번 해보지 못하고 돌아가는 사람들도 있다 했다.

그들의 말에 좀 걱정이 되긴 했지만, 일단 일자리를 알선해준 그 중개인에게 이력서도 제출했으니 믿고 기다려보기로 했다. 사실 바로 일을 시작할 수 있을 줄 알고 준비해서 여기까지 온 건데 기약도 없이 기다리고만 있자니 하루하루 갈수록 조급함에 점점 더 걱정이 밀려왔다.

역시 농가 셰어하우스의 친구들 말처럼 기다리던 소식은 오지 않았고, 일주일이 다 되어가도록 연락 한 통 받지 못하고 마냥 집에만 있으니 정말 답답할 노릇이었다.

딱히 할 것도 없고, 교통편이 좋아 어딜 놀러갈 수 있는 것도 아니고, 심지어 돈도 별로 없으니 점점 막막해져만 갔다.

사과농장에서 일하고 온 친구들은 집에서 종일 대기하고 있는 우릴 위해 맛있고 신선한 사과를 몇 개 따다주었다.

그 친구들이 따온 사과를 한입 베어 무는 순간 내가 지금까지 먹었던 사과는 사과가 아니었나 싶을 정도로 다른 사과와 비교가 안 되는 정말 맛있는 사과였다.

여유 자금도 부족하고 심지어 여기 올 때 예상치 못했던 비행기 결항으로 항공권도 무리해서 결제까지 했었다. 언제까지 기다릴 수 없어 일단 농가 셰어하우스 친구들에게 우리도 사과농장에 일하러 갈 수 없을지 물었다. 친구들은 현재 이 일도 대기를 해야 한다는 말과 자신들은 '비자' 때문에 하고는 있지만 일이 너무 힘들다며 하지 말 것을 권유했다.

[농가 셰어하우스 거실]

[농가 셰어하우스 주방]

[친구와 내가 사용한 2층 침대]

진심으로 친구와 나를 걱정해주던 두 친구였다.

연어공장 일자리 하나만을 보고 호주 최남단에 위치한 섬까지 찾아왔건만 여기서 희망은 쉽게 보이지 않았다. 곧 있음 호주에 약 일주일가량의 홀리데이(공휴일)가 시작될 시기였고, 그 기간에는 비행기 삯이 평상시보다 2~3배로 오른다며, 다른 도시로 이동할 거면 빨리 이동하는 게 좋겠다고 농가 셰어하우스 친구들은 조언해주었다.

그들의 조언에 따라 친구와 상의를 해보았고 결국 우리는, 친구가 호주 와서 처음 일하며 지냈던

'브리즈번'으로 다시 돌아가기로 결정했다.

친구는 나와 며칠 차이로 똑같이 1월에 한국을 떠나 호주에 도착했는데, 개인적인 사정으로 친구는 6월쯤에 한국으로 돌아가야 했다.

처음부터 반년 정도만 계획하여 워킹홀리데이*를 왔다 보니 친구에겐 시간이 그리 넉넉하지 않았다. 그래서 친구는 나처럼 어학원에 다니지 못했고, 호주에 도착해서 바로 일자리부터 찾아 일하며 호주생활을 했다.

그래서 호주 현지에서 우리가 할 수 있는 아르바이트에 대해 나보다 더 잘 알고 있었다.

우선 친구의 말대로 새로 또 모르는 장소를 찾아가 일자리를 찾아보는 건 우리의 자금 상황으로는 너무 무모한 모험이었다.

자금적인 여유가 부족하니 친구가 가장 잘 알고 있는 도시로 가서 자리를 잡고 일을 시작하자고 했다. 친구는 전에 했던 일을 다시 시작할 거라고 했다. 친구가 했던 아르바이트는 '주택청소'였다.

이 일은 한국의 '입주청소'와 비슷하다 보면 되겠다. 이사를 나갔거나, 이사를 들어올 빈집을 대청소하는 일이었다. 호주의 '청소업종'은 체계적이며 세분화되어 있었다.

그중 '워홀'들이 접할 수 있는 청소일은 크게 주택청소, 상가청소, 사무실 청소 정도였다.

친구는 호주에 와서 처음 두 달 정도 이 '주택청소' 아르바이트를 하며 현지에서 지낼 생활비를 마련했었다.

나는 친구의 의견에 바로 동의했고, 그렇게 친구와 함께 '태즈메이니아'를 하루빨리 떠나기로 결심했다.

---

* 워킹 홀리데이working holiday: 해외여행 중인 외국인이 방문한 국가에서 일할 수 있도록 특별히 허가하는 제도.

[호바트 구경 중]

결과적으로 어찌 됐든 호주 최남단까지 왔는데 구경 한번 제대로 못하고 바로 브리즈번으로 돌아가는 것이 아쉽다는 생각이 들었다. 그래서 4일 후에 출발하는 항공편을 예약해두고, 태즈메니아에서 가장 큰 항구도시인 '호바트'를 구경하고 브리즈번을 향하기로 했다.

호바트는 앞서 여행했던 멜버른처럼 유럽풍의 멋스러운 도시였다. 멜버른은 현대식 느낌과 유럽식 건축이 조화를 이룬 대도시라면, 호바트는 세월의 흔적이 고즈넉하게 느껴지는 작은 도시였다. 밀려오는 파도조차 잔잔하고 여유가 느껴지는 이곳에서 친구와 나는 차분하게 '호바트' 시내 구경을 다녔다. 특별히 인상적인 장소가 있었던 건 아니었다.

갑자기 계획에도 없던 호바트 여행을 하게 된 거라 미리 짜둔 일정표도 없었으며, 그냥 발길 닿는 대로 걸었고 어디로 가는지 모르는 아무 버스에도 올라 마음에 드는 바깥 풍경이 나오면 내려서 구경하기도 했다.

[호바트 거리(위),
어느 동네 주택가(아래)]

호바트 여행 마지막 날. 시내에서 '파머스 마켓'* 이 열린다고 하여 시장구경을 해보기로 했다. 친구와 아침 일찍 길을 나섰다. 제법 쌀쌀한 오전 기온에 따뜻한 커피부터 한잔 얼른 사 들고 마켓이 열리는 곳으로 향했다.

마켓에서 판매 중인 다양한 물품과 채소, 과일을 구경하고 있는데 빨갛게 잘 익은 사과들이 눈에 들어왔다. 그 사과들을 보고 있자니 며칠 전 농가 셰어하우스에서 만난 두 친구가 자연스레 떠올랐다.

우리에게 현지상황을 세세히 알려주고 같이 걱정하며 지역 이동할 것을 권해준 고마운 두 친구였다. 우리가 막상 '태즈메이니아'를 떠나기로 결정하니 많이 아쉬워했다.

* 파머스 마켓farmer's market: 정기적으로 서는 야외시장, 우리나라의 오일장과 비슷하다.

[호바트 파머스 마켓에서 판매중인 사과]

농가 숙소를 떠나던 날 아침. 버스도 자주 다니지 않던 외딴 마을이라 버스 시간에 맞춰 새벽 일찍 나서야 했는데 아주 이른 시각이었는데도 불구하고 두 친구는 졸린 눈을 비비고 일어나 잘 가라며 우리를 배웅해주었다.

친구랑 나는 이렇게 또 다른 곳으로 향하고 있지만, 그 고요한 곳에 다시 또 그 둘만 남았을 거라 생각하니 괜스레 미안한 마음도 들었다. 아무튼 그 친구들이 사과농장에서 따온 사과 맛이 순간 그리워 시장에서 판매 중인 사과하나를 사서 맛보았다. 역시나 친구들이 따주었던 사과에 비해 맛이 없었다. 이름 모를 한적한 시골마을의 한 농가 숙소에서 만나, 잠깐이었지만 서로를 반기며 지냈던 그 두 명의 친구와 그들이 따다 준 사과의 맛이 한동안은 그리울 것 같았다.

#25 I'm a student

호바트에서 브리즈번까지는 비행기로 약 3시간 정도가 걸린다. 그렇게 2주 만에 다시 찾은 브리즈번. 당장 셰어하우스도 구해야 하고 일자리도 알아봐야 하고 해결해야 할 일이 많았다.

우선 셰어하우스는 워홀들을 위한 '한인 인터넷카페'와 현지인들도 이용하는 셰어하우스 관련 사이트 두 군데에서 빠르게 찾아보았다.

숙소를 찾는 것이 가장 급했지만 급한 마음에 너무 안 좋은 셰어하우스로 덜컥 가기보다, 며칠간 여행자 숙소인 '백패커스'*에서 묵으면서 위치, 가격, 방조건 등 골고루 고려해서 적당한 후보지를 몇 군데 뽑았다.

그중 친구가 호주에 와서 혼자 3개월간 지냈었던 동네 근처 한 아파트에서 셰어하우스를 이용할 새로운 세입자 2명을 구하고 있는 것을 확인했다. 집주인은 호주 현지인 남성이었고, 아파트 구조는 방2, 화장실2, 거실1, 부엌1에 'ㄱ'자 모양으로 이어진 테라스가 있었다. 방 하나는 집주인이 사용하고 남는 방 하나를 두 명에서 사용하는 조건이었다.

---

* 백패커스backpackers: 배낭여행자들을 위한 저렴한 숙소이다.

[친구와 함께 지낸 브리즈번 셰어하우스. 방보다 넓은 테라스에서]

방값은 다른 한인 셰어하우스에 비하면 좀 더 비싼 편이었지만, 시내에서 멀지 않아 위치도 괜찮았고 아파트 한 집에 총 3명만 거주한다는 것은 흔치 않은 조건이었다. 바로 집주인에게 셰어하우스를 이용하고 싶다고 연락했고 집주인은 일단 자기 집으로 와보라고 했다.

아파트 1층 보안 문을 지나 안으로 들어서니 야외 수영장이 보였다. 그 옆에는 사우나실과 헬스장도 있었다. 편의시설들의 규모가 크진 않았지만 적당한 크기라 잠깐씩 이용하기에 부담스럽지 않아 보였다.

잠시 후 엘리베이터를 타고 셰어하우스가 있는 층으로 올라갔다. 해당집 앞에서 초인종을 누르니 호주인 남성 한 명이 현관문을 열며 인사했다. 안으로 들어오라며 손짓하는 그.

헌데 집안에는 동양인 커플로 보이는 어떤 남녀가 이미 와있었다. 그들도 우리처럼 셰어하우스를 보러 왔다고 했다. 집주인은 살짝 난감해하며 누구를 세입자로 택할지 고민하는 눈치였다.

이윽고 양쪽에게 질문을 했다. 앞으로 호주에서 몇 개월 더 머물 계획인지 물었다.

내 친구의 계획대로라면 친구는 한국으로 돌아갈 날이 2달밖에 안 남은 상황이라 나는 친구가 말하기 전에 재빨리 우린 8개월 정도 머물 거라고 얘기했다. 커플은 내가 말한 기간보다는 길다 했다.

'아 좀 더 길게 얘기할걸.' 하고 혼자 생각하고 있는데, 집주인은 다시 현재 호주에서 뭘 하고 있는지 양쪽에게 물었다. 그 커플의 남자는 일을 하고 있다고 얘기했다. 하지만 나는 좀 다르게 말해야 할 것 같아 공부하러 왔다고 대답했다.

그때 집주인의 눈이 살짝 커지더니 우리보고 학생이냐고 묻는다. 그래서 나는 그렇다고, 학생이라고 얘기했다. 이젠 확실히 결정했다는 듯 집주인은 더 이상 추가 질문을 하지 않았고, 동양인 커플에게 미안하지만 셰어하우스는 다른 곳을 찾아봐야겠다고 말하며 그들을 돌려보냈다.

그렇게 동양인 커플이 떠나고 집주인과 친구, 나 이렇게 우리 셋만 집에 남았다.

집주인은 자신의 이름은 '크렉(Craig)'이라고 소개했고, 처음부터 여자 2명의 조합인 우리를 선택하고 싶어 질문들을 했으며 마침 내가 학생이라고 해서 더 좋았다고 했다. 그렇게 친구와 나는 며칠 후부터 바로 '크렉'의 집에서 크렉과 함께 셰어 생활을 시작하게 되었다.

친구는 내게 학생이라고 거짓말을 해서 어떡하지 하며 걱정했다. 그런 친구에게 나는 완전한 거짓말은 아니라고 우리는 지금 인생을 배우는 중 아니냐고 뻔뻔스레 답변했다.

하지만 친구가 아침 일찍 일을 나가고 집에 혼자 남은 나는 괜스레 크렉의 눈치가 보였고, 외출할 때면 어김없이 책가방과 눈에 보이도록 책 한 권을 옆구리에 차고 한동안 다녔다.

아무튼 우리만 사용할 수 있는 방보다 더 큰 전용 테라스까지 있고, 깔끔하고 좋은 셰어하우스를 구한 것 같아 정말 만족스러웠다.

이제 일자리만 구하면 만사오케이였다. 친구는 차후에 다른 일을 다시 찾아보더라도 우선 다음 주부터 당장 지불해야 할 방값과 생활비를 마련하기 위해 처음에 일했던 '주택청소' 일을 바로 나갔다. 그쪽으로 일하고 있는 친구의 지인이 있었고, 이미 경험이 있기 때문에 당장 일할 수 있다는 이유에서였다.

나도 그럼 같이 일할 수 있도록 소개해달라고 친구에게 부탁했더니 친구는 나더러 다른 일을 구해보는 게 어떻겠냐고 얘기했다.

친구의 얘기는 이제 한국으로 돌아갈 날이 자신은 한두 달밖에 남지 않았지만, 나는 남은 시간이 아직 여유가 있고, 생각보다 주택청소는 꽤 힘든 일이라며 나보고 좀 더 쉽고 괜찮은 일을 구해보라는 것이었다.

우선 나의 방값과 생활비도 친구가 벌어 혼자서 감당하고 있을 테니 나더러 너무 조급해 말고 좋은 일자리를 잘 찾아보라는 것이다.

사실 한국에 있는 가족들에게 생활비를 추가적으로 더 송금받을 수도 있었겠지만 우리는 우리 스스로 결정해서 직장을 그만두고 여기까지 왔으니 최대한 우리의 힘으로 해결해보자고 했다. 그것은 친구와 나의 약속이기도 했다.

아무튼 이렇게 날 챙겨주는 친구의 진심에 감동받았지만 동시에 결국 친구 따라와서 짐이 되고야 말았구나 싶어 미안한 마음이 들었다. 아무쪼록 친구의 든든한 지원에 힘입어 하루빨리 좋은 일자리를 찾겠다고 다짐했다.

친구는 매일 아침 일찍 일하러 나갔고, 나는 혼자 아침밥을 대충 해결하고 느지막이 시내 번화가로 나가 이력서 낼 곳을 찾기 위해 거리를 돌아다녔다.

인터넷으로도 구인정보를 검색해보았고 직접 발로도 뛰며 열심히 찾아보려 했지만 생각만큼 쉽지 않았다.

괜찮아 보이는 아르바이트 자리는 이미 사람을 구했거나 이메일로 지원해도 연락 한번 오지 않았으며, 수십 장 복사해둔 이력서 중 열 몇 장 챙겨 들고 밖으로 나갔지만 집에 돌아올 땐 겨우 1~2장만 소진했을 뿐 거의 그대로였다. 직접 일할 곳을 찾아보려 해도 구인공고가 붙은 상점도 드물었고 도대체 어디에 이력서를 내야 하는 건지 마땅한 곳을 찾을 수 없었다.

한번은 시내 외곽에 있는 한 아울렛 내의 액세서리 매장에서 구인한다는 공고를 보고 시내에서 버스 타고 30분을 가야 하는 그곳까지 지원하러 갔지만, 영어를 잘하지 못한다는 이유로 바로 그 자리에서 탈락하였다.

결국 복사해둔 이력서는 일주일이 지나도 반도 소모되지 못하고 남아돌았다. 나의 이력서는 남아도는데, 나의 기운은 쭉쭉 빠져나가 남아있질 않았다. 그리고 일주일 넘도록 친구 혼자 고생하는 모습을 보면서 너무 미안하기도 했고 도저히 안 되겠다 싶어서 친구에게 부탁해 그냥 친구가 하는 일을 같이 해야겠다고 생각했다.

늦은 오후. 친구가 일을 끝내고 들어왔지만 난 미리 저녁밥을 차려놓을 수가 없었다.

아울렛에 이력서를 내러갔다 나도 평상시보다 늦게 들어왔고, 확인해보니 집에 먹거리도 거의 바닥이나 딱히 먹을 수 있는 게 없었다. 그래서 친구와 함께 근처 한인마트에 장을 보러 갔다. 마트 안에서 친구는 이것저것 가격 비교까지 해가면서 신중하게 장을 보고 있었고, 잠시 후 20대 초반으로 보이는 한국인 남녀 두 쌍이 들어와 저녁에 삼겹살 파티를 하려는지 냉동고에서 삼겹살을 고르고 있었다.

그들을 부러운 눈으로 바라보다 시선을 돌린 곳에 다양한 과자가 놓여있는 진열대가 보였다. 그 순간 꿀이 줄줄 흐르는 엄청 달콤해 보이는 '조청유과' 과자봉지가 눈에 들어왔다.

평상시 달달한 과자를 좋아하지 않았지만 그날따라 단것이 너무 먹고 싶었고, 한 봉지에 3.5달러(약 4천원)나 하던 '조청유과'과자를 난 과감하게 집어 들었다. 친구는 당장 먹을 쌀 3kg와 라면 몇 봉지만을 바구니에 담아 놓고 있었다.

나는 '조청유과'를 같이 계산해달라며 친구에게 내밀었고 친구는 내 손에 들린 과자를 보더니 이건 얼마냐고 물었다. 3.5불이라고 얘기하니 순간 놀라며 라면 두 봉지 값과 맞먹는다고 과자는 제자리에 다시 갖다 두라고 내게 말했다. 나는 정말 먹고 싶어서 그렇다고 이것만 사달라고 친구에게 졸랐다.

친구는 끝까지 안 된다며 라면 2개면 우리가 두 끼를 해결할 수 있는데 달랑 과자 한 봉지를 그 가격에 어떻게 사냐며 내려놓고 오라고 좋게 나를 타일렀다.

그때 삼겹살을 다 고르고 계산대로 다가오던 남녀그룹과 난 눈이 마주쳤고, 순간 부끄럽기도 하고 과자 한 봉지도 안 된다는 친구가 너무 야속해서 과자를 던져놓듯 내려놓고 아무 말도 없이 마트에서 나와 버렸다.

그날 저녁 친구에게 같은 일자리를 주선해달라고 부탁할 참이었지만, 과자 실랑이를 벌인 후라 기분이 상해 친구가 잠들 때까지 아무 말도 못하고 나도 같이 잠이 들어버렸다.

그렇게 뒷날도 역시 답답하고 희망 없는 똑같은 하루가 시작되었다.

친구는 일을 나갔고, 나는 늦잠을 자고 일어나 잠이 덜 깬 채로 노트북을 켜고 앉아 새로운 일자리 정보가 올라온 게 있는지 검색해보고 있었다. 그렇게 어느덧 오후가 되었고 친구가 퇴근해서 들어올 시간이 되었다.

라면 하나에 쌀밥 두 공기. 우리의 주식이었다.

반찬은 김치가 있을 때도 있고 없을 때도 있었다. 그렇게 나는 부엌에서 조촐한 저녁식사 준비를 하고 있는데 현관문을 열고 친구가 들어왔다.

친구의 손에 검은 비닐봉지가 하나 보였다.

친구는 나를 향해 씨-익 웃으며 그 봉지를 흔들어 보였다. 곧바로 친구에게 달려가 친구가 건네주는 봉지 안을 확인해보니 과자 '조청유과' 한 봉지와 '꿀 꽈배기' 한 봉지가 사이좋게 들어있었다.

난 너무 기뻐서 그 자리에서 폴짝폴짝 뛰었다. 그때 순간 친구의 작업복 바지가 눈에 들어왔다.

락스물이 튀어 온통 색깔이 얼룩덜룩 변해있었다. 이렇게 힘들게 일하는 친구에게 철없는 애마냥 과자를 사달라고 투정부리고 졸랐던 어제의 일이 갑자기 너무도 미안했다.

이 비싼 걸 왜 사왔냐고 안 먹어도 된다고 마음에도 없는 소릴 하며 눈물이 살짝 맺혔다.

친구는 "네가 그렇게 먹고 싶어 하니까~"라고 말하며 어서 밥 먹고 같이 맛있게 나눠먹자며 나를 달래주었다. 그렇게 라면에 밥 한 공기를 게 눈 감추듯 해치우고, 테라스로 나가 도시 야경을 보며 친구가 사온 과자를 정말 맛있게 먹었다.

달콤한 과자를 먹으며 친구에게 일자리가 잘 구해지지 않는다고 고민과 미안함을 털어놓으니 좀만 더 힘내서 찾아보라며 여전히 나를 챙겨주던 고마운 친구.

이 친구가 갑자기 호주에 간다는 말을 듣고, 나도 따라 갑자기 호주로 떠나왔다. 친구에게 의지하지 않겠다며 다른 지역을 찾아 따로 머물렀지만, 가장 친한 친구가 같은 시기 같은 나라에 있다는 사실만으로도 의지가 되었고 든든했다.

결국은 이렇게 친구에게 제대로 짐이 되어, 나대신 홀로 2주가 넘는 방값에 식비까지 부담하고 있는 친구에게 과자 사 달라 떼나 쓰고 있는 신세가 되었다. 이런 못난 나도 친구라고 믿고 기다려준다.

[누사(Noosa) 여행 중. 카페에서 친구와 나, 이름 모를 새 한 마리가 같이 치즈케익을 나눠먹었다]

나보고 넌 그래도 현지 와서 어학원도 3개월 다녔지 않느냐며 그러니 자기보단 더 좋은 조건의 일자리를 찾을 수 있을 거라고 용기를 북돋아주던 친구.

"그동안 한국에서 힘들게 일했잖아, 여기까지 와서 또 힘든 일 할 필요 없잖아"라고 웃어보이던 내 친구.

네가 있어서 내가 여기까지 올 수 있었다고, 그 은혜는 평생 잊지 않을 거라고 고마운 친구에게 내 마음을 전하고 싶다.

고등학교 2학년 때 만나 20년을 친구로 알고 지냈다.

호주 워홀도 같이 다녀왔고, 호주에서 우리는 4개월 동안 함께 살았다.

함께 지내는 동안 짧지만 중간중간 서로 시간을 맞춰 함께 여행도 많이 다녔다. 멜버른, 호바트, 누사, 프레이저 아일랜드, 바이런베이까지 친구와 추억이 있는 다 소중한 장소들이다.

너와 함께라서 더욱 즐거웠고 호주 워홀을 다녀온 지 10년이 지난 지금도 했던 얘기를 하고 또 하며, 추억을 공감하고 같이 나눌 수 있어 더욱 좋다. 그게 너라서 나는 정말 좋다.

너를 보며 나는 항상 많은 것을 배운다.

너는 나를 어떤 친구로 생각할지 모르겠지만 그건 그리 중요하지 않다.

네가 날 어떤 친구로 생각하던 그건 친구 너의 마음이니까.

나는 널 평생 친구로, 내가 가장 아끼는 친구로, 가장 사랑하는 친구로 오래도록 함께하고 싶다.

고맙다 친구야. 사랑한다 친구야.

#26 친구야 힘을 내

친구가 모처럼 쉬는 날. 함께 브리즈번 시내로 나갔다. 오늘 하루는 나도 이력서 돌리는 걸 멈추고 홀가분하게 같이 놀기로 했다. 친구와 맛있는 것도 간단히 사 먹고 카페 가서 커피도 한잔했다. 매일 하루하루가 오늘 같았으면 좋겠다고 생각했다. 집으로 돌아오는 길에 우연히 한 회사건물을 보게 되었다. 세련된 현대식 빌딩이었다.

건물을 바라보며 나도 모르게 "저 안에서 일하는 사람들은 참 좋겠다." 라고 말했다.

옆에서 내 얘길 들은 친구는 말했다. "너도 저런데서 일 해봤잖아."

친구의 말에 'K'통신사에 근무하던 때가 떠올랐다. 면접을 보러갔던 날. 'K'사 건물을 보고 반하기도 했었다. 그렇다. 단순 겉모습만 봐서는 그 속을 알 수 없는 것이다.

친구의 말에 동의하면서 다시 길을 걸었다. 잠시 후 친구는 내게 요새 일 구하러 다니는 건 괜찮은지 물어보았다. 나는 서투른 영어실력 때문에 막상 이력서 내러 어딜 들어가기가 망설여진다는 고충을 털어놓았다. 친구는 힘내라는 듯 나의 어깨를 툭툭 치며 다시 내게 말했다.

"나는 네가 맘 먹은 대로 다 해낼 거라 믿어. 지금까지도 잘 그래왔잖아. 영어는 그냥 뭐 '영어 연습한다!' 생각하고 들어가 버려."

친구의 말에 가벼운 웃음이 나왔다.

한번쯤 폼 나는 삶을 꿈꿨을 것이다.
아니, 매번 원하고 꾸고 있었던 것 같다.
아닌 척 해보았지만 잘나가는 누군가를 볼 때면
자꾸만 작아지고 뒤처지는 기분이 들었다.
내가 가지고 있는 것에 만족하기에는 내 욕심이 더욱 컸기 때문이다.

다른 사람과 비교해서 만족보다
나 자신이 만족하는 길을 찾고 싶었다.
그래서 지금껏 해왔던 일을 다 접어두고 현실도피를 했다.
하지만 또 다른 현실에 난 도착했고,
현실의 벽은 부딪혀 볼수록 만만치 않음을 느낀다.

오늘 커피숍, 레스토랑, Bar 등등 여기저기 이력서를 돌렸다.
언제, 어디서 내가 일을 시작할 수 있을지 모르겠다.
"I'm looking for a job"을 외치고 다닐 때면,
필요 없음에도 내 이력서를 예의상 받아줄 때면,
지금은 아무도 필요치 않다는 거절 멘트까지 들을 때면.
저절로 몸과 마음이 지치고 피곤해진다.
하지만 돌아오는 길에 다행스럽게도 한 가지 기분 좋은 생각이
날 스치고 지나가면서 작은 미소가 번졌다.
어제보다 오늘의 내가 더 씩씩해져 있음을

2011.4.29.

#27 쥐구멍에도 볕 들 날은 온다

친구의 격려와 응원에 다시 힘입어 정말 열심히 구직활동을 했다.

전에는 망설여져 차마 들어가지 못한 가게와 매장에도 불쑥불쑥 들어갔고 “I'm looking for a job~”을 외치며 이력서를 내밀었다.

매장 밖에 구인한다는 공고가 붙어있지 않은데도 들어가서 혹시 다음에 일할 사람이 필요하면 언제든지 불러달라고 이력서를 씩씩하게 내밀었다.

예전에는 들고 나간 이력서 중 1~2장 아니면 많아야 4~5장정도 겨우 소진하고 집에 들어왔는데, 이제는 손에 들고 나간 것이 부족할 정도로 이력서를 많이 돌리게 되었다.

수십 장 복사해둔 것도 어느덧 다 바닥이 났고, 추가로 더 복사까지 하며 그렇게 열심히 날마다 이력서를 돌리고 또 돌렸다. 친구의 말대로 ‘영어 연습한다’ 생각하니 훨씬 덜 부끄러웠고, 이것 또한 훗날 좋은 추억이 되겠거니 생각하고 즐겁게 돌아다녔다.

5월. 어느덧 5월이 되었다. 다른 날과 똑같이 이력서를 챙겨들고 외출하기 전 노트북부터 켰다. 매일 아침마다 확인하던 인터넷 카페에 새로운 일자리 정보가 있는지 검색해 보기 위해서였다. 대부분 이미 봤었던 일자리가 반복적으로 노출되고 있었다. 하지만 어제 저녁 늦게 새로 하나 게시된 구인공고가 있었다.

[샐러드&샌드위치 매장에서 판매 아르바이트생을 모집합니다]

바로 전날 저녁에 올라온 공고 치고는 조회 수도 다른 구인공고에 비해 월등히 높았다.

'경쟁이 엄청 치열할 것 같군' 생각하며 해당 공고를 클릭해보았다.

근무 요일은 월요일부터 금요일 주5일이었고, 근무시간은 오전 10시부터 오후 2시로 하루 4시간 근무였다.

시급은 당시 호주 최저시급(2011년도 기준 약 19.35불)보다 못 미치는 15불이었다. 하지만 이 정도면 보통 한인 카페에서 봤던 대부분 시급 10불~13불 정도의 다른 아르바이트에 비하면 꽤 괜찮은 시급이었다.

욕심이 났지만 판매직이라 영어도 잘 해야 할 것이고, 준수한 시급에 일하는 시간도 괜찮고, 평일 주5일제로 모든 조건이 괜찮으니 경쟁이 정말 어마어마하겠구나 생각했다.

하지만 그래도 밑져야 본전이라고 한번 가보자 싶었고, 공고에 적힌 대로 오후 2시 이후에 이력서를 들고 해당 가게를 찾아갔다.

시내에 있던 한 회사빌딩. 높고 세련된 빌딩이었다. 그 건물 입구에는 내부로 바로 연결되는 에스컬레이터가 있었는데 그 에스컬레이터를 타고 2층으로 올라가니 푸드코트가 나왔다.

스시, 타코, 파스타, 피자, 커피 등 종류별로 다양한 음식을 판매하는 가게가 7~8군데 정도 모여 있었다.

그중 에스컬레이터에서 내리면 바로 맨 앞에 있던 매장이 바로 '샐러드& 샌드위치' 가게였다.

매장은 밖에서 훤히 다 보이도록 오픈된 구조였고, 매장 안을 살펴보니 남자 2명, 여자 2명이 썬캡과 연두색 티셔츠를 맞춰 입고 일하는 모습이 보였다. 다들 한국인 같아 보였다.

일단 매장 옆쪽으로 가서 일하고 있던 그들에게 인사하며 아르바이트 공고를 보고 왔다고 말했다. 설거지하고 있던 남자직원이 "매니저님~ 면접 보러 왔데요"라고 말하며 한 여성을 불렀다.

잠시 후 그 여성은 하던 일을 멈추고 나와 매장 앞 테이블 자리로 안내해 줬다.

그렇게 자신이 해당 가게 매니저라고 소개하는 여성과 마주 보고 앉아 가볍게 인사를 나눈 뒤 바로 나의 이력서를 내밀었다.

매니저는 내 이력서를 천천히 살펴보더니 호주 와서 일해본 건 있냐고 먼저 물었다. 나는 '바이런베이'에 있을 때 몇 번 리조트 청소 일을 해보았다고 대답했다.

이어 워킹비자기간이 얼마나 남았냐고 묻기에 8개월 남아있다고 대답했고, 세컨비자는 취득할 계획이 없는지 또 물어서 그건 원래 계획에 없었고 아직 생각해본 적은 없다고 답변했다.

이어 영어로는 어느 정도 대화가 되냐고 물었다. 어학원을 3개월 다녔지만 가장 낮은 반에 있었고, 지금은 가벼운 일상생활 영어 정도만 할 수 있을 뿐 잘하지는 못한다고 솔직하게 답변했다.

내 대답을 다 들은 매니저는 일단 잘 알겠다며 사장님과도 인터뷰를 해야 하니 잠시 기다려보라고 말하며 자리에서 일어났다.

금방 끝나버린 매니저와의 면접에 '아 역시 영어 때문에 또 안 되겠구나.'

하고 생각하고 있는데, 잠시 후 매니저와 함께 40대 초반으로 보이는 남성이 나를 향해 걸어왔고 매니저는 이분이 사장님이라고 소개했다.

그렇게 사장님은 내 앞에 앉았고, 사장님 옆으로 매니저도 다시 앉았다. 사장님 역시 한국인처럼 보였지만 매니저와 달리 인사를 한국말로 시작하지 않았다.

“Hi How are you~” 순간 좀 당황스러웠다.

외국인 앞에서 영어를 쓰는 것도 뭐 그리 자신 있는 건 아니었지만, 그렇다고 외국인에게 영어를 사용하는 게 민망하진 않다.

당연한 것이기 때문이다. 하지만 호주에 와서 한국인과 영어로 대화를 나누어본 적은 없었다. 굳이 영어로 대화할 필요가 없기 때문이다.

한국인과의 갑작스런 영어인터뷰에 적지 않게 당황했지만 묻는 말에 귀기울여 최선을 다해 대답은 했다. 하지만 역시나 사장님은 나의 부족한 영어 실력이 마음에 들지 않는 눈치였다.

이윽고 나에게 매장에서 같이 근무하는 친구들은 다 한국인들이지만 호주에서 오래 생활한 친구들이고, 가게에 오는 손님들은 대부분 현지인들이라 100% 영어로 주문을 받고 대화를 해야 한다고 했다.

영어 실력이 아쉬워 아무래도 같이 일하기는 힘들 것 같다고 사장님은 말씀하셨다. 나는 아쉬웠지만 고개를 끄덕이며 수긍했다.

하지만 그때, 사장님 옆에서 사장님의 얘기를 가만히 듣고 있던 매니저가 자기는 생각이 좀 다르다며 다른 의견을 제시했다.

“이 친구가 영어를 잘 하지 못하는 건 맞지만, 저는 지금까지 면접 본 사람 중에 이 친구가 제일 괜찮은 것 같아요. 열심히 잘할 것 같아 보여요.”

사장님은 매니저의 의견을 듣더니 그래도 판매직이라 영어는 가장 기본인데 곤란하지 않겠냐고 다시 말씀하셨다. 하지만 매니저는 사장님에게 다시 확고한 자신의 의견을 말했다.

"이 친구의 부족한 영어는 제가 뒤에서 다 케어해볼게요. 저는 이 친구가 마음에 들어요. 한번 믿고 맡겨보시죠?"

사장님은 난감해 했지만 매니저의 의견을 무시할 수가 없었는지 결국 나에게 내일부터 출근하라고 말씀하시곤 앞으로 영어공부도 같이 많이 노력해야 할 거라고 말하며 자리에서 일어나셨다.

정말 믿기지 않았다. 이게 무슨 일인가.

3주가량 일자리를 찾는다고 안 가본 골목이 거의 없을 정도로 돌아다녔는데, 이런 시내중심가에 위치한 큰 회사건물 안에 정식으로 입점 된 샐러드 매장에서 내가 일을 하게 되었다니. 정말 꿈을 꾸는 것만 같았다. 대기업 취업이 이보다 더 기쁠까.

심장이 쿵쾅거리고 함성을 지르고 싶을 만큼 너무도 기뻤다.

매니저는 자리를 뜨지 않고 내일부터 하게 될 업무에 관해 간단한 설명을 우선 해주었다. 해당 가게를 주로 이용하는 고객층은 빌딩 내 근무하는 회사원들이라고 했다. 푸드코트가 건물 1층이 아니라 2층에 위치한 근거를 들며 지나가다 우연히 들러 이용하는 고객은 거의 없고, 보통 아침엔 근처 공사장에서 일하는 현장근로자들이 아침 식사로 샌드위치를 사러 오며 그들은 보통 오전 10~11시에 온다고 했다.

그래서 오전 시간에는 샌드위치 판매가 많을 것이라고 덧붙여 설명했다. 그리고 점심 12시 이후부터는 본격적으로 회사 내 직장인들이 내려와 점심으로 샌드위치나 샐러드를 구입한다고 했다. 그래서 12시부터 오후 2시 사이가 가장 바쁜 시간이라고 했다.

사장님과 나는 판매포지션에서 있을 것이며 주문, 판매, 계산까지 다 판매 포지션에서 해야 하는 일이라고 했다. 다른 직원 두 명은 생산 포지션이라고 했다.

그들은 아침 7시부터 출근해서 당일 판매할 샐러드와 샌드위치를 그날그날 다 만들어낸다고 그들의 업무에 대해서도 간단히 알려주었고, 매니저 본인은 생산일도 하며 판매 쪽이 바쁠 때는 주방에서 나와 판매도 함께하니 일하다 어려운 게 있으면 자기를 언제든지 부르라고 했다.

업무에 대해 간단히 설명을 끝낸 후 매니저는 잠깐만 기다려보라며 매장 안으로 들어갔고 다시 나와 출근하기 전 우선 필요한 것들을 챙겨주었다. 그건 바로 연두색 티셔츠였다.

내 사이즈에 맞는 티셔츠로 두 장을 챙겨주었고, 유니폼은 이 회사빌딩 화장실에서 갈아입어도 되고 출근할 때 미리 입고와도 된다며 편할 대로 하라고 했다. 그렇게 연두색 유니폼을 두 장 받아들고 나는 꾸벅꾸벅 감사 인사를 하며 건물을 나왔다.

집에 돌아오는 길에 내가 드디어 일자리를 구한 건가, 도무지 믿기지 않아 괜스레 볼도 한번 세게 꼬집어보았다. 꿈이 아니었다. 매니저가 챙겨준 연두색 유니폼을 들고 볼에 비벼도 보았다. 촉감도 부드러웠다. 이 기쁜 소식을 친구에게 빨리 전하고 싶어 집까지 날듯이 뛰어갔다. 친구가 일을 끝내고 집에 왔을 때 나는 친구에게 유니폼을 자랑스레 내밀었다.

친구는 이게 뭐냐고 물었고, 나는 샐러드 가게 면접을 본 것과 내일부터 출근하게 된 것을 말해주었다. 친구는 나만큼 기뻐하며 정말 좋은 일자리를 잘 구했다고 엄청 축하해줬다.

하지만 영어 때문에 금방 잘릴지도 모른다고 내가 걱정하니 친구는 너무 걱정 마라며 열심히 해보라고 끝까지 응원해주었다.

'샐러드 가게'로 출근하는 첫날. 새로운 아침 해가 떠올랐다.

머리카락도 단정히 올려 묶고 걱정 반, 설렘 반인 마음으로 출근준비를 했다.

10시까지 출근이었지만 첫날이기도 하고 여유롭게 가자 싶어 집에서 9시 좀 넘어서 나섰더니 9시반 정도에 매장에 도착했다. 집에서부터 샐러드 가게까지는 걸어서 한 20분 거리였다. 먼저 나와 근무하고 있던 사장님과 매니저, 다른 직원 두 명에게 크게 인사했다.

"안녕하세요!"

순간 나의 쩌렁쩌렁한 목소리에 다들 놀랐고, 10시까지 출근인데 왜 이렇게 일찍 나왔냐며 일부러 일찍 나오지 않아도 된다고 매니저는 설명했다. 하지만 나는 첫날이기도 하고 앞으로 배울 것도 많으니 일찍 나오는 것이 마음 편하다고 대답했다.

우리 매장뿐만 아니라 바로 옆 스시가게의 직원들도 장사를 시작할 준비를 바쁘게 하고 있었다. 판매를 시작할 시간이 다가올수록 매장 내 주방은 더욱 분주해졌다.

오전에 판매할 물량과 점심 이후 판매할 물량을 나눠서 준비하는데, 샐러드는 특히 신선해야 하기 때문에 미리 한꺼번에 많이 만들어둘 수가 없다는 것이다. 판매되는 정도를 봐서 중간중간 부족한 샐러드는 새로 만들어 보충하는 방식이었다.

오전 10시가 되기 약 20분 전. 판매 포지션에서 같이 일할 사장님은 우선적으로 내가 숙지해야 할 사항부터 가르쳐주셨다. 우선 음료 냉장고에 가서 어떤 음료가 준비되어 있는지 음료 종류를 살폈고, 냉장고 속 음료 외에도 스무디 종류는 따로 주문받아 주방 쪽에 오더(order:주문)를 줘야 한다고 설명하셨다.

가게에서 판매되는 샐러드는 크게 시저&치킨 샐러드, 발사믹&베이컨 샐러드, 베트남 누들, 쿠스쿠스, 포테이토, 펌킨, 플레인, 과일 샐러드까지 총 8가지 정도가 되었다.

가장 중요한 샐러드명을 빨리 익히고 샐러드 네임카드가 손님이 서는 방향에서 볼 수 있도록 꽂혀있기 때문에 샐러드명을 보지 않고도 샐러드를 바로 구분할 줄 알아야 한다고 했다.

우선 '시저&치킨 샐러드'는 신선한 야채와 시저드레싱을 함께 버무려 그 위에 치킨 가슴살을 곁들인 매장 내 가장 대표적인 샐러드였다.

가장 인기도 많은 만큼 하루에도 3~4번씩 주방에서 추가적으로 생산해야 하는 그런 샐러드였다. 그리고 시저 샐러드 바로 옆에는 '발사믹&베이컨 샐러드'가 놓여있었다.

시저 샐러드만큼이나 인기 있는 샐러드로, 시저샐러드와 거의 비슷한 채소를 사용하고 있었으며 발사믹 드레싱에 버무려 그 위에 베이컨 조각들이 뿌려진 샐러드였다. 그리고 이어서 '베트남 누들 샐러드'.

이건 아주 얇은 국수 면에 피쉬소스와 각종 양념이 추가되어 새콤달콤한 맛이 나는 샐러드였는데 제법 인기가 많았다.

샐러드 중에 면 종류 샐러드도 있었구나 싶어 신기했고, 나중에 맛을 보니 처음 먹어본 맛이었지만 정말 상큼하고 맛있었다.

'쿠스쿠스 샐러드'. 이것은 콩 샐러드다. 원래 '쿠스쿠스'는 콩이 아니고 둥글려 만든 좁쌀 모양의 파스타인데, 우리 매장에서는 노랗게 익은 동그란 콩과 우리나라 강낭콩처럼 생긴 붉은 콩을 섞어 적당한 소스에 버무린 콩 샐러드였다.

한 숟갈 떠먹어보면 아주 담백하고 건강한 맛이 났다. 그리고 '포테이토'와 '펌킨'은 이름 그대로 감자, 호박 샐러드였다.

호박샐러드는 노란 호박을 삶아 으깨어 만든 샐러드였고, 감자샐러드는 으깨는 게 아니라 깍둑썰기로 썰어서 우리나라 '사라다'처럼 만들어낸 샐러드였다.

펌킨 샐러드는 달달한 호박 맛이 났고, 포테이토 샐러드는 담백하면서도 짭조름한 맛이 났다.

끝으로 '플레인'과 '과일 샐러드'. 플레인은 아무것도 첨가되지 않은 순수 야채만 있는 샐러드였다. 샐러드 가게에서 판매 일을 하면서 나는 이 플레인 샐러드를 구입하는 손님들이 가장 이해가 안 됐다.

아무런 소스나 토핑 하나 들어가지 않았기 때문에 그냥 신선한 풀 본연의 맛 그대로다. 끝으로 과일샐러드는 망고, 바나나, 오렌지, 키위, 포도, 딸기, 파인애플, 수박 등 각종 과일이 골고루 섞인 샐러드였는데 이 과일샐러드가 만들어질 때면 주방과 매장 내 온통 향긋한 과일 냄새가 퍼졌다.

이 향기를 맡을 때면 입안에 저절로 침이 고였고 정말 몇 순갈 퍼먹고 싶은 충동을 매일같이 느꼈다.

이렇게 매일 8가지의 샐러드가 준비되고 있었고, 샌드위치는 머쉬룸(버섯)&아보카도, 치킨&아보카도, 햄&치즈, 치킨파니니와 비건(채식주의자)을 위한 순수야채 샌드위치 정도만 기억이 난다. 아무튼 이렇게 샐러드와 샌드위치의 1차 생산이 어느 정도 마무리될 때쯤이면 본격적으로 판매가 시작될 시간이었다.

나의 출근시각인 오전 10시가 좀 넘으면 공사장에서 근무하는 현장근로자들이 에스컬레이터를 타고 푸드코트로 올라왔다. 안전모를 쓰거나 들고 있기도 했고, 작업복에 형광색 안전조끼를 입은 모습이었다.

그들은 푸드코트 내 매장을 천천히 둘러보다 각자 원하는 메뉴가 있는 매장 앞으로 걸어갔다. 그중 몇몇이 우리 샐러드가게의 메뉴판을 살피더니 이윽고 우리 매장으로 다가왔다.

드디어 첫 주문이다. 순간 나는 침이 꼴깍 목구멍으로 크게 넘어가는 것을 느꼈다.

우선 사장님은 나에게 가만히 있으라는 손짓을 하며 바로 뒤에서 사장님이 어떻게 하는지 보라고 하셨다. 사장님은 반갑게 첫 손님을 맞이했다.

"Good morning, How are you?"

"Good morning sir" 손님도 바로 대답했다.

메뉴판을 살피던 손님에게 사장님은 다시 친절하게 말했다.

"May I help you?"

"um." 손님은 잠시 고민하는가 싶더니 바로 주문을 해왔다.

"Can I get… one chicken sandwich? and one coke please"

"Sure! How would you like it, toasted or fresh?

"toasted please"

"Okay. Please wait for a minute"

"Good. No problem"

나는 정말 초집중해서 첫 손님과 사장님의 대화를 엿듣고 있었다.

사장님은 손님에게 첫 주문을 받고 난 후 바로 돌아보며 나에게 가까이 오라고 손짓했다. 방금 주문받은 내용을 다시 말씀하시며, 첫 손님은 샌드위치를 따뜻하게 데워달라고 했으니 진열대 바로 뒤에 있는 토스트 기계에서 샌드위치를 살짝 데워주면 된다고 설명해줬다. 그리고 방금 자신이 말한 것처럼 샌드위치를 구입하는 손님에게는 항상 바로 먹을 건지, 아니면 데워서 먹을 건지 물어봐야 한다고 일러주셨다.

그리고 샐러드를 구입하는 손님에게는 어떤 샐러드를 원하는지와 샐러드 사이즈는 무엇으로 할지를 물어봐야한다고 했다.

샐러드는 용기 사이즈별로 총 3가지로 구분되어 판매되고 있었는데 사이즈로는 스몰(small), 미듐(medium), 라지(large)가 있었다.

스몰은 보통 1~2가지 샐러드, 미듐은 2~3가지, 라지 사이즈에는 3~4가지 종류의 샐러드를 섞어 담을 수 있었다.

종류가 섞일 때는 무거운 샐러드 종류를 용기 아래에 먼저 담고 그 위에 가벼운 샐러드를 올려 담아 둥그런 반원형 뚜껑을 닫으면 되었다.

첫 번째 손님에 이어 곧바로 두 번째 손님이 다가왔다. 사장님은 내게 주문을 받아보겠냐고 물었고, 나는 뒤에서 한 번만 더 들어보겠다고 했다.

사장님은 좀 전에 했듯이 똑같이 인사부터 건넸고 자연스레 주문을 받았다.

그렇게 두 번째 손님도 떠나고 이윽고 세 번째 손님이 다가왔다.

이제는 내가 나설 차례다.

자신 없다고 못한다고 가만히 있을 수만 없다.

여기서 더는, 나는 물러설 수 없다.

사장님께 내가 주문을 받아보겠다고 사인을 보냈고, 떨리는 마음으로 세 번째 손님에게 난 반갑게 인사를 건넸다.

"Hi~~ How are you?"

"Good. Good morning"

"May I help you?"

"Um, Can I order some salad?"

앞의 두 손님과 다른 말을 하는 세 번째 손님. 예상치 못한 얘기에 순간 당황했다.

샐러드 매대는 아직 완벽히 준비가 안 되어 있었고, 시저샐러드와 발사믹 샐러드 그리고 플레인 샐러드만 매대에 놓여 있을 뿐이었다.

당황한 기색이 역력한 채로 우물쭈물하던 나를 본 사장님은 재빨리 손님 앞으로 다가와 샐러드는 11시 이후면 모든 종류가 준비되며 지금 현재 매대에 준비된 세 가지 샐러드는 바로 주문할 수 있다 설명했고, 말하는 동시에 옆 주방도 빠르게 살피더니 곧 과일샐러드도 나온다고 덧붙여 설명했다.

세 번째 손님은 좋다며 그럼 '미듐' 사이즈에 시저와 과일 샐러드 두 가지만 담아달라고 주문했고, 이어 햄&치즈 샌드위치도 같이 하나 달라고 주문했다.

사장님 옆에 있던 나는 세 번째 손님의 주문이 끝난 걸 듣고, 사장님이 아까 알려준 대로 데워서 먹을 건지 그냥 먹을 건지 대신 물어보기로 했다.

"How would you like it, toast or fresh?"

하지만 손님은 순간 내 말이 무슨 말인지 바로 못 알아들었고,

"Sorry?"라고 말하며 다시 한번 얘기해 달라했다.

그래서 나는 다시 또 말했다. "How would you like it, toast or fresh?"

"um…" 손님이 조금 난감한 표정을 짓자 사장님은 죄송하다며 이 친구가 첫날이라 긴장해서 그렇다고 설명을 하곤,

"How would you like it, toasted or fresh?"라고 정확한 발음으로 손님에게 다시 얘기했다.

잠시 후 그렇게 세 번째 손님이 주문한 샌드위치와 샐러드가 다 준비되어 나갔고,

사장님은 나의 영어발음의 잘못된 부분을 지적해주며 제대로 된 발음을 알려주셨다.

"'토스트'라고 하면 잘 못 알아들어요. '토스티드'라고 발음하면 되요"

"아. 네 알겠습니다!"

사장님에게 업무와 영어를 동시에 배우고 있던 나를 주방 쪽에서 매니저는 별말 없이 바라보고 있었다. 순간 주방 쪽으로 시선이 가서 쳐다보다 매니저와 눈이 마주쳤다.

매니저는 나에게 '엄지'를 들어 보이며 잘했다는 신호를 보내주었다.

#28 은인 둘

샐러드 가게 근무 첫날의 오후 2시.

매장 진열대에 있는 샌드위치와 샐러드가 거의 다 판매되어 재고가 남아 있지 않은 상태였다. 썰물이 빠져나가듯이 푸드코트 내 이용객들도 눈에 띄게 확 줄어들었다.

4시간이 어떻게 지나갔는지도 모르겠다. 앵무새처럼 사장님이 말하는 것을 옆에서 듣고 따라 하기에 바빴다. 점심시간 12시부터 1시 사이는 매장에 손님이 가장 많이 몰리는 시간이었는데, 이렇게 본격적으로 바빠지는 1시간 동안은 매니저도 함께 판매 일을 도와주어서 무사히 영업을 잘 끝낼 수 있었다.

오후 2시경 판매영업이 마무리되면 생산포지션에 있던 남자직원만 바로 퇴근했고, 매니저와 다른 여직원은 그대로 남아 1시간가량 매장정리를 했다. 사장님은 내게 할 얘기가 있다며 퇴근하지 말고 잠시 기다려보라고 하셨다. 매장 앞에 있는 테이블 좌석에 앉아 불안한 마음으로 사장님을 기다렸다.

도저히 안 되겠다며 내일부터 나오지 않아도 된다고 하는 건 아닐까, 하는 생각에 앉아있어도 너무 편하지가 않았다.

잠시 후 매장에서 나온 사장님은 기다리고 있던 내 쪽으로 다가와 맞은 편에 앉으셨다.

"휴우~ 정신없었죠? 첫날인데 어땠어요?" 하고 묻는 사장님.

"네. 시간이 정말 어떻게 갔는지 모르겠어요."

"그렇죠? 첫날인데 뭐 무난하게 잘 했어요."

"네? 아. 감사합니다."

"근데 본인도 느꼈는지 모르겠지만 손님들이 카라(Kara. 나의 영어이름) 씨 말을 잘 못 알아들어요. 일은 하다 보면 차츰 익숙해질 텐데, 영어는 본인 노력에 달렸어요.

부족한 부분을 본인 스스로가 채워야 해요. 저도 옆에서 도와는 주겠지만 손님을 응대하고 있다 보면 바로 도와주지 못할 때도 있고,

그러니 최대한 본인이 맞이한 손님은 자기 선에서 마무리될 수 있도록 해줘야 해요."

"네. 사장님. 잘 알겠습니다."

"일단 메뉴 이름부터 빨리 익히고, 앞으로 많이 노력해주면 좋겠어요."

"네. 열심히 하겠습니다!"

사장님의 냉철한 조언에 순간 정신이 번쩍 들었다. 그래도 일을 그만 나오라는 얘기는 아니라서 정말 다행이라고 생각했다. 사장님과의 개별면담이 끝나고 곧장 집으로 가지 않고 나도 매장에 좀 더 남았다. 사장님과 다른 직원들은 열심히 청소 중이었고, 나는 메뉴 이름을 좀 적어가도 되겠냐고 물었다. 물론이라며 웃어 보이던 사장님.

가방 안에 미리 준비해간 노트와 펜을 꺼내서 나는 샌드위치 이름과 샐러드 이름, 음료수 등 가게에서 판매되는 모든 메뉴와 가격을 적었다.

'내일까지 반드시 다 외워버려야지.' 다짐했고 기억하는데 도움 될 수 있도록 참고용 그림까지 그려 넣고 있었다. 샐러드는 종류별로 특색이 확연히 달랐고, 오픈된 사각 용기에 담아서 나오기 때문에 맨눈으로 쉽게 확인되었다.

시저 샐러드와 발사믹 샐러드만 가장 비슷했는데, 이 두 종류는 위에 올려진 토핑으로 구분하면 되어서 쉬웠다.

문제는 샌드위치였다. 판매하는 우리 쪽 방향에서 샌드위치의 내용물이 잘 보이지 않았고, 샌드위치도 포장지에 반 이상 감싸져 있다 보니 종류를 구분하는 게 좀 어려웠다.

주문받을 때마다 일일이 꺼내서 내용물을 확인하다 보면 만들 때 애써 모양을 예쁘게 잡아놓았던 샌드위치가 망가질 수 있었다. 최대한 한 번에 바로 꺼내 판매가 이뤄져야 했다. 그래서 샌드위치는 맨눈으로 내용물을 확인하기보다 진열된 위치로 외우는 것이 좋겠다고 생각했다.

노트에 우선 진열대 모양의 그림을 그렸고 칸을 나눠 위치별로 자리 번호를 매겼다. 그리고 위치에 맞게 각 샌드위치별 번호를 달았다.

매장에서 필기한 노트를 보면서 집까지 걸어왔다.

샐러드와 샌드위치 종류가 많은 편이 아니라 메뉴는 금방 다 외워졌다. 다만 사장님의 지적사항대로 가장 걱정되는 것은 영어였다.

사장님의 말을 최대한 똑같이 따라한다고 해봤지만, 하루 일해 본 결과 현지인들은 내 발음을 쉽게 알아듣지 못한다는 것을 느꼈다.

주문받은 것을 확인 차 여쭤볼 때면 대부분의 손님들은 "Sorry?"라고 말하며 다시 말해달라고 했다.

눈치 빠른 사람들은 내 발음이 좀 이상하게 들려도 바로 "Yes~"라고 대답해주었지만 많은 사람이 다시 한번 더 말해달라고 요청했고, 오히려 확인차 물어본 것이 손님들은 혹시 주문이 잘못 들어갔나? 하는 오해를 하게 됐다.

역시나 발음이 가장 큰 문제였다. 집에서 열심히 발음연습을 해봐야지 생각하고 방에 들어와 매장에서 적어온 노트를 보며 하나씩 읽어보고 있었다. 이렇게도 말해보고 저렇게도 말해보았다. 하지만 내가 제대로 말하고 있는 건지 확인할 방법이 없었다. 계속되는 연습에 목이 마르는 듯했고, 시원한 물 한잔 마셔야겠다며 부엌으로 나왔다.

집주인 크렉은 뭐가 그리 재밌는지 거실에 놓인 TV를 시청하며 마냥 웃고 있었다.

순간 그런 크렉의 모습이 눈에 번쩍 들어왔다. 뭔가 머릿속을 스치고 지나갔고, 나는 크렉에게 다가가 말을 걸었다.

그렇게 크렉에게 내가 샐러드 가게 일자리를 구한 것을 먼저 알렸다.

처음 셰어하우스를 구하러 왔을 때 나는 크렉의 질문에 학생이라고 거짓으로 답하며, 한동안 학생 행세를 하고 다녔었다. 하지만 셰어생활을 하는 약 한 달 동안 크렉은 친구와 내게 무슨 공부를 하는지, 어느 학원/학교를 다니는지 아무것도 묻지 않았다.

어쩜 처음부터 우리가 근로자건, 학생이건 상관없었는지 모르겠다는 생각이 들었다. 크렉의 말대로 단순 여성 2명의 조합을 원했던 것 같다.

아무튼 크렉의 입장에서 좀 더 생각해보면 일단 여자 두 명에서 집도 조용히 깔끔하게 사용해주고 있었고, 방값도 밀리지 않고 제때 다 챙겨서 잘 내고 있었으니 우리의 신분이 뭐 그리 중요하겠냐 말이다.

나는 어느덧 학생 행세는 내려놓고 편하게 이력서를 들고 다녔었다.

아무튼 그렇게 오늘 처음 일하고 왔다는 걸 알려줬다. 잘 됐다며 축하해주는 크렉.

나는 크렉의 반응을 살피며 조심스레 물었다.

“크렉. 부탁이 있는데 나 좀 도와줄 수 있어?”

“어. 무슨 일인데?”

“샐러드 가게 손님들이 내가 말하는 걸 잘 못 알아들어. 네가 메뉴를 다 한 번씩 읽어주면 안 될까?”

“아 물론이지! 이리 와봐.”

크렉은 그렇게 나의 발음 선생님이 되어주었고, 크렉이 메뉴 이름을 하나 말하면 나는 곧바로 따라 말했다. 내 발음이 약간 아쉬우면 크렉은 다시 천천히 가르쳐주었고, 잘 될 때까지 반복적으로 계속해서 연습했다. 그렇게 현지인의 도움을 받아 연습하니 메뉴를 익히는데 더 도움이 되었고, 발음도 크렉이 계속 잡아준 덕분에 이후 일하는데 정말 큰 도움이 되었다.

어느덧 샐러드 가게에서 일한 지 한 달이 훌쩍 지나갔다.

아르바이트 시급은 15불. 하루 4시간을 일한다. 그럼 나는 하루에 60불을 버는 것이고, 5일 일하면 300불을 번다. 호주는 대부분 주급으로 보수가 지급되었는데 우리 매장은 매주 월요일에 페이(pay)가 지급되었다. 월요일이면 내 통장에 300불이 들어왔다.

내가 호주에 있었던 2011년도 당시 환율은 약 1100원대. 300불이면 우리나라 돈으로 33만원. 한 달을 일하면 월 132만원의 소득이 생긴 셈이다.

그중 반 정도는 방값으로 나갔고 나머지로 생활하면 되니, 풍족하진 않았지만 아껴 쓰면 충분했다.

그러다 한 날은 매니저 언니가 일 끝나고 약속이 있는지를 물어왔다.

약속이 없다고 답하니 그럼 오늘 일 끝나고 근처에서 커피를 한잔 하자고 했다. 나는 흔쾌히 좋다고 했다.

오후 3시경. 샐러드 가게에서 나와 근처 카페로 향했다.

매니저 언니와 둘만의 커피 타임은 처음이었다.

사실 매니저 언니는 처음 봤을 때 나보다 한참 동생일 거라고 생각했다. 정말 동안이었기 때문이다. 일하면서 자연스레 나이를 알게 되었는데 나보다 5~6살이 더 많았다.

나이를 듣고 더 놀라게 된 매니저 언니의 우월한 외모. 진심으로 참 부러웠다.

아무튼 정말 예쁘게 생겼던 매니저 언니였다.

커피를 마시다 매니저 언니는 호주 '워홀' 생활이 어떤지 내게 물어왔다. 그래서 나는 재미있다고 답변했다. 그리고 더 궁금한 것이 있는지 추가로 내게 물었다.

"여기 아르바이트 말고 다른 일 하는 건 없어?"

"네. 지금은 이 일만 하고 있어요."

"그럼 돈이 좀 부족하지 않아?"

"아, 괜찮아요. 방값 내고 생활비 하기에 충분히 괜찮아요."

내 얘기를 가만히 듣더니 잠시 후 매니저 언니가 이어서 말했다.

"너 여기 호주로 돈 벌러 온 게 아니지 않아? 여기까지 왔음 여행도 좀 다니고 해야 할 거 아냐."

"네. 그렇죠. 여행 다니면 좋죠. 근데 지금은 좀 힘들 것 같고,

나중에 여유 생기면 한국으로 돌아가기 전에 한 번 더 해보려고요."

"그래가지고 언제 여유가 생기겠어?"

순간 매니저 언니가 무슨 할 말이 더 있나 싶어서 가만히 듣고만 있었다.

"사실은 내가 너 근무시간 좀 늘려달라고 사장님께 요청했어.

오전 생산 쪽에서 다들 너무 힘들다고 추가로 구인해달라고 했거든. 그래서 새로 구인하는 것보다 기존에 있는 너를 활용해보자고 내가 얘기했지."

전혀 예상하지도 못한 말이었다.

"아마 다음 주부터 아침 7시까지 출근해야 할 거다. 사장님이 곧 너한테 얘기하실 거야.

7시까지 와서 너도 샌드위치 만드는 거 배워서 돕도록 해. 그러다 10시 되면 지금처럼 바로 손님 응대하면 되고. 할 수 있겠지?"

"네! 언니!"

"그리고 여행 갈 일 생기면 평일도 휴무 맞춰줄 수 있으니까 하루 이틀 주말 하고 붙여서 여행도 다녀오고 해. 미리 얘기만 해주면 돼."

"네. 정말 고마워요. 언니."

나보다 더 내 입장에서 나를 먼저 생각해주고 헤아려주던 정말 은인 중의 은인이었다.

매니저 언니 덕분에 이 좋은 곳에서 일할 수 있는 기회도 잡을 수 있었고, 언니 덕분에 더 금방 적응할 수 있었다.

도대체 사장님의 반대에도 무릅쓰고 왜 나를, 무엇을 보고 날 선택한 걸까.

예전부터 궁금했지만 차마 물어볼 기회가 없었다. 갑자기 그것이 몹시 궁금해졌다.

"언니. 저도 뭐 하나 여쭤 봐도 돼요?"

"뭐 말해봐."

"저 영어도 잘 못하는데, 저를 왜 뽑으신 거예요?"

언니는 내 질문이 재밌었는지 왠지 모를 미소를 보이더니 바로 답했다.

"너 손톱."

"네?"

"너 손톱이 단정해서. 음식점에 일하러 올 거라는데 다들 손톱이 너무 지저분했었어.

근데 너만 깔끔하게 깎았더라. 아무것도 발려있지도 않고.

너 손톱 보고 뽑은 거야. 너 손톱한테 고마워해야 해."

매니저 언니의 말을 듣고 난 내 손톱을 내려다봤다. 손톱 끝까지 여유 없이 바짝 깎여있는 내 손톱. 나는 원래 손톱 깎는 습관이 그랬다. 조금이라도 하얀 부분이 보이지 않도록 바짝 깎아야 깎은 것 같았고, 조금이라도 자라면 지저분해 보여서 싫었다. 네일아트 이런 것에도 원래부터 관심이 없었다. 뭔가 바르면 답답한 기분이 들었고, 그냥 맨손톱을 좋아했다.

이런 나의 짧고 못난 손톱 때문이라니. 내가 네 덕을 보는 날이 다 오는구나. 감탄하며 나도 모르게 웃음이 터졌고 시원하게 웃어보였다.

이제 커피를 다 마시고 자리에서 그만 일어나려는데 매니저 언니가 갑자기 날 부르더니 한마디를 더하셨다.

"아 맞다! 그리고 너."

"네?"

"네가 매일 우렁차게 인사하고 들어와서 가게 분위기도 한층 더 밝아지고 좋은데, 옆 스시가게 보기 좀 부끄러우니까 내일부터 목소리 좀 낮춰서 인사하고 들어와 주겠니? 누가 보면 우리가 인사 크게 하라고 너 괴롭히는 줄 알겠다. 알겠어?"

나는 웃으며 대답했다.

"네! 언니."

"그리고, 너 정말 잘 하고 있어. 열심히 해줘서 고맙고 참 기특해. 내가 사람 보는 눈이 있지. 아무튼 내일 가게에서 보자"라고 말하며 뒤도 안 돌아보고 갈 길로 가버린 나의 은인. 매니저 언니였다.

#29 포장, 나는 부자다

어느덧 샐러드 가게에서 근무한 지도 2개월이 훌쩍 지나 3개월 차에 들어갔다.

근무시간은 하루 7시간으로 늘어났고, 한 달 소득은 총 2100불. 당시 환율로 계산해보면 우리나라 돈으로 약 230만 원이다.

[샐러드가게 사장님 댁. 정원을 정리하면 트렁크 가득, 일명 나무 쓰레기가 나온다.(위)

차에 싣고 나무 쓰레기 전용 처리장으로 가져가서 그것을 버리면 된다(아래)]

너무도 여유로워진 삶. 방값을 내고 먹고 싶은 것도 사먹고 생활비를 쓰고도 여유가 있었다. 자금에 여유가 생기니 여러 가지를 더 가볍게 시작할 수 있었다.

우선 영어를 좀 더 익히기 위해 하루에 1시간 현지인에게 1:1 과외를 받았다. 과외라고 해서 좀 거창해 보일 수도 있겠지만, 이것은 문법을 익힌다거나 그런 이론적인 공부가 아니었다. 평일 오후 2시. 샐러드 가게 일을 끝내고 시내 어느 한 카페로 향한다.

그곳에 가면 한 할아버지 한 분이 앉아계셨다. 그분의 이름은 '존(John)'. 존 할아버지는 카페에서 1시간 정도 영어 튜터링을 해주는 현지인이었다.

친구의 소개로 알게 된 존 할아버지. 카페에서 영어로 일상적인 대화를 자유롭게 나눴는데, 내가 틀린 문장으로 말하거나 발음이 잘못되면 그런 부분을 짚어주고 코치해주는 것이 할아버지의 일이었다.

[브리즈번 시티가 내려다보이는 마운틴 쿠사 전망대(위)

브리즈번에서 열린 페스티벌(아래)]

그렇게 1시간가량 튜터링을 하는 수업료는 25불. 그중 5불은 할아버지와 나의 커피 값이었다. 약속된 시간에 카페에 들어가면 어김없이 같은 자리에 존 할아버지가 앉아계셨다.

반갑게 인사를 나누었고 이윽고 할아버지는 내게 커피 주문을 받고 항상 커피도 직접 픽업해오셨다. 사실 연세도 있으신 할아버지니 배우는 학생인 내가 커피를 가지고 오는 게 옳다고 생각했지만, 존 할아버지는 그것은 여성을 대하는 매너가 아니라며 나보고는 편히 앉아있으라고 했다. 신사적이고 멋이 느껴지는 참 좋은 분이었다.

존과 함께하는 매일 1시간의 커피 타임이 내겐 과외가 아니라, 가게 일을 끝내고 주어지는 달콤한 휴식과도 같았다. 존과의 대화는 무척 즐겁고 편안했다. 나는 샐러드 가게에서 겪은 그 날의 일을 말하기에 바빴다. 오늘은 어떤 손님이 있었으며, 그 손님은 어때 보였는지 항상 가게서 생긴 작은 에피소드를 말하기에 여념이 없었다.

존은 그런 나를 항상 따뜻한 미소로 바라보며 내 얘기에 귀를 기울여줬다. 그리고 나는 다른 일자리도 구했다.

샐러드 가게에서의 일은 아침 7시에 시작해서 오후 2시면 끝이 났고, 존을 만나고 집에 와도 오후 시간이 여유로웠다. 남는 시간에 좀 더 할 수 있는 일이 없을까 찾던 중 '오피스 청소' 일을 보게 되었다.

밤 10시에 시작해 새벽 1시에 끝나는 일이었는데, 시급은 13불이었다. 해당일은 말 그대로 회사 사무실을 청소하는 일이었는데, 시내에 위치한 사무실

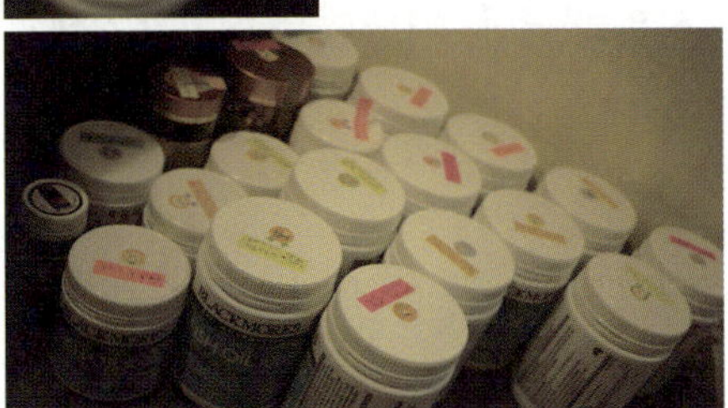

[부모님과 친척들에게 보낸 영양제.
부모님 것은 특별히 좀 더 비싼 걸로 준비했다:)]

은 아니었고 대부분 시내 외곽 쪽에 위치해 있었다. 시간에 맞춰 픽업장소에 픽업차량이 일할 사람들을 태우러 온다.

그럼 하룻저녁 2~3군데의 사무실을 돌며 근로자들이 퇴근해서 아무도 없는 사무실에 들어가 각자 맡은 청소역할을 수행했다. '오피스 청소'에서 내가 맡은 파트는 책상 위를 닦고, 각 자리에 있던 쓰레기통을 비우고 탕비실과 화장실을 청소하는 것이었다.

일은 크게 어렵지 않았다. 하지만 정해진 시간 내에 빨리 끝내고 다음 장소로 이동해야 하기 때문에 항상 시간에 쫓겨 바쁘게 일해야 했다.

종종 야근하던 회사직원을 마주치기도 했는데, 그들은 어김없이 반갑게 인사해주며 일은 힘들지 않은지 다정히 물어와 줬고 그렇게 몇 번 마주친 사람들은 어느덧 가까워졌다.

친해진 그들은 초콜릿이나 사탕을 직접 챙겨줄 때도 있었고, 그들이 야근하지 않고 바로 퇴근해 사무실에 없는 날에는 간단한 메모와 함께 자기 책상 위에 똑같이 간식을 챙겨 놓기도 했었다.

친구가 '주택청소'를 다닐 때 했던 말이 떠올랐다.

"집집마다 구경하는 재미가 있어."

'오피스청소' 역시 그랬다. 사무실마다 규모가 크기도 하고 작기도 하고, 내부 인테리어도 다 달랐다. 이런 곳에선 무슨 일을 하나, 이 자리에 앉은 사람은 무슨 업무를 맡은 걸까, 책상 위에 놓인 그들의 가족사진들도 보면서 혼자 상상의 나래를 펼치며 즐겁게 일했다.

그리고 또 다른 일은 '쓰레기통(bin)관리'였다. 지냈던 셰어하우스에서 불과 5분 거리에 큰 건물이 하나 있었는데 그 건물 뒤편에는 쓰레기통 3개가 나란히 놓여있었다.

그 건물청소를 맡은 업체가 이른 새벽에 청소를 다 끝내고 철수하면 쓰레기차가 와서 쓰레기를 비웠는데 쓰레기통 뚜껑이 안 닫혀있을 때도 있고, 뚜껑이 열려 있다 보니 주변에 담배꽁초 같은 작은 쓰레기들이 버려진다는 것이었다.

건물 관리인은 이것을 보고 청소업체에 항의했고 청소업체 쪽에서는 단순 쓰레기통 때문에 다시 일을 나갈 수는 없었던 모양이다. 그래서 이 쓰레기통 뚜껑을 닫아주고 주변에 떨어진 작은 쓰레기들을 깨끗이 치워줄 사람을 구하고 있었다.

건물 관리인이 출근하는 시각 전인 오전 6시부터 아침 7시 사이에 아무 때나 와서 이 일을 해줄 사람을 찾고 있었다. 일하는데 걸리는 시간은 약 10분. 보수는 하루 6달러였다. 일주일이면 30달러.

우리나라 돈으로 약 3만3천원. 어차피 나는 6시 반이면 샐러드 가게로 출근하는 길이었고, 한 10분 더 일찍 나와서 이 일을 하면 되겠다 싶었다. 하루 6불이면 커피 두 잔 값은 충분히 버는 셈이었다. 그렇게 나는 어차피

[케언즈 털리강 (Tully River) 래프팅 (위) 맨 왼 쪽에서 두 번째가 나다.

다소 위험한 액티비티라 그런지 최대 같은 나라 사람들끼리 한 조가 되어 즐긴다. 홍일점이 된 나, 매우 신난 모습]

매일 지나다니는 길이라 오며 가며 생각날 때면 수시로 쓰레기통을 관리했고, 청소업체는 나 덕분에 관리인이 아주 만족스러워한다며 고마워했다.

끝으로 다른 한 가지의 일은 샐러드 가게 사장님 집에 잔디밭 관리를 보조하는 일이었다. 원래 이 일은 사장님과 사장님의 아내가 함께 해왔던 일인데, 사모님의 임신으로 힘든 일을 같이 할 수 없게 되었고 사장님 혼자서 잔디밭을 가꾸려고 하니 힘에 부치셨던 모양이었다.

어느 한날. 샐러드 가게 일을 끝내고 퇴근하려는데 사장님께서 주말에 뭐하냐고 물었다. 별일 없다고 답했더니 그럼 혹시 자기를 도와줄 수 있냐고 묻던 사장님.

무슨 일이냐고 했더니 자기 집 마당에 잔디 깎고 지저분하게 자란 나무를 잘라야 하는데, 사장님

[케언즈 여행. 세계 최대 산호초 지대인 '그레이트 배리어 리프'에서 스노클링 & 스킨스쿠버 다이빙 투어

시드니 여행. 오페라 하우스(중간), 빠삐용 촬영지로 유명한 갭 팍(Gap Park)(오른쪽), 하지만 이곳에서 실제 촬영한 장면이 영화로 나오진 않았다고 함.]

뒤에서 잘려 나온 풀과 가지들을 바로바로 자루에 담아줄 사람이 필요하다는 것이었다.

작업시간은 하루 3~4간 정도면 될 거라고 했다. 그렇게 하루 일당 50불을 받고 기꺼이 이 일을 돕기로 했다. 사실 잘려 나온 풀과 나무가 순식간에 다시 자라는 것은 아니어서 이 일을 횟수로는 딱 2번 하게 되었다.

[골드코스트 웨일(Whales) 왓칭 투어.
골드코스트(위), 투어 자유시간 중 해변에서 카약타기(왼쪽), 혹등고래의 모습(오른쪽)]

그렇게 총 네 가지 일. 가장 메인(main)인 샐러드 가게 일. 그리고 나머지 오피스청소, 쓰레기통 관리, 정원관리보조. 매니저 언니는 포잡(four job)을 하는 내게 "너 참 열심히 산다"고 말했고, 주말에 일을 시키면서 50불밖에 안 주냐며 나 대신 사장님을 야속해 했다.

하지만 실제 사장님 댁의 정원 일은 풀냄새를 맡으며 상쾌하게 일했었고, 일하고 있을 때면 사모님께서 가져다주시는 음료와 맛있는 피자, 치킨 같은 간식에 돈보다 더욱 큰 만족과 보람이 있었다.

사모님은 중국인이었는데, 대화를 많이 나눠보진 못했지만 좋은 분이라고 느껴졌다. 자기가 해야할 일을 내가 대신 해주고 있다며 고마워했고, 정원관리를 대충 끝내놓고 아울렛 구경이나 가자며 나를 데리고 근처 아울렛 구경도 시켜주셨다. 그리

[프레이저 아일랜드(위), 브리즈번 근교 이름 모를 바닷가(아래)]

고 예전 매니저 언니의 조언대로 중간중간 짧게나마 여행도 많이 다녔다.

친구와 혹등고래를 볼 수 있는 당일 여행도 다녀왔고, 짧게는 2박 3일, 길게는 3박 4일로 따로 시드니, 케언즈 여행도 다녀왔다.

이렇게 매일같이 하루하루가 가득 차고 행복했었다.

샐러드 가게 일은 많이 익숙해져 전처럼 출근할 때의 두려움은 없고, 즐겁고 가벼운 마음만으로 출근했다.

종종 식품 알레르기에 예민한 손님들이 있어 재료 어떤 게 들어갔는지, 어떤 건 꼭 빼달라는 처음 들어보는 낯선 식재료 단어를 들을 때면 매니저 언니의 도움을 받았고, 이런 내 약점을 알아서 그런 건지 모르겠지만 매니저 언니는 매일 아침 배달되어 들어오는 식재료 체크를 나한테 일괄적으로 맡겼다.

식자재 납품을 해주는 배달 직원과 동시다발적으로 같이 체크해야 하는 일이었는데, 재료를 직접 눈으로 확인하면서 단어를 매일 반복적으로 듣다보니 각 종 식재료 단어를 익히는데 도움이 많이 되었다.

그렇게 재료를 받고 체크까지 끝나면 곧바로 난 보관냉장고를 정리했는데, 기존에 있었던 재료는 앞쪽으로 가까이 두고 새로 들어온 건 안쪽으로 밀어 넣어 생산포지션에서 바로바로 사용하기 좋도록 잘 정리해서 넣었다.

판매면 판매, 재료정리면 정리, 샌드위치도 어느덧 제법 예쁘게 잘 만들어내는 나의 모습에 사장님과 매니저 언니는 아주 흐뭇해 했다.

판매할 때는 이제 단골손님도 생겨 단골손님이 오면 자연스레 일상대화도 좀 나누었고, 단골손님이 매번 주문하는 걸 기억하고 있다가 오늘도 같은 메뉴로 할 건지 먼저 물어보기도 했다. 자신이 좋아하는 메뉴와 스타일을 내가 기억해주고 있음에 그들은 쉽게 감동하였다.

3개월이란 시간은 이렇게 내게 많은 것을 바꿔놓았다. 통장의 잔고는 여유가 넘쳤고, 그런 여유로 친구와 함께 테라스에서 삼겹살도 구워먹고 해외에서 특히 비싸다는 '소주'도 마셨다.

매주 화요일은 1+1행사를 하는 피자와 맥주 6병을 사들고 집에 와서 일명 '피맥데이'를 가졌다.

매일 하루가 이렇게 즐겁고 항상 꽉 찬다면 나의 일주일, 나의 일 년이, 나의 평생이 즐거울 수 있겠구나 하고 생각했다.

스스로 만들어놓은 나의 우물 안을 나오고자 한 것이지,
세상이 만들어놓은 우물 안을 벗어난 게 아니다.
내 우물 안은 내일을 위해 오늘을 열심히 살아가고 있었던 거라면,
내 우물 밖은 오늘 하루를 즐겁게 살아
그런 하루하루가 모여 나의 일 년이 즐겁고
나의 평생이 즐거운 삶을 꿈꾸고 있다.
나의 이런 꿈같은 이상이 지치지 않도록 힘을 주었으면 좋겠다.

'오늘 걷지 않으면 내일은 달려야 한다.'라는
이 말이 난 좀 무섭다.
부지런히 걷거나 달리고 있는 사람에게는
지금의 난 한없이 뒤처져 보일 것이다.
그만큼 멈춰있는 내가 걱정되겠지만,
난 분명히 달라져 있고 나만의 색깔을 강하게 느끼고 원하고 있다.

둥글고 강한 사람이 되고 싶다.
둥글디 둥글고 강하디 강한 그런 사람이 되고 싶다.

2011.6.30.

#30 한 방울도 소중해

이젠 8월이 되었다.

한국과 계절이 반대라 저녁엔 제법 쌀쌀하게 느껴지는 찬바람도 불어왔다. 원래 계획대로라면 친구는 두 달 전 이미 한국으로 돌아가야 했지만, 친구는 아직 브리즈번에 나와 함께 있었다. 친구의 한국일정에 좀 더 여유가 생겼고 그래서 친구는 처음 계획했던 것보다 2개월을 더 호주에서 머물 수 있게 되었다.

보너스 같은 친구와의 동거에 나는 몹시 기뻤고, 이 2개월 동안 친구와 여행도 많이 다니며 소소하고 즐거운 일상도 계속 함께했다.

나는 종종 특별식을 만들기도 했는데 뛰어난 요리 실력은 아니지만, 친구는 나를 '김장금'이라 부르며 내가 만든 요리를 항상 맛있게 잘 먹어주었다. 하지만 어느덧 친구가 한국으로 돌아갈 날이 코앞으로 다가왔다.

호주에서 친구와 함께하는 마지막 여행지로 우린 '바이런 베이'를 다시 찾아가기로 했다. 친구와 동거를 시작했던 처음 장소이기도 했다.

그렇게 4개월 만에 다시 찾은 바이런 베이.

여행자 숙소인 백패커스에서 묵기로 하였고, 자전거도 두 대 빌렸다. 친구와 추억이 있던 장소들도 짧게나마 다 둘러본 것 같다.

이제 다음 주면 친구는 한국으로 돌아갈 것이고, 나는 처음 호주에 왔을 때처럼 다시 혼자서 생활하게 될 것이다.

4개월 전. 친구가 바이런베이로 오게 되어 내가 혼자 지내고 있던 셰어하우스에서 같이 생활을 시작했을 때가 문득 떠올랐다. 친구와 같이 살게 되면 갈등이 많이 생겨 서로에게 좋지 않다고 말해주는 사람들도 있었다.

우리도 여태껏 같이 살아본 적이 없으니, 그 부분을 아예 걱정 안 한 것은 아니었다. 하지만 전혀 경험이 없으니 너무 부정적으로만 생각하기보다 함께 부딪히고 겪어나가 보기로 했다. 한 지붕 아래, 같은 방에 지내는 룸메이트로써 친구와 나는 또 어떤 모습일지.

그렇게 우린 4개월이 좀 넘는 시간을 함께 지냈다. 그 기간 동안 정말 많은 일들이 있었다.

둘이 함께 연어공장에 취직하겠다고 호주 최남단 섬에도 다녀왔고, 연어공장 취직을 위한 무리한 지역이동으로 우린 거의 빈털터리가 되어 현재 머물고 있는 브리즈번으로 겨우 돌아왔었다. 생활을 위해 친구는 바로 일선으로 뛰어들었고, 나의 뒷바라지까지 하며 내가 좀 더 나은 일자리를 구할 수 있도록 지원해주고 기다려주었다. 반대로 내가 친구의 입장이라면 나도 똑같이 할 수 있었을까. 하고 스스로에게 질문을 던져본다.

하지만 쉽게 대답이 나오지 않는다.

우리나라도 아닌 타국에서 친구를 위해 희생하는 것은 정말 쉬운 일이 아니었다.

그렇게 나의 든든한 버팀목이 되어준 친구가 이제 곧 호주를 떠나 한국으로 돌아간다.

친구가 떠난 방이 너무 휑하게 느껴질 것만 같다.

좋은 추억이 가득했던 바이런베이로 다시 찾아왔지만, 친구와의 아쉬운 작별을 앞두고 있어서 그런지 기분은 내내 차분하게 가라앉아있었다. 그동안 친구에게 더 잘해주지 못한 것 같아, 더 배려해주지 못한 것 같아 아쉬운 생각에 뒤늦은 후회도 밀려왔다.

하지만 친구와 나는 정말 단 한 번의 큰 갈등 없이 잘 지냈었다.

우리에게 갈등이 있었던 유일한 사건은 내가 '조청유과' 과자를 사달라고 떼쓴 것이었다.

만약 그때로 다시 돌아간다면 난 얌전히 조청유과를 포기할까? 하지만 그것은 결코 아니다. 나는 또 사달라고 떼를 쓸 것이다. 왜냐면 친구가 바로 뒷날 깜짝 선물로 조청유과를 사왔고, 우린 그 달콤함을 함께 맛보며 멋진 야경을 보았다. 그 시간은 조청유과의 달콤한 맛보다 훨씬 달콤했던 소중한 추억이기 때문이다.

친구는 내게 최고의 룸메이트였다. 지금은 둘 다 결혼을 했고 한 아이를 키우는 엄마가 되어 서로의 위치에서 각자의 삶을 열심히 살아가고 있다.

일상에 지칠 때면 우린 어김없이 함께했던 호주생활을 떠올리곤 한다.

그 추억을 같이 나눌 수 있어서 나는 정말 좋다. 그 추억 속에 친구가 있어 나는 정말 좋다.

그렇게 친구가 한국으로 떠난 후 나는 새로운 룸메이트를 구했다.

하지만 첫 번째 룸메이트는 나와 마음이 맞지 않았다. 새 룸메이트랑 함께한 첫 일 주일은 갈등이 없었다. 서로에게 예의를 갖췄으며 서로가 조심했으니 말이다.

하지만 갈등은 정말 생각지도 못한 것에서 생겨났다.

내가 친구와 함께 생활할 때 우린 한푼 두푼 모아 각종 양념재료를 사두었었다.

고추장, 된장, 설탕, 소금, 식초, 간장, 참기름 등 한국요리에 필요한 웬

만한 기본 소스가 다 있었다. 이 소스는 대부분 한인마트에서 구입한 것들이었고, 한국에서의 판매가격과 비교하면 거의 2~3배는 비쌌다. 그래서 난 모든 요리를 할 때 듬뿍듬뿍 사용하지 못했고, 최소한 맛만 비슷하게 낼 수 있을 정도로 아껴 사용하며 그렇게 하나둘 모아둔 양념 소스였다.

친구가 떠나기 며칠 전. 친구는 각 소스의 남은 양을 일일이 체크해 보며 당장 부족해 보이는 것은 선물이라며 새로 사놓기도 하고, 혼자 남아있을 나를 걱정하고 챙겨주며 쌀까지 추가로 사주고 갔다. 난 친구가 사놓고 간 것들을 보면서 혼자 남은 4개월 동안 아껴 쓰면 딱 맞춰서 잘 쓰고 갈 수 있겠다고 생각했다. 그리고 양념 소스를 볼 때마다 친구의 세심하고 따뜻한 마음이 생각났다.

하지만 이런 내게 첫 룸메이트의 문제점은 나의 이 소중한 양념 소스를 아낌없이 막 사용하는 것이었다. 새 룸메이트가 크렉의 셰어하우스로 들어왔을 때 물어보니 호주에 온 지 얼마 되지 않았다고 했다.

[친구에게 선보였던 나의 요리들. 탕수육, 짜장면, 오므라이스]

얼마나 낯설고, 막막할까. 나는 나의 과거를 회상하며 첫 룸메이트가 잘 적응할 수 있도록 내가 도울 수 있는 건 최대한 도와야겠다고 생각했다.

브리즈번 생활과 관련 필요한 정보를 알려주기도 하고 셰어하우스 근처에 위치한 마트나 괜찮은 빵집, 카페를 알려주기도 했다.

밥도 어차피 하는 것이니 밥도 챙겨주고 같이 먹기도 했다.

그렇게 한 일주일이 지났을 무렵. 룸메이트는 어떤 요리를 할 때마다 나의 양념 소스를 과감하게 들이붓고 있었다. 옆에서 가만히 보고 있자니 살짝 속이 상했다.

계란프라이 하나를 먹더라도 케첩이 남아 버릴 정도로 팍팍 짜내었고, 밥을 비벼 먹을 때에도 참기름을 과감하게 한 순갈 넘치게 넣던 그녀. 이대로는 도저히 안 되겠다 싶어 나는 결국 말을 꺼냈다.

"저기요. 언니."(첫 번째 룸메이트는 나보다 언니였다)

"응?"

"이제 슬슬 언니가 필요한 양념은 따로 사셔야 할 것 같아요. 이거는 다 제 것이고 계속 셰어 할 생각이 없어서요."

"아. 그래? 어디서 사면되는데?"

"바로 길 건너편 오른쪽으로 한 10분만 걸어 내려가면 한인마트 하나 있어요.

거기서 구할 수 있어요."

"응. 그래. 알겠어."

나는 어렵지만 말을 꺼냈고, 무난하게 잘 얘기했다고 생각했다.

하지만 며칠이 지나도록 주방 찬장 속엔 여전히 나의 양념소스만 있었고, 새로 추가된 소스는 보이지 않았다. 그래도 뭐 말을 했으니 필요한 게 있음 곧 사겠지 싶어 크게 신경 쓰지 않기로 했다.

그러던 어느 날. 샐러드 가게 일을 끝내고 집에 들어왔다.

현관에 못 보던 낯선 신발이 하나 더 있었다. 여자 신발이었다.

그렇게 방문을 열고 방에 들어가니 테라스에서 룸메이트 언니와 그녀의 친구로 보이는 한 여성이 야외 테이블 의자에 함께 앉아있었다.

사전에 룸메이트와 나눴던 대화로 한 가지 알고 있었던 것은 룸메이트 언니는 호주에 친구가 있어 여기 브리즈번으로 왔다는 것이었다. 그래서 그때 말했던 그 친구구나 하고 혼자 생각했다.

룸메이트의 친구는 진한 화장 때문인지 살짝 강해 보이는 인상이었다. 순간 방에 있던 나와 눈이 마주쳤고 난 가볍게 고개를 숙여 인사를 했다.

하지만 왠지 모르게 무엇인가 좀 탐탁지 않아 보이던 룸메이트 언니의 친구 표정.

반대로 룸메이트 언니는 기분이 마냥 좋아보였다. 재밌는 대화를 나누는지 웃음소리도 크게 들려왔다.

잠시 후 테라스의 문을 열고 룸메이트 언니가 방으로 들어왔다. 방을 지나 주방으로 가려는 것이었다. 마침 나도 물 한잔해야겠다 싶어 주방 쪽으로 가려던 찰나였다. 그래서 같이 부엌으로 나왔다. 크렉도 방에서 나와 있었고 그는 거실에서 TV를 보고 있었다.

근데 룸메이트 언니가 내 동태를 살피는가 싶더니 내게 할 말이 있어 보였다. 이윽고 물을 따라 마시고 있던 내게 언니는 먼저 말했다.

"저기."

"네?"

"너 간장하고 식초 좀 빌려줄래?"

"아, 네. 쓰세요."

"만두를 쪄서 말이야. 너도 같이 먹을래?"

"아, 전 괜찮아요. 가게에서 뭘 좀 먹고 왔어요. 친구 분하고 편하게 드세요."

"그래. 그럼 좀 빌려 쓸게"라고 말하곤 간장 종지가 아닌 밥그릇을 하나 꺼냈다. 그러더니 밥그릇의 반이 넘도록 간장을 들이붓는 게 아닌가. 순간 너무 놀라 나도 모르게.

"헉. 언니 간장 너무 많이 붓는 거 아니에요?"

"어?"

"아니, 여기 작은 그릇도 있는데 너무 많이 붓는 거 같아서요."

순간 룸메이트 언니의 표정이 싸늘하게 바뀌었다.

"먹다 보면 부족할 수도 있잖아. 그럼 다시 만들어야 하고, 그래서 넉넉하게 만들어서 가는 거야. 왜 아깝니?"

[집주인 크렉과 함께. 사진 속 나는 샐러드 가게 연두색 유니폼을 입은 모습이다.]

'아깝니?' 마지막 그 한마디가 나의 신경을 탁 건드렸다. 순간 가슴속이 끓어오르는 것을 느꼈다. 그래서 난 다시 바로 말했다.

"네. 좀 아까워요. 이거 제가 같이 살았던 친구랑 한 푼 두 푼 모아서 사 둔 양념들이에요. 제가 한동안 많이 빌려드렸고, 이제 언니도 어느 정도 적응되셨으면 따로 사셔야죠. 파는 곳도 알려드렸잖아요. 언니도 알겠다고 했잖아요."

"뭐? 그럼 완전 네 것도 아니네. 혼자 산 것도 아니고 친구랑 같이 산 거면 다 네 것도 아니잖아. 반은 친구 거고 지금 그 친구는 없으니까, 주인이 없는 건데 내가 써도 되는 거잖아."

크렉은 순간 우리가 싸우는 것 같은 소리에 뒤를 돌아봤다.

"친구랑 제가 같이 모은 돈으로 산 건데, 왜 제 거가 아니에요?"

"아니 네 돈만 들어간 게 아니잖아."

"그럼 반만 제 거라고 쳐요. 그렇다고 남은 반이 언니 꺼도 아니에요. 주인이 없다고 그게 언니 꺼라 할 수 없죠."

순간 친구한테 당장 전화해서 '네가 두고 간 간장 누구 꺼니?'라고 확인을 받아야 하는 건가, 지금 간장 하나 때문에 다툼이 생겼으니 '네가 남기고 간 간장의 사용권을 나에게만 승인해줘~~'라고 해야 하는 건지 별 생각이 다 들었다.

나 역시 살짝 흥분한 채로 룸메이트 언니의 다음 말을 가만히 기다리고 있었다. 무슨 말을 들을지 긴장도 되었다.

이윽고 룸메이트 언니는 혀를 차더니 "쯧쯧. 내가 더러워서 안 쓴다"라고 말하며 보란 듯이 간장을 그대로 싱크대에 부어버렸다. 악! 정말 기가 막혔다. 저게 어떤 간장인데, 아까운 내 간장….

난 할 말을 잃고 싱크대 안에 흘러내려 가버린 간장의 흔적만 보고 있었다. 그리고 룸메이트 언니는 곧장 방으로 들어가 친구를 데리고 나왔고, 나에게 들리게끔, "간장 사러 가자! 내 참 더러워서"라고 말하며 현관문을 쾅 닫고 밖으로 나가버렸다.

룸메이트 언니가 나가자 크렉은 놀란 눈으로 무슨 일이냐며 걱정스레 물어왔고, 나는 대충 상황 설명을 해줬다. 그리고 큰소리가 나서 미안하다며 크렉에게 사과했다.

크렉은 "Oh my god~" 하더니 나에게 조심스레 다른 얘길 하나 들려줬다. 내가 집에 오기 전 룸메이트가 데려온 여자 친구와 잠시 대화를 나누게 되었는데 그녀가 사용하는 영어가 너무 거칠었다고 했다.

습관적으로 욕 같은 영어가 섞인 표현을 많이 사용하고 있는데, 보통의 사람들은 잘 쓰지 않는 표현도 많았다며 혹시라도 너무 가까이 어울리지 않도록 조심하는 게 좋을 것 같다고 했다. 그러면서 크렉은 그런 친구를 데려온 새 룸메이트가 걱정된다고 했다.

사실 셰어하우스 규칙상 친구를 초대할 수 없는 것은 아니었다.

하지만 만약 파티를 한다거나, 다수를 초대하는 모임을 만들 때는 사전에 집주인의 허락을 반드시 구해야 한다.

크렉은 왠지 앞으로 이 새로운 룸메이트가 이상한 친구들을 많이 데려올까 봐 미리 걱정하는 것 같아 보였다.

이윽고 나보고 자기가 적당한 핑계를 대어 말할 테니 새로운 룸메이트를 다시 구해보는 게 어떻겠냐고 제안했다. 그래서 나는 일단 생각해보겠다고 답변하고 방으로 들어왔다.

그렇게 한 30분이 지나 룸메이트 언니와 그녀의 친구가 함께 간장을 사서 집으로 들어왔고, 그 친구는 처음 봤을 때보다 더 탐탁지 않은 눈빛을 보이며 야외 테이블 의자에 앉아 방에 있던 나를 정면으로 쳐다봤다.

잠시 후 마치 보란 듯이 더 크게 웃고 떠들며 만두를 먹던 그녀들의 모습. 그리고 '간장' 얘기를 하며 나를 조롱하는 듯한 말들.

간장 하나 때문에 이게 도대체 무슨 일인가 싶었다.

크렉이 아까 했던 말이 떠올랐다. 새로운 룸메이트. 하지만 그렇다고 어떻게 일방적으로 나가라고 할 수 있겠는가. 크렉이 적당한 핑계를 찾는다고는 했지만, 사실 적당한 핑계가 뭐가 있겠는가.

▶ [짧았던 2박3일 바이런베이 여행을 끝내고 브리즈번으로 다시 돌아갈 버스를 기다리며]
▼ [다시 찾은 바이런베이. 즐겨갔던 카페에서]

어차피 룸메이트는 공개적으로 다시 구해야 할 텐데 말이다.

걱정에 한숨이 나왔다.

누군가 걱정하는 일들 중 실제 일어나는 일은 단 5%에 불과하다고 했던가.

첫 번째 룸메이트는 '간장'사건 이후 일주일 후에 셰어하우스를 스스로 떠났다. 새로운 셰어하우스를 구했다는 것이었다.

보통 셰어하우스는 떠나기 2주전쯤 집주인에게 나갈 것을 미리 알려 새로운 세입자를 구할 시간을 준다.

하지만 그녀는 나와의 동거가 영 불편하고 못 참겠던지 다른 셰어하우스를 빠르게 구해버렸고, 새로운 룸메이트 구할 시간을 일주일도 채 주지 않고 나가겠다는 말을 꺼냈다.

크렉은 적당한 핑계거리를 찾으려 고민하고 있던 찰나 뜻밖에 그런 말을 들으니 아주 밝은 기색으로 "Okay. No problem!"이라고 외치며 나를 향해 윙크를 날렸다.

그렇게 첫 번째 룸메이트가 다른 셰어하우스로 나간다는 말이 떨어지기가 무섭게 크렉과 나는 새로운 룸메이트를 찾기 위해 각자 셰어하우스 관련 사이트에 공개적으로 룸메이트를 구한다는 공고를 다시 올렸다.

#31 컴백 홈

새로운 룸메이트를 찾기 위해 내가 올린 두 번째 공고를 통해 바로 며칠 후 셰어하우스를 이용하고 싶다는 한 여성의 연락을 받을 수 있었다. 하지만 그녀의 스케줄 상 크렉과 내가 희망했던 날짜보다 한 5~6일 정도 더 늦게 우리 셰어하우스로 올 수 있다고 했다.

바로 이어서 세입자를 못 구하게 되면, 내가 방값을 두 배로 지불해야 하거나, 아님 크렉이 손해를 봐야 하는 상황이었다.

새로운 세입자를 구할 시간을 충분히 주지 않고 떠난 첫 번째 룸메이트 잘못도 있을 테지만, 어찌됐든 나와의 갈등으로 인해 갑자기 기존 룸메이트가 셰어하우스를 떠나게 된 것이라 나는 책임감을 느꼈다. 우선 우리 셰어하우스 이용을 원한다는 새로운 여성에게 집주인 크렉의 연락처를 알려주고 입주날짜를 다시 얘기해보라고 했다.

잠시 후 크렉은 나를 불렀고, 새로운 이용자로부터 연락을 받았다며 한 5일 정도 나 혼자 방을 쓰고 있어야겠다고 말을 했다. 내가 셰어하우스 비용은 어떻게 해야겠냐고 묻자 크렉은 기존 그대로 내가 냈던 방값만 지불하면 된다고 했다.

[크렉 셰어하우스의 거실. 이곳에서 크렉은 영화와 TV를 즐겨보았다.]

5일간 편하게 혼자서 방을 즐겨보라고 했다. 참 고마운 크렉이었다.

크렉은 호주 현지인 30대 남성이었다.

한 청소회사를 운영하는 사업가였고, 8년째 연애하고 있는 여자 친구는 시드니에 있다고 했다. 그리고 그 여자 친구는 한국 여성이라 했다.

그래서 크렉은 한국음식을 잘 알고 냄새에도 익숙한 편이었다.

한번은 내가 '김밥'을 만들고 있는데 크렉이 다가와 뭘 만드는 중이냐고 묻기에 나는 크렉이 이해하기 쉽도록 한국식 스시를 만든다고 말했더니,

크렉은 "oh~ gim-bab?!"이라고 정확하게 한국말로 메뉴를 말했다. 그래서 만든 김밥 한 줄을 주니 자르지도 않고 손으로 잡고 먹던 크렉이었다.

또 한 번은 크렉이 DVD로 영화한편을 보려고 하는데 좀 무서운 거라며 같이 보지 않겠냐고 했다. 그래서 나는 거실로 영화를 보러 나갔고, 크렉이 보려던 영화는 한국영화 '장화홍련'이었다.

크렉은 출출해하며 뭘 좀 먹으면서 보지 않겠냐고 제안했다. 그래서 나는 감자칩과 맥주를 꺼내왔고, 크렉은 한국라면 '너구리'를 끓였다. 크렉이 가장 좋아하는 라면이었다.

나는 감자칩에 맥주를 마시며 영화를 보고 있었고, 옆에서 크렉은 '너구리' 라면에 김치까지 먹으며 영화를 보고 있었다. 냉장고를 열어보면 크렉의 전용 칸에 항상 김치가 있었다. 이렇게 크렉이 먹는 음식만 보면 호주사람이 아닌 한국인 같아 보이기도 했다.

또한 크렉이 청소업체를 운영하다 보니 집 창고에는 전문적인 청소용품과 세제들이 많이 있었고, 그것을 이용해 함께하는 정기적인 청소 덕분에 집은 늘 깨끗함을 잘 유지할 수 있었다. 아무튼 크렉은 좋은 사람이었다. 하지만 이런 크렉에게도 단점이 하나 있었다.

그것은 감정 기복이었다.

기분이 좋을 때는 먼저 같이 밥 먹자, 한국식 바비큐 파티하자, 영화 보자, 맥주 마시자 등 먼저 제안해오는 것도 많았고 내가 묻는 말에도 아주 상냥하게 잘 대답하던 크렉이었지만, 기분이 안 좋은 날엔 표정부터가 차가웠고 묻는 말에도 아주 짧게 답하곤 했다.

이렇게 크렉이 기분이 좋지 않은 날은 대부분 여자 친구와 문제가 생겼을 때였다. 이번 주말에 시드니에서 여자 친구가 놀러오기로 했다며 기뻐하고 자랑도 했지만, 그 약속은 여자 친구의 바쁜 스케줄로 인해 번번이 잘 취소가 되었고 그럴 때면 크렉의 기분은 매우 좋지 않아 보였다.

그렇게 크렉의 기분이 어떤지 눈치를 살피며 크렉의 표정이 많이 굳어있는 날은 되도록 난 외출을 하거나 아님 최대한 방안에만 있었다.

아무튼 감정 기복이 좀 있는 크렉이었지만, 그 외에는 대부분 배려심도 많고 좋은 면이 훨씬 더 많은 집주인이었다. 친구가 한국으로 돌아가던 날. 크렉이 공항까지 함께 데려다주겠다고 하여 크렉의 차를 타고 친구를 편하게 데려다줄 수도 있었다.

아무튼 크렉은 정말 괜찮은 사람이었다.

나의 두 번째 룸메이트가 이런 크렉의 셰어하우스를 분명히 만족하리라

나는 자신이 있었고, 이번엔 최대한 갈등이 발생하는 일이 없도록 내가 좀 더 신경 써야겠다고 생각했다.

며칠 후 두 번째 룸메이트가 셰어하우스에 도착했다.

새로 온 그녀는 아일랜드에서 워킹홀리데이를 1년간 먼저 지냈고 다시 호주에서도 워홀 생활을 해보기 위해 왔다고 했다. 두 번째 룸메이트도 나보다 2~3살 많은 언니였다.

영어도 능숙하게 잘하고, 인상은 밝고 부드러워 보였다. 첫인사를 가볍게 나눈 뒤 셋이 다 함께 테라스로 나가 차 한 잔을 마시며, 앞으로 그녀의

[셰어하우스 대청소 하는 날, 내가 묵었던 방]

호주 워킹홀리데이 계획에 대해 간단히 얘기를 들을 수 있었다.

우선 그녀는 여기 브리즈번에서 어학원을 한두 달 먼저 다닐 거라고 했다. 그 후 가까운 곳부터 여행도 다녀올 생각이라고 했다. 차후 생활비 마련을 위해 적당한 아르바이트도 구할 것이라고 했다. 차분하게 자신의 계획을 서슴없이 잘 얘기하던 새로운 룸메이트 언니가 나는 마음에 들었다.

크렉도 이번에 온 룸메이트가 마음에 들었는지 앞으로 잘 지내보자며 기분 좋게 인사를 나눴다.

그 후로 새로운 룸메이트 언니는 본인의 계획대로 하나씩 잘 행동해나갔다. 어학원도 등록하고 어학원에서 친구들도 사귀어 내가 특별히 뭘 알려주지 않아도 뭐든지 알아서 척척 잘 해내는 모습이었다.

요전에 문제가 됐었던 식재료나 양념 소스 역시 내가 먼저 말하지 않아

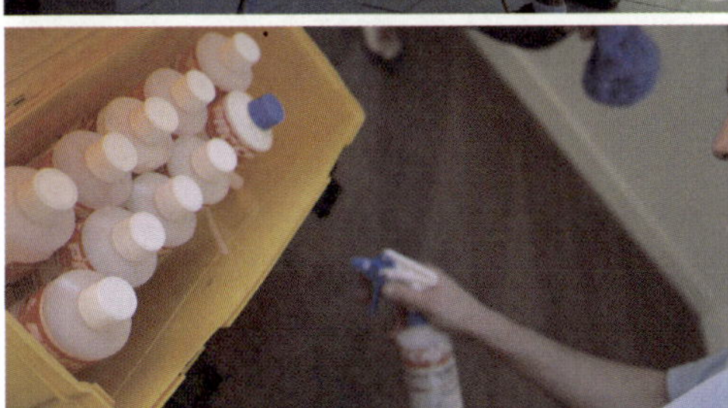

▲[크렉과 함께 테라스 대청소중]
◀[크렉의 전문청소장비와 세제]

도 본인의 것을 빠르게 장만해서 각자 따로 사용했고, 간혹 급히 필요한 게 있으면 내게 빌려달라고 했지만 예전과 달리 새 룸메이트는 나의 물건들을 아끼며 조심스레 잘 다뤄주었다.

룸메이트와 함께 사용하는 욕실, 화장실 청소는 보통 주 1회, 격주로 돌아가면서 한 번씩 청소했는데, 룸메이트 언니의 여행으로 내가 한번을 더 하게 되는 일이 생길 때는 고맙다는 인사와 함께 내가 괜찮다고 하는데도 자신이 2주 연속으로 더 하겠다고 내게 말했다.

잠들 시각에 룸메이트 언니의 전화가 울릴 때면 최대한 작은 목소리로 짧게 통화를 하거나, 테라스로 나가 통화를 하는 그녀였다. 이렇게 두 번째 룸메이트와 나는 서로를 배려했고 상대방에 대한 기본적인 예의를 갖추며 갈등 없이 잘 지낼 수 있었다.

그래서 두 번째 룸메이트와는 점점 더 가까워졌다.

룸메이트 언니의 어학원 생활 얘기도 재밌게 듣게 되고, 언니의 아일랜드 워홀 생활기도 아주 흥미롭게 들었다.

아일랜드에 있을 때 언니는 그곳의 유명한 흑맥주 공장에서 근무를 했으며, 그곳에서 맛본 맥주 맛은 정말 최고라고 했다. 아일랜드 사람들은 아주 친절했으며, 언니가 지냈던 셰어하우스의 집주인 부부는 아주 좋은 노부부였다고 언니는 그들이 많이 그립다고 했다.

룸메이트 언니의 아일랜드 얘기를 듣고 있자니 언니가 말한 흑맥주 맛도 궁금해졌다. 그래서 언니와 함께 근처 바틀샵*으로 가서 해당 맥주를 넉넉히 사와 함께 나눠 마시며 언니의 아일랜드 워홀 얘기를 좀 더 들었다.

{바틀샵bottle shop: 호주에서 술 종류를 구입하려면 일반 마트나 편의점이 아닌 주류 전문판매점인 바틀샵에서 여권을 보여주고 구입할 수 있다. 바틀샵에는 와인, 맥주, 위스키, 보드카 등 세계 각국의 다양한 주류가 판매되고 있다. 맥주의 경우 대게 병으로 많이 판매가 되고 있는데 낱개로도 구입은 가능하지만 개별로 구입하는 것이 가격이 가장 비싸다. 보통 6개입으로 된 한 팩을 구입하거나 24개입으로 된 1박스를 구입하는 것이 저렴한 편이다.}

크렉과도 금세 친해져 셋이서 같이 식사도 많이 하고 대화를 나누는 일도 잦아졌다.

어느 한날. 기분이 많이 좋아보이던 크렉이 룸메이트 언니와 나에게 이번 주말에 자신의 부모님 댁에 하루 놀러가지 않겠냐는 제안을 해왔다.

부모님 댁은 브리즈번으로부터 차로 약 2시간 거리에 있는 도시인 '골드코스트' 근처 외곽에 있으며 풍경이 아주 멋진 곳이라고 했다. 그렇게 해서 주말 하루 셋이 함께 크렉의 차를 타고 크렉의 부모님 댁으로 향했다.

가는 길에 골드코스트의 어느 한적한 해변에도 들러 바다 구경을 했다.

한국인 여자 친구가 있는 크렉은 바다를 보며 몇 년 전에 여자 친구를 따라 한국바다에 가봤었다고 추억을 회상했다. 한국에 어디 바닷가를 갔냐고 묻자 '해운대'라고 답변했다. 내가 그 '해운대'가 있는 부산에서 살다 왔다고 말을 해주었다. 크렉은 '부산'을 아주 멋진 해양 도시로 기억하고 있다했고 부산 여기저기에 대해 좀 더 얘길 나눴다.

크렉에게 '해운대' 바다는 어땠냐고 물어보니 해변에 꽂혀있던 너무 많은 파라솔에 놀랐던 기억이 있다고 답했다. 백사장이 보이지 않을 정도로 파라솔이 촘촘하게 꽂혀있고, 옆 사람과 너무 가까이 있어서 마치 그들과 다 함께 놀러온 것 같은 기분에 그것이 신기하고 재밌었던 추억이라고 했다. 크렉의 얘기를 듣고 있자니 부산 바다가 좀 그리워졌다.

지금 이 골드코스트 해변에 닿은 바닷물이 부산의 바닷물과도 연결되어 있을 거라 생각하니 가슴 한쪽이 살며시 아련해졌다. 그렇게 바다를 보며 한참 이런저런 얘기를 나누다보니 점심시간이 되었고 근처 햄버거 가게에서 간단히 점심을 해결한 후 곧바로 크렉의 부모님 댁으로 다시 이동했다.

크렉의 말대로 크렉 부모님 집은 도시의 번화가가 아닌 외곽 한적한 곳에 위치하고 있었다. 이제 집에 다 왔다며 부모님 집 앞에 차를 멈추곤 안내하는 크렉.

부모님 댁은 아름다운 저택이었다. 정원도 고급스럽게 잘 가꿔져 있었고, 집 마당에서 바라본 풍경은 나지막한 동산도 있고 싱그러운 초원도 넓게 펼쳐져 있었다. 정말 한 폭의 그림 같은 풍경이었다. 그 초원 위를 달리는 여러 마리의 말들을 볼 수 있었는데, 크렉은 다 부모님 소유의 말이라고 설명했다.

말들이 초원을 맘껏 누리는 모습은 정말 아름다웠고, 야생마처럼 자유롭게 뛰노는 말의 모습을 보며 룸메이트 언니와 나는 연신 감탄했다.

그런 우리의 모습을 보더니 크렉은 우리에게 울타리 쪽으로 가까이 한번 가보라고 했다. 그렇게 해서 울타리 근처로 다가서니 잠시 후 크렉은 휘파람 소리를 냈다.

"휘잇~"

그 순간 멀리서 크렉의 휘파람 소리를 들었는지 말 한 마리가 우리 쪽으로 방향을 바꿔 달려오기 시작했다. 흰색을 띤 말이었다. 잠시 후 그 말은 착하게 우리 앞에 멈추었고 나는 그 말을 쓰다듬으며 눈을 맞추었다.

정말 너무도 신기했다. 야생마처럼 뛰놀다 어쩜 이렇게 사람한테 잘 달려오는지 내가 신기해하자 어린 말이라서 그렇다고 크렉은 설명해주었다. 어린 말들이 호기심이 많아 울타리 근처에 사람이 오면 이렇게 잘 달려온다고 했다. 말이 갈기를 휘날리며 힘차게 달려오는 모습은 정말 멋진 장면이었다.

그렇게 크렉 부모님의 집과 초원 구경을 잘 마치고 정원에 다 같이 앉아 크렉 부모님께서 챙겨주신 다과를 간단히 먹고 우리는 다시 브리즈번 셰어하우스로 돌아왔다.

이젠 호주에서 하는 일도 익숙해졌고, 새로운 룸메이트와 함께하는 생활도 편안하고 즐거웠다. 그렇게 하루하루는 무난하게 잘 흘러갔다.

시간이 흘러 어느덧 이제 내가 한국으로 돌아가야 할 날이 다가왔다. 원래 내가 있었던 자리로 돌아갈 시간이 다 된 것이다. 룸메이트 언니는 자기처럼 다른 나라로 이동해서 워홀 생활을 한 번 더 해볼 것을 권유해주었다.

언니가 호주에 오기 바로 전에 있었던 아일랜드도 추천을 해주었고, 호주에서 가장 가까운 나라인 뉴질랜드도 추천을 해주었다.

그리고 룸메이트 언니의 어학원 친구들 얘기를 들려주며 캐나다로도 정말 많이 이동한다고 말했다.

다른 나라로 한 번 더 이동해보는 것도 아주 좋은 경험이 된다는 것이었다. 아니면 호주에서 '세컨비자'를 취득해 1년 더 있다가는 것도 좋지 않겠냐고 얘기했다.

물론 룸메이트 언니의 말대로 다시 1년을 더 해외에서 머물러 보는 것도 좋은 경험이 될 것이고 좋겠다는 생각은 들었다. 지금 현재 생활이 정말 만족스러웠고 활력도 넘쳤었다. 막상 한국에 가면 또 무엇을 해야 할지 뾰족이 생각나는 게 없어 걱정이 앞서기도 했다.

[크렉 부모님의 말]

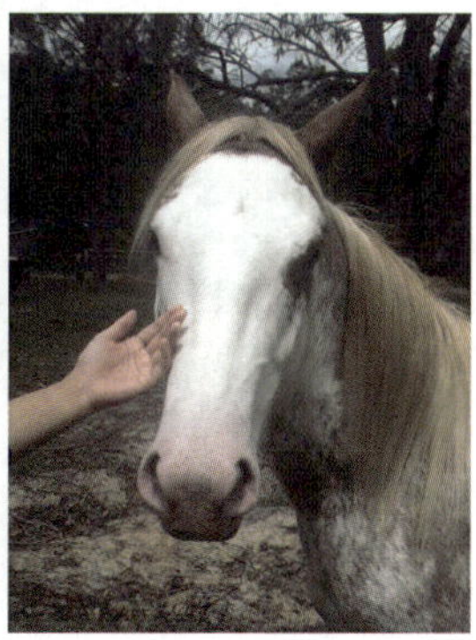

그래서 한국으로 돌아가는 것을 좀 더 연기 해볼까 하는 고민도 잠깐 해보았다.

하지만 처음부터 1년만 생각하고 왔었고, 외국생활에 대한 막연한 동경도 없었다.

그래서 나는 정말 충분하다고 생각했다. 호주에 와서 보낸 1년이란 시간은 나에게 소중한 선물이었다. 이렇게 값진 선물은 이 정도면 충분하다고 그렇게 생각했다. 그리고 무엇보다 가족이 보고 싶었다. 아빠, 엄마, 언니. 그리고 새로운 가족도 생겼다.

내가 한국을 떠난 1년 사이 언니와 형부에게는 첫째 아이가 생겼고, 그렇게 첫 조카가 태어나있었다. 나의 첫 조카가 무척 궁금하기도 했고 보고 싶었다. 언니를 닮았을지, 형부를 더 닮았을지, 얼마나 작고 귀여울지 상상을 해보다 길거리에서 유모차에 탄 아기나 엄마 품에 안겨있는 아가들을 볼 때면 저절로 조카 생각이 났다.

호주에서 멋진 풍경을 볼 때, 맛있는 것을 먹을 때, 행복한 순간순간마다 가슴 한쪽은 항상 허전했고 아려왔다. 한국에 있는 가족들이 생각났기 때문이다. 이 멋진 풍경을 지금 같이 볼 수 있다면, 이 맛있는 것을 함께 맛볼 수 있다면, 이 행복을 같이 나눌 수 있다면 하는 생각이 늘 들었다.

그렇다. 내가 가장 행복할 수 있는 곳. 그곳은 바로 가족의 곁이었다.

그래. 이제 그만 돌아갈 준비를 하자.

가족이 있는 한국으로 돌아가자. 내가 있던 곳으로, 나를 기다리는 가족이 있는 곳으로, 나의 집으로, 나는 돌아갈 것이다.

한국으로 갈 날이 한 달 정도 남았을 때 나는 여유롭게 돌아갈 준비를 하나씩 시작했다.

우선 나 대신 셰어하우스를 이용할 사람을 찾았는데, 룸메이트 언니의 어학원 친구가 우리 셰어하우스를 이용하고 싶다고 했다. 그래서 이어 바로 이용할 사람이 쉽게 구해졌고, 체크인 날짜까지 내가 나가는 날 당일로 깔끔하게 딱 맞춰놓았다.

그다음 한국으로 돌아갈 비행기를 예매했다. 한국에서부터 1년짜리 오픈티켓*을 끊어둔 상태였으므로 내가 원하는 날짜에 적당한 시간대로 예매를 미리 해두었다.

끝으로 존 할아버지에게 받았던 수업과 하던 아르바이트 일들도 함께 마무리를 지었다.

오피스 청소 일은 두 달 전쯤 이미 그만둔 상태였다. 기존 정해진 시간보다 퇴근시간이 자꾸만 너무 늦어져서 낮에 하는 일들에 지장을 줄까 봐 일찌감치 그만두었었다.

그래서 마지막까지 꾸준히 하고 있었던 샐러드 가게 일과 쓰레기통관리 일은 귀국일정을 2주가량 남겨두고 그만두었다.

샐러드 가게 매니저 언니는 그동안 수고했다며 나에게 밥 한 끼를 사주고 싶다고 저녁 약속을 잡았고, 매니저 언니는 언니의 신랑과 함께 나를 데리고 브리즈번 외곽에 있는 고급스런 코리안 레스토랑으로 가서 맛있는 고기를 듬뿍 사주었다.

존 할아버지 역시 헤어짐을 많이 아쉬워하며 저녁 식사를 같이하자 했고, 존 할아버지는 시내에 있는 한 코리안 레스토랑을 예약해뒀었다.

* {오픈티켓open ticket: 귀국날짜를 정하지 않은 상태로 예약하는 항공권. 유효기간 내 원하는 날짜에 귀국이 가능하다}

한국으로 돌아간다는데 굳이 현지에서 비싼 한식을 얻어먹게 되는 상황이 연속으로 벌어졌지만, 나를 진심으로 생각해주는 그들의 마음이 고스란히 전해져 가슴이 정말 따뜻했다.

이렇게 모든 일을 끝내고 통장정리를 해보니 잔액이 한국 돈으로 약 300만 원가량 남아있었다. 남은 시간과 남은 돈으로 무엇을 할지 생각했다. 호주의 모든 것을 정리하고 2주를 남겨 놓은 건 마지막으로 한군데를 더 여행해보기 위해서였다.

어디를 갈지 여기저기 고민을 해보다 시내에 있는 현지 여행사에 들러 투어상품 상담을 받고 왔다. 남아있는 기간과 자금을 고려해 추천받은 곳은 두 군데였다.

여행사 직원은 두 여행상품을 상세히 비교해주었고 나중에 결정되면 연락을 달라고 했다.

우선 첫 후보지는 호주와 가까운 이웃 나라인 뉴질랜드였다.

뉴질랜드 남섬을 투어 하는 6박 7일 패키지 상품으로 전 일정 호텔 숙박과 식사가 제공되는 상품이었다. 뉴질랜드 남부의 대표적인 관광명소를 전용버스를 타고 여러 군데 둘러보며, 원한다면 추가 요금을 지불하고 뉴질랜드에서 유명한 카와라우 번지점프 액티비티도 경험할 수 있었다. 편안하고 안락할 것 같은 패키지여행에 호감이 당겼다. 어느 영화에서 봤던 그 멋진 장소에서 번지점프도 정말 해보고 싶었다.

이어 나머지 다른 후보지는 호주 중심 사막 지역에 있는 '울룰루 투어'였다. 울룰루 투어는 실제 3박4일 일정이지만, 이곳 울룰루에 가려면 투어일정 앞뒤로 하루씩

'엘리스 스프링스'라는 마을에서 머물러야 했다. 항공편이 하루 1편밖에 없기 때문에 최소한 하루 전날 미리 가서 이른 시각에 출발하는 투어 일정

에 맞춰 대기하고 있어야 하는 것이었다. 한마디로 울룰루 투어를 가기 전 하루와 울룰루 투어를 다녀온 후 하루를 엘리스 스프링스에서 보내야 했기 때문에 울룰루 여행은 최소 5박 6일 일정이 필요한 여행이었다.

'울룰루' 근처엔 공항이 없어 우선 엘리스 스프링스에 있는 '에어즈 록' 공항을 이용하면 되는데, 내가 희망하는 날짜엔 브리즈번에서 이 에어즈록 공항으로 바로 가는 항공편도 없어서 '케언즈' 공항을 한 번 거쳐 환승 후 에어즈록 공항으로 이동할 수 있었다.

비행기 이동시간만 놓고 비교해보아도 뉴질랜드로 가는 편이 훨씬 나은 것 같았다.

그리고 울룰루 투어는 전 일정 사막지대에서 침낭 하나로 야외취침을 하고, 식사도 캠핑 식으로 간단히 만들어 먹는 것이었다. 심지어 이틀간 씻을 수 없고, 마지막 날 하루만 샤워가 가능한 그런 캠핑투어였다.

뉴질랜드, 울룰루 두 군데 모두 일주일가량의 여행 기간이 필요했고, 들어가는 비용도 각각 100~150만 원 정도로 비슷한 수준이었다.

소요되는 시간과 경비는 비슷한데 제공되는 조건이 너무 다르다 보니, 아무쪼록 마지막 여행인데 휴가 간 듯 편안하고 안락하게 즐기다 오는 것이 좋지 않을까 싶어 뉴질랜드로 가는 게 좋겠다고 잠시 생각했다. 하지만 좀 더 생각해보겠다며 현지 여행사에서 나와 일단 집으로 들어왔다.

한국으로 가져갈 짐도 좀 정리해두자 싶어 버릴 것과 가져갈 것을 구분하고 있는데, 1년 전 한국에서 호주 워홀을 준비할 때 참고했던 책 한 권이 눈에 들어왔다. 이 책을 처음 펼쳤을 때는 정말 아무것도 몰랐고 전부 나와는 관련 없을 다른 세상 얘기만 같았는데, 책 속에 소개된 호주 추천 여행지나, 이곳에서 체험할 수 있는 다양한 것들을 나도 많이 경험해본 것 같아 한 장 한 장 다시 넘겨보니 기분이 참 뿌듯하고 신기했다.

그렇게 책장을 넘기다 '울룰루'에 관해 소개된 페이지가 나왔다.

중요 표시를 하듯 그려져 있는 별 다섯 개. 그리고 그 옆에는 '반드시 꼭 가보기'라고 1년 전쯤 내가 적어놓은 게 보였다.

내가 그때 무엇을 보고 울룰루에 꼭 가봐야겠다고 적어놨을까 싶어 책 내용을 다시 천천히 살펴보다 빨간 줄로 밑줄을 쳐둔 부분이 눈에 들어왔다. 그 부분엔 울룰루 투어 중 사막지대에서 야외취침을 할 때, 침낭 속에 누워 밤하늘을 보면 쏟아지는 것만 같은 수많은 별에 관한 얘기가 적혀있었다.

아. 나는 이것을 꼭 보러 가고 싶었던 거구나.

책 속에 표시된 내용과 내가 적어놓은 그 메시지를 보면서 그때의 생각과 그때의 마음이 되살아났다.

그래. 난 울룰루로 가야겠다. 울룰루로 가자.

결심이 서자 곧바로 아까 상담해준 여행사 직원에게 전화를 걸어 울룰루 투어를 신청하겠다고 말했다. 여행사 직원은 정말 좋은 결정이라며 평생 잊지 못할 최고의 여행이 될 거라고 나에게 확신을 주었다.

그렇게 해서 나는 며칠 후 호주에서의 마지막 여행을 위해 바로 세상의 중심, 지구의 배꼽이라 불리는 그곳 울룰루로 홀로 향했다.

#32 세상의 중심

12월 중순. 호주 한여름 날씨에 최고기온 40도가 훌쩍 넘는 사막지대인 엘리스 스프링스에 도착했다. 처음 느껴보는 엄청난 더위에 설마 신발 바닥이 녹진 않을까 걱정스러웠다.

우선 내일부터 시작될 울룰루 투어를 위해 예약해둔 백팩커스를 찾아갔다. 배정된 방에 배낭을 내려놓고, 동네 구경도 해볼 겸 바깥으로 나왔다.

엘리스 스프링스는 사막지대에 있는 작은 마을이었다.

동네를 둘러보다 더위도 식힐 겸 길 건너편에 보이는 마트 안으로 들어갔다. 시원한 음료수 하나를 집어 들고 계산하려는데 마트 점원이 내게 많이 덥냐고 물어보았다. 그래서 나는 너무너무 덥다고 대답했다.

내 말을 듣더니 그 점원은 웃어 보이며 오늘은 여기서 시원한 날씨야~ 하고 충격적인 말을 했다. 그리고 이어 울룰루에 가려고 온 거냐고 묻기에 그렇다고 하니 그곳에 가면 이보다 훨씬 더 더울 것이라고 각오를 단단히 해야 한다고 했다. 그래도 정말 멋진 여행이 될 것이라며 나의 여행에 행운을 빌어주었다.

지금이라도 뉴질랜드로 가야 하나, 순간 무서운 더위를 상상하며 잘못된 선택을 했나 싶었다. 하지만 이미 주사위는 던져졌고, 나는 예정대로 내일 아침 6시. 숙소 앞으로 날 데리러 오는 투어차량에 오르게 될 것이었다.

숙소 휴게실엔 많은 여행자가 모여 있었고, 그 여행자들은 두 그룹으로 나눠져 있었다. 울룰루 투어를 기다리는 그룹과 투어를 끝내고 돌아온 그룹이었다. 다녀온 그룹은 피부만 봐도 눈에 띄게 알 수 있었다. 다들 강렬한 태양에 익은 듯 벌겋고 새카맣게 타 있었다.

다녀온 그룹은 울룰루 여행에 대한 자신들의 후기를 들려주며 마치 뭔가 대단한 도전을 해냈다는 자부심마저 느껴졌다. 그들의 얘기를 들을수록 울룰루가 어떤 곳인지 더욱 궁금해졌다.

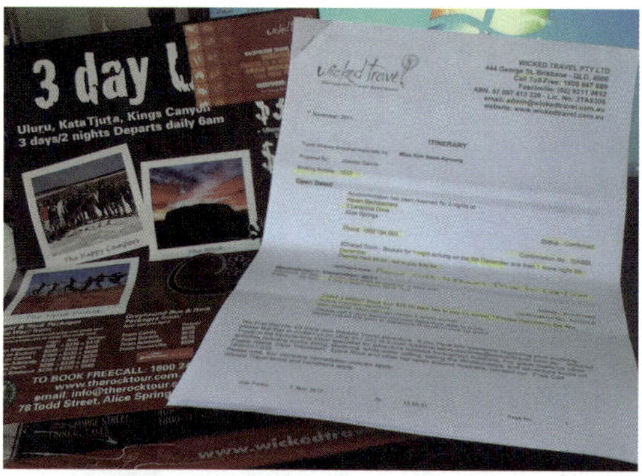

그날 저녁. 캠핑카 한 대가 숙소 주차장으로 들어왔다. 잠시 후 캠핑카에서 3명의 남성이 내렸다. 모두 한국인 남성이었다.

▲[울룰루 투어 예약 확인서(위),
◀여행당일 공항으로 가는 트레인을 기다리며(왼쪽)]

나는 그들과 반갑게 인사를 나눴고, 잠시 후 백팩커스 식당에 모여 저녁 식사를 함께했다.

그들은 호주에서 대학을 다니고 있는 학생들이었다.

3년째 호주에서 공부를 하고 있었으며, 방학기간 동안 셋이서 캠핑카를 타고 여행을 하고 있다고 했다.

그들도 내일 울룰루 투어를 가기 위해 이곳으로 왔다고 했다. 2명은 나보다 동생이었고, 1명은 나와 동갑내기였다.

그들은 총 세 명이었지만 같은 투어회사에 예약할 수 있는 자리가 없어 동생 두 명만 같은 곳으로 예약이 됐고, 나와 동갑인 친구는 다른 곳에 홀로 예약이 되었다는 얘기를 했다.

그러면서 나보고 내일 어떤 투어회사를 이용하는지 묻는 것이었다. 그래서 나는 예약 확인서를 확인 해보았고, 확인해보니 동갑친구와 같은 회사였다. 동생들은 형 혼자 다른 투어회사로 가게 되어 괜스레 미안하고 신경 쓰였는데 정말 잘 됐다며 기뻐했다.

나 역시 같이 여행할 친구가 생긴 것 같아 기분이 좋았다. 그 친구의 이름은 요한이었다. 이런저런 얘기를 좀 더 나누다 내일 아침 일찍 출발하는 투어를 위해 이만 서로 잠을 청하기로 했다.

울룰루 투어는 크게 두 가지 종류로 구분할 수 있는데 하나는 내가 하는 '캠핑투어'다.

야외에서 침낭을 사용해 잠을 자고, 샤워도 거의 할 수가 없으며 식사는 투어 가이드가 사막에서 직접 불을 피워 만들어 최대한 간단히 해결하는 방식이었다. 에어컨이 나오지 않는 15인승 소형버스를 타고 이동하는 투어였다. 비용은 엘리스 스프링스까지의 왕복항공권과 투어 전후 묵었던 숙소 2박 요금을 제외하고, 순수 울룰루 3박4일 투어에만 500달러 넘는 돈을 지불했다. 한화로 약 60만 원에 가까운 금액이었다.

다른 하나는 일명 '럭셔리 호텔투어'가 있다. 울룰루 근처에는 호텔&리조트가 유일하게 한군데 있는데 그곳에서 숙박하는 것이었으며 샤워도 물론 가능했다. 호텔 식사와 에어컨이 나오는 대형관광버스, 울룰루 석양을 감상할 때 와인과 샴페인 제공 등 모든 서비스와 컨디션이 캠핑투어와는 정반대였다.

당연 이 투어는 이름만큼 가격도 비쌌다. 울룰루에 있는 호텔 1박 요금만 40만 원이 넘으니 해당 투어의 요금은 4~5백만 원부터 시작해 천만 원이 넘기도 하였다.

아무튼 나는 남은 돈도 3백만 원밖에 없었고, 처음부터 야외 침낭에 누워 밤하늘에 떨어지는 별똥별을 보기

▶ [케언즈에서 엘리스 스프링스로 향하는 상공에서 바라본 호주의 땅]

◀[상공에서 바라본 엘리스 스프링스 마을]

위해 울룰루로 향한 것이었기 때문에 캠핑투어를 택했고 또한 택할 수밖에 없었다. 드디어 울룰루 투어의 첫날. 아직 해가 뜨지 않은 시각이라 밖은 컴컴했다.

투어차량 픽업 시간에 맞춰 숙소 정문에 미리 나와 배낭을 메고 기다리고 있었다. 잠시 후 요한이도 캠핑카에서 나와 투어 차량을 함께 기다렸다.

이윽고 버스 한 대가 뒤에 큰 트레일러를 하나 달고 덜덜거리며 우리 숙소 쪽으로 달려와 멈추었고, 가이드는 차에서 내려 우리의 예약 확인서를 체크했다.

확인이 끝난 후 요한이와 함께 투어버스에 올랐고, 버스 안에는 이미 각국에서 모인 다른 여행자들이 몇몇 타 있었다.

우리를 태운 버스는 또 다른 백팩커스 몇 군데에 더 들렀고 15인 버스는 금방 만석이 되었다.

[엘리스 스프링스 마을구경 중]

그렇게 엘리스 스프링스로부터 약 5시간을 달려가야 울룰루 근처에 도착할 수 있다. 하지만 울룰루로 가기 전 먼저 자연경관이 뛰어난 장소인 '킹스캐니언'부터 들러 트래킹을 하고 야외취침으로 1박을 한 후 다음날 '울룰루'에 가는 것이었다.

3박4일 울룰루 투어의 일정을 트래킹 하는 곳 기준으로 간단히 정리해 보자면 크게 킹스캐니언-카타츄타-울룰루 경로로 이동하는 것이었다.

그렇게 울룰루를 가기 전 먼저 도착한 킹스캐니언. 여기서 울룰루까지는 3시간을 더 가야한다. 호주의 그랜드캐니언이라 불리는 이곳에서 협곡을 따라 약 6km 트래킹을 한다.

[울룰루 투어버스 안.
마이크 들고 자기소개 타임.
간단히 각자 자기소개를 하고,
가장 좋아하는 동물 하나를 얘기한다.
그리고 그 동물소리나 흉내를 내야 한다.
나는 가장 좋아하는 동물이
'돌고래'라고 답했다.]

◀[울룰루를 향해 가는 길]

총 3~4시간 정도 소요가 되는데, 40도 가까운 기온에 그늘 한 점 없는 땡볕 아래를 계속해서 걸어야 한다. 가이드는 킹스캐니언 트래킹에 관한 간단한 설명을 끝낸 후 트래킹이 시작되기 전 버스 안에서 투어멤버들에게

[창문 열고 달리는 투어버스(왼쪽), 울룰루 투어 담당 가이드(오른쪽)]

[킹스캐니언 트래킹 중. 나(왼쪽), 요한이(오른쪽)]

구조용 헬리콥터에 실려 가고 싶지 않으면 시간당 1리터의 물을 꼭 마셔주라고 당부했다. 참고로 비상헬기 탑승 시 지불해야 할 비용은 백만 원 정도라고 하였다. 가이드의 설명을 듣고 킹스캐니언 주차장에 내렸는데, 전날 엘리스 스프링스 시내 마트에서 만났던 점원이 했던 말이 떠올랐다.

'거긴 훨씬 더 더워. 단단히 각오를 해야 할 거야. 너의 여행에 행운이 함께하길.'

악- 한낮의 사막에 뜨거운 열기를 제대로 실감할 수 있었다. 너무 뜨거워서 숨도 제대로 쉴 수가 없었다. 숨을 크게 들이마시면 콧구멍이 익어버릴 것만 같았다. 나는 일단 콧구멍부터 보호하기 위해 목에 걸어두었던 수건으로 코와 입을 가렸다. 가이드는 투어차량에서 내리자마자 푹푹 찌는 더위에 당황한 투어멤버들의 모습을 보더니 본인은 이 광경이 아주 익숙한 듯 여유로운 미소를 보이며 우리에게 말했다.

"거봐. 여기가 너무 더워서 일부러 에어컨을 안 틀어준 거야. 시원한 차에 있다가 이렇게 더운 바깥으로 갑자기 나오면 너희 모두 다 헬기를

◀[야외취침 중인 투어멤버들]
▼[울룰루 투어버스]

타게 될 거야."

가이드의 말을 들은 투어 멤버들은 다 같이 야유를 보내었고, 저런 버스에는 에어컨이 있을 수 없다, 히터만 장착된 버스다, 쓰러져도 좋으니 에어컨을 한번 작동시켜보라는 등 가이드와 재밌게 농담을 주고받았다. 실제 그 투어버스에 에어컨 작동 가능 여부는 난 아직도 알 수 없다.

3박 4일 동안 투어 멤버들의 고액헬기탑승을 피하게 하기 위한 가이드의 배려로 우린 뜨끈한 자연 바람을 맞으며 붉은 사막 길을 달리고 또 달렸을 뿐이다.

사막이란 곳은 참으로 신기했다. 한낮에는 그렇게 이글이글 끓어올랐다가, 해가 지고 나면 어느덧 시원한 바람이 불어왔고 밤에는 모닥불이 필요할 정도로

[투어 중 제공된 식사]

[울룰루 일출]▼

찬 기운이 돌았다. 하루에 어떻게 이렇게 기온 차가 클 수 있을까 신기해하며 침낭 속에서 밤하늘을 올려다보며 잠을 청했다.

아쉽게도 첫날은 별을 볼 수 없었다. 구름이 많이 꼈기 때문이다. 하지만 아직 남은 두 밤을 기대해보며, 그리고 또 내일 드디어 만나게 될 울룰루의 모습을 기대하며 설레는 마음으로 금방 잠들 수 있었다.

둘째 날 아침. 나는 해가 뜨기 전 가장 먼저 일어났다.

◀[각자 자기가 먹은 그릇 설거지하기, 거품 물에 담갔다가 옆의 물에 헹구기만 하면 끝.]

▼
[울룰루 투어멤버들의 모습]

투어 멤버들을 보니 여전히 침낭 속에서 곤히 자고 있었다. 밤새 타올랐던 모닥불은 벌건 숯만 남은 상태였다.

나는 배낭 속에 챙겨온 속옷을 조용히 꺼내들고 멤버들이 자고 있던 곳에서 한 20미터 떨어진 곳까지 걸어갔다.

가슴높이 쯤 오는 덤불 뒤에 숨어 급한 대로 속옷을 갈아입으려고 했다.

우선 갈아입을 새 속옷을 덤불 위에 올려두었는데 막상 입으려고 보니 속옷에 개미가 수십 마리 붙어있었다.

순간 너무 놀라 있는 힘껏 털어보았지만 쉽게 털리지도 않고 오히려 남아서 매달려있던 개미들은 더욱 끈질기게 붙어있었다. 하지만 급한 대로 일단 빨리 입어야겠다싶어 다 털어내지 못한 채로 입어버렸는데 남아있던 개미들이 따끔따끔하게 나를 마구 물어뜯었다.

결국 난 어쩔 수 없이 이놈의 개미들을 죽여야겠다 싶었고 그렇게 나는 내 엉덩이와 등 쪽을 탁탁 때리면서 취침장소로 다시 돌아오고 있었다.

그때마침 가이드도 일어나 자리를 정리하고 있었다.

가이드는 여기저기 때리며 걸어오는 나의 모습을 보더니 개미에게 물렸음을 알아차렸다. 어떤 스프레이를 하나 뿌려주며 이곳 개미는 특히 조심해야한다고 얘기해줬다.

대부분 독은 없지만 이빨이 매우 날카롭다고 했다. 척박한 사막 환경에 서식하는 특성상 날다가 떨어진 곤충이나 먹잇감을 빠르게 사냥해야하기 때문에 움직이는 것에 아주 민감하다는 것이었다. 움직이면 움직일수록 더욱 세게 달라붙고, 또 더욱 몰려드는 것이 이곳 개미의 특성이라고 했다.

가이드의 말을 들으니 아까 내가 세차게 흔들수록 개미들이 더 안간힘을 다해 매달려 있던 이유가 이해가 되었다. 아무튼 그렇게 속옷 하나를 겨우 갈아입고, 마실 물로 양치와 세수만 간단히 한 후 두 번째 날의 일정을 시작했다.

이게 울룰룬가 저게 울룰룬가 '울룰루'와 비슷해 보이는 거대한 바위들을 보면서 투어버스를 타고 하염없이 펼쳐진 직선도로를 달리고 또 달렸다. 그렇게 한 2시간정도 달렸을 때 드디어 울룰루 국립공원 입구를 통과했다. 그리고 20분을 더 달려 울룰루 국립공원 주차장에 도착했다. 그곳에서 드디어 울룰루의 모습이 눈앞에 보였다.

울룰루는 모래로 이루어진 거대한 사암바위다. 해발고도 867m. 바닥에서의 높이 330m. 둘레 8.8km. 이것이 울룰루의 사실적 모습이다.

난 주차장에 내린 순간부터 울룰루의 거대하고 경이로운 모습에 압도당했다. 도대체 어떻게 이 사막 한가운데에 모래로 이뤄진 거대한 바위가 이렇게 우뚝 솟아 당당히 남아있는지 참 신기하고 신비로웠다.

◀[울룰루 베이스 워크 트래킹]
▼[울룰루의 모습]

바로 이런 게 태초의 모습이었을까 싶기도 했다. 울룰루에 관한 가이드의 설명을 듣고 우선 울룰루 주변을 가볍게 구경했다. 이어 근처에 있던 카타츄타 국립공원과 울룰루 박물관 관람을 다녀온 후 해가 지기 전에 다시 울룰루로 돌아왔다. 울룰루 투어 중 가장 하이라이트라고 하는 '울룰루 선셋(sunset:일몰)'을 보기 위해서였다.

해질녘 노을빛에 울룰루 바위가 함께 물든다. 그럼 울룰루는 주황색, 분홍색, 보라색 등 다양한 색깔로 변하며 고운 자태를 뽐낸다. 이 광경을 보기 위해 이곳을 찾아온 많은 사람의 탄성소리와 바쁜 카메라 셔터 소리가 함께 들린다.

럭셔리 투어를 통해 온 관광객들은 샴페인을 터뜨렸고 투어회사에서 준비해준 테이블과 의자에 앉아 와인과 샴페인을 마신다.

캠핑투어를 통해서 온 우리는 땅바닥에 편하게 앉아, 오는 길에 잠시 들

[카타츄타 국립공원
바람의 계곡
트래킹 중]

린 매점에서 각자 구입해둔 미지근한 캔 맥주를 따서 마셨다.

기대에 부흥해준 울룰루의 일몰을 충분히 감상하고 그렇게 둘째 날 밤이 되었다.

[울룰루 투어 일정 종료.
가이드는 엘리스 스프링스에서 맥주 한잔 하며 쫑파티를 하자 했고,
버스 앞 유리창에 장소와 시간을 적어두었다.]

오늘은 별을 볼 수 있을까. 자꾸만 하늘을 올려다보았다. 낮에는 구름 한 점 없더니 야속하게도 밤만 되면 옅은 구름이 어디선가 몰려왔다. 할 수만 있다면 구름을 모조리 걷어버리고 싶었다.

내일이면 벌써 이곳에서의 마지막 밤인데 내일도 이렇게 못 보게 될까 봐 걱정이 앞섰다.

실망과 걱정을 동시에 안고 그렇게 잠자리에 들었다. 새벽 3시쯤. 요한이가 자고 있던 나를 조용히 흔들어 깨웠다.

셋째 날 아침은 '울룰루 선라이즈(sunrise:일

출)'를 보는 일정이 있었다. 잠이든지 몇 시간밖에 지나지 않은 것 같은데 벌써 해가 뜰 시간이 되었나 싶어 놀라며 잠에서 깼다. 눈을 비비며 겨우 일어나는 내게 요한이는 하늘을 보라고 손으로 가리켰다. 그래서 고개를 들어 하늘을 보았다. 그 많던 구름은 다 어디로 갔는지 깨끗하게 걷히고 구름이 있던 자리엔 셀 수 없이 수많은 별이 하늘을 가득 채우고 있었다. 별들의 향연. 눈으로 보고도 정말 믿기지 않는 엄청난 순간이었다. 내가 마치 우주에 서 있는 착각마저 들 정도였다.

별을 이렇게 많이, 이렇게 가까이, 이렇게 진하게 볼 수가 있구나.

바로 이거구나. 이거였구나! 아무 말 없이 계속 별만 보았다. 별을 가만히 보고 있자니 문득 이런 생각이 떠올랐다.

울룰루도 혹시 별이 아니었을까, 땅에서 솟아난 게 아니라 하늘에서 떨어져 여기에 박혀버린 게 아닌가 하는. 아무튼 울룰루에 오길 진짜 잘했다고 참 다행이라고 생각했다.

잠시 후 요한이에게 깨워줘서 정말 고맙다는 인사를 하고, 요한이와 함께 반짝이는 별들을 오래도록 감상했다. 그렇게 우린 해가 뜰 때까지 다시 잠들지 않았다.

어느덧 주변은 푸르스름한 빛이 돌며 밝아지기 시작했고 가이드는 이제 울룰루 일출을 보러 가야 한다며 아직도 자고 있는 투어멤버들을 깨웠다.

아침 식사는 간단하게 토스트와 따뜻한 커피 한잔으로 해결했다. 그렇게 울룰루 뒤에 숨어서 떠오르는 태양을 보는 일출 관람이 끝난 후 울룰루를 크게 한 바퀴 둘러보는 베이스 워크 트래킹을 했다. 베이스 워크의 총 거리는 10.6km이었다. 평지를 걷는 거라 크게 힘들 것도 없었고, 이른 아침 시각이라 햇빛도 강렬하지 않았다.

바람의 시원함과 햇살의 따뜻함을 동시에 느끼며 산책하듯 편하게 걸을 수 있었다.

3박 4일 울룰루 투어의 마지막 밤. 울룰루 근처 캠핑장 사이트에서 하룻밤을 보낸다. 이곳에서 드디어 샤워를 할 수 있었다. 3일 만에 느껴보는 시원함이었다.

군대 가면 이런 기분을 느껴보는 건가 하고 생각했다. 사회에 있을 때는 쳐다보지도 않았던 초코파이가 군대 가면 초코케익처럼 보인다는 것처럼. 주변에 늘 흔해서 귀하게 여기지 않고 지나쳤던 일상의 작은 행복들이 그것을 가장 필요로 할 때 그 크기와 가치가 제대로 보이는 법이다.

40도에 육박하는 날씨에 3일 동안 총 22km가량을 걷고 씻지도 못했다.

땀 냄새와 흙냄새가 가득한 버스를 타고 다니며, 어느덧 그 찝찝함이 무뎌질 때쯤 사막 한가운데서 쏟아지는 시원한 물줄기에 샤워를 하고 있으니 내가 대단한 도전 하나를 해낸 것 같은 큰 성취감마저 들었다. 뒤돌아보니 정말 귀하고 값진 경험이었다.

세상의 중심이라 불리는 이곳. 울룰루 앞에 내가 섰다. 여기가 정말 세상의 중심인지 알 수는 없지만 이제 한 가지는 분명해졌다.

앞으로 내가 서 있는 곳, 그곳이 내 세상의 중심이 될 것이다.

This is life.

I'm on a own sea journey to somewhere.
I'll experience many things,
both good and bad.

So I want to absorb all these into my life.
Experience is invaluable and it is the best teacher.

October 11. 2011-

[이것이 인생이다.

나는 나만의 바다 어디쯤에서 여행을 하고 있다.
나는 많은 것을 경험할 것이다, 좋은 것이든 나쁜 것이든.

이 모든 것들이 내 삶에 흡수되길 원한다.
경험은 가장 소중한 것이며, 경험은 최고의 스승이다.]

그리고 1년 후. 울룰루 여행을 함께했던 요한이를 한국에서 다시 한 번 만날 수 있었다. 요한이는 책 한 권을 선물해주며 그 안에 이런 편지 글을 남겨놨었다.

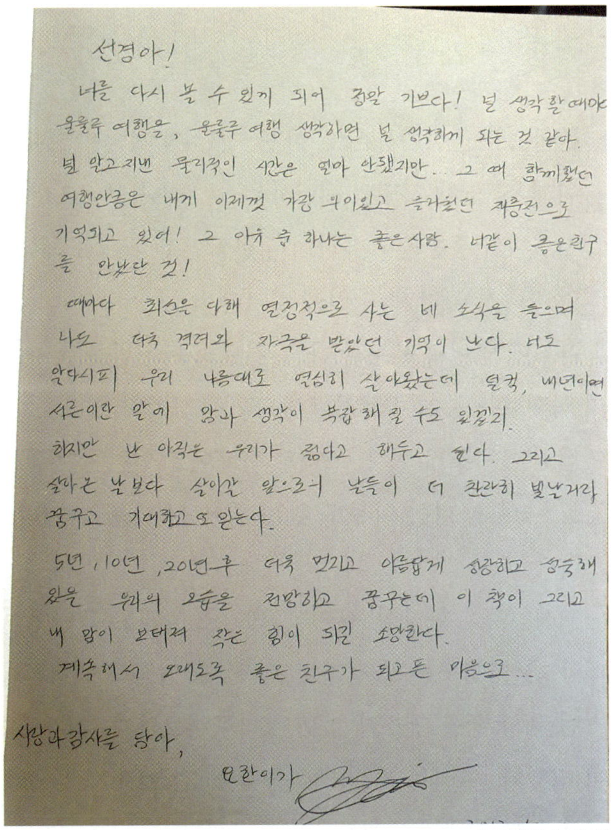
선경아!

너를 다시 볼 수 있게 되어 정말 기쁘다! 널 생각할 때마다 울룰루 여행을, 울룰루 여행 생각하면 널 생각하게 되는 것 같아. 널 알고 지낸 물리적인 시간은 얼마 안됐지만... 그 때 함께했던 여행만큼은 내게 이제껏 가장 의미있고 즐거웠던 재충전으로 기억되고 있어! 그 이유 중 하나는 좋은 사람. 너같이 좋은 친구를 만났단 것!

때마다 최선을 다해 열정적으로 사는 네 소식을 들으며 나도 더욱 격려와 자극을 받았던 기억이 난다. 너도 알다시피 우리 나름대로 열심히 살아왔는데 벌써, 내년이면 서른이란 말에 앞과 생각이 복잡해 질 수도 있겠지. 하지만 난 아직은 우리가 젊다고 해주고 싶다. 그리고 살아온 날보다 살아갈 앞으로의 날들이 더 찬란히 빛나리라 꿈꾸고 기대하고 또 믿는다.

5년, 10년, 20년 후 더욱 멋지고 아름답게 성장하고 성숙해 있을 우리의 모습을 전망하고 꿈꾸는데 이 책이 그리고 내 말이 보태져 작은 힘이 되길 소망한다.

계속해서 오래도록 좋은 친구가 되고픈 마음으로...

사랑과 감사를 담아,

요한이가

[요한이의 편지]

#33 Thank you for everything

한국으로 돌아가는 당일 아침. 전날 짐 정리는 모두 끝내두었다.

이제 8개월간 지냈던 셰어하우스를 떠나 브리즈번 공항으로 가면 된다.

시드니와 홍콩을 경유하여 내일이면 한국에 도착할 것이고 많이 보고 싶었던 가족들도 만날 수 있을 것이다.

아침에 일어나 세수를 하고, 간단히 아침밥을 혼자 차려 먹었다. 남은 나의 식재료는 룸메이트 언니가 다 사용하기로 했다.

집엔 아무도 없었다. 크렉과 룸메이트 언니는 일 때문에 오전 일찍 먼저 집을 나섰다. 나는 아무도 없는 셰어하우스를 마지막으로 천천히 다 둘러보았다.

거실, 부엌, 화장실, 샤워실, 테라스 그리고 묵었던 방. 내가 사용했던 침대와 책상. 침구는 잘 정리했고 책상도 깔끔하게 정리를 해둔 상태였다.

빈 책상 위를 괜스레 한번 쓰다듬어보았다. 이제 공항으로 출발할 시각이 되었다. 열쇠는 거실 테이블 위에 잘 보이게 두었다. 배낭을 메고 캐리어를 끌고 크렉의 셰어하우스를 나왔다.

닫힌 현관문을 보며 혼자 생각했다. '잘 지내다 간다. 잘 있어~'

공항으로 가는 트레인을 타기 위해 역까지 걸어갔다. 집에서 15분 거리라 가까웠다. 시내를 가기 위해 오가며 정말 많이 지나다녔던 길인데, 지금 이 걸음 뒤로 언제 다시 올지 모르는 아쉬운 마음에 자꾸만 뒤를 돌아보게 되었다.

매일 보던 똑같은 풍경인데 오늘따라 다르게 느껴졌다. 여유롭게 천천히 걸었다.

[브리즈번 크렉의 셰어하우스 테라스에서 노트북과 노트를 이용해서 글 쓰는 중]

잠시 후 역에 도착했고 공항철도를 기다렸다. 몇 분 후에 공항으로 가는 트레인이 도착했다. 트레인에 올라서고 문이 닫히는 순간 시원섭섭한 감정이 확 밀려왔다.

트레인이 출발하고 창밖으로 브리즈번 시내 풍경이 보였다. 점점 멀어져 가고 있었다. 추억을 회상하며 생각에 잠겨 있는데, 때마침 전화벨이 울렸다. 존 할아버지였다.

오늘이 내가 귀국하는 날인 걸 기억하고 계셨다가 연락을 주신 것이었다. 존 할아버지는 호주에서 좋은 추억을 많이 만들어 가느냐고 물으셨다.

나는 존 할아버지 덕분에 더욱 좋은 시간을 보낼 수 있었다고 답변했다. 한국 가서도 자기를 잊지 말라며 웃으며 말씀하셨다. 나는 정말 잊지 못할 거라고 그동안 진심으로 감사했다고 마지막 인사를 전했다.

"Thank you so much. Thank you for everything."

시드니공항을 경유해 홍콩으로 향하는 비행기에 탑승했다.

이제 시드니에서 홍콩까지는 약 9시간 정도가 소요될 것이다.

홍콩으로 향하는 비행기 안에서 호주에 있을 동안 적었던 다이어리와 내가 쓴 글을 처음부터 다시 다 읽어보았다.

이 글은 호주에 있을 적에 뭔가 나를 위한 특별한 기념품이 없을까 고민하다 문득 내 얘기를 한번 써보자 싶어서 시작하게 되었다.

호주에서 여유로웠던 시간들 속에서 그때가 아니면 못할 거라고 생각했다. 그래서 어렸을 적 꿈 얘기로 시작하여 아빠와의 추억, 사회생활 시작, 호주에 오기까지의 이야기를 써내려갔다.

현재는 당시 적었던 글과 비교하면 많이 달라진 상태다.

이야기를 좀 더 세부적으로 나눠보았고 기존엔 다루지 않았던 이야기도 많이 추가되었다.

홍콩으로 가는 비행기 안에서 내가 쓴 책을 읽으며 울고 웃던 기억이 난다.

[책 가장 앞면에 등대 그림을 그려 넣고 싶어서 구상 중(위)]

[호주에 있을 당시 썼던 글(왼쪽)]

그리고 당시 한국으로 들어올 적에 입국심사서 한 장을 받았는데 직업을 적는 칸이 있었다.

'무직'이라고 쓸까, '학생'이라고 쓸까 고민하다 나는 '작가'라고 적어보았다. 적고 보니 좀 우습기도 하였지만 마음에는 쏙 들었다.

호주를 다녀온 지 10년이 지난 지금. 그동안 또 많은 일들이 있었다.

그래서 난 다시 글을 써보기로 했다. 이글은 나를 위한 것이며, 나의 글이다.

이제부터 또 다른 나의 이야기를 다시 시작해볼 것이다.

#34 Again 서울

시드니에서 출발한 비행기는 약 9시간 후 홍콩공항에 도착했다. 여기서 7시간 정도 대기를 하면 바로 부산으로 가는 비행기를 탈 수 있었다.

공중전화를 찾아 엄마에게 전화부터 걸었다. 홍콩공항에 잘 도착했고 항공편 지연이 되지 않는다면 예정대로 11시간 후에나 한국에서 만날 수 있을 것이라고 한국 도착시각을 한 번 더 알려주었다. 엄마는 긴 대기시간에 혼자 지겹겠다며 걱정했고 나는 괜찮다고 답했다.

우선 저녁시간이라 공항 내에서 저녁식사부터 해결했다. 이후 면세점도 좀 둘러보았다.

가족과 친구들에게 줄 간단한 기념품과 선물은 호주에서 이미 사둔 상태였지만, 홍콩 면세점을 구경하면서 가족을 위한 선물을 좀 더 사고 싶었다.

주류코너에 들어가서 아빠에게 드릴 양주 한 병을 골랐다. 화장품코너에서 엄마와 언니에게 줄 립스틱을 고르고, 향수코너로 가서 언니와 형부에게 줄 향수를 골랐다.

조카선물로 살 만한 게 없을까 싶어 더 둘러보았지만 마땅한 걸 찾을 수 없었다. 아쉽지만 호주에서 사 온 유아 식기세트와 옷만 줘야겠다고 생각했다.

가족에게 줄 선물을 다 구입하고 나니 내게 남은 돈은 약 800불이었다.

호주 갈 때 한국에서 일해 모은 돈에서 딱 천만 원 썼고, 호주에서 여러 일을 하며 모은 돈은 현지 생활비와 현지 여행을 다니며 거의 다 지출했다.

그래서 현재 내게 남아있는 돈이 한화로 약 90만 원이 좀 안 되었다. 남은 돈을 다 세어본 후 지갑에서 100달러 한 장을 뺐다. 이건 돈을 좋아하는 엄마에게만 특별히 줘야겠다고 생각하며 적당한 봉투를 찾아 따로 챙겨 넣었다.

밤늦은 시각. 공항은 어느덧 고요해졌다.

면세점도 다 문을 닫고, 여기저기 조명이 꺼져 공항 내부도 한층 어두워졌다. 나는 적당한 구석자리로 찾아가 새벽에 출발하는 비행기 시간에 맞춰 알람을 설정해두고 잠깐 잠을 청하기로 했다. 하지만 자세도 불편하고 이런저런 생각에 쉽게 잠이 오지 않았다.

홍콩.

1년 전쯤 이곳에 들러 홍콩야경을 보러가겠다고 시내로 나가 허둥지둥했던 기억이 떠올랐다. 영어 한마디 못 알아듣던 나를 답답해했던 길거리 아저씨, '콜라'를 주문하는 내 말을 못 알아듣겠다고 인상을 찌푸린 햄버거 가게 점원 그리고 홍콩공항 출국심사장 직원까지.

당시 만났던 사람들이 한 명씩 떠올랐다. 그들은 지금도 그 자리에 그대로 있을까.

그때의 내 모습을 하나씩 떠올려 보니 저절로 웃음이 나왔다.

결국 잠들지 못하고 탑승시각까지 이런저런 추억들을 회상하고 있었다.

잠시 후 드디어 한국으로 가는 비행기 탑승이 시작되었다. 비행기에 탑승하여 내 자리를 찾아 앉았다. 그렇게 부산으로 향하는 3시간 동안 난 깊은 숙면을 취할 수 있었다.

아침 햇살을 받으며 비행기가 부산 공항에 무사히 착륙했다.

입국심사를 마치고 짐을 찾아 입국장으로 나오니 나를 마중 나온 가족들의 모습이 보였다.

아빠, 엄마, 언니, 형부 그리고 조카. 언니 품에 조카가 안겨있었다. 나는 한눈에 그들을 다 알아봤지만, 그들은 미처 날 보지 못했는지 바쁜 시선으로 입국장에서 나오는 사람들을 살피고 있었다. 나는 함박웃음을 지으며 가족들 앞으로 다가섰다. 화들짝 놀라던 우리 가족.

12월 한국의 겨울 날씨에 난 짧은 반바지에 조리슬리퍼를 신고 밀짚모자를 쓰고 있었다.

검게 탄 피부에 허연 치아를 들어내며 웃어보이던 나를 가족들은 겨우 알아봤고 그렇게 너무 신기해하며 정말 반갑게 맞아주었다.

형부는 내가 나오는 것을 보긴 봤는데 설마 저 사람이 처제일 거라고 생각하지 못했다고 했다. 정말 원주민이 한 명 나오는 줄 알았다고 한다. 그렇게 가족을 만나 얼싸안고 웃으며 차에 올라탔다. 그리고 두꺼운 외투에 감싸져 있던 조카의 얼굴을 보았다. 따뜻하고 편안한지 쌔근쌔근 잘 자고 있었다.

조카 머리에 코를 대고 냄새도 맡아보았다. 아기 냄새가 났다. 그 냄새가 정말 너무 귀엽게 느껴졌다.

집으로 가는 차 안에서 그동안 호주에서 어떻게 지냈는지 짧게나마 얘기를 나누었다. 나는 호주 물가가 비싸서 생선이라고는 멸치 한 마리 제대로 못 먹었다고 말했다.

그렇게 이런저런 얘기를 나누다 보니 금방 집 앞에 도착했다.

우리 집. 그리웠던 나의 집으로 돌아왔다.

집도 내 방도 변한 거 없이 1년 전 떠나던 날의 모습 그대로였다. 점심으로 엄마가 준비해놓은 각종 요리와 기가 막힌 된장찌개를 맛보았다. 생선 한 마리 제대로 먹지 못했다는 작은딸의 얘기에 아빠는 저녁 식사로 동네 근처에 있는 횟집에 자리 하나를 바로 예약했다. 그리곤 저녁 시간이 되어 아빠가 예약해둔 횟집으로 다 같이 밥을 먹으러 갔다.

호주에서 같이 있었던 친구에게도 미리 연락해 그 횟집으로 오라고 해두었다. 그렇게 가족과 친구와 함께 횟집에 앉아 각종 신선한 해산물과 싱싱한 회를 배가 터질 만큼 맛있게 먹었다.

이후 한동안 수산물 반찬이 밥상 위에 집중적으로 올라왔다.

기본 멸치볶음 반찬에 파래무침, 조갯살이 들어간 미역국, 생선구이, 생선찌개, 생선조림, 해물탕 등 매일 매끼 해산물을 맛보았다. 이제 그만, 난 육류가 먹고 싶은데 끊이지 않고 등장하는 다양한 생선들에 우리나라에 이렇게 많은 종류의 생선이 있었구나 하고 새삼 놀랍기도 했다.

아무튼 시장만 다녀오면 엄마의 장바구니에는 물기가 묻어 축축해 보이는 검은 비닐봉지가 항상 담겨있었고, 그걸 열어보면 어김없이 바다 비린내가 났다. 생선 반찬이 지겨웠지만 나는 차마 아무 말 못하고 매번 엄마가 정성껏 차려내는 밥상을 항상 깨끗하게 비워냈다.

하루는 점심식사를 끝내고 엄마와 함께 단둘이 외출했다. 겨울인데 걸칠 만한 마땅한 외투가 없어 내 옷을 사러나간 것이다. 어느 브랜드 여성 의류 매장에 들어섰고, 그곳에서 이것저것 옷을 걸쳐보았다. 검게 탄 피부에 주근깨가 많이 올라온 나의 얼굴 때문인지 뭘 걸쳐도 어색하고 잘 어울리지 않았다. 그러다 모자가 달린 진한 회색의 코트 하나를 걸쳐보았는데, 앞서 입어봤던 것 중에 그나마 제일 잘 어울렸다. 코트의 안감은 양모로 되어있었고 코트 촉감도 아주 부드럽고 좋았다. 마음에 들어 가격표를 보니 무려 85만 원이나 했다. 놀라서 코트를 바로 벗어놓고 엄마에게 이건 너무 비싸서 못 사겠다고 난 돈이 없다고 말했다.

그런 나를 보며 엄마는 웃으며 말했다.

"엄마가 한 벌 사주려고 했어."

그렇게 나는 내 생애 가장 비싼 옷을 입게 되었다.

어느덧 한국에 온 지 2주가 지났다. 해도 바뀌어 2012년이 되었다.

슬슬 일자리도 찾아봐야 할 것 같았지만 어떤 일을 해야 할지 막상 생각나는 건 없었다.

부모님은 일단 좀 더 쉬면서 천천히 알아보라고 하셨다.

호주에 있을 때 거쳐 간 홈스테이와 셰어하우스, 여행자 숙소에서 나름 편안하게 잘 잤다고 생각했는데, 한국에서 와서 내 집에서 잠을 자보니 호주에선 나도 모르게 항상 긴장하며 잠을 잤구나 하고 새삼 알게 되었다. 마치 호주에서 1년간 잠도 못 자고 온 사람마냥 매일 밤 기절하듯 세상모르고 아침 늦게까지 잠을 오래 잤다.

주말엔 연초 겸 가족들과 부산 '기장'이라는 곳에 가서 외식하기로 되어 있었다. 메뉴는 장어와 조개구이. 아. 장어도 있었구나…. 이제 그만 나는 정말 육류가 먹고 싶다고 솔직하게 말해야 할 때가 왔다고 생각했다.

아무튼 그렇게 주말이 왔고 난 엄마가 사준 비싼 코트를 입고 기장 바닷가로 갔다.

바다가 보이는 한 음식점에 익숙한 비린내를 맡으며 들어갔다. 숯불에 장어와 조개를 구워 먹고 있었다. 엄마는 꼼장어도 먹고 싶으면 하나 시키라고 했다. 나는 괜찮다고 단박에 거부하며 이제 날 위한 생선 반찬은 그만 만들어도 된다고 말하려던 찰나 옆에 있던 형부의 휴대전화가 울렸다. 서울에 살고 있는 형부의 여동생 전화였다.

간단히 안부 묻는 통화를 하다 여동생은 지인이 있는 회사에 일자리가 하나 생겼는데 괜찮은 일자리라며 혹시 소개해줄 사람 있으면 소개해달라는 얘기를 했다.

형부가 어떤 일인지 물으니, 영화광고대행사에서 광고업무와 영화 관련 자료를 작성하는 일이라고 했다. 대리급으로 바로 사람을 구하고 있어 사회초년생이 아닌 회사에서 근무해본 경력자를 모집한다는 것이었다. 같은 직종에서 근무해본 사람이면 당연히 좋겠지만 다른 직종도 크게 상관은 없을 거라고 했다.

형부의 이런 통화를 옆에서 듣고 있던 엄마는 순간 나를 바라보았고, 통화중이던 형부에게 빠르게 손짓하며 나를 열심히 가리켰다. 바로 엄마의 뜻을 잘 알아차린 형부는 "그럼 혹시 우리 처제도 지원 가능할까? 올해 이제 29살인데"라고 말하며 내가 'K'통신사에서 4년간 근무했던 얘기를 덧붙였다.

형부의 여동생은 흔쾌히 지원해보라고 얘길 했고, 우선 내가 이력서와 필요한 서류를 준비해주면 그 회사 팀장에게 직접 전하겠다고 말했다. 그리고 일단 이력서가 통과되면 개별면접은 별도로 진행될 거라고 얘기했다.

그렇게 얼떨결에 장어집에서 밥 먹다가 전혀 생각지도 못한 직종에 지원해볼 기회가 바로 생겼고, 집에 가서 이력서와 자기소개서부터 간단히 작성한 후 형부가 알려준 여동생의 이메일로 전송시켰다. 그 후 며칠이 지나 형부 여동생에게서 직접 전화를 받을 수 있었다.

지원한 회사에서 면접을 봤으면 한다는 것이었다. 아마 곧 담당자가 연락이 갈 거라며 정말 괜찮은 일이니 잘 준비해서 면접을 보러 오라는 얘기를 했다.

이윽고 회사 담당자에게서도 연락을 받을 수 있었고 바로 이틀 후로 면접 일정이 빠르게 잡혔다. 모든 게 일사천리로 진행되어 살짝 정신이 없기도 하였다.

아무튼 면접을 보러 서울로 가야 한다고 부모님께 얘기하니 부모님은 꼭 잘됐으면 좋겠다며 기뻐하셨다. 그리고 면접 잘 보고 오라며 면접 볼 때 입을 단정한 옷 한 벌을 또 사주셨고, KTX 기차표도 예매해주셨다.

면접 당일. 또 혼자 KTX를 타고 우리 집 옆을 지나 서울로 가게 되었다.

8년 전 사육사가 되겠다고 기차를 탔던 순간이 새록새록 떠올랐다. 하지만 이번에는 사기가 아니겠지. 그래. 형부 여동생이 내게 사기를 칠 것 같진 않았다.

스스로 안심하며 서울에 빠르게 도착했고, 도착 후 회사 담당자가 사전에 알려준 대로 서울역에서 지하철 4호선을 타고 두 정거장 지나 명동역에 내렸다. 면접을 볼 회사는 명동역 10번 출구로 올라오면 되었다. 지하철 출구에서 바로 5분 거리라 회사도 어렵지 않게 한 번에 찾을 수 있었다. 담당자에게 회사 앞에 도착했다고 연락했다. 잠시 후 담당자는 날 데리러 나왔고, 그의 안내를 받아 회사 안으로 들어갔다.

사무실 복도에는 많은 영화 포스터들이 붙어있었다. 재밌게 봤던 영화의 포스터도 눈에 들어왔다. 담당자는 회의실의 문을 열어주며 안에서 기다리면 곧 이사님과 팀장님이 오실 거라고 말했다. 그렇게 회의실 책상 옆에 앉아 살짝 긴장되는 마음으로 대기하고 있었다.

잠시 후 회의실 문이 열렸고 50대로 보이는 한 남성과 30대로 보이는 한 여성이 같이 들어왔다. 자리에서 일어나 곧바로 인사를 했고, 두 사람은 각자 회사 명함을 내게 건네며 자신을 소개했다. 50대 남성은 총괄이사님이었고, 30대 여성은 광고기획실 팀장님이었다.

그렇게 2:1로 면접은 진행됐다. 예전 통신사 면접 때처럼 딱딱한 분위기는 아니었다.

마치 편안한 일상대화를 하듯 부드럽게 질문을 하셨다.

취미는 뭔지, 이전에 다녔던 회사는 어땠는지, 왜 그만두었는지, 그만두고 그동안 무엇을 했는지를 자세히 물어보셨다. 1년간 호주에서 지내다 왔다는 말에 이사님은 그럼 영어는 많이 늘어서 왔냐고 물으셨다. 그래서 나는 유창하게 말하진 못하지만 듣는 건 웬만큼 잘 들을 수 있고 자신 있다고 답변했다. 질문에 대한 내 답변을 듣고 있는 이사님과 팀장님의 표정은 부드럽고 밝으셨다.

그리고 이사님은 광고 관련 질문 한 가지를 더 하셨다.

"만약 산에 온 등산객에게만 영화 광고를 해야 한다면 어떤 방법으로 광고하실 건가요?"

순간 어떻게 답을 해야 하나 바로 떠오르지 않았다.

옆에서 팀장님이 웃으며 말씀 하셨다.

"너무 어려운 질문인데요. 이사님"

잠시 고민 후 나는 답변했다.

"저는 등산객이 메고 온 등산 가방에 영화를 홍보할 수 있는 광고지를 한 장씩 붙여보겠습니다."

순간 이사님과 팀장님은 나를 바라봤고, 나는 차분하게 말을 이어갔다.

"물론 영화 포스터를 자신의 가방에 붙이는 걸 싫어하실 수도 있겠지만, 산행을 온 분들께 시원한 물 한 잔씩 드리며 종이 한 장만 등에 붙이고 걸어달라고 말씀드려보겠습니다."

내 말이 다 끝나자 이사님은 크게 웃어 보이며 말했다.

"아. 그럼 다른 등산객들이 앞에 가는 사람의 가방에 붙은 포스터를 보게 되겠네요?"

"네. 그렇습니다."

허점이 많은 부족한 답변이었지만 이사님과 팀장님은 미소를 지었고, 이것으로 면접은 끝났다며 자리에서 일어나셨다. 팀장님은 상의 후 결정되면 다시 연락하겠다며 면접 보느라 수고 많았다고 인사를 하셨다. 그렇게 면접을 무사히 끝내고 회사를 나왔다.

면접 본 날은 마침 금요일이었고, 이후 바로 주말이라 서울에서 대학원 공부를 위해 자취하고 있던 사촌 여동생을 만나기로 되어있었다. 사촌 동생 원룸에서 하루 머물며 사촌 동생과 함께 시간을 좀 보내고 다시 부산으로 가기로 돼 있었다.

그렇게 부산 집으로 내려온 며칠 뒤. 면접 봤던 회사에서 연락이 왔다. 이사님의 전화였다. 부산에 잘 내려갔냐고 물으셨고, 난 그렇다고 답변했다.

이사님은 곧바로 회사에서 같이 일해보는 게 어떻겠냐고 물으셨다. 정말 엄청 기뻤다.

하지만 연봉은 해당 직종 경력자가 아니니 조금 낮춰질 텐데 그래도 괜찮다면 같이 일해보자는 것이었다. 나는 영화 광고 일을 정말 해보고 싶었고 회사에서 제시하는 연봉도 지금 나에겐 정말 과분하다고 생각했다. 그래서 흔쾌히 동의했다.

이사님은 1년 후 연봉협상을 다시 할 것이니 한번 열심히 해보라고 말씀하셨다.

그렇게 나는 호주에서 한국으로 돌아온 지 한 달도 채 되지 않아 서울에 있는 한 영화광고대행사에 대리로 취직되어 2012년 1월 17일부터 첫 출근을 하게 되었다.

#35 소주 반병

서울에 직장이 순식간에 구해지는 바람에 출근하기 전 당장 머물 곳이 필요했다.

다행히 사촌 동생이 거주하고 있던 원룸에서 우선 같이 생활하기로 했다.

사촌 동생 원룸이 있던 동네에서 내가 다닐 회사까지는 지하철로 다섯 정거장 떨어진 가까운 거리였다. 또한 사촌동생은 두 달 후면 대학원 기숙사에 들어갈 예정이었던 터라 전세로 지내고 있었던 사촌동생의 원룸을 다시 매물로 내놓아야 했던 참이었다.

그래서 남아있는 전세 기간을 내가 그대로 이어서 살기로 하였다. 원룸 전세금은 6천만 원이었는데 일단 내가 모아둔 돈에서 3천만 원을 내고 부족한 나머지 반은 큰이모의 도움을 받아 빌려 쓰게 되었다. 그렇게 지낼 곳도 잘 해결되었고, 본격적으로 서울에서의 직장생활을 시작하게 되었다.

난 어렸을 적부터 영화를 많이 즐겨본 편이었다.

내가 초등학교 다닐 적에는 동네에 비디오가게가 있었다.

나는 하루 용돈 300원을 받으면 100원은 저축하고, 100원은 과자를 사먹고, 나머지 100원으로 만화비디오를 곧잘 빌려보곤 했다. 당시 내가 가장 즐겨봤던 비디오만화는 '드래곤 볼'이라는 일본만화였다.

이어 중학교에 가서도 비디오 대여점 출입은 여전했다. 가게에 비치된 '이달의 영화'가 소개된 책자를 가지고 와서 영화별로 간단한 줄거리를 먼저 파악한 후 보고 싶은 영화가 있으면 따로 표시를 해두었다.

그렇게 영화를 다 보고 나면 책자에 인쇄되어있는 축소판 영화포스터 부분을 가위로 오려내어 스크랩하던 노트에 붙이고 그 옆에 나만의 감상평을 따로 적었다. 해당 영화의 좋았던 점과 아쉬웠던 점도 고려하여 나름대로 별점도 매겨보았다.

고등학교에 가서는 비디오대여점이 점점 DVD 대여점으로 바뀌었는데, 바뀌지 않은 비디오가게 사장님은 내 적립금을 보여주시며 나중에 가게를 인수해도 되겠다고 웃으며 말씀하셨다. 하지만 아쉽게도 내가 가게를 인수하기도 전에 단골 비디오가게는 결국 폐업을 해버렸다.

아무튼 그렇게 나는 내 연령에서 볼 수 있는 영화들을 청소년기에 최대한 골고루 챙겨보았다.

그 당시 엄마는 영화 좀 그만 보라고 학생이 공부는 안 하고 맨날 영화를 그렇게 보냐고 잔소리를 종종 하기도 했지만, 결국 이것이 내 직장생활에 도움을 줄지는 그땐 알지 못했다.

영화 광고를 위해 회의실에서 팀원들과 아이디어 회의를 할 때면 영화 관련 많은 얘기를 쉽게 나눌 수 있었다. 어느덧 업무에 많이 익숙해졌고, 팀원들과도 어울리며 잘 지냈다.

아이디어 회의는 항상 재밌었고, 친한 동료들도 생겨 즐겁게 회사생활을 할 수 있었다.

예전 'K'통신사에 근무할 적에는 일명 '월요일병'이라고 월요일만 되면 기분이 울적해지고 침울해지는 정신적 질환에 시달려야 했는데, 영화광고 회사를 다닌 약 7년의 근무기간 동안 나는 정말 단 한 번도 월요일병에 시달린 적이 없었다.

출근하는 아침이 매일 상쾌했고 즐거웠다. 평일 주5일 근무에 법정공휴일 모두 휴무.

아침 10시 출근에 저녁 7시 퇴근, 점심시간 1시간. 휴식 겸 팀원들과 틈틈이 커피 타임도 여유롭게 가질 수 있었고, 회사 분위기는 자유분방하고 좋았다. 내부 아이디어 회의, 외부 관계자 미팅 등 모든 업무는 나에게 잘 맞았고 전혀 싫증 나지 않았다.

그렇게 회사업무를 즐기며 잘 해내고 있는 나의 모습을 보며 아빠는 정말 자랑스러워하셨다. 극장 관계자 미팅이나 영화제 관련 일 때문에 종종 지방으로 출장을 다녔는데, 상대적으로 다른 지역에 비해 부산 출장이 많이 잡혔다.

그렇게 부산 출장이 잡힐 때면 난 스케줄을 맞춰 일을 끝내고 항상 부산 집에 들러 가족과 함께 주말을 보내고 다시 서울로 올라왔다.

아빠는 집으로 들어오는 나를 맞이할 때면 "오~ 서울에서 온 김 대리!"라고 힘차게 작은딸을 불렀고, 그렇게 부르는 건 집에서나 밖에서나 명절에 친척들이 모였을 때나 때와 장소를 불문하고 항상 마찬가지였다. 그렇게 아빠에게 나는 항상 '서울에서 온 김 대리'로 불렸다.

하지만 서울에서 계속 홀로 자취를 하다 보니 녹록치 않은 순간들도 있었다.

밥과 빨래, 청소 모든 살림을 나 대신 해줄 사람이 없으니 처음부터 끝까지 모두 나의 일이었고, 공과금 관리도 잘 해야 했다. 추운 겨울에는 도시가스요금이 많이 나왔는데 처음엔 뭣 모르고 부산에서 생활했을 때처럼 한 겨울에도 반팔 반바지를 입고 생활을 했다.

그러다 보니 한번은 도시가스 요금이 15만 원이 훌쩍 넘어버려서 크게 놀랐다.

결국 긴팔, 긴 바지의 도톰한 잠옷으로 점점 바꿔 입게 되었고, 전기요도 장만하며 다방면으로 생활비를 절약해보려고 노력했다. 그리고 빌린 돈도 가급적 빨리 갚기 위해 꼬박꼬박 저축도 하며 절약할 수 있는 건 최대한 절약해서 알뜰히 지냈다.

그러던 초여름의 어느 날. 퇴근길에 장을 보려고 동네 시장에 들렸다.

이것저것 먹거리를 살피며 걷다가 한 과일가게 앞에서 발걸음이 멈추었다. 시선이 머문 좌판에는 아주 먹음직스런 복숭아 두 개가 한 바구니에 담겨있었다.

달콤한 복숭아 맛이 상상이 되어 입안에 저절로 침이 고였다. 저녁밥을 먹고 후식으로 저 복숭아를 맛보면 정말 좋겠다고 생각했다. 복숭아를 사야겠다 싶어 상인에게 먼저 가격을 물어보았다.

"아저씨. 이거 얼마에요?"

"네. 복숭아 만원이에요~"

아저씨의 말에 속으로 놀랬다. 복숭아 한 개가 그럼 오천 원이란 말인가.

너무 먹고는 싶었지만 선뜻 살 수가 없었다. 만원이면 한 달 전기료를 해결할 수 있었다.

그리고 월급날이 얼마 남지 않아 통장에 잔고도 10만 원가량밖에 남아있질 않았다.

'아. 나 10만 원밖에 없는데. 먹지 말자. 너무 사치다.'

생각이 들었고 그렇게 복숭아는 쳐다만 보았다. 과일가게를 떠나 반찬으로 만들어 먹을 수 있는 저렴한 식재료만 몇 가지 구입해 집으로 들어왔다.

저녁밥을 간단히 차려 먹고 TV를 시청하는데 아까 사지 못했던 복숭아가 자꾸만 떠올랐다.

'아. 정말 맛있어 보였는데, 먹고 싶었는데.'

이 생각만 하다 보니 갑자기 급우울해졌다. 부모님과 함께 살 때는 과일값이 얼만지, 과일이 비싼지 신경도 쓰지 않았고 냉장고에 있던 제철 과일을 맘껏 먹었었다.

하지만 독립을 해서 혼자 살아보니 먹고 싶다고 맘대로 먹어지지 않고, 사고 싶다고 맘대로 사지지도 않았다.

갑자기 찾아온 이 우울함에 만족하며 잘 지내고 있던 원룸도 순간 닭장처럼 갑갑하게만 느껴졌다. 앉아서 방을 둘러보며 지금 내가 무슨 부귀영화를 누리겠다고 혼자 이렇게 서울로 와서 외롭게 살고 있나 하는 생각이 들었다.

회사 일도 재미있고 모든 것이 순조롭게 흘러가는 듯 보였지만, 나를 가장 힘들게 하는 한 가지가 시시때때로 찾아드는 외로움이었다.

그래서 오히려 회사에 출근해 있을 때가 좋았다. 출근하면 사람들과 얘기도 나눌 수 있고, 퇴근 후 종종 술도 한잔 같이 하면서 그렇게 사람들 속에서 어울릴 때는 외로움은 잠시 잊혔고 즐거웠다.

하지만 그렇게 사람들 속에 섞여있다 혼자 우두커니 집에 들어오면 컴컴한 좁은 방만이 나를 맞이했다.

아무도 없는 어두운 방의 불을 밝히면, 외로움과 적적함만이 방을 가득 채웠다. 이렇게 외로움이 가득 느껴질 때면 기분은 금세 우울해졌고, 그렇게 나는 외로움이 주는 슬럼프에 다시 시달려야 했다.

호주에서 지냈던 1년은 크게 외로움을 느끼지 못하고 잘만 지내다 왔는데, 한국 땅 이 서울 바닥에서 왜 이렇게 외로움이 심하게 찾아오는 건지 내 마음이지만 그때의 나를 나도 알 수가 없었다.

지금 와서 돌이켜 생각해보면 호주에 있을 때는 집으로 가족의 품으로 돌아간다는 확실한 기다림의 시간이 정해져 있었다. 1년만 있으면, 몇 개월만 있으면, 며칠만 있으면 이제 난 집으로 돌아간다는 생각에 매일 씩씩하게 잘 보낼 수 있었던 것 같다.

또한 호주에서는 말은 잘 안 통할지언정, 옆에 누군가는 함께 있었다. 셰어하우스에서는 집주인이, 룸메이트가, 여행자 숙소에서는 또 다른 여행객들이.

같은 공간에 누군가가 항상 같이 있었다.

하지만 서울 원룸생활은 달랐다. 19㎡, 다섯 평 남짓한 좁은 공간에서 항상 홀로 잠이 들고 혼자 일어나고 혼자 밥을 먹었다. 회사를 그만두고 당장 부산으로 내려가지 않은 한 나는 계속해서 여기서 홀로 생활을 해야 했다.

기약이 없었다. 언제 다시 부산 집으로 돌아갈 수 있을지. 다 커서 엄마 아빠가 있는 집에 가고 싶다고 만족스런 회사를 쉽게 그만둘 수도 없는 노릇이었다.

그렇게 혼자 지내는 자취생활도 어느덧 1년이 흐르고 2년이 흐르고 3년이 흘러 처음 지냈던 원룸에서도 나와 새로운 곳으로 이사도 했다. 하지만 외로움만은 떠나지 않고 항상 내 옆에 함께 머물러 있었다.

부산에 내려가 가족, 친구들과 북적북적한 시간을 보내고 돌아온 날에는 더욱 심한 고독함과 울적함이 느껴졌다.

이렇게 반복되는 우울함에 마음에도 어느덧 여유가 없었고, 통장잔고 역시 항상 여유가 없게 느껴졌다.

연봉도 올라 월급도 많이 올랐지만 오른 만큼 항상 저축금액도 난 더 늘려나갔다. 때문에 내가 지출할 수 있는 돈은 매번 그리 넉넉하지 못했다.

하지만 덕분에 큰이모에게 빌렸던 전세금도 많이 갚을 수 있었고, 어느덧 원룸 전세금의 5천만 원 정도가 내 지분이 될 수 있었다.

그러던 어느 날. 또 어김없이 적막이 찾아오는 저녁시간이 되었다.

이 고요함이 싫어 TV가 보고 싶지 않은데도 TV를 켜뒀다.

잠시 후 뭐 좀 먹을까 싶어 냉장고 문을 열어보았다. 캔 맥주와 먹다 남은 소주가 보였다. 시원한 맥주를 한 캔 마실까 하다가 그날은 왠지 빨리 잠드는 게 좋겠다 싶어 소주를 꺼내들었다. 그렇게 TV 앞에 작은 상을 펴고 앉아 참치 캔을 하나 땄다.

소주잔에 소주를 부었고 씁쓸한 맛이 나던 소주를 혼자서 조금씩 나눠 마시고 있었다.

여럿이서 소주를 마시면 한 병이 금방 비워지는데, 혼자 마시면 그 양이 정말 많기도 하고 맛도 아주 쓰게만 느껴진다. 그래서 한 병을 사두면 몇 번이나 나눠서 마시곤 했다.

그렇게 두 번째 잔을 채우고 상에 올려둔 소주병을 보니 딱 반병 정도가 남아있었다.

문득 아빠 생각이 났다. 아빠한테서 처음 술을 배웠을 때.

바로 그때가 떠올랐다.

내가 갓 스무 살이 되었을 무렵. 어느 날 집에 들어가는 길에 아빠에게서 전화 한 통을 받게 되었다. 어디냐고 묻던 아빠. 집 앞에 다 왔다고 나는 답했다.

엄마는 저녁모임이 있어서 외출을 했고, 언니는 좀 늦는다고 했다며 우리끼리 저녁을 먹어야 한다고 아빠는 말했다.

아빠의 얘기에 나는 웃으며 "아빠. 그럼 집에 가서 제가 맛있는 거 해드릴게요. 뭐 드시고 싶으세요?"라고 물었다.

나의 물음에 아빠는 "작은딸이 음식 할 줄 아는 것도 있었어? 하하. 아니야. 오늘은 둘이서 외식하는 게 어때?" 하는 것이었다.

아빠는 지금 집 앞에 있는 포장마차에 들어와 있다며 나도 그곳으로 바로 오라는 것이었다.

주황색 천막으로 가려진 포장마차. 그 당시는 길거리에서 흔하게 볼 수 있었다.

종종 아빠가 잘 들리는 곳이기도 했다.

그래서 나는 곧장 그 포장마차로 갔다. 포장마차 안으로 들어오는 나를 본 아빠는 반갑게 맞아주며 아빠 옆자리로 어서 와 앉으라고 손짓하셨다.

그렇게 아빠 옆에 나란히 앉아 우동 두 그릇과 어묵 한 그릇을 시켰다.

아빠는 이런 날에는 소주도 한잔 해야 한다며 소주 한 병을 주문하셨다.

"사장님. 여기 아주 시~원한 소주 한 병 주세요."

사장님은 미소를 보이며 아빠와 나를 쳐다보곤 말했다.

"어머~ 따님하고 오붓하게 술 한잔하시는 거예요?

정말 너무 보기 좋다~"

아빠는 좀 쑥스러운 듯 웃어 보이며 작은딸이 이제 갓 성인이 되어서 술을 배워야 한다고 답하셨다. 그렇게 포장마차 사장님은 소주 한 병과 잔 두 개를 금방 꺼내주셨다.

아빠는 소주병 뚜껑을 따더니 먼저 내 앞에 놓인 잔에 소주를 가득 채워 주셨다.

이윽고 아빠 잔에도 똑같이 소주를 채우셨다. 아빠와 함께 잔을 들었고, 나는 아빠가 앉아있던 반대 방향으로 고개를 돌려 소주 한잔을 시원스레 다 비워냈다.

그런 나를 보더니 아빠는 "오호~ 이 녀석이 보통 술꾼이 아니네." 하시며 웃으셨다.

그리곤 포장마차 사장님을 보며 다시 얘기하셨다.

"아니. 이 녀석이 아들로 태어났어야 했는데, 딸로 태어났어요."

그 말에 사장님도 같이 한바탕 웃으셨다.

이윽고 아빠는 아빠에게 술 한 잔 따라보라며 내게 따르는 법을 가르쳐 주셨다. 나는 아빠가 알려 주신대로 한 손으론 병을 잡고 나머지 다른 손은 살짝 바쳐 아빠에게 한잔을 따라드렸다. 아빠는 술잔을 비우시지 않고 소주병을 보더니 나에게 말씀하셨다.

"경아."

"네?"

"지금 소주가 딱 반병이 남았지?"

"네."

"아빠가 얘기하나 들려줄까?"

"네." 대답하며 난 고개를 끄덕였다.

"친구 둘이서 이 소주 한 병을 시켜놓고 서로 주거니 받거니 술을 마셨는데, 마시다 보니 이렇게 딱 반병이 남은 거야."

"네."

"그때 남은 소주를 보고 한 친구는 '아이고, 친구야 소주가 이제 반병밖에 안 남았네'라고 말했고,

다른 친구는 '이보게 친구. 아직 반병이나 남아있지 않나'라고 말을 했어."

"네."

"아빠는 앞으로 우리 딸이 '아직 반병이나 남았네'라고 말한 그 친구처럼 삶을 살았으면 좋겠어."

"네?"

"무엇이든 '이제 이것밖에 안 남았네'라고 생각하지 말고, 항상 '아직도 이만큼이나 남았네'라고 생각하려고 노력하면서 살아가도록 해. 아빠는 우리 작은딸한테 이 얘기를 꼭 해주고 싶었어."

"네. 아빠."

"술이야 뭐 앞으로 네가 알아서 친구들하고 맘껏 마시고, 아빠는 이걸 꼭 가르쳐주고 싶었다. 오늘."

그렇게 아빠와 이런저런 얘기를 더 나누며 남은 소주를 어느덧 다 비워냈고, 자리에서 일어나 아빠의 팔짱을 끼고 함께 집으로 걸어갔다.

서울 원룸 방구석에서 남은 소주 반병을 바라보다 그렇게 문득 아빠가 해준 말을 떠올렸다. 그리고 서울 와서 생활하는 동안 내가 어떻게 지내고 있었나. 다시 한번 돌이켜보았다.

참 여유가 없었다.

항상 빠듯한 통장잔고를 보면서 '이번 달 생활비가 벌써 이거밖에 안 남았어?'라고 생각했고, 그럴 때면 먹고 싶은 게 있어도 맘 놓고 잘 사 먹지도 못했다.

좁은 방에 혼자 있어서가 아니라, 내가 스스로 나를 더 우울하게 만들어버린 게 아닌가 하는 생각이 들었다.

도대체 지금 내 삶이 어때서 우울해야 하는지 생각을 해보았다.

좋은 회사도 잘 다니고 있고, 서울에서 구하기 어렵다는 원룸전세도 잘 구해졌고, 저축도 잘하고 있는데, 도대체 이런 내 삶이 어떻다고 나는 항상 무언가에 쫓기듯 여유도 못 느끼고 힘들어하는 걸까.

결국 마음먹기의 문제였다.

지금 이 정도면 정말 만족하며 잘 살 수 있었다.

생활비가 너무 부족하면 저축금액을 좀 줄여도 되는 것이었다. 취미생활로 하고 싶은 것도 이것저것 찾아서 해봐도 되는 것이었다.

혼자 있다고 우울하다고 생각하지 말고, 혼자만의 이 자유로운 시간을 만끽하고 즐겨볼 필요가 있었다.

앞으로 내 인생에서 언제 또 다시 이렇게 자유롭고 편할 수 있겠는가?

만약 결혼을 하게 되면 가정이 생길 것이고, 그럼 자녀도 생길 것이고 그 때는 더 이상 이런 자유는 없을 것이다. 혼자 자고 싶을 때 잠을 자고, 먹고 싶을 때 밥을 먹고.

생각해보면 얼마나 편안하고 행복한 삶인가? 원해서 혼자 있는 것과 어쩔 수 없이 혼자 있는 것은 차이가 있지만 그건 결국 내가 생각하기 나름이었다.

순간 번뜩 정신이 들었고, 씁쓸한 맛만 나던 소주를 미련 없이 싱크대에 부어버렸다.

그래. 마음의 여유. 앞으로 그것을 다시 찾으면 된다.

마음의 여유만 있으면 내게 놓인 상황을 충분히 긍정적으로 바꿔 생각할 수 있다.

아빠가 내게 가르쳐주고 싶었던, 가르쳐주셨던 삶의 여유를 생각하자.

그래. 소주 반병.

이 정도면 나는 충분히 행복한 삶이다.

#36 자전거 타는 남자

서울에서 직장생활을 한 지 3년차가 되었을 때 이제 더 이상 20대가 아닌 내 나이도 서른한 살이 되었다. 30대에 본격적으로 진입된 건 너무 아쉬웠지만, 여전히 직장생활만큼은 항상 만족스러웠고 즐거웠다. 그리고 내게 잘 맞는 취미생활도 하나 찾게 되었는데 그것은 바로 자전거 타기였다.

적당한 취미생활을 찾던 중 호주 바이런베이에 있을 때 자전거를 즐겁게 탔던 기억이 떠올랐고, 서울은 자전거 타는 환경이 잘 되어있다는 걸 알게 되었다. 그래서 적당한 자전거를 하나 구입했고 그 후로 퇴근 후 저녁시간이나 주말이면 혼자서 여기저기 한강공원을 잘 찾아다니게 되었다.

그렇게 한 몇 개월 동안 혼자서 타고 다녔는데, 어느 날 회사 디자인팀 남자직원이 자전거를 타고 출근하는 모습을 보고 라이딩(riding, 자전거 타는 일)에 관해 얘기를 좀 나누게 되었다.

그 남자직원은 자전거 동호회 사람들과 라이딩을 즐긴다고 했다. 결국 그 직원의 추천으로 내가 참여할 수 있는 적당한 자전거 동호회 한 군데를 알게 되었고, 그렇게 나도 동호회활동을 시작할 수 있었다.

늘 혼자 타다 여러 사람과 함께 달려보니 라이딩 재미는 배가 되었다. 보통 크루라이딩(자전거모임)을 나가면 인원이 적을 때는 3~5명, 많을 때는 10명이 넘었다. 그렇게 같은 크루 사람들과 함께 달리고, 멈출 때는 같이 멈추어 얘기도 나누고 즐겁게 휴식을 취했다.

이렇게 더욱 재미가 붙은 동호회 활동에 나는 거의 빠지는 일 없이 매일같이 크루라이딩에 나갔다. 주말이면 서울을 벗어나 경기도 외곽 쪽에 가서도 라이딩을 즐겼고, 그렇게 달리면 하루 55km를 타기도 하다가 최고 많이 탈 땐 94km 정도를 달려보기도 했다.

늦은 밤.

서울야경을 보며 고요해진 자전거도로를 달릴 때면 이 멋진 서울야경이 마치 다 내 것이 된 기분이었다. 크루라이딩은 우울해했던 내 서울생활에 정말 큰 활력소가 되어주었고, 크루에서 만난 열댓 명의 사람들과도 친구처럼 친해져 잘 지내게 되었다.

당시 사귀고 있었던 남자친구가 있었는데, 몇 개월 전 고등학교 친구의 소개로 만나 교제를 시작했지만 관계는 오래 지속되지 못했다. 결국은 헤어지게 되었고 이별의 아픔은 잠깐.

크루 친구들과 자전거를 타며 시련의 아픔도 시원하게 날려버릴 수 있었다. 솔로가 된 내게 크루 친구들은 소개팅도 많이 주선해주었다.

그러다 예전 부산 '의류매장'에서 일할 적에 함께 아르바이트를 했던 여동생에게서도 소개팅을 하나 받게 되었다. 그 동생은 서울에서 아동의류회사를 다니며 지내고 있었다.

동생이 소개해주려는 사람은 동생 신랑의 대학친구였고, 소개를 주선하는 이유 중 하나가 바로 자전거였다.

소개팅에 나올 남자도 자전거 라이딩을 매우 즐긴다는 것이었다.

나이는 나와 동갑이라 했고, 취미가 같으니 한번 만나보는 게 어떻겠냐는 것이었다.

그래서 나는 기꺼이 소개팅을 하겠다고 얘기했고 그 남성과 만나기로 약속을 잡은 어느 날. 퇴근 후 내가 다니던 회사 앞에서 만날 수 있었다.

깔끔한 카라 티셔츠에 청바지를 입고 있던 그. 꾸밈없는 모습이었다.

우리 회사 주차장에 주차를 해놓았다는 그. 자신의 차를 타고 서울의 북악팔각정으로 가서 식사를 하자고 제안을 했다. 그곳은 서울의 남산타워처럼 야경을 볼 수 있는 장소이기도 했다. 그래서 나는 흔쾌히 동의했다.

함께 회사 주차장까지 내려왔고, 그는 자신의 차 조수석 쪽으로 가더니 그쪽 문부터 열어주었다. 그렇게 그의 차에 올라탔다.

'이것이 서울 남자의 매너인가?' 차 문을 열어주던 그의 모습에 드라마 속에서 봤던 멋진 장면들이 떠올랐다. 순간 마음이 좀 설레었다.

아무튼 그렇게 막히는 퇴근길 도로를 천천히 달리며 가는 동안 어색할 법한 차 안이었지만, 취미가 같은 덕분에 자전거 얘기를 하며 대화가 끊이질 않았고 그렇게 목적지까지 어색하지 않게 잘 갈 수 있었다.

저녁 8시 반. 그가 사전에 알아봐 뒀던 식당은 문을 닫은 상태였다.

순간 당황한 그의 모습. 하지만 난 괜찮다고 말했다. 다른 장소로 이동하기엔 도로정체가 완전히 풀린 시각은 아니라 너무 늦어질 것 같아 식사를 하지 않기로 했다. 다행히 그곳에 있던 한 카페는 한창 영업 중이었고 그렇게 그곳에 들어가 같이 커피만 한잔하게 되었다.

꼬르륵- 뱃속에서 꼬르륵거리는 소리가 들렸다. 소개팅 때문에 점심도 대충 먹었던 상태였다. 하지만 배고프다고 티를 낼 수 없어 배고프지 않냐 걱정스레 묻는 그의 말에 난 괜찮다며 웃어보였다. 난 그가 마음에 들었다.

그렇게 커피만 두잔 시켜놓고 마주보고 앉아 카페 영업시간이 끝날 때까지 서로에 관한 얘기를 계속 나누었다. 커피는 이미 바닥을 드러낸 지 오래되었고,

카페점원이 "손님. 죄송합니다만 이제 문 닫을 시간이에요"라고 말하는 바람에 우리는 자리에서 그만 일어나야 했다.

밤 12시가 넘은 시각. 그렇게 다시 그의 차에 탔고, 그는 내 원룸 집 앞까지 나를 바래다주었다. 한산한 도로가에 잠시 주차를 했다.

그렇게 인사를 하고 내리려던 찰나. 그가 나를 불렀다.

무슨 말을 하려나 싶어 기다리고 있는데 내게 주려고 뭔가 챙겨서 왔다는 것이었다.

곧바로 준비한 선물을 꺼내 내게 건네주었다. 그가 준 건 다름 아닌 라이딩할 때 착용할 수 있는 천으로 된 '쪽모자'였다. 취미가 같은 나를 위해 준비해온 그의 선물이 나는 무척 마음에 들었다. 그리고 그는 내일 시간이 괜찮으면 퇴근 후에 한강에서 자전거를 같이 타자고 말했다. 나는 활짝 웃어보이며 좋다고 바로 대답했다.

그렇게 소개받은 그와 뒷날 퇴근 후 바로 한강공원에서 만나 자전거를 함께 타보았다.

크루 라이딩을 해봐서 다른 사람들과 함께 호흡을 맞춰서 많이 타봤지만 그날은 기분이 매우 달랐다. 뭔가 괜스레 조심스럽기도 하고 타는 내내 바람에 날려 나의 모습이 엉망이 되진 않을까 신경 쓰였다.

그 후 몇 번 더 퇴근 후 한강에서 만나 자전거 라이딩을 함께 즐겼다.

사실 자전거를 타고 달리는 시간보다 멈춰서 얘기하는 시간이 더 많았다. 그렇게 조금씩 서로가 서로를 천천히 알아가고 있었다.

#37 너무 아픈 일

며칠 후 나는 부산 출장이 잡혀 부산으로 업무를 보러 가게 되었다.

부산극장 관계자 미팅을 잘 끝내고, 뒷날이 바로 또 주말이라 부모님 집에서 주말을 보내고 다시 서울로 올라가기로 되어있었다.

소개를 받아 요즘 호감을 가지고 만나고 있는 그 남자에 대해서는 부모님께 아무 말도 하지 못했다. 아직 몇 번 만나보지도 않았고 서로 알아가는 단계니 부모님께는 관계가 더욱 발전되고 진지한 만남으로 이어지면 그때 가서 천천히 말씀드려야겠다 싶었다.

그렇게 서울로 올라가야 하는 일요일 아침이 되었다.

아빠는 등이 가려운지 효자손으로 계속 등을 긁고 계셨다.

그래도 영 시원하지가 않은지 아빠는 등을 좀 시원하게 긁어 달라고 내게 말하셨고, 나는 별 생각 없이 아빠의 등을 짧은 손톱에 힘을 주어 열심히 긁어드렸다.

하지만 아빠의 가려움은 쉽게 시원해지지 않았고, 몇 시간 후 내가 서울로 출발할 기차 시각이 다 될 때까지 아빠는 계속 여기저기 몸을 긁고 계셨다.

갑자기 왜 이렇게 가려워하냐고 묻자, 엄마는 평상시 아빠가 복용 중이었던 혈당약이 있었는데 얼마 전에 그 약이 좀 바뀌었다고 했다.

의사가 바뀐 약의 부작용으로 몸이 가려워질 수도 있다는 얘길 했다고 했다.

그래서 약이 바뀌어서 그런가보다 싶어 나도 크게 대수롭지 않게 여겼고 그렇게 다시 서울로 올라왔다.

서울로 올라온 이틀 뒤. 오전 중 엄마에게서 연락이 왔다.

회사에서 일을 하고 있다가 무심코 전화를 받았는데 엄마의 목소리가 심상치 않았다.

무슨 일인가 싶어 물어보니 아빠의 가려움증이 더 심해져서 약을 바꾸러 병원에 왔는데, 가려움증이 약 때문이 아닌 것 같다며 병원에서 정밀검사를 권했다는 것이었다.

놀란 엄마는 그렇게 내게 소식을 전했고, 순간 나도 심장이 쿵- 했다.

"그럼 빨리 검사해봐야지. 근데 별일 없지 않겠어?

아빠 그동안 건강 검진 할 때 크게 이상 있는 게 없었잖아" 라고 엄마에게 말했다.

엄마는 잘 모르겠다며 의사가 의심되는 질환이 있는데 그게 좀 심각한 것 같다고 상황을 좀 더 설명했다. 그렇게 나는 부산 출장을 끝내고 서울에 온 지 3일 만에 다시 휴가를 내어 곧장 부산으로 내려갔다.

3일 만에 보는 아빠의 모습은 지난 일요일과 너무도 달라져 있었다.

아빠의 눈과 온몸이 노랗게 변해있었다. 도대체 어떻게 된 일인가 싶어 너무 놀랐고, 가족들은 아빠에게 황달이 온 거라고 내게 설명을 해주었다.

그렇게 병원에 아빠의 검사결과를 들으러 가는 날.

아빠, 엄마, 언니와 함께 우리 네 식구는 다 같이 병원으로 갔다.

진료실 앞에서 숨을 죽이고 조마조마한 마음으로 아빠의 진료를 기다렸다.

'별일 아니겠지. 괜찮겠지. 제발 괜찮으셔야 해.' 계속해서 생각했다.

이윽고 아빠 차례가 되었다. 다 함께 진료실로 들어갔다. 아빠만 의사 앞에 있던 의자에 앉았고 엄마와 언니 그리고 나는 아빠 바로 뒤에 서 있었다. 의사는 컴퓨터 모니터에 띄워진 아빠의 MRI 결과 화면을 보고 있었다. 의사의 표정이 좋아 보이지 않았다.

낮은 음성으로 의사가 말했다.

"담도암이시네요."

순간 가족들 모두 '무슨 암이라고?' 하는 얼떨떨한 표정이었다.

담도암.

정말 처음 들어보는 암이었다.

일단 암이라는 말에 너무 놀라며 심각한 건지 누군가 물었다.

"수술하면 됩니다"라고 답변하던 의사.

다시 안도했다. '아. 수술만 하면 되는구나.' 암이라서 너무 놀라긴 했지만 태연해 보이는 의사의 말에 우리는 크게 어려운 수술은 아닌가 보다 하고 생각했고, 의사에게 그럼 언제 어떻게 수술을 받아야 할지 물었다.

"일단 황달, 염증 수치가 높아서 이 수치가 떨어져야 수술할 수 있어요."

"그럼 수치는 언제 떨어지나요?" 엄마가 물었다.

"쓸개즙이 담 관을 타고 내려가야 하는데 지금 그 관이 종양으로 막힌 거예요.

그래서 지금 황달이 온 거고요.

일단 시술로 쓸개즙부터 배출시켜야 하는데, 배액 속도에 따라 환자마다 좀 다르지만 한 며칠은 걸릴 겁니다."

그렇게 의사의 설명이 다 끝난 후 진료실에서 나왔고, 아빠의 입원날짜도 2~3일 후로 바로 잡혔다.

아빠는 가려움이 심한지 계속해서 긁고 계셨다. 너무 많이 긁어서 귀 뒤쪽에는 이젠 상처가 생겨 피가 날 정도였다.

가려움에 몹시 힘들어하는 아빠와 함께 일단 집으로 왔고 걱정하는 친지들에게 연락해 의사에게 들었던 말을 그대로 전했다. 친지들은 수술은 서울병원으로 옮겨가서 해야 하지 않겠냐고 걱정을 했고, 우리 역시 같은 걱정이 들어 아까 담당 의사에게 그 질문을 했던 상태였다.

담당 의사에게 서울병원으로 옮겨서 수술을 받는 게 좋을지 의견을 물었더니, 여기서도 수술이 가능한데 굳이 서울까지 갈 필요가 있겠냐는 것이었다. 그래서 우리는 그 의사의 말을 믿어보기로 했고 부산 병원에서 수술을 받기로 했다.

그날 저녁. 아빠의 가려움증은 좀처럼 해소되지 않는지 아빠는 입원 일까지 어떻게 기다려야 할지 안절부절못하셨다. 아빠의 가려움은 상상을 초월하는 가려움이었던 것 같다. 아빠의 표현에 의하면 피부 겉이 가려운 게 아니라 피부 속이 가렵다고 하였다.

아무리 긁어도 시원하지가 않고 머리끝부터 발끝까지 그렇게 온몸이 가려우니 너무 힘들다는 것이었다.

평상시 몸이 많이 아프셔도 웬만해선 참고 아프다는 얘기 한번 잘 안 하셨던 아빠인데 얼마나 힘드시면 저렇게까지 얘기를 하실까 싶어 너무 속상했다. 그리고 이 상태로 며칠을 더 기다려야 하는 상황이 너무도 답답했다.

그렇게 그날 밤이 되었다. 아빠는 여전히 가려움에 괴로워하며 쉽게 잠들지 못하셨고, 도저히 안 되겠다며 엄마에게 욕조에 뜨끈한 물을 받아달라고 하셨다.

때밀이 수건으로 몸을 팍팍 밀어봐야겠다는 것이었다. 엄마는 너무 괴로워하는 아빠의 모습을 보며 안쓰러워했고 곧장 뜨거운 물을 욕조에 가득 받았다. 그렇게 아빠는 욕조 안으로 들어가 앉았고 엄마는 아빠가 시원할 수 있도록 등을 열심히 밀어주고 계셨다.

가려움과의 싸움으로 한없이 지친 기색으로 고개를 푹 숙이고 있던 아빠의 모습.

그런 아빠의 등 뒤에서 엄마는 무슨 생각에 잠겨있는지 슬픈 표정으로 하염없이 아빠의 등만 힘껏 밀고 있었다. 바로 그때였다.

갑자기 아빠의 호흡이 조금씩 힘들어지는가 싶더니 아빠가 숨을 제대로 잘 쉬질 못했다. 엄마와 나는 이상함을 느끼며 동시에 아빠를 불렀다.

"여보. 왜 그래요?"

"아빠. 괜찮아요?"

하지만 아빠는 점점 의식을 잃어가고 있었다. 그런 아빠를 보곤 너무 놀라 엄마와 함께 욕조에서 아빠를 바로 꺼내었고 아빠가 정신을 차릴 수 있도록 흔들어 깨워보았다.

아빠는 목욕 전보다 상태가 더욱 안 좋아져 있었다. 많이 어지럽다고 얘기하시던 아빠.

그리고 온몸에 힘이 하나도 없었다. 이러다 정말 큰일 나겠다 싶어 엄마는 급히 아빠를 차에 태우고 낮에 갔었던 병원의 응급실로 바로 들어갔다.

그렇게 응급실에서 몇 시간 대기후 일반병실로 옮겨졌고, 그 후로 아빠는 의사가 앞서 설명한 대로 쓸개즙을 빼내는 시술을 바로 받았다. 제발 쓸개즙이 빨리 빠져나와 아빠의 황달도 사라지고 수술도 빨리 받을 수 있었으면 좋겠다고 생각했다.

옆에서 아빠를 간호하다 보니 아빠의 가려움증은 열과 관련이 있는 것 같았다. 극심한 가려움에 고통을 호소하던 아빠를 만져보면 아빠의 몸은 열이 올라 온몸이 뜨끈뜨끈했다.

그래서 나는 수건을 물에 적셔 냉장고에 넣어두었다가 그걸로 아빠를 닦아주어 봤고, 피부에 열감이 낮아지니 아빠도 가려움이 좀 덜하다는 것이었다. 그래서 이 방법이 그나마 효과가 있다는 것을 우연히 알게 되었고, 아빠의 피부를 최대한 차갑게 해주어 황달이 주는 가려움에서 일시적으로나마 아빠를 좀 쉴 수 있게 했다.

그렇게 엄마와 함께 부지런히 수건들을 얼렸고, 아빠 몸 여기저기에 차가운 수건을 바꿔 올려가며 제발 쓸개즙이 빨리 빠져나가기를 바라고 또 바랐다.

그렇게 일단 아빠가 입원을 했고, 황달 수치를 낮추기 위한 시술도 받았다. 수술이 가능한 수치로 떨어질 때까지 며칠을 더 기다려야 함에 우선 난 서울로 다시 올라가 회사에 급한 업무부터 처리한 뒤 다시 휴가를 쓰고 부산으로 내려오기로 했다.

회사 일을 보면서도 중간중간 엄마와 통화를 하며 아빠의 상태를 계속 살폈는데, 쓸개즙이 빠져나오는 속도가 여전히 너무 더디다고 했다. 소량만 나오다가 이제는 그마저 나오지 않는 것 같다고 했다. 시술을 몇 번이나 더 받았지만, 어찌 된 일인지 내려가야 할 황달 수치는 잡히지 않고 오히려 점점 더 올라가고 있었다.

병원에서는 시술을 또 한 번 더 해야겠다며 아빠를 시술실로 데려갔고, 같은 시술을 다시 받고 나온 아빠는 옆구리가 너무 아프다고 했다. 아빠 옆구리엔 쓸개즙 배출을 위한 투명한 의료용 호스가 꽂혀 있었다.

병원에다 아빠가 많이 아파한다고 말을 해봤지만, 원래 그 시술이 좀 아픈 것이라며 어쩔 수 없다는 답변만 받았다. 그렇게 또다시 기다림의 시간.

엄마와 나는 쓸개즙이 배출되었을 때 모이게 되는 투명한 배액 주머니만 보고 있었다.

시원하게 좀 콸콸 쏟아지면 좋겠건만 애타는 답답한 마음과는 달리 짙은 갈색의 쓸개즙은 가물에 콩 나듯 조금 나올 뿐이었다.

그렇게 업무 때문에 서울 회사로 올라갔다가 내려오기를 3주째 반복하고 있는데, 회사에서 일하고 있던 어느 날. 엄마에게서 다시 전화가 왔다.

전화를 받으니 엄마의 울고 있는 목소리가 들렸다.

"병원에서 수술이 안 되겠데."

"어? 무슨 말이야 그게?"

"수치가 도저히 안 잡혀서 이 병원에서는 수술할 수가 없데."

"아니. 그럼 어떻게 해야 하는 건데?"

"자기들도 어쩔 수가 없다고 다른 병원으로 옮기던가, 그래야 할 것 같다고 그러네."

"이제 와서?"

나는 몹시 화가 났다. 하지만 병원과 싸울 수는 없었다.

화내며 한가롭게 싸우고 있을 때가 아니었다.

난 곧바로 회사에 휴가를 급히 요청했고 일하다 말고 회사를 뛰쳐나와 택시를 잡아타고 곧장 서울역에 가서 기차 타고 다시 부산으로 내려갔다.

병실에 들어선 순간. 아빠의 모습은 처참했다.

일주일 전 봤던 노랗던 아빠의 모습은 없어졌고, 아주 검게 변해 있었다.

황달이 오래 지속되어 흑달로 바뀐 것이라고 엄마는 설명했다.

검은 얼굴빛에 아빠는 힘겨운 듯 나를 보며 희미한 미소를 보이셨다.

"서울 김 대리. 아빠 때문에 자꾸 일도 못하고 달려오면 어째. 회사 잘리는 거 아니야?"

왈칵 눈물이 터져버릴 것 같았지만 아빠 앞에서 우는 모습을 절대 보이고 싶지 않았다.

눈물을 꾹 참고 나는 대답했다.

"안 잘려요. 아빠. 회사일 다 잘해놓고 왔으니까 아무 걱정 마세요."

그렇게 엄마에게 차가운 수건을 한 장 넘겨받아 아빠의 몸 이곳저곳을 다시 닦아주었다.

잠시 후 병실을 찾아온 담당의사는 다시 설명했다.

쓸개즙을 빼내는 시술을 다섯 번에 걸쳐 계속 시도했지만 담 관이 막혔는지 제대로 배액이 안 되고 있다고. 그래서 황달수치와 염증수치가 수술을 할 수 없을 정도로 더 높아졌다고.

자기는 더 이상 손을 쓸 수가 없다고.

3주 전. 서울병원으로 가봐야 하는 게 아니냐고 묻던 우리 가족에게 서울병원까지 갈 필요가 없다며 부산병원 여기서도 가능한 수술이라며 자신 있어했던 의사의 모습은 어디 가고, 이젠 서울에 있는 큰 병원을 찾아가라 권유를 하고 있었다.

아빠는 담당의사에게 잘 알겠다며 감사하다고 꾸벅 인사를 했다.

도대체 아빠는 무엇이 감사하다는 건지.

쓸개즙을 빼겠다고 3주 동안 자꾸 주사 바늘만 찔러 넣은 아빠의 옆구리는 터질 듯이 퉁퉁 부어있는데, 노랗던 모습에서 시커멓게 변해버린 아빠의 모습을 지켜보며 가족들 가슴도 이렇게 검게 타고 있는데, 아빠는 자신을 이 지경으로 만든 저 의사에게 정중히 인사를 하고 있었다. 화도 나고 답답한 마음에 미쳐버릴 것만 같았다.

그날 저녁. 한 달 전 소개팅을 했던 자전거를 같이 탔던 남자에게서 연락이 왔다.

그와 만남이 서서히 잘 이뤄지고 있을 때 갑자기 아빠가 큰 병에 걸린 것을 알게 되었고, 더 이상 한가롭게 연애나 할 수 있는 상황이 아니었다.

호감을 느끼고 있었지만 그에게 내 사정을 알리고 정중하게 마지막 인사를 하고 싶었다.

그래서 서울에 올라가있을 때 퇴근 후 그 남자를 잠시 만나 내 상황을 얘기했다.

"죄송하지만 이제 연락하고 만날 수가 없을 것 같아요."

"네?"

"아버지가 지난주에 암 진단을 받으셔서 수술을 하셔야 하는데,

제가 이 상황에서 지금 누군가를 만날 수가 없어서요."

"아. 정말 많이 놀랐겠어요."

"네. 가족들 모두 많이 놀랐고, 지금도 수술이 언제 될지 몰라 많이들 힘들어하고 있어요."

"그렇군요."

내 말을 심각하게 듣고 있던 그는 잠시 후 나에게 다시 말했다.

"근데 그건 선경 씨 잘못이 아니잖아요."

"네?"

"저한테 죄송할 필요 없다고요."

"네."

"우리가 본격적으로 사귀는 사이도 아니었고, 제가 귀찮게 할 일도 없어요. 그냥 친구처럼 제가 옆에 있어 줄게요. 앞으로 많이 힘들어질 텐데 힘들 때 하소연이라도 들어줄 수 있는 그런 친구로 옆에 있을게요. 지금 저도 뭐 누구를 '당장 만나야 한다' 그런 거 없으니까 부담 갖지 마시고 편하게 인연에 한번 맡겨 보죠."

그날 그렇게 그와 얘기를 끝내놓고, 그 후 부산에 내려가 아빠를 간병을

할 때에도 틈틈이 서로 문자를 주고받으며 연락을 하고 있었다.

현재 아빠의 상태는 좀 어쩐지, 호전을 조금 보이고는 있는지, 수술 일정은 잡혔는지 등, 마치 자신과 가까운 일처럼 이것저것 자세히 물으며 함께 걱정해주고 챙겨 묻던 그였다.

담당의사가 서울병원으로 알아보라는 말을 남기고 돌아간 날.

그날 저녁 그에게서 또다시 연락이 왔다. 나는 의사에게 들었던 말을 그대로 전하며 이 상황이 너무 화가 난다고 말했다.

그는 내 심정을 충분히 이해하며 아빠를 많이 걱정했다.

"아버지가 누구보다 상심이 크실 거예요. 옆에서 잘 챙겨드리세요."

"네. 옆에서 지켜보는 가족들도 너무 힘들지만 누구보다 본인이 가장 무섭고 힘들 거예요."

"그렇죠. 당사자만큼 힘든 사람은 없어요.

담당의사 얘기 듣고 나서 아버지는 어떠세요? 많이 걱정하시고 계시죠?"

"네. 그래도 워낙 강한 분이라 티를 별로 안 내시고 오히려 제 걱정만 하세요."

"무슨 걱정이요? 회사요?"

"네. 회사도 그렇고, 작은딸 시집을 못 보냈다고, 제가 해결이 안 됐다면서 웃으며 농담도 하고 그러세요."

내 말을 듣고 잠시 말이 없던 그가 이윽고 다시 얘기했다.

"저 혹시 괜찮다면 제가 내일 아버님 잠시 찾아 뵈도 될까요?"

"네?"

"정식으로 사귀는 사이는 아니지만, 안 좋은 상황인 걸 알고 있는데 찾아뵙고 인사드리고 싶어서요. 아버지만 괜찮으시다면 제가 새벽에 출발해서 내일 아침 병원으로 갈게요."

생각지도 못한 그의 말에 좀 놀랐지만, 아빠가 혹시 만나는 사람은 없는지 묻기도 한 것이 떠올라 일단 부모님께 여쭤보겠다고 말한 뒤에 전화를 끊었다.

혹시나 하는 마음에 아빠, 엄마에게 얘길 했더니 엄마는 아빠 모습이 지금 이런데 괜찮겠냐고 걱정을 했고, 아빠는 듣던 중 반가운 소식이라며 그 친구를 한번 보고 싶다고 했다.

그렇게 뒷날 아침. 그는 음료수 한 박스를 손에 들고 아빠가 있던 병실로 바로 찾아왔다.

정식으로 사귀든 아니든 내가 연락하고 만나던 이성 친구를 아빠가 입원한 병실에서 처음 인사를 시키게 될 줄이야. 결코 단 한 번도 상상해보지 못한, 생각한 적도 없는 상황에서 그렇게 미래의 내 신랑과 아빠는 첫 만남을 가졌다.

아빠에게 서울에서 만나고 있는 친구라고 소개하니 아빠는 반갑게 그를 맞아주었다.

그가 도착하기 전에 옷이라도 깨끗해야 한다며 새 환자복으로 갈아입은 아빠였다.

꾸벅 정중하게 인사하던 그에게 먼저 손을 내밀던 아빠.

그는 검게 변한 힘없는 아빠의 손을 꼭 잡아주었다. 순간 감정이 북받쳤는지 아빠의 눈에 눈물이 가득 차오르고 있었다. 그리고 그를 보며 울먹이는 목소리로 말씀하셨다.

"여기까지 와줘서 정말 고마워요."

"아닙니다. 당연히 뵈러 와야죠. 빨리 쾌차하시길 빌게요. 아버님."

아빠는 그의 말에 고개를 끄덕이며 다시 한 말씀을 더 하셨다.

"제 딸 잘 부탁해요. 선경이 정말 착한 아이예요."

그런 아빠의 모습을 보며 엄마도 울고, 나도 뒤돌아 눈물을 흘렸다.

작은딸 시집 못 갈까 봐 걱정하던 우리 아빠.

내가 만나던 사람과 이별을 할 때면 우리 딸의 진가를 못 알아보는 바보 같은 놈들이라며 항상 나의 편을 들어주던 아빠.

어떤 남자를 데려와야 하는지 현실적인 조건들을 하나도 걸지 않던 아빠.

그저 너를 아끼고 많이 사랑해주는 사람. 그리고 네가 좋으면 그만이라고 했던 우리 아빠.

작은딸이 데려올 둘째 사윗감을 기다리고 기다리던 아빠.

그런 아빠가 병실에서 환자복을 입고 온몸이 검게 변한 채로 힘겹게 인사를 받게 되었다.

아빠는 내가 데려오는 남자에게 그런 모습을 누구보다 보이고 싶지 않으셨을 것이다.

아빠는 분명 멋진 모습으로 작은딸이 데려올 남자를 만나보고 싶으셨을 것이다.

남자다운 힘찬 모습으로 미래의 사윗감에게 싱싱한 회 한 접시를 사주며 소주 한잔을 같이 기울여보고 싶으셨을 것이다.

우리 아빠의 마음은 분명 그랬을 것이다.

#38 여보 미안해요

부산병원에서 아빠의 수술이 어렵다는 절망적인 소식은 친척들에게 빠르게 퍼져나갔다.

친척 어른들은 정신없던 우리 가족에게 최대한 빨리 서울병원으로 옮기는 방법을 같이 알아봐 주었고 어떤 병원으로 옮겨가야 할지 같이 고민해 주었다.

그렇게 바로 이틀 뒤. 서울에서 가장 큰 병원으로 아빠는 구급차를 타고 가게 되었다.

그 당시는 정말 정신도 없고 이런 상급 병원에 온 것도 처음이라 정말 아무것도 몰랐다.

응급환자니 구급차로 이송해서 가면 아빠가 들어갈 병실이 떡 하니 기다리고 있을 줄 알았다. 하지만 서울병원은 달랐다. 규모도 엄청났고, 응급실 앞에 아빠처럼 구급차에 몸을 싣고 온 사람들이 한둘이 아니었다. 구급차는 정말 병원까지만 이송을 시켜주고 가버렸고, 아빠는 응급실 대기번호표를 뽑고 차례를 기다려야 했다. 오전 7시. 대기번호 3번.

힘들어하는 아빠를 우선 휠체어에 앉혔다.

답답한 마음에 병원 관계자에게 물어보니 본인도 언제 순서가 될지 모른다고 답했다.

응급실에 누워있는 환자가 일반병실이나 다른 곳으로 빠져야 차례가 될 것이라고 말했다. 급한 환자라고 얘길 하니 병원 관계자는 안타까운 표정을 지으며 말했다.

"죄송합니다. 하지만 여기는 다 급한 환자들만 오는 곳이에요."

그렇겠지. 다 급하니까 전국 방방곡곡에서 구급차로 이송되어 오는 거겠지. 알지만 이해하고 싶지 않았다. 알지만 납득하고 싶지 않았다.

아무 죄 없는 병원 관계자에게 날이 선 상태로 다시 물었다.

"그럼 이렇게 병원 길바닥에서 마냥 차례를 기다리라는 거예요? 몸이 정상도 아닌 환자들인데 이렇게밖에 못 기다리는 거예요?"

병원 관계자는 자기도 어쩔 수 없다는 듯이 한숨을 내쉬며 다시 말했다.

"정말 죄송합니다. 워낙 환자가 많아서 그래요."

아무것도 모르고 서울병원만 올라가면 입원부터 수술까지 모든 게 다 해결되는 줄 알고 급하게 올라왔다. 부산 병원에서 받은 아빠의 검사결과 관련 자료들만 챙겨 들고 왔다.

응급실조차 대기해야 하고, 사전예약도 없이 진료를 볼 수 있는 것도 아니고 정말 아무것도 할 수가 없었다. 너무 무지했다.

하지만 그렇다고 병원 길바닥에서 차례만 마냥 기다리고 있을 수는 없었다. 여기 모든 환자들이 다 같이 급한 환자라고 하더라도, 그런 환자들이 너무나 많다고 하더라도 그 어떤 합당한 이유라도 절대 납득할 수 없는 것이다.

어떻게든 방법을 찾아야만 했다. 우리나라 메이저급 병원에 사전예약도 없이 당일 진료를 보고 바로 입원할 병실을 구한다는 건, 현실적으로 병원에 아는 사람이 없으면 불가능하다는 걸 대충 알고 있었다. 사실 아는 사람이 있다고 해도 안 되는 일이었다.

하지만 안 되는 일이라고 포기하고 가만히 있을 수 없다. 반드시 가능하게 만들어야 했다.

아빠를 살리기 위해.

지금 우리가 얼마나 준비 없이 서울병원에 무작정 도착했는지 대충 현실이 파악된 후 엄마와 나는 바쁘게 움직였다. 엄마는 친척 어른들과 지인에게 다시 전화를 돌려 도움을 청했다. 나는 단 한 번도 따로 통화해본 적도 없는 회사 대표님에게 전화를 걸었다.

"대표님. 광고기획실 김선경 대리입니다."

뜻밖의 전화에 조금 놀라신 것 같았다.

"다름이 아니라 저희 아버지께서 오늘 서울병원에 이송되어 오셨는데요, 당일 진료랑 입원할 병실이 급히 필요한데 혹시 병원 관계자 중에 아시는 분 있을까요? 갑작스레 죄송하지만 부탁드릴게요. 제발 꼭 좀 도와주세요. 대표님."

대표님은 바로 상황이 이해가 되셨다는 듯 지인들 통해 최대한 알아보겠다고 하셨다. 그리고 힘내라며 회사업무는 신경 쓰지 말고 아버지를 잘 보살피라고 대표님은 당부했고 그렇게 통화를 끝냈다.

휴대폰의 연락처 목록을 보며 또 부탁할 만한 곳을 더 찾았다.

하지만 나에겐 그리 많지 않았다. 왜 사람들이 인맥을 논하는지 그제야 실감이 났다.

나에겐 딱히 부탁할만한 인맥이 없었다. 나 자신이 너무 초라하고 한심하게 느껴졌다.

엄마는 옆에서 누군가에게 계속 알아봐달라며 바쁘게 부탁을 하고 있었고, 그렇게 한 시간이 지났을 무렵 엄마가 부탁한 사람 중 한 분에게서 연락받을 수 있었다.

전화가 걸려온 그 지인은 자신이 아는 병원 관계자가 있어 상황이 너무 급하다며 부탁을 해보았고, 원래 규정상 안 되는 일이지만, 관련 과에 당일 진료예약이 취소된 자리에 아빠가 대신 진료를 볼 수 있도록 조치를 취해뒀다고 했다.

취소된 건은 오전 진료이니 진료를 보기 위해 부산병원에서 챙겨온 검사 결과지부터 빠르게 등록해야 한다고 했다. 희망이 보였다. 그 빛 한줄기를 부여잡고 나는 물어물어 결과지를 등록하는 곳을 찾아 등록을 마쳤다.

그렇게 한두 시간 후 진료시간이 되어 해당 진료실을 찾아 아빠 엄마와 함께 대기하고 있었다. 잠시 후 대기자명단에 아빠 이름과 환자등록번호가 떴다. 안도의 한숨이 나왔다.

이윽고 아빠의 차례가 되었을 때 진료실로 함께 들어갔다.

책상 앞에 연세가 꽤 많아 보이는 의사 선생님이 앉아계셨다. 의사 선생님은 아빠의 검사결과지를 살펴보고 계셨다. 그리고 차분한 목소리로 말씀하셨다.

"황달수치, 염증수치가 너무 높네요. 저희 내과 쪽에선 수술을 받을 수 있는 수치로 일단 낮출 텐데, 수술은 담도 외과 쪽이라 가능여부는 해당 과에서 다시 판단할 겁니다."

의사의 설명을 듣더니 엄마가 물었다.

"수술을 못할 수도 있다는 거예요?"

"네. 그렇습니다. 담도암은 자리에 따라서 수술을 못하는 경우도 있어요. 쉽지 않은 수술이에요."

"그럼 수술 못 받으면 어떻게 되는데요?"

떨리는 목소리로 엄마는 다시 물었다.

"수술이 안 되면 환자를 최대한 편하게 해줘야죠."

나는 순간 수술을 하지 않고도 아빠를 편하게 해줄 수 있나? 그런 방법이 있었나? 싶어서 엄마를 봤는데 엄마의 표정은 절망적이었다. 그리고 이어 의사가 다시 말했다.

"힘들겠지만 한번 해봅시다."

그리고 의사는 바로 입원할 수 있는 병실을 알아보며 현재 특실은 바로 입원할 수 있다고 말해주었다. 병실 비용을 확인해보니 특실은 하루 입원비가 백만 원에 가까웠다.

병실 금액을 듣더니 아빠는 괜찮다며 일반병실이 나올 때까지 좀 더 기다려보겠다고 답했고 그렇게 우린 진료실에서 나왔다.

아빠의 표정은 착잡했고, 엄마는 옆에서 울고 있었다.

나는 무슨 상황인지 어리둥절해 엄마에게 물었다.

"엄마. 아빠 편하게 해주는 방법이 있다는데 왜 그래?"

엄마는 울음을 참아보려 애쓰며 나에게 쓴웃음을 지어 보이며 말했다.

"순진하기는. 그 방법이 그런 게 아니야. 손쓸 수가 없다는 말이야."

그제야 상황파악이 되었다.

일렁이는 가슴을 겨우겨우 누르며 엄마에게 다시 말했다.

"그럼 일단 특실로 들어가면 안 돼?"

"엄마도 그러고 싶은데 여기서 며칠을 입원해있어야 하는지 모르니까 선뜻 들어갈 수가 없는 거지. 열흘이면 천만 원이고 한 달이면 삼천만원이잖아 입원비만."

엄마의 말을 듣는데 '돈이 뭐가 중요해. 내가 다 내줄게. 내가 빚을 내서라도 해줄게'라는 말이 차마 입 밖으로 나오지가 않았다. 그리고 아빠는 가입된 보험도 없었다.

앞으로 얼마가 들어갈지 모르는 치료비와 수술비를 대비해 입원료에서 그렇게 많은 돈을 지출할 수도 없는 노릇이었다.

옆에서 잠시 생각에 잠겨있던 아빠는 엄마와 나를 향해 말씀하셨다.

"아냐. 괜찮아. 여기서 기다리면 되지. 특실은 못 들어가. 내 밑에 그렇게 돈 많이 쓰지 마. 아빠는 괜찮아. 여보. 나는 괜찮아."

우리가 아빠를 보살펴야 하는데, 아빠가 오히려 엄마와 나를 위로해주고 있었다.

아빠의 말을 들은 엄마는 눈물이 주르륵 흘러내렸다.

그리고 아빠에게 다가가 아빠의 손을 잡고 말했다.

"여보. 미안해요. 정말 미안해요. 당신은 우릴 위해서 이때까지 그렇게 고생해서 돈만 벌어다 줬는데,

특실 하나 바로 못 잡아줘서 미안해요. 정말 미안해요."

떨리는 엄마의 어깨는 쉽게 멈추질 못했고, 아빠는 그런 엄마를 꼭 안아주며 다시 말했다.

"괜찮아. 나는 정말 괜찮아."

#39 박 사장, 정 사장

응급실 근처 복도 구석에서 그렇게 엄마와 나, 아빠는 하염없이 대기 순서가 빠지기만을 기다리고 있었다. 그때 마침 청소하시던 아주머니 한 분이 우리를 보았다.

이윽고 우리에게 다가와서 혹시 입원실을 기다리느냐고 물었다. 그래서 우리는 응급실 대기번호를 받은 것과 6인실 일반병실을 신청해두었다고 대답했다.

순간 우리가 딱해보였는지 한 말씀을 더 해주셨다.

"여기서 이렇게 기다리지 말고 저 로비 쪽 가면 소파 있어요.

거기서 환자분 좀 눕게 하고 기다려 봐요. 다들 그렇게 하니까."

"아. 그래요? 네. 감사합니다."

"그리고 이렇게 무작정 일반병실 기다리면 언제 들어갈지 몰라요."

"네?"

"보통 1인실부터 일단 들어가서 기다렸다가 2인실로 내려오고, 그다음에 6인실로 이동하는 거예요. 그렇게 해야 빨라요. 다시 한 번 그렇게 알아봐요."

"네. 알겠습니다. 감사합니다."

그렇게 청소부 아주머니는 우리에게 힘내라는 말을 남기고 가셨고, 우리는 아주머니가 알려주신 대로 일단 병원 로비 쪽으로 나가서 아빠가 좀 더 편하게 기다릴 수 있도록 적당한 자리를 찾아보았다. 아주머님 말씀대로 로비에는 아빠와 같은 수많은 대기환자들이 보였다. 그들은 이미 이곳저곳 소파에 기대어 비스듬히 누워있었다.

비어있는 자리 하나를 겨우 찾았고 그 자리에 아빠부터 얼른 앉혔다. 앉아있는 것도 힘이 드는지 눕고 싶어 하는 아빠를 위해 엄마는 옆 사람에게 양해를 구했다.

옆자리에 앉아있던 사람은 환자가 아니라 멀쩡해 보이던 성인 남성이었다. 엄마의 간곡한 부탁에 그 남성은 마지못해 자리에서 일어나 다른 빈자리를 찾아 옮겨갔다. 그렇게 양보받은 자리까지 합쳐 두 명이 앉을 수 있는 자리에 아빠를 반만 눕힐 수 있었다.

나는 응급실 대기 차례를 확인하기 위해 다시 응급실 쪽으로 가보았다.

하지만 대기 순서는 전혀 줄어들어 있지 않았다. 아침에 받은 아빠의 대기 번호는 3번인데, 대기 1번도 아직 응급실에 들어가지 못하고 있다고 담당자는 말했다.

무슨 이런 응급실이 있나. 이게 무슨 응급실인가. 화가 치밀어 올랐다. 내 눈앞에 있는 이놈의 멱살을 잡고 흔들어 당장 침상 하나를 마련하라고 소리치고 싶었다.

하지만 어쩔 도리가 없었다. 나 역시 힘없는 사람 중 한 명일 뿐이었다.

오후 늦은 시각. 서울병원에 도착한 지 어느덧 10시간이 지났다.

여전히 대기번호는 3번 그대로였고, 6인실 병실은 언제 나올지 감감무소식이었다.

아까 우연히 얘기를 나눈 청소부 아주머니의 말대로 1인실도 따로 알아보고 있었다. 하지만 슬슬 병원 창구 업무도 마감될 시간이라 그마저도 쉽지가 않았다.

오전에 엄마와 함께 여기저기 전화로 부탁한 친척과 지인들에게서 연락이 왔다. 그들은 우리가 지금 어떻게 하고 있는지 상황을 물었다. 그래서 우리는 여전히 병원 로비에서 기다리고 있다는 사실을 말했다.

잠시 후 나는 회사 이사님의 연락을 받았다. 이사님은 대표님에게 전해 들었다며 지금 현재 상황이 어떤지 물었다. 그래서 나는 일단 진료는 마쳤으며 지금 입원실을 기다리고 있다고 얘기했다.

이사님은 많이 안타까워하며 바로 도움을 주지 못해 미안하다고 말씀하셨다. 그리고 대표님과 지금 다방면으로 알아보고 있으니 조금만 더 힘내서 기다려보라고 했다. 생각보다 많은 사람들이 같이 걱정해주고 여러모로 힘을 써주고 있었다.

나중에 정말 다 갚아야 할 빚이라고 생각했다.

그렇게 저녁 무렵이 되었다. 여전히 우리는 병원 로비에 있었다.

여기서 밤을 보내야 하나 싶어 한숨이 나왔다. 부모님을 모시고 내가 지내고 있던 원룸으로 가있을까 생각도 해봤지만 응급실 대기가 갑자기 빠질지도 모르니 병원에서 대기하고 있어야 한다고 했다. 이러지도 저러지도 못하는 답답하고 힘든 기다림의 시간이었다.

마침내 엄마에게 반가운 전화가 걸려왔다.

오전 내내 계속해서 부탁을 해뒀던 해당 관계자로부터 1인실 병실 한자리가 나왔는데 입원을 하겠냐는 것이었다. 6인실에 비하면 몇 배의 비싼 입원비를 지불해야 하지만, 아까 낮에 만났던 청소부 아주머니께서 해주셨던 말이 떠올라 며칠을 있어야할지 모르겠지만 일단 1인실부터 당장 잡아야겠다는 생각이 들었다. 그렇게 우린 극적으로 1인실 자리 하나를 어렵게 마련할 수 있었다.

저녁 7시. 결국 구급차를 타고 서울병원에 도착한 지 꼬박 12시간이 지나서야 겨우 병실 하나를 구해 그렇게 들어갈 수 있었다. 그 순간도 응급실 대기는 여전히 3번 그대로였다.

어린 조카들을 돌보느라 병원에서 함께 있을 수 없어 많이 걱정하고 있던 언니에게도 어렵게 병실을 구했다는 상황을 바로 알려주었다. 언니는 정말 다행이라며, 옆에 같이 못 있어서 줘서 미안하다고 울먹였다. 그래서 나는 괜찮다고 언니는 아빠가 가장 사랑하는 손녀들을 잘 돌보는 게 우리를 돕는 거라고 미안해하지 말라고 언니를 다독였다.

그렇게 엄마와 함께 아빠를 모시고 1인실 병실로 들어갔다. 간호사는 부산에서부터 붙이고 왔던 아빠 몸에 붙어있는 진통제 패치를 체크했다. 그리곤 다른 가슴 한쪽에다 새롭게 하나를 더 붙여주며 곧 담당 의료진이 올거라고 설명을 해주고 나갔다.

1인실 병실은 참으로 쾌적했다. 병실도 넓고 환자를 위한 침대도 널찍하고 최신식이었다.

병실 안에 작은 냉장고며, TV, 소파, 보호자용 간이침대도 깔끔하게 준비되어있었다.

병실 방향이 한강 쪽이라 창밖으로는 한강도 보였다.

일단 아빠부터 침대에 편하게 눕히고 엄마와 함께 소파에 앉아서 쉬고 있는데,

잠시 후 아침에 내과진료실에서 봤던 연세 많은 의사가 들어왔다. 그 뒤로 여러 명의 젊은 의사들이 뒤따라 다 같이 병실로 들어왔다.

연세 많은 의사선생님은 오늘은 시간이 늦어 시술이 어렵고, 내일 긴급

으로 시술을 예약해뒀으니 쓸개즙을 빼내는 시술을 다시 할 거라고 설명했다. 그리고 내일부터 수술에 필요한 각종 검사를 모두 새로 진행할 것이라고 했다.

끝으로 수술받을 수 있는 수치로 낮추기 위해 최선을 다하겠다고 말했다. 담당의사의 자신 있는 듯 확실한 설명에 순간 희망이 보였다. 뭔가 든든함마저 느껴졌다.

전쟁 같았던 하루를 마감하는 늦은 밤이 되었다.

엄마는 오늘 하루가 너무 고단했는지 어느덧 소파에 기대 잠이 들어있었고, 아빠는 침대에 기대어 창밖을 바라보고 있었다. 아빠의 시선이 머무는 창문 바깥쪽엔 서울의 한강 야경이 보였다.

"아빠."

"응?"

"오늘 많이 힘드셨죠?"

"아니야. 아빠는 괜찮아. 그나저나 네가 아빠 때문에 이렇게 자꾸 회사를 빠져서 어떻게 해?"

"아빠. 제 회사는 신경 쓰지 마세요. 회사에서 휴가 걱정 말라고 했어요."

"어효. 감사해라. 그래도 월급은 나온데?"

"그럼요. 아빠."

"정말 참 좋은 회사네. 정말 너무 감사하네."

이윽고 다시 창밖을 바라보는 아빠를 보며 나는 말했다.

"아빠. 서울 야경 참 예쁘죠?"

"응. 참 멋지네."

"저 서울에서 친구들이랑 자전거 타면서 매일 이렇게 멋진 야경 봤어요."

"그래? 그랬구나."

아빠를 향해 미소를 보이며 난 다시 말했다.

"근데 아빠랑 같이 보니까 더욱 좋네요."

내 말에 아빠도 작은 미소를 보이며 내 머리를 쓰다듬었다.

그리고 잠시 후 아빠도 피곤해서 이만 자야겠다며 등받이를 좀 낮춰달라고 하셨다.

아빠의 말에 곧바로 침대의 등받이를 주무실 수 있도록 적당히 낮춰드렸다. 그렇게 아빠의 두 눈이 감기는걸 보고 난 뒤 나도 옆에 엎드려 잠시 잠을 청했다.

새벽 2시경.

순간 아빠의 목소리가 들리는 것 같아 잠에서 깨어나 아빠를 보았다.

"박 사장. 여기 흙이 이러면 안 돼."

"네?"

"흙이 이렇게 되면 위험하다고."

아빠가 잠결에 잠꼬대를 하는 건가 싶어서 다시 아빠를 자세히 보았다.

아빠의 눈은 떠져 있었고 아빠는 허공을 보는 듯했다.

"아빠~ 방금 무슨 말씀이세요? 꿈꾸셨어요?"

"너무 하네. 박 사장. 이러면 안 된다고."

"아… 아빠…"

아빠가 이상해보였다. 나를 알아보지도 못하고 자꾸 알아들을 수 없는 말씀만 하셨다.

엄마는 여전히 소파에 잠들어있었고, 나는 엄마를 깨워 바로 이 사실을 알려야하는 건지 아니면 정말 아빠의 단순한 잠꼬대인 건지 쉽게 판단이 안 서 혼란스러웠다.

아빠는 또다시 말했다.

"박 사장. 정말 너무 하네 박 사장."

무서웠다.

아빠 뇌에도 혹시 문제가 생긴 건가 싶어 그게 사실이 될까 봐 너무 겁이 났다.

엄마를 깨워야겠다고 생각하고 자리에서 일어나는데 아빠가 고개를 돌리며 눈을 감았다. 다시 곤히 잠든 모습이었다. 정말 주무시는 게 맞는지 확인해보려고 아빠를 흔들어 보았다.

아빠는 깨지 않았고 깊은 잠을 자고 있는 듯 보였다.

아빠의 이상한 행동에 순간 너무 놀랐지만, 너무 피곤해서 잠결에 잠꼬대하신 건가 보다 하고 다시 생각했다. 편안하게 잘 주무시는 모습을 보니 역시 그런가보다 하고 생각했다.

새벽 5시 무렵. 엄마가 잠에서 깨어 아빠를 살펴보았다.

엄마는 아빠에게 다가가 아빠의 이마를 짚어보기도 하고 잠들어있던 아빠의 볼을 쓰다듬었다. 그러다 뭔가 아빠의 이상을 감지했는지 엄마는 갑자기 아빠 숨소리에 귀를 기울였다.

그때 마침 나도 깨어있는 것을 보고 엄마는 내게 말했다.

"아빠 숨소리가 좀 이상하지 않냐?"

"뭐가?"

"숨을 좀 몰아서 쉬는 것 같은데?"

"그래? 아빠 주무실 때 원래 숨소리랑 달라?"

"어. 아빠 잘 때 숨소리가 아니야. 언제부터 이랬지?"

"몰라. 근데 어제 새벽에 갑자기 아빠가 이상한 말을 했어."

"뭐?"

"박 사장을 찾더라고"

"박 사장?"

"응. 박 사장이 도대체 누군데? 자꾸 아빠가 너무하다고 했어."

"아. 아빠 일한 현장 중에 돈 많이 못 받은 현장이 있어. 거기 사장이야."

"그렇구나. 아빠가 잠결인지 순간 나도 잘 못 알아보는 것 같았고, 자꾸 박 사장 얘기만 하다가 다시 잠들었거든."

엄마는 다시 집중해서 아빠의 숨소리를 들어보았고, 뭔가 잘못됐다고 생각이 들었는지 간호사를 불렀다. 잠시 후 어제저녁 아빠에게 진통제 패치를 새로 붙여줬던 간호사가 다시 병실로 들어왔다. 아빠의 숨소리가 이상하다는 엄마의 말에 곧바로 아빠의 맥박과 호흡 상태를 살폈다. 그러더니 담당 의료진을 호출해봐야겠다며 급히 병실 밖으로 나가버렸다.

뭔가 잘못된 것이 확실했다.

그 간호사는 다시 돌아와 아빠의 맥박과 호흡을 계속 체크했다.

옆에서 무슨 일이냐고 우리가 묻자 간호사는 확실한 건 아직 모른다며 일단 의사가 곧 올 테니 잠시만 기다려달라고 했다. 심장이 덜컹했다.

지난밤 아빠가 이상한 얘기를 한 게 단순 잠꼬대가 아닌 것 같았다. 그때 내가 예사로 넘기지 말고 간호사를 불렀어야 했던 건가 싶어 심장이 빠르게 뛰었다.

아침 6시. 간호사의 긴급호출 받고 젊은 남자 의사 한 명이 빠르게 병실로 찾아왔다.

어제 연세 많은 의사 선생님 뒤에 서 있던 여러 의사 중 한 명이었다. 아빠의 호흡과 맥박, 동공을 살펴보더니 갑자기 아빠를 흔들어 깨웠다.

"환자분. 일어나보세요. 환자분."

하지만 아빠는 쉽게 일어나지 못했다.

의사는 큰 목소리로 아빠를 계속해서 불렀고 깨워보려 했다.

"환자분. 일어나세요."

잠시 후 아빠가 힘겹게 겨우 잠에서 깼다.

"환자분. 자 여기 보세요. 여기가 어디죠?"

아빠는 몽롱해 보이는 모습으로 한참 생각을 하다 대답했다.

"병원이요."

"제가 누구죠?"

또 한참을 생각하다 겨우 대답했다.

"의..사...선생님요.."

"자 그럼 여기 이 사람은 누구에요?"

아빠는 너무도 잠이 오는지 다시 잠들려고 했다.

"환자분. 잠들지 마시고 눈떠보세요. 지금 제 옆에 서 있는 이 사람 누구죠?"

아빠는 의사가 가리키는 사람을 천천히 바라보며 대답했다.

"우리 집사람."

"그럼 여기 이 사람은 누구죠?"

"우리 작은딸."

의사는 아빠가 다시 잠들지 못하도록 계속 다른 질문들을 했고 동시에 아빠의 상태를 살폈다. 그리고 아빠 가슴 양쪽에 붙어있는 진통제 패치를 확인했다.

패치 위에 적힌 날짜를 유심히 보더니 뒤에 있던 간호사에게 물었다.

"이거 누가 붙였어요?"

"네? 하나는 이미 붙어있었던 거고요, 하나는 어제 제가 새로 붙였습니다."

"날짜 확인했어요? 먼저 붙어있던 게 아직 3일 안 지났잖아요."

"네? 확인 못 했습니다. 죄송합니다."

순간 의사의 표정이 싸늘하게 굳어졌고, 무서운 목소리로 간호사에게 병실 밖으로 잠시 나오라고 했다. 곧바로 밖에서 호통 치는 의사의 목소리가 들려왔다.

내용은 진통제 패치가 현재 과하게 붙어있다는 것이었다. 환자를 잃을 셈이냐고 소리치는 게 들려왔다. 잠시 후 다시 의사와 간호사가 병실로 같이 들어왔다. 간호사는 안절부절못하며 잔뜩 겁먹은 표정이었다. 곧바로 의사가 아빠 가슴에 붙어있는 진통제 패치 두 개를 동시에 다 떼어 버렸다. 그리고 우리에게 빠르게 설명했다.

"일단 제가 보기에는 이 진통제 패치 때문인 것 같습니다. 마약 성분이 들어있는 패치라서 용량이 초과 되면 환각 상태로 빠집니다. 현재 호흡이 불안정한 것도 같은 이유 같습니다"라고 말했다. 하지만 만약을 대비해 다른 이유도 완전히 배제할 수 없다며, 현재 이상해 보이는 모습에 대해 여러 가지 경우의 수도 다 확인해봐야 한다고 설명했다.

정말 뇌에 문제가 생겼을 수도 있고, 또 다른 원인이 있을 수도 있다고 했다. 일단 패치는 제거했으니 패치 성분이 빠질 동안 할 수 있는 각종 검사부터 우선적으로 진행할 것이라고 설명을 덧붙였다.

의사가 병실에서 나간 후 엄마와 나는 정신이 혼미해졌다.

아빠가 우리를 알아보긴 알아봤지만, 아이처럼 해맑게 웃기도 하고 계속 잠만 자려고 하고 정말 정상적인 모습이 아니었다.

일단 검사를 위해 관장을 해야 한다고 해서 아빠에게 관장약도 투여했다. 보통의 경우엔 약이 들어가면 5분도 안 되어 변을 봐야 하는 것이 정상이지만, 아빠는 관장약을 투여받고도 세상 편안한 표정으로 침대에 누워 계속 잠만 자려고 했다.

결국 5분후 아빠를 흔들어 깨워 병실 화장실로 데려가 계속 흔들어 깨우면서 억지로 변을 보게 했다. 변기에 앉아서도 잠들다 말다 깨면 아빠는 여전히 이상한 말만 했다.

"정 사장. 약속이 다르지 않나."

나는 엄마에게 물었다.

"정 사장은 또 누구야?"

"아빠한테 돈 빌려갔다가 안 갚은 놈 있어. 나쁜 놈들."

계속 나쁜 사장들만 찾는 아빠의 환각 상태 모습에 나도 모르게 눈물이 차올랐다.

엄마아빠 앞에서 약한 모습을 보이고 싶지 않아 잠시 화장실 좀 다녀온다며 병실을 나갔다. 그렇게 병실에서 떨어진 화장실로 들어가 변기를 잡고 끝내 참고 참았던 눈물을 터뜨렸다.

왜 아빠는 환각 상태에서 하필 그 사람들을 만나고 있는 걸까.

이왕 환각 상태에 빠진 거라면 좀 즐겁고 좋은 기억으로 찾아가지 왜 하필 아빠는 그 기억 속으로 가 있는 것일까. 아빠에게 행복했던 좋은 기억은 하나도 없는 것일까.

그런 아빠가 너무도 가여웠다.

몇 년 전. 아빠가 몰고 다닌 자동차가 사고로 폐차해야 하는 바람에 바로 일을 나가야 하는 아빠는 1~2년 된 중고차를 급하게 구입한 적이 있었다.

그렇게 새 차를 구입한 후 아빠가 하루 쉬던 날. 아빠 엄마와 함께 셋이서 바람도 쐴 겸 새 차를 타고 아빠 고향인 남해로 드라이브를 다녀온 적이 있었다. 언니는 당시 다른 일이 있어 아쉽지만 함께하지 못했다. 그렇게 새 차를 타고 셋이서 남해안 도로를 달렸다.

그때 아빠는 새 차가 너무 잘나간다며 마치 '로케트' 같다며 아주 즐거워하셨다.

아빠의 어릴 적 추억이 있는 장소도 둘러보고, 아빠가 좋아하는 바지락 칼국수도 맛보며 하루를 정말 즐겁게 보냈었다.

집으로 돌아오는 차 안에서 문득 아빠에게 난 물었다.

"아빠."

"응?"

"아빠는 일하실 때 시간이 잘 가요?"

아빠는 갑작스런 나의 질문에 바로 대답하지 못하셨다.

"왜?"

"아니. 저는 회사에서 일할 때 시간이 너무 안 가서 자꾸 시계를 보게 되더라고요."

내가 한참 'K'통신사에 다니고 있을 때였다.

아빠는 나의 말을 듣더니 웃으며 말씀하셨다.

"아. 아빠도 안가지~ 1분이 1시간 같고, 하루가 일 년 같다. 진짜 1년이 이렇게나 길까."

생각지도 못한 아빠의 대답에 '아, 아빠라고 시간이 잘 가는 게 아니었구나.'하고 새삼 깨닫게 되었다. 병원 화장실에서 순간 그때의 기억이 같이 떠올라 눈물이 쉽게 멈추질 않았다.

그렇게 힘들게 살아오셨구나.

그 힘든 시간을 꾸역꾸역 다 참아내며, 버텨가며, 못된 사장들한테 돈도 뜯겨가며, 애원도 해보며, 아빠는 그렇게 처절하게 살아오셨구나.

난 가슴을 치고 또 내려치며 화장실에서 한참을 울어버렸다.

#40 아빠를 살리는 일

하루가 지나고 아빠는 정상의 모습으로 돌아왔다.

아빠는 어제의 일이 전혀 기억나지 않는다고 했다. 엄마와 나는 환각 상태에 빠진 아빠를 휠체어에 태워 각종 검사실로 검사를 받으러 다녔었다. 피를 뽑고 엑스레이 촬영도 하고 여러 검사가 진행되는 동안 아빠는 이상한 말씀을 계속하셨고, 잠도 들었다가 깨었다가, 천진난만한 아이의 모습으로 웃기도 하였었다.

그런 어제의 하루를 아빠는 전혀 기억하지 못하셨다.

어쨌든 쓸개즙을 빼내는 시술도 새롭게 받았다. 어제 아빠의 상태가 좋지 않아 시술이 하루 미뤄져 입원한 지 3일째 되던 날 시술을 다시 받을 수 있었다.

아빠는 부산에서는 너무 아팠던 시술이었는데, 서울병원에선 옆구리에 바늘이 들어오는 줄도 몰랐다며 서울병원의 실력에 아주 만족스러워하셨다. 정말 이번에서야 제대로 된 건지 새로 시술을 받고 나니 쓸개즙도 빠른 속도로 빠져나왔다.

부산 병원에선 가물에 콩 나듯 한 방울씩 겨우겨우 나왔는데, 서울병원에선 쓸개즙이 모이는 팩을 한두 번은 더 바꿔줘야 할 만큼 빠른 속도로 배출되었다. 나오지 못했던 쓸개즙이 빠지면서 염증수치와 황달수치도 많이 내려갔다. 그리고 아빠의 피부색도 점점 돌아왔다.

그렇게 서울병원에 입원한 지 일주일 만에 아빠의 높았던 각종 수치는 수술을 받을 수 있을 정도로 다 내려와 주었다.

오전 중 첫 진료 때 뵈었던 연세 많던 내과의사가 또 여러 의사들을 뒤에 끌고 병실을 찾아왔다. 병실도 이제 2인실로 옮겨져 있었다.

의사는 현재 아빠의 모든 수치가 수술이 가능한 상태로 되었음을 자세히 설명해주었고, 본인의 역할은 여기까지라고 했다. 앞으로 수술은 외과 쪽 의료진이 맡아 본격적으로 진행될 예정이라며, 그럼 수술 잘 받으시라고 따뜻하게 마지막 인사를 하고 가셨다.

엄마와 함께 나는 정말 감사하다며 의사선생님이 병실 밖을 나가 그 모습이 안 보일 때까지 허리 숙여 몇 번이고 인사를 계속했다.

부산병원에서 3주 동안 잡히지 않고 자꾸 높아지기만 해 애태웠던 수치가, 서울병원에선 일주일 만에 모든 수치가 잡혀 당장 수술을 받을 수 있음에 우리는 놀라지 않을 수가 없었다. 그리고 그날 오후 담도외과 의료진도 병실을 찾아왔다.

수술을 주도할 집도의와의 첫 만남이었다. 오전에 왔던 내과의사보다는 많이 젊어보였다. 그는 수술과정에 대해 간략하게 설명을 해주었고, 수술은 바로 3일 뒤로 잡혔다.

그렇게 서울병원에 올라온 지 열흘 만에 아빠는 드디어 수술을 받을 수 있게 되었다.

수술 당일.

오전 일찍 일어나 차가운 물에 세수를 하고, 수술실에서 호출이 올 때까지 아빠 엄마와 함께 병실에서 긴장되는 마음으로 기다리고 있었다. 병실은 6인실로 이동이 되어 있었다.

오전 10시. 간호사가 와서 곧 수술실로 내려갈 테니 수술복으로 갈아입고 준비를 하고 있으라 했다. 그렇게 아빠는 간호사가 주고 간 수술복으로 갈아입었다. 이윽고 아빠를 수술실까지 이동시켜줄 병원직원이 이동식 침대를 끌고 병실로 들어왔다.

그 남자직원은 우선 아빠를 이동식 침대 위에 눕힌 다음, 담요를 아빠의 가슴 위쪽까지 잘 덮어주었다. 그리고 침대바퀴 잠금장치를 풀며 말했다.

"환자분. 이제 수술실로 이동하실게요."

그렇게 아빠가 누워있는 침대를 끌고 나갔다. 그 직원이 이끄는 대로 엄마와 함께 아빠를 따라 수술실 전용승강기를 타고 수술실 앞까지 다 같이 갔다.

수술실 입구 자동문 앞에서 직원은 엄마와 나에게 말했다.

"여기서부터는 같이 못 들어갑니다. 보호자는 병실에서 대기해주시면 됩니다.

수술 진행상황은 중간중간 보호자께 문자가 갈 거구요, 혹시 중간에 문제가 생기면 호출할 테니 멀리 가시면 안 됩니다. 가급적 병원 안에서 대기해주세요.

그럼 이제 들어가겠습니다."직원의 안내가 끝났고, 엄마와 나는 아빠에게 인사를 했다.

"아빠. 걱정 마요. 다 잘 될 거에요."

"여보. 수술 잘 될 거에요. 잘 받고 나와요. 맘 편하게 먹고 잠깐 한숨 자고 일어난다 생각해요."

아빠는 만감이 교차하는지 입을 꾹 다문 채 차마 아무 말도 하지 못했다. 그저 촉촉해진 눈으로 엄마와 나를 말없이 바라보았고 이윽고 아빠의 눈가에 눈물 한 방울이 주룩 흘러내렸다. 그렇게 침대에 누워 아빠는 홀로 수술실에 들어가셨다.

오전 11시. 드디어 수술이 시작되었다.

소요시간은 대략 8~9시간이 걸릴 것이라고 사전에 안내받았다. 아까 남자 직원이 말해준 대로 중간중간 '수술 진행 중'이라고 엄마의 휴대폰에 알림문자가 왔다.

저녁 8시면 수술이 다 끝나 아빠를 볼 수 있을 거라고 생각했다. 하지만 밤9시가 넘어도 계속 수술중이라는 문자만 받을 수 있었다.

하루 종일 물 한잔도 마시지 못한 엄마는 앉아있지도, 가만히 서 있지도 못하고 안절부절못하며 아빠의 수술시간이 길어지는 것에 불안감을 감추지 못하고 있었다.

수술실 앞에도 수차례 다녀온 엄마였다. 친척들에게서 아빠의 수술이 끝났는지 묻는 전화가 자꾸만 걸려왔다. 점점 길어지는 수술시간 때문에 엄마는 이미 안 좋은 방향으로 자꾸 상상하며 정신까지 혼미해진 상태였다.

"설마 아빠 잘못된 건 아니겠지?"

"아냐. 엄마. 직원이 수술 중에 문제 생기면 따로 호출한다고 했잖아. 계속 수술 중이라고 문자도 오고 있잖아. 수술 잘 되고 있을 거야."

"근데 왜 이렇게 안 나오지?"

"수술이 잘되고 있겠지. 최대한 잘 하려다 보니 오래 걸리는 걸 거야.

마음 좀 가라앉히고 물이라도 마셔봐. 이러다 엄마까지 쓰러질 것 같아.

아빠 괜찮을 거야. 우리 아빠 강한 분이잖아."

나의 만류에도 엄마는 가만히 있질 못하고 불안한 모습으로 계속 서성거렸고, 그런 엄마를 지켜보는 같은 병실 다른 환자의 보호자들도 엄마를 다독였다.

괜찮을 거라고, 우리나라에서 제일 큰 병원이지 않느냐고, 원래 병원에서 처음 말해준 수술시간보다 보통 더 걸린다면서 자신들의 경험을 보태어 엄마를 함께 안심시키려 애써주셨다.

하지만 시간이 지체될수록 엄마의 불안은 더욱 고조되고 있었고, 아무래도 무슨 일이 난 것 같다며 이렇게 안 나올 수가 있냐고 수술실로 다시 내려가려던 찰나.

아빠가 회복실로 이동했다는 문자를 받을 수 있었다. 자정에 가까운 시각이었다.

그렇게 문자를 받고 한 3~40분이 더 지나서야 아빠는 입원 층으로 이동되어 왔다.

기존에 입원해있던 6인실 병실이 아닌 같은 층의 처치실로 왔다. 처치실은 간호사실 바로 옆에 위치하고 있었는데, 갓 수술을 받고 나온 환자는 바로 병실로 이동하지 않고 처치실에서 추가적으로 필요한 조치를 한 후 안정적인 상태가 확인되면 병실로 이동한다 했다.

그렇게 13시간의 수술을 받고 나온 아빠의 모습이 보였다.

수액을 너무 오랫동안 맞아 아빠의 눈과 온몸이 심하게 부풀어있었다.

처음 보는 아빠의 모습. 순간 너무 낯설어 보였다.

아빠는 고통이 너무 심한지 비명까지 지르고 있었다. 너무도 고통스러워하는 아빠의 모습을 한 발짝 떨어져서 지켜보며, 아빠의 고통 중 그 어떤 것도 대신 나눠질 수 없고 그저 이렇게 바라볼 수밖에 없음에 정말 너무나 비통한 심정이었다.

간호사들은 아빠에게 연결된 수많은 의료용 호스부터 빠르게 정리하고 있었다.

무슨 줄이 저렇게나 많은지, 뭐가 저렇게 아빠 몸에 많이 달라붙어 있는지 정말 처참했다.

어떻게 이렇게 끔찍한 모습으로 나오는지, 사람을 살리는 수술을 한 게 맞는지 의심스러울 정도였다. 각종 체크와 간호사들의 정리가 끝나고 나서야 아빠에게 가까이 다가설 수 있었다. 아빠는 마치 얼음물에 빠졌다 나온 사람처럼 온몸을 부들부들 떨고 있었다.

어금니까지 꽉 깨물고 있었지만 아빠의 치아는 탁탁탁 소리를 내며 심하게 떨리고 있었다. 아빠 옆으로 다가서니, 아빠는 엄마와 나를 바라보았다.

엄마는 울먹이며 아빠에게 말했다.

“여보. 정말 너무 고생했어요. 나 알아보겠어요?”

아빠는 여전히 사시나무 떨듯이 심하게 떨며 쉰 목소리로 겨우 대답했다.

“그럼. 우리 마누라지.”

“여보. 수술 정말 잘 됐데요. 이제 아무 걱정 말고 빨리 낫기만 하면 돼요.”

아빠는 엄마의 말을 들으며 희미하게나마 그제야 안도하는 표정을 보였다. 하지만 그때 엄마의 마음은 누구보다 무거웠을 것이다.

아빠가 회복실로 들어갔다는 문자를 받고 십여 분 뒤 집도의가 병실로 찾아왔었다. 그는 아빠의 수술이 오래 걸린 이유에 대해서 설명해주었다.

“수술은 잘 됐습니다. 담관 쪽에 있던 종양을 다 제거했습니다.”

“감사합니다. 선생님. 정말 감사합니다.”

“하지만 간까지 연결되어있는 담관을 타고 올라가면서 추가로 조직검사를 진행했는데 계속 암세포가 확인되었습니다.”

“네? 그게 무슨 말씀이세요?”

“간 안쪽에도 암세포가 퍼져있는 걸로 보입니다. 최대한 깊숙한 곳까지 다섯 번에 걸쳐 조직검사를 진행했는데 전부 다 확인이 되었어요. 그래서 수술시간도 예정보다 많이 걸린 거고요. 정말 많이 아쉽습니다."

"그럼 이제 어떻게 해야 하는 건가요?"

"일단 어느 정도 회복되고 나면 바로 항암치료 진행해야 할 것 같습니다."

의사의 말을 다 들은 엄마의 표정은 슬퍼 보였고 개운하지 못했다.

하지만 엄마는 아빠에게는 꼭 수술이 잘됐다는 것만 얘기해달라며 의사에게 간곡하게 부탁했다. 그리고 내게도 신신당부를 했다. 나는 아무 말도 못하고 고개만 강하게 끄덕였다.

그 후 아빠는 처치실에서 새벽 1시가 넘어서야 일반병실로 이동해올 수 있었다.

간호사는 강한 진통제도 투여됐고 무통주사도 자동으로 투여되고 있지만 아침까지는 통증이 많이 심할 거라고 설명해주었다. 그리고 아직 금식이니 물도 마시면 안 된다고 했다. 환자가 갈증을 호소하면 거즈에 물을 적셔서 입 안만 가볍게 닦아주라고 했다.

끝으로 마취에서 풀릴 때까지 다시 잠들지 않도록 하고 환자의 호흡도 같이 잘 체크해주라고 했다. 간호사의 설명을 다 들은 후 엄마와 함께 나는 본격적으로 아빠의 간호에 들어갔다.

일단 무통주사가 자동적으로 타이머에 맞춰 투여되고 있지만, 환자가 너무 고통스러워하면 20분마다 한 번씩 무통주사에 연결된 리모콘 버튼을 눌러주면 추가로 더 투여가 된다고 설명을 들었다. 그래서 아빠에게 무통주사를 투여할지 물어보면 아빠는 어김없이 고개를 끄덕이며 20분마다 바로 바로 투여해주길 원했다.

나는 20분 간격으로 알람을 맞춰놓고 시간이 되면 단 1초도 지체하지 않고 무통주사를 추가로 투여했다. 하지만 그래도 아빠는 여전히 너무 아파했고 계속 신음소리를 내며 안간힘을 다해 통증과 홀로 싸우고 있었다.

아빠의 이마도 짚어보며 혹시 열이 나는지 체크했고, 아빠가 마취약에 취해 다시 잠들려고 할 때는 아빠를 깨워 심호흡을 시켰다. 난 아빠와 눈을 맞추고 함께 심호흡하면서 그렇게 정신을 잃지 않도록 아빠를 보살폈다. 엄마는 아빠의 팔을 주무르고 나는 다리 쪽을 주무르며 아빠가 조금이라도 고통을 덜 느낄 수 있도록 최선을 다했다. 잠시 후 아빠가 입안이 너무 마르다며 물을 마시고 싶다했고, 아직 물은 마시면 안 된다고 설명한 뒤 거즈를 시원한 물에 적셔 아빠의 입안 구석구석을 닦아주었다.

어느덧 새벽5시. 나는 졸음이 너무 쏟아졌다.

오한을 느끼며 심하게 떨었던 아빠는 이제 체온이 어느 정도 회복됐는지 더 이상 떨지 않았다. 끙끙 앓던 신음소리도 많이 줄어들었다. 하지만 통증은 여전한지 계속 아파하셨다.

나도 모르게 자꾸 졸면서 20분마다 울리는 알람에 맞춰 무통주사를 반사적으로 눌렀다. 그리곤 아빠의 다리를 주무르다 다시 꾸벅꾸벅 졸기를 반복했다.

엄마는 그런 내게 잠시 눈을 붙이라고 말했다.

그럼 나는 딱 한 시간만 자고 일어나겠다며 보호자용 간이침대에 몸을 눕혔고 그대로 기절하듯 순식간에 잠이 들어버렸다. 다시 눈떠보니 어느덧 아침 7시가 되어있었다.

엄마는 여전히 아빠의 팔다리를 부지런히 주무르고 있었다. 2시간이나 자버려 미안한 마음으로 아빠의 상태를 살피며 엄마도 눈 좀 붙이라고 말했다.

엄마는 아빠의 통증이 많이 잦아든 것 같다고 말했고, 간호사가 좀 전에 다녀갔는데, 목말라하면 이제부터 가글 정도는 해줘도 된다고 했다. 나는 그렇게 엄마에게 조금 달라진 상황을 전달받고 아빠를 다시 보살폈다.

아빠의 고개를 조심히 들어 수시로 가글을 시켜드렸고, 아빠와 함께 심호흡을 했다.

심호흡을 많이 해줄수록 폐 운동이 되어 마취도 깨고 폐에 무리가 가지 않는다고 했다.

"아빠. 저 따라 해보세요. 푸우-"

"푸우-"

"하나둘 푸우-"

"푸우-"

아빠는 착한아이처럼 내 눈을 똑바로 응시하며 내가 시키는 대로 호흡도 곧잘 따라했다.

그런 아빠의 모습이 참 안쓰럽고 귀엽기도 했다.

아침 해가 떠올라 병실 안을 환하게 비췄다.

아빠는 지난밤 그 처참했던 모습에서 놀랍도록 안정을 되찾았고, 여전히 움직일 수는 없었지만 심한통증은 많이 가라앉은 듯 보였다. 그리고 아빠의 목소리에도 어느덧 힘이 생겼다.

아빠는 이제야 좀 여유가 생긴 듯 엄마와 나를 보며 살짝 웃어보였다.

그리고 아빠는 나에게 다정한 목소리로 말씀하셨다.

"아빠 살려줘서 고맙다."

엄마는 아빠에게 정말 고생했다고 이젠 마음 놓고 푹 쉬라며 아빠를 계속 쓰다듬었다.

아빠는 고개를 끄덕이며 다시 말했다.

"여보. 작은딸한테 5만원 용돈 챙겨줘라. 수고비."

아빠의 말에 엄마도 나도 같이 다시 웃을 수 있었다.

#41 바람이 그대로 머물러주길

수술 후 며칠이 지났다. 아빠는 이제 식사도 할 수 있고 걸을 수도 있었다.

나는 회사에 다시 정상적으로 출근하기 시작했고, 퇴근하면 곧바로 아빠가 있는 병원으로 왔다. 주말이면 내내 아빠엄마와 함께 병원에만 있었고, 밤에 잘 때에는 간이침대 하나에 엄마와 함께 누워 잤다. 서로 머리 방향만 반대로 한 채 비스듬히 누우면 같이 잠을 잘 수 있었다.

부산병원에서 첫 인사를 했던 미래 작은사위도 병문안을 계속 왔다.

엄마와 내가 먹을 김치를 본인 집에서 챙겨 오기도 했고, 저녁이면 병원 야외휴게실에서 함께 야경도 보며 어느덧 그렇게 그와 나는 자연스레 연인 사이로 발전되어있었다.

하루는 아빠에게 특별한 디저트를 맛보여주고 싶어 병원 근처 백화점 식품코너에 위치한 유명한 롤케익 전문점을 찾았는데, 우리가 사려고 하는 품목은 당일 한정판매라 아침 일찍 오픈할 때 사지 않으면 구할 수 없다는 정보를 사전에 입수했다. 그래서 이른 아침부터 남자친구를 만나 백화점 오픈시간에 맞춰 둘이 함께 줄을 섰고, 백화점 문이 열리자마자 줄서있던 다른 사람들과 함께 달리기를 시작했다. 전력질주를 하며 가장 앞서나간 남자친구덕분에 우린 1등으로 그 롤케익 하나를 구입할 수 있었다.

그렇게 사온 롤케익을 아빠엄마와 함께 병원 야외휴게실로 나가 햇살이 비춰 반짝반짝 빛나는 한강을 바라보며 맛있게 맛보았다.

수술 후 약 3주가 지나 서울병원에 온 지 한 달이 됐을 무렵 아빠는 드디어 퇴원을 앞두고 있었다. 처음 서울병원에 왔을 때가 한여름이었는데, 퇴원할 때가 되니 어느덧 선선한 가을바람이 불어왔다. 병원비는 국가에서 지원해주는 중증환자 적용을 받아 총 액수에서 5%만 환자부담이었다. 다행히 또 친척과 지인들이 병원비에 보태라고 보내준 십시일반 모인 돈도 큰 보탬이 되어 처음 했던 걱정과 달리 병원비도 크게 부담스럽지 않았다. 아빠는 매번 신세를 지게 된다며 돈을 보내준 사람들에게 미안해했다.

그렇게 퇴원을 하루 앞둔 전날 저녁.

저녁식사를 마친 후 아빠엄마와 함께 병원 1층 야외정원으로 산책을 나갔다. 아빠는 벤치에 앉아 병원건물 사이로 보이는 밤하늘을 보고 있었다.

엄마와 이런저런 얘기도 나누며 그렇게 시원해진 여름저녁을 느끼고 있었다.

그때 선선한 바람이 살며시 불어와 주변에 있던 나뭇가지의 나뭇잎들이 샤아- 소리를 내며 흔들거렸다. 아빠는 지그시 눈을 감고 바람을 느끼며 조용히 말씀하셨다.

"바람이 참 좋다."

그렇게 아빠는 부산 집으로 무사히 돌아갈 수 있었다.

항암치료는 서울병원이 아닌 부산 다른 병원에서 받기로 했다. 여러 번 치료를 받으러 왔다 갔다 해야 하는데 거리가 너무 멀다는 이유에서였다. 그래서 서울병원은 정기검진 때만 오기로 하고 부산으로 내려가셨다.

아빠의 항암치료는 8차까지 진행되었다. 2~3차까지 진행될 동안 아빠의 컨디션은 그럭저럭 양호한 편이었다. 하지만 항암치료가 반을 넘어가면서 아빠에게도 지독한 항암부작용이 찾아왔다. 입맛을 완전히 잃었고 후각이 예민해져 음식 냄새만 맡아도 괴로워하셨다.

친척들이 면역력에 좋다는 각종 건강식품들도 많이 보내주었지만 아빠는 그 어떤 것도 제대로 먹어내질 못했다. 식사를 거의 못하니 몸무게도 많이 줄어들기 시작했고, 기운이 없으니 운동을 나가지도 못하고 하루 종일 누워만 있는 날이 많았다.

체온조절도 잘 되지 않는지 추위를 엄청 느껴 한겨울날씨가 아닌데도 전기장판을 뜨끈하게 켜야 했고, 땀을 뻘뻘 흘리면서도 이불에 몸을 꽁꽁 감싸고 한가득 웅크리고 계셨다.

아빠의 그런 힘든 투병을 조금이라도 대신해줄 수 없음에 너무 가슴이 아팠다. 그러다 어느 한날. 아빠는 내게 결혼을 좀 서둘렀으면 좋겠다는 얘길 하셨다.

남자친구를 만난 지 불과 6개월밖에 되지 않았을 때였다. 아빠는 작은딸 시집도 못 보내고 잘못될까봐 많이 걱정하고 계셨다. 그래서 일단 남자친구에게 이런 우리 집 사정을 얘기 해보았고, 남자친구도 부모님과 상의 후 결혼을 서두르는 것에 동의를 해줬다.

그렇게 아빠가 항암치료를 받고 있을 때에 우리는 상견례부터 결혼준비까지 차례로 준비해나갔다.

남자친구는 자신의 집안 사정을 얘기하며 부모님의 도움을 받고 싶지 않다고 했다.

빚 없이 서울에 집 하나만 있을 뿐이고, 본인이 결혼자금을 지원받게 되면 그만큼 부모님의 노후자금이 없어진다고 설명을 했다. 나 역시 부모님께 도움 받을 생각이 전혀 없었다.

[결혼식 모습.
신랑을 안아주는
아빠(위),

신랑신부의
인사를 받는
부모님(아래)]

아빠가 아파서 경제적인 활동을 전혀 못하는 상황인데, 부모님을 도와주지는 못할망정 손을 벌릴 수는 없는 것이었다. 내가 모은 자금만으로도 충분히 결혼할 수 있다고 생각했다.

그렇게 남자친구와 나는 서로 합의하에 우리 힘으로만 신혼집을 마련하고 결혼준비를 다 하기로 약속했다.

남자친구는 그 당시 모아놓은 돈이 5천만 원이 좀 안되었고, 나는 원룸

전세금을 빼면 모아둔 돈이 딱 5천만 원이 되어있었다. 하지만 결혼까지 한 2~3개월이 남았으니 그동안 남자친구는 저축을 좀 더 하면 5천만 원이 된다고 하였다. 우리의 신혼자금 1억. 많은 것도 적은 것도 아니다. 누군가에게는 많은 금액일 수 있고, 누군가에게는 적은 금액일수도 있다. 많고 적음은 그저 상대적인 것일 뿐이다.

아무튼 그렇게 둘이 합쳐 1억이라는 돈에서 2천만 원으로 신혼집에 필요한 가전가구를 장만했고, 결혼식과 신혼여행에 필요한 비용을 지출했다. 그리고 남은 8천만 원으로 신혼집을 알아보았다.

하지만 현실적으로 서울에서 8천만 원을 가지고 전셋집을 구하려고 하니 대출을 한다고 해도 입지 좋은 아파트는 꿈도 못 꾸는 것이었고, 방 두 칸 정도의 빌라는 알아볼 수 있었다.

그렇게 신랑과 함께 이 동네 저 동네 많은 집들을 구경 다니며, 이집이 우리 신혼집이 될지 저 집이 될지. 즐거운 상상을 해보며 즐겁게 결혼준비를 했다.

엄마는 아빠가 아프지 않았으면 조금이라도 지원해 줬을 텐데 나에게 금전적으로 아무 도움을 주지 못함에 마음 아파하셨다. 하지만 내게는 아빠가 살아있다는 자체만으로도 정말 큰 힘이 되었으며, 오히려 이런 시기에 정말 결혼준비를 하게 되어 아빠엄마에게 부담을 주는 것 같아 괜스레 죄송한 마음이었다.

아무쪼록 그렇게 결혼준비는 큰 어려움 없이 차근차근 잘 되어가고 있었다.

신랑과 나는 종로에 있는 한 귀금속 상가에서 약 70여만 원을 지불하고 18K 금반지 두 개를 맞췄다. 그것이 우리의 결혼반지였다. 우리 예물의 전부이기도 했다.

그리고 6천만 원을 은행에서 대출받아 1억4천만 원의 전셋집도 구했다.

신혼집은 37.62㎡. 약 12평이 안 되는 빌라였다. 우리의 신혼집은 엘리베이터가 없는 5층 건물에 꼭대기 층에 있었고, 방 2개에 거실과 부엌 하나, 화장실도 하나 있던 그런 아늑한 집이었다. 맨 꼭대기 층이었음에도 하수구 냄새와 곰팡이 냄새가 나기도했고, 종종 좀벌레와 바퀴벌레가 나와 우리를 많이 놀라게도 했지만, 나름 신혼집 분위기로 아기자기하게 꾸며놓고 신랑과 함께 소소한 일상이 주는 행복을 느끼며 잘 지냈다.

아빠와 엄마는 결혼식 하루 전날 서울에 올라와 나의 신혼집에서 하룻밤을 주무셨었다.

아빠는 우리의 신혼집을 처음 보자마자 이렇게 말씀하셨다.

"어효~ 이 정도면 충분하지."

위층으로 갈수록 점점 좁아지는 어두운 건물계단을 힘겹게 올라와 가쁜 숨을 몰아쉬며 하신 첫 마디였다.

행여나 딸이 속상하진 않을까 아빠는 집이 밝고 좋다며 좋은 점만을 얘기했고, 아빠엄마의 더 어렵게 시작한 옛날시절의 얘기를 들려주며 그렇게 나의 신혼집에서 하룻밤을 보내셨다.

뒷날 결혼식이 끝나고 터키로 떠났던 일주일간의 신혼여행도 잘 마치고 돌아왔다.

양가에 인사도 마친 후 본격적으로 우리의 서울 신혼생활이 시작되었다.

신랑과 나는 같이 맞벌이를 하며 최대한 절약하면서 지냈다.

외식도 거의 하지 않았고, 옷 한 벌도 웬만해선 새로 사 입지 않았다. 둘이 함께 벌어오는 월급에서 최소한으로 꼭 필요한 것에만 지출하며 생활했고, 우선적으로 대출을 갚았고 나머지는 최대한 저축도 하며 지냈다.

심지어 월 2~3만 원가량의 정수기 렌탈비용도 아끼고자 신랑은 근처에 있던 본가로 가서 매일같이 정수 물을 받아왔다. 가방 안에 생수병을 여러 개 넣고 물을 받아 가방에 넣은 뒤 그렇게 물을 길어 날랐던 것이다. 하루는 내가 물을 마시다 컵에 반 정도 남겼는데 신랑은 그런 날 보며 말했다.

"밥은 남겨도 물은 남기지마."

그 말에 둘이서 배꼽을 잡고 한참을 웃었다.

퇴근 후엔 함께 자전거를 타고 한강 라이딩을 즐겼고, 주말이면 돗자리와 그늘막 텐트를 들고 한강공원으로 나가 자리를 펴고 낮잠을 실컷 자고 오기도 했다.

그렇게 여행 한번 가지 않고, 부지런히 대출을 갚은 덕에 우린 2년이 채 안되어 대출금 6천만 원 전액을 다 갚을 수 있었다. 금전적으로 풍족한 신혼생활은 아니었지만 마음만큼은 정말 풍요롭고 행복이 가득했다.

아무튼 결혼한 지 3개월이 지났을 무렵에 나는 임신이 되었다.

7월의 한여름. 그렇게 나의 뱃속에 소중한 생명이 찾아왔다는 걸 알게 되었다.

아빠는 누구보다 나의 임신소식을 기뻐하셨고 가장 큰일을 해냈다며 축하해주셨다.

회사에서 일하다 잠시 휴식을 취할 때 아빠에게 전화를 걸어 아빠의 컨디션을 챙겨 물을 때면 아빠는 그저 내 몸만. 내 뱃속의 아이만 신경 쓰라고 하셨다.

"아빠는 괜찮아. 넌 까꿍이만 신경 써. 네 몸이 제일 우선이다."

컨디션이 좋은 날이나, 좋지 않은 날이나 늘 아빠는 그렇게 똑같이 말씀하셨다.

아빠가 걱정되어 전화를 걸었는데, 나와 아기 상태만 더 말하게 되었다.

난 임신을 하고서도 부산 집에 갈 기회만 생기면 부지런히 시간을 내어 부모님 댁으로 갔다. 그리고 아빠엄마는 집을 옮겨 새로운 집으로 이사도 하셨다.

새로운 집으로의 이사는 엄마의 생각이었다. 아빠가 일을 할 수가 없으니 아빠의 포크레인은 몇 개월간 멈춰있는 상태였고, 수입원이 없어지자 아빠는 몸이 아프면서도 계속 돈 걱정을 많이 하셨다. 그런 아빠를 대신해 엄마는 잠시나마 식당에 주방 일을 나가기도 했지만, 아픈 아빠를 집에 홀로 둬야하는 상황이 녹록치가 않아 금방 그만 두어야했다.

아빠에겐 살아갈 방법이 다 생긴다고 아빠를 위로했던 엄마였지만, 엄마 역시 막막하긴 마찬가지였을 것이다. 그러던 어느 날.

엄마는 외출을 나갔다가 항상 지나다녔던 다가구주택이 모여 있는 동네를 무심코 보게 되었다. 아직 다 형성이 되지 않아 공사 중인 건물이 더 많이 보이는 그런 곳이었다. 문득 저런 집은 얼마나 할까, 저런 집을 가지고 있으면 월세도 받을 수 있고 참 좋겠다는 생각이 들어 근처 한 부동산을 찾아 들어가게 되었다고 한다.

부동산 사장님의 애기를 듣다보니 생각보다 크게 대출하지 않고도 기존 아빠엄마가 지냈던 아파트와 아빠의 포크레인을 같이 정리하면 충분히 매입이 가능하다는걸 알게 되었다.

그렇게 엄마의 빠른 계산과 판단력으로 엄마는 아빠도 설득해 포크레인을 정리하기로 했고, 아파트를 팔고도 부족한 나머지 금액은 은행에서 대출을 받아 햇볕이 잘 드는 다가구주택 하나를 마련한 것이다.

아빠의 포크레인을 정리하던 날.

아빠는 자신이 더 이상 일을 할 수 없음에 눈물을 머금고 계셨다. 이제 가장으로써 능력이 없다며 많이 울적해하셨는데, 포크레인을 판돈으로 수

입이 발생하는 집을 마련했으니 아빠는 계속 벌고 있는 것이라고 가족들은 아빠를 위로했다.

상가 겸용 다가구주택이라 1층에는 상가가 하나 있고, 2층에는 원룸이 3개 있었다. 3, 4층은 부모님이 거주하는 복층 집이었다. 엄마의 생각대로 상가와 원룸에서 나오는 월세수입은 큰 금액은 아니지만 부모님께 중요한 수입원이 되어주었다.

건물은 햇볕이 하루 종일 들어오는 따뜻한 남향집이었고, 집 바로 옆에는 공터가 있어 그곳에서 아빠는 작은 텃밭도 가꿀 수 있었다.

아빠는 자신이 이런 좋은 집에도 살아볼 날이 다 오냐며 정말로 기뻐하셨고, 새 집을 정말 아끼고 좋아하셨다. 새집인데도 어디 그렇게 손볼 데가 많은지 새집에서 만난 아빠의 모습은 항상 공구통을 손에 들고 여기저기 분주하게 뚝딱이고 계셨다. 그런 아빠는 땀에 흠뻑 젖어 힘들게도 보였지만 그래도 정말 행복해 보이셨다.

그렇게 새로 이사한 집에는 야외테라스까지 있었는데, 우리 가족은 그곳에 옹기종기 모여앉아 다함께 고기도 구워먹고 아빠엄마가 함께 정성스레 가꾼 싱싱한 야채도 맛보았다.

하루하루가 정말 즐거웠고 소중했다. 하지만 즐거운 마음 한편으로는 이런 행복이 다시 깨질까봐 항상 두려웠다.

보고 있어도 보고 싶고, 곁에 있어도 그립다는 것을 아빠가 아프신 후 비로소 공감할 수 있었던 시간들이었다.

아무쪼록 우리가족이 다시 찾은 이 행복이 우리 곁에 오래도록 머물러주길 바랄뿐이었다.

내 바람이 그대로 머물러주길 바라고 또 바랬다.

#42 넘을 수 없는 벽

해가 바뀌어 2016년이 되었다. 이제 난 임신을 한 지 7개월 차에 접어들고 있었다.

신년 맞이로 하루 시댁식구들과 함께 동해로 나들이를 갔었다.

나들이를 다 끝내고 저녁이 되어 서울로 돌아오는 차안에서 언니에게서 한 통의 연락을 받게 되었다.

아빠가 갑자기 심한 복통을 호소해 급히 응급실로 들어갔다는 것이었다.

응급수술을 해야 할지도 모르는 상황이지만 언니는 괜찮을 거라며 너무 걱정은 하지 말라고 했다. 아빠의 갑작스런 입원소식에 나는 정말 너무 놀랐다.

바로 지난주였던 연말에 부산에서 아빠를 만나고 왔었다.

크리스마스 연휴라 신랑과 함께 부산에 내려갔었고 그때 아빠엄마, 언니 형부와 조카들도 다함께 대게와 킹크랩을 맛있게 잘 먹었었다.

당시 아빠의 컨디션은 좋았다. 모처럼 식사도 잘 하셨고 소주도 한잔 하셨다.

그게 바로 지난주였는데 갑자기 응급실이라니. 심장이 덜컹 거렸다.

제발 별일이 아니길, 정말 큰일이 아니길 그렇게 빌고 또 빌었다.

2016년 1월초. 아빠는 그렇게 갑자기 응급실로 들어갔고, 간단한 수술로 금방 괜찮아질 거라 그땐 그렇게 믿었었다. 소장이 붙어있다 하여 그 부분을 제거하는 수술을 부산병원에서 받았다. 처음엔 그냥 그런 수술로만 알고 있었다.

하지만 일주일 후 조직검사 결과가 나왔는데 소장을 막고 있던 것이 암으로 확인이 되었다. 소장으로 전이가 되어 막혀있었던 것이었다.

바로 몇 개월 전 정기검진도 별 이상 없이 통과가 됐었던 아빠였는데, 어떻게 3개월 만에 암이 진행되어 아빠의 소장을 막고 있었다는 건지 청천벽력 같은 소리였다.

하지만 부산병원에서는 곧 퇴원할 수 있다며 퇴원 후 치료를 권했다.

그래서 항암치료가 추가적으로 필요할거라고 그렇게 다시 생각했다.

그런데 곧 될 것 같던 퇴원은 자꾸만 연기가 되었다.

아빠의 상태가 하루하루 지날수록 점점 나빠지고 있었기 때문이다.

변을 보지 못하기 시작했고, 금식이 계속 이어졌다. 그러더니 복수가 차올라 배가 부풀기 시작했다. 말랑했던 복부도 점점 단단해지기 시작했다.

그렇게 한 달이 넘도록 아빠의 상태가 계속 안 좋아지면서 퇴원은 자꾸 연기되었다.

아빠는 결국 퇴원을 하지 못했고, 음식물도 전혀 섭취하지 못했다.

결국 상의 끝에 다시 서울병원으로 옮기기로 했다.

지난번의 실수가 반복되지 않기 위해서 아빠를 서울병원으로 이송시키기 전, 미리 필요한 준비를 서울에서 내가 다 처리해두었다.

아무래도 정상적으로 일을 할 수 없음에 다니고 있던 회사에 다시 내 상황을 얘기했다.

회사에서는 현재 내가 임산부이기도 하고 아버지가 많이 위중하다고 하니 형식적으로 출근만 하고 바로 개인용무를 보라고 배려를 해주었다.

나머지 시간은 모두 외근 처리를 해준다는 것이었다. 그렇게 직장동료들의 배려로 나는 오로지 아빠 일에만 신경 쓸 수 있었다.

우선 서울병원에 아빠를 수술했던 주치의를 찾아가 현재 아빠 상태를 확인할 수 있도록 부산병원에서 받은 검사결과지를 보여주었고, 아빠가 음식물도 전혀 섭취를 못하는 상태라고 설명하니 의사는 최대한 할 수 있는 것을 해보겠다며 서울병원으로 이송하도록 권했다.

진료 후 1인실도 구해두어 아빠가 오면 바로 입원실로 들어갈 수 있도록 조치를 취했다. 그렇게 입원 예정일에 맞춰 아빠는 또다시 구급차에 실려 서울병원으로 오게 되었다.

그때가 어느덧 2월 중순이었다.

서울에서도 다시 각종 검사가 진행되었다.

그때 아빠의 상태는 눈에 띄게 더 악화되고 있었다. 그런 아빠를 엄마와 함께 부축하여 병원복도를 걷고 운동을 시켜보려 애썼다.

조금이라도 걸으면 혹시나 변이라도 시원하게 볼 수 있을까 싶어 힘들어 꼼짝도 하지 않으려는 아빠를 억지로 일으켰고 그렇게 한걸음이라도 더 걷게 하려고 무진장 애를 썼다.

하지만 아빠의 복부는 점점 더 돌처럼 단단해졌다.

그리고 아빠 코에는 위까지 연결된 호스가 있었다. 소장이 꽉 막혀 위에서부터 아무것도 내려보낼 수 없는 상태였기 때문이었다.

물을 마실 수는 있지만 코에 연결된 호스를 통해 다시 거슬러 밖으로 다 나왔다.

음식물은커녕 물도 섭취할 수 없는 아빠였다.

그렇게 두 달이 다 되어가도록 아빠는 식사 한번 할 수가 없었고, 변도 볼 수 없었다.

복부 쪽에 심한 통증도 같이 호소하며 각종 진통제와 마약성분이 들어간 패치도 수시로 교체가 되었다. 강한 약성분에 취해 아빠는 잠들어있는 시간이 많았지만 그마저 편안해 보이지가 않았다.

주무시면서도 통증이 느껴질 때면 몸을 웅크리기도 하였고 악몽을 꾸는 듯 괴로운 표정으로 주무셨다.

정신이 돌아오면 곧바로 극심한 통증을 호소하며 진통제를 더 달라고 소리치셨다. 정말 너무도 심하게 고통스러워 하셨다.

그렇게 서울병원에서 뭔가 조치를 빨리 취해주길 바랐지만 서울병원 역시 아무 손도 쓰지 못했다. 최종검사 결과를 확인한 담당의사의 표정은 좋지 않았다.

이윽고 아빠가 서울병원에 온지 2주가 됐을 무렵.

의사는 깨어있던 아빠의 앞에서 마지막 말을 무겁게 전했다.

"더 이상 방법이 없습니다."

의사는 여기서 더는 할 수 있는 게 없다며 2차병원으로 가서 최대한 환자의 고통을 줄여줄 것을 권유했다. 그것이 유일한 방법이라고 했다.

우리나라 제일 큰 병원에서 조차 더 이상 방법이 없다는 그 비참하고 시린 벽 앞에 나는 그만 무너지고 말았다.

6인실 병실이라 다른 환자와 보호자들을 위해서라도 참아보려 애썼다.

무엇보다 아빠를 위해서 아빠 앞에서는 절대 울지 않겠다고 다짐했던 나였지만, 끝내 참지 못하고 그 자리에서 어린애처럼 울어버렸다. 옆에서 엄마도 주저앉아 울고 있었다.

아빠는 그런 엄마와 나의 머리를 말없이 계속 쓰다듬어주셨다.

그리고 계속 서럽게 울고 있는 우리에게 아빠는 말했다.

"아이고. 괜찮다. 괜찮다. 때가 되면 받아들일 줄도 알아야지. 나는 괜찮다. 괜찮다. 받아들여라… 괜찮다. 괜찮아."

아빠는 '괜찮다'라는 말을 반복하며 엄마와 나를 오랫동안 그렇게 달래주었다.

다시 부산병원으로 내려갈 준비를 할 동안 아빠는 더 이상 멀쩡한 정신으로 시간을 보낼 수 없었다. 지독한 약에 더욱 취해버렸고 환각상태까지 빠져 이상한 말도 다시 시작하였다. 그렇게 하루를 취한 듯 몽롱한 듯 힘겹게 보냈다.

잠에서 깨어나면 어김없이 진통제부터 찾았고, 강력한 진통제가 들어가면 아빠는 잠이 들거나 아니면 이상한 말을 계속 하셨다.

"모래가 이렇게 많네. 모래가."

"이 모래를 다 어떻게 해야 하나."

그런 아빠에게 말을 걸어보아도 아빠는 제대로 된 대답도 못하고 다시 눈을 감아버리셨다.

부산병원으로 내려가기 며칠 전.

창밖엔 비가 추적추적 내리고 있었다. 엄마는 간이침대에서 잠시 잠들어 있었다.

나는 비 오는 창밖을 한참보다 아빠를 한번 보았다.

아빠가 깨어나 있었다. 눈이 떠져있는 아빠를 보고 바로 아빠에게 다가가 필요한 게 있는지 물었다.

"아빠. 물 드릴까요? 진통제도 더 달라고 할까요?"

하지만 아빠는 아무대답도 하지 않으셨다.

천천히 나를 바라보았다. 그리곤 나에게 가까이 다가오라고 손짓을 하셨다.

나는 곧바로 아빠에게 더 가까이 다가가 앉았다.

잠시 후 아빠는 힘겹게 손을 뻗어 내 머리를 쓰다듬으셨다.

그러더니 온화한 표정으로 조용히 내게 말씀하셨다.

"작은딸아. 내 작은딸. 씩씩하게 살아줘서 정말 고맙다. 앞으로도 씩씩하게 잘 살아라."

이 말을 내게 전하며 아빠의 눈에서 눈물 한 방울이 주룩 흘러내렸다.

나는 손으로 아빠의 눈물을 천천히 닦아드렸다. 아빠는 곧 또다시 약에 취하셨다.

정신이 혼미하셨음에도 아빠는 나에게 이 말을 꼭 전하고 싶으셨던 것 같다.

아빠의 그 눈빛과, 아빠의 그 따뜻한 말씀에 순간 나는 목이 메여 아무 대답도 할 수 없었다. 목구멍이 너무 아파서 어떤 소리조차 낼 수가 없었다.

그게 아빠가 나에게 전한 마지막 인사였음을 그때는 정말 알 수 없었다.

#43 별이 지다

너무도 아프고 시린 서러운 나날들이었다.

희망이 보이질 않는 지치고 힘든 하루만 반복되고 있었다.

3월초. 결국 서울병원에서조차 손도 써보지 못하고 아빠는 항암치료를 받았었던 부산의 병원으로 다시 내려가게 되었다. 그렇게 아빠를 부산까지 이송할 구급차가 왔다.

아빠는 이동식 침대에 누워 구급차에 실렸다. 그때도 아빠는 여전히 약에 취해 잠들어 있었다. 나는 금방 따라 내려가겠다고 부산에서 보자고 엄마와 인사를 했다.

원래 4월에 출산 예정이었으나 상황이 어떻게 변할지 몰라 회사에다 출산휴가를 좀 더 빨리 요청하기로 했다. 일주일 정도 회사에 복귀해서 내가 맡았던 회사업무부터 마무리 짓고 그렇게 출산휴가를 받아 아빠 곁에 더 있어야겠다고 생각하고 준비했다.

아빠가 부산병원으로 내려간 다음 날.

회사 점심시간에 언니에게서 영상통화가 걸려왔다.

전화를 받아보니 깨어있던 아빠의 모습이 보였다. 나는 아빠에게 손을 흔들어 보였다.

휴대폰 화면으로 보이는 아빠는 내게 작은 미소를 보이셨다. 그렇게 나는 아빠에게 다음 주에 내려간다고 말하고 짧게 통화를 끝냈다.

이틀 뒤 새벽.

신랑과 함께 자고 있는데 갑자기 내 전화벨소리가 크게 울렸다.

벨소리가 울리자마자 놀라서 잠이 번뜩 깼다. 뭔가 심상치 않음을 바로 직감했다.

휴대폰을 확인해보니 언니에게서 걸려오는 전화였다. 옆에 신랑도 같이 일어나 있었다.

예감이 매우 좋지 않았고 빠르게 전화를 받아보았다.

"어. 언니야."

하지만 언니는 차마 아무 말도 못하고 흐느끼고 있었다.

"왜 언니야. 무슨 일이야? 아빠 안 좋아?"

잠시 후 언니는 겨우겨우 말했다.

"어. 아빠가 이제 준비를 해야 된데. 인사할 가족들은 다 부르라고 병원에서 그러네. 지금 빨리 내려와야 할 것 같아. 빨리 와."

통화를 끝내기도 전에 이미 신랑은 옆에서 옷을 입고 있었다.

나는 전화를 끊자마자 보이는 옷 아무거나 대충 챙겨 입고 그렇게 급하게 신랑과 함께 부산으로 출발했다.

어둠이 짙게 깔린 고속도로.

신랑은 최대한의 속도로 빠르게 달려가고 있었다.

차안에서는 정적만이 흘렀다. 시계를 보니 새벽 3시가 넘어가고 있었다.

마음이 너무도 불안했다. 하염없이 눈물만 흘러내렸다.

구급차에 실렸던 아빠의 모습이 떠오르며 그게 아빠가 살아계셨던 마지막 모습이 아니길.

그게 마지막이 되면 안 된다고 빌고 또 빌었다.

아빠에게 아직 난 인사조차 못했는데, 이렇게 아빠를 보낼 수는 없는 거라고 제발 아빠가 조금만 더 기다려주길 간절하게 기도했다.

신랑은 약 3시간 후면 이제 도착될 거라고 말했다.

그때 나의 휴대폰이 다시 울렸다.

이번엔 형부였다.

나는 떨리는 마음으로 전화를 다시 받았다.

"네. 형부. 지금 반 정도 왔어요."

하지만 형부는 아무 말이 없었고, 형부의 우는 소리만 크게 들렸다.

나도 같이 눈물이 마구 쏟아졌다.

"형부…"

"처제. 너무 미안해. 정말 미안해. 아버지가 숨을 거두셨어."

믿어지지가 않았다. 순간 숨조차 제대로 쉴 수가 없었다.

이건 말도 안 된다.

우리아빠가 이렇게 떠나버릴 수는 없다.

"아빠가 정말 돌아가신 거예요?"

"응. 미안해. 정말 미안해. 처제."

"형부…"

전화를 끊고 나는 크게 소리 내어 한참을 울었다.

옆에 있던 신랑도 운전대를 잡고서 서럽게 울고 있었다.

아빠가 떠났단다. 정말로 떠났단다.

이제 이 세상 어디에도 아빠가 없단다.

아빠의 숨소리를 나는 더 이상 들을 수가 없단다.

아빠의 목소리도 들을 수 없단다.

아빠의 미소도,

날 향한 따뜻한 그 눈빛도,

나는 이제 두 번 다시는 그 어디에서도 볼 수가 없단다.

아빠는 그렇게 내게 인사할 기회조차 주지 않고 저 멀리 내가 갈 수 없는 곳으로,

우리 가족을 다 남겨놓고 홀로 그렇게 떠나셨다.

엄마도 남겨놓고,

언니도 남겨놓고,

아빠가 가장 사랑했던 손녀들도 남겨놓고,

나도 남겨놓고.

아빠가 그리 걱정하던 내 뱃속에 셋째손녀가 아직 세상 밖을 나오지도 않았는데,

한번 안아보지도 못하고 그렇게 아빠는 우리 모두를 남겨놓고

저 멀리 알 수 없는 곳으로, 찾아갈 수 없는 곳으로 결국 떠나셨다.

2016년 3월 9일.

향연 만 59세의 나이로 아버지는 그렇게 숨을 거두셨다.

아버지는 그렇게 영원히 눈을 감으셨다.

그렇게,

나의 별이 졌다.

#44 마지막 온기

아빠가 돌아가셨다는 형부의 최종연락을 받은 후 약 2시간이 지나서야 아빠가 있는 병원에 도착할 수 있었다.

숨을 거둔 아빠의 바로 옆에는 슬프게 울고 있는 가족들의 모습이 보였다.

그리고 가족들 틈사이로 누워있는 아빠의 모습도 보였다.

이젠 더 이상 아프시지 않은지 편안하게 잠들어있는 얼굴이었다.

단단하게 부풀었었던 복부도 언제 그랬냐는 듯 싹- 가라앉아 있었다.

나는 천천히 손을 내밀어 아빠의 손을 잡아보았다.

아직도 따스한 온기가 남아있는 것처럼 느껴졌다.

'아빠. 저 왔어요. 죄송해요. 제가 너무 늦게 왔어요.

그때 병원에서 하신 말씀이 마지막 인사를 했던 거였어요?

저는 정말 몰랐어요. 아빠.

바보 같이 그때 너무 목이 메여 아무 말도 못했어요.

아빠 덕분에 아빠가 만들어준 세상 속에서 저 씩씩하게 잘 살 수 있었던 거예요.

사랑하는 우리아빠.

이제 부디 아프지 마시고 아무 걱정도 마시고 편안하게 쉬세요.

아빠 가시는 길이 너무 멀지 않고 너무 외롭지 않았으면 좋겠어요.

아빠 딸로 태어나 살아갈 수 있어서 저는 정말로 감사하고 행복했어요.

정말 많이 보고 싶을 거예요. 아빠.'

그렇게 아빠의 손을 잡고 나는 고개를 숙인 채 울고 또 울었다.

아빠의 장례식장을 찾아준 많은 사람들.

아빠엄마의 형제, 친척, 조카들. 아빠엄마의 친구와 동창들. 아빠의 직장 동료와 선후배들.

언니와 형부 그리고 나와 신랑의 친구들. 지인들. 회사사람들.

3일 동안 정말 많은 분들이 끊임없이 장례식장을 찾아와 아빠의 명복을 함께 빌어주었다.

나는 여태껏 가까운 사람의 장례를 치른 경험이 없다.

외할아버지는 내가 태어나기 전에 돌아가셨었고, 할아버지, 할머니. 그리고 외할머니도 다 살아계셨기 때문에 내가 치른 가족의 첫 장례가 아빠의 장례식이었다.

많은 사람들이 와서 같이 슬퍼해주고 아빠의 영정사진 앞에서 향을 피우고 계속 절을 했지만, 나는 여기가 정말 우리아빠의 장례식이 맞는 건가 쉽게 믿어지지가 않았다.

장례식장으로 들어오는 사람들을 멍하니 보고 있을 때면 왠지 우리아빠도 저기 어디쯤 검은 양복으로 차려입고 엄중한 표정으로 걸어 들어올 것만 같았다.

아빠와 비슷한 나이대의 조문객을 볼 때면 더더욱 그러했다. 마치 꿈을 꾸는 듯 아빠가 아른거리고 계속 보였다.

만삭의 무거운 몸이었지만, 아빠의 마지막 가는 길에 내가 할 수 있는 걸 다 하고자 오시는 모든 조문객들에게 가능한 빠짐없이 마주보고 절을 했다.

그러던 어느 날 저녁. 검은 양복을 차려입은 남성 한분이 조문을 하러 오셨다.

흰머리가 희끗희끗했지만 아빠와 비슷한 연령대로 보였다.

그분은 절을 하고 일어나 한동안 움직이지 않고 아빠의 영정사진만 가만히 바라보셨다. 그러더니 주머니에서 담배 한 개비를 꺼내 불을 붙였다. 뿌연 담배연기가 피어올랐다.

이윽고 아빠의 영정사진 바로 옆에다 그 담배를 그대로 올려두셨다.

그리고 상주 쪽으로 몸을 돌려 우리를 보고 절을 하셨다. 나도 함께 절을 했다.

절이 다 끝나자 그분은 나의 앞쪽으로 오셔서 서있으셨다.

그리곤 나를 보며 말씀하셨다.

"내가 누군지 알아보겠냐?"

나는 순간 누군지 몰라 눈을 좀 더 크게 떠보았다.

아주 낯설진 않았지만, 그렇다고 누군지도 몰라보았다.

미처 대답을 못하고 머뭇거리고 있는데 그분이 다시 말씀하셨다.

"선생님이다. 선생님. 아빠 친구."

그 순간 아. 고등학생 때 잠시 다녔던 학원이 떠올랐다.

바로 아빠 친구가 운영하는 학원이었는데 고3 때 몇 개월 다닌 적이 있었다. 벌써 14년 전의 일이었다.

내 앞에 서있는 이분은 그 학원 원장선생님이었다. 나에게 수학을 가르쳐주기도 하셨다.

그제야 선생님을 겨우 알아보곤,

"아. 안녕하세요. 선생님. 바로 알아 뵙지 못해서 정말 죄송합니다"라고 고개 숙여 말했다.

선생님은 말없이 나의 어깨만 토닥거려주셨다.

그리곤 이어 다시 내게 말씀하셨다.

"정말 멋진 아버지 밑에서 컸다. 참 멋진 아버지셨다. 누구보다 열심히 사셨고 훌륭한 사람이었다.

그 감사함 잊지 말고 아버지는 좋은 곳으로 잘 보내드리자."

이 말씀을 하시는 선생님의 눈에도 어느새 눈물이 가득 차올라있었다.

그렇게 아빠의 친구이자, 나의 선생님이었던 그분은 나를 꼭 안아주곤 장례식장을 나가셨다. 선생님이 올려놓고 간 담배는 하얀 연기를 뿜으며 천천히 잘 타들어가고 있었다.

아빠의 장례식 마지막 날.

발인하기 전에 염 의식을 치렀다. 관의 뚜껑을 닫기 전 마지막으로 가족들이 아빠에게 인사할 수 있는 시간을 주었다.

엄마와 언니는 관속에 누워있는 아빠의 모습을 보며 서럽게 울고 있었다. 뒤에 다른 가족들도 크게 울고 있었다. 다들 너무 울어서 말 한 마디조차 제대로 할 수가 없었다.

나는 안간힘을 써서 울음을 삼켜내고 겨우 말을 뱉었다.

"아빠. 이제 더 이상 아프지 말고 편히 쉬세요.

엄마 걱정도 마시고 부디 편안하게 눈감으세요.

언니와 함께 아빠를 대신해서 엄마 잘 돌볼게요. 잘 가세요. 아빠."

그렇게 아빠를 향한 나의 인사도 끝이 났다.

아빠의 친구들은 시를 낭독해주셨다.

친구 분들이 아빠를 생각하며 직접 적어온 시라고 하셨다.

내용이 상세하게는 기억이 안 나지만 아빠가 좋아할만한 아주 멋진 시였다.

먼저 가서 조금만 기다리라는,

다음 세상에도 친구로 만나자는, 그땐 더 오래도록 함께하자는 그런 내용이었다.

이어서 발인을 하고 영구차로 우선 아빠엄마의 집으로 이동했다.

영정사진을 들고 차에서 내려 집으로 올라갔다.

아빠가 땀 흘려 가꿔놓은 텃밭 옆을 지나 아빠가 계셨던 집 구석구석을, 아빠가 좋아했던 옥상 테라스며 집안 모든 곳을 한 바퀴 다 둘러보았다.

그리고 화장터로 이동하여 화장을 마쳤다. 아빠의 뼈 가루가 보였다.

그것을 보고 가족들은 더 심하게 오열했다.

잠시 후 아빠의 뼈 가루는 하얀 유골함에 담겨져 나왔다. 그 유골함을 내가 받아들었다.

아빠를 안치할 수목장으로 향하는 차 안에서 나는 아빠의 유골함을 꼬-옥 끌어안았다.

따뜻했다. 내 뱃속의 아이에게 말했다.

'까꿍아. 외할아버지의 마지막 온기란다. 우리 같이 끝까지 힘내서 꼭 잘 보내드리자.'

그렇게 아빠의 장례식이 다 끝이 났다.

산의 풍경이 훤히 내려다보이고 볕이 잘 드는 곳에 아빠를 묻었다.

장례식이 끝나고 더 이상 아빠가 안 계신 집으로 들어왔다.

장례식장에서 많은 사람들을 만날 때에는 잘 몰랐는데, 우리 식구만 남아 집에 있으니 그제야 아빠만 우리 곁에 없다는 게 정말 실감이 났다.

아무리 기다려도 아빠는 오지 않을 것이다.

다시 전처럼 웃으며 '우리 작은딸 왔어?' 하고 안아주지 못할 것이다.

그것이 아주 지독스럽게 와 닿았다.

우린 엄마가 다녔던 절에 아빠의 49제를 올렸다.

2주 동안 매일같이 엄마와 절에 가서 아빠의 명복을 비는 기도를 드렸다. 그리고 하루는 엄마와 함께 아빠의 사망신고를 하러 관할 복지센터도 찾아갔다.

엄마는 서류를 작성하면서 하염없이 또 눈물을 흘렸다.

"너네 아빠는 엄마한테 어떻게 이런 거까지 다 시킬 수가 있노. 어떻게."

차마 서류를 제출하지 못하고 고개 숙여 한참을 울고 있는 엄마 모습이 너무도 처량하고 슬퍼보였다. 깊은 슬픔에 가슴이 미어지는 것만 같았다.

너무도 힘들지만 매일매일 할 일들은 쏟아졌다.

아빠의 옷과 물품을 하나씩 정리해야 했다. 즐겨 신던 신발과 옷도 태워 드렸다.

아빠의 손때가 묻은 물건들을 만질 때마다 슬픔은 고스란히 가슴 깊숙이 아프게 파고 들어왔다.

그렇게 아빠의 흔적을 때론 지워야했고, 덮어야만 하는 참 버겁고 잔인한 나날들이 쉬지 않고 이어졌다. 그 모든 걸 누구도 대신 해줄 수 없고 어쩔 수 없이 감당해나가야 하는 엄마의 모습을 지켜보면서 마음이 너무 아팠다.

너무 힘들지만 해야 하는 일들이 있고, 너무 아프지만 받아들여야하는 일들이 있다.

아빠의 빈자리가, 아빠와의 이별이 그러했다.

#45 추억은 영원히

아빠가 돌아가시고 정확히 2주 후에 나는 아이를 출산했다.

병원에서 알려준 예정일보다 약 2주가 빠른 시점이었다. 딸아이였고, 몸무게는 2.56kg, 자연분만을 했다. 병원에서는 마지막 검사 때 아이가 3kg가 분명 넘었는데, 몸무게가 많이 줄어든 것에 대해 의아해했다. 조금만 더 작았으면 인큐베이터에 들어갔어야 했다고 했다.

다행히 아이와 나는 건강했다.

그렇게 조리원에서 일주일을 보내고 아빠엄마의 집으로 갔다.

회사에서 받은 출산휴가는 3개월이었다.

나는 서울 집으로 바로 가지 않고 3개월 동안 엄마와 함께 지내기로 했다. 엄마는 셋째 손녀딸을 안아보며 미소를 보였지만 여전히 슬픔이 가득한 모습이었다.

웃고 있어도 웃는 게 아닌 엄마였다.

같은 달에 가족의 죽음과 탄생을 겪은 엄마는 그저 멍할 뿐이었다.

탄생의 기쁨보다 죽음의 슬픔이 집안을 더욱 가득 채우고 있었다.

조리원에 있을 땐 몰랐는데 집에 와서 아이를 직접 돌보기 시작하니 아이는 밤만 되면 쉬지 않고 울어댔다. 엄마는 잠투정이라고 했는데, 안아줘도 자지도 않고 뭘 해도 좀처럼 통하지가 않았다. 그렇게 밤만 되면 기본 2~3시간은 넘도록 큰소리로 울어댔다.

정말 너무 힘들었다.

'이 아이가 지금 나한테 복수를 하는 건가?' 하는 생각도 들었다.

아이가 뱃속에 있을 때 내가 아빠 일로 너무 울고 다녀서 지금 그걸 기억하고 있다가 세상 밖으로 나와서 이렇게 작정을 하고 나에게 복수를 하는 것 같았다. 슬펐다.

울고 있는 아이도 달래지지가 않고, 엄마의 깊은 슬픔은 더욱 달래 수조차 없는 것이었다.

아이가 밤에 아무리 울어도 엄마는 방에서 나오지 않고 슬픔 속에 홀로 잠겨 있었다.

아침부터 비가 하염없이 내렸다.

엄마는 아침 일찍 49제를 지내는 절에 기도를 드리러 나갔다.

나의 딸아이는 어제 밤에도 그렇게 울고 또 울며 날 지치게 하더니, 지금은 언제 그랬냐는 듯 빗소리를 들으며 곤히 잠들어 있었다.

비 오는 창밖을 한참동안이나 바라보았다. 빗소리가 고요한 집안을 가득 채워주었다.

주룩. 주룩. 눈에서 눈물이 자꾸만 흘러내렸다.

아무리 닦아보아도 소용이 없어 그냥 뚝뚝 흐르는 대로 내버려뒀다.

내가 부모가 되었다니. 이제 나도 부모가 되었는데. 이제야 시작인데 나는 너무 지치고 힘이 들었다.

내가 과연 좋은 부모가 될 수 있을까. 자신이 없었다.

아빠 생각만이 간절했다.

난 아직도 아빠에게 여쭤볼 것이 많은데, 배워야 할 것이 많은데 왜 아빠는 이렇게 떠나버렸나. 도저히 아빠의 죽음을 받아들일 수가 없었다.

제발 다시 돌아오라고. 저기 저 현관문을 열고 제발 좀 다시 들어오라고.

잠깐 어디 다녀온 듯 그렇게 아무렇지 않게 나타나달라고 빌었다.

예전처럼 '작은딸 왔냐.' 하시면서 날 좀 꼭 안아달라고.

나는 지금 아빠가 정말 필요하다고.

너무 힘들어서 씩씩하게 살아갈 자신이 없다고.

이런 날 위해서라도 제발 좀 돌아오라고.

없었던 일로 하자고. 내가 이렇게 간절하게 부탁한다고.

아빠가 자랑스러워했던, 아빠가 사랑했던 작은딸이 이렇게 빌고 또 빈다고.

결국 걷잡을 수 없는 눈물이 터져버렸다.

너무 울어 숨조차 제대로 쉴 수가 없었다. 눈앞도 제대로 보이질 않았다.

바닥에 머리를 박으며 울고 또 울었다.

사람이 울다가 죽을 수도 있겠구나 싶을 만큼 그렇게 혼자 서럽게 한참을 울부짖었다.

그렇게 울다 지칠 대로 지쳤다. 정신도 약간 몽롱했다.

소파에 기대어 멍하니 앞만 보고 있었다. 그때 탁자 위에 놓인 아빠의 사진이 보였다.

언니의 대학 졸업식 때 찍은 아빠엄마의 사진이었다.

사진 속의 아빠엄마는 밝은 표정을 하며 다정한 포즈를 취하고 계셨다.

그 사진을 물끄러미 보고 있으니 문득 옛날에 찍어둔 가족사진이 보고 싶어졌다. 그래서 옥탑 방으로 올라가 앨범을 모아놓은 책장에서 하나둘 앨범을 꺼내보았다.

행복했던 순간들. 이젠 다시 올 수 없는 시간들이었다.

사진 속 그 시절이 너무 그리워 마음이 아파왔다. 또다시 눈물은 뚝뚝 흘러내렸다.

앨범을 다 보고 제자리에 꽂아두려고 하는데 순간 이전에는 보지 못했던 낡은 수첩 한 권이 눈에 들어왔다. 이게 무슨 수첩인가 싶어 조심스레 꺼내보았다.

앞면에 번져있는 글씨가 보였다.

[명상록] 아빠의 글씨체였다.

아빠가 젊었을 때 글 짓는 걸 좋아하셨다고 오래전 얼핏 들었던 얘기가 순간 떠올랐다.

아. 그때 아빠가 써둔 거구나. 하고 아무 생각 없이 수첩의 한 페이지를 펼쳐보았다.

아빠의 글씨. 아빠의 글이 보였다.

[아빠의 명상록.
민경아! 선경아! 항상 미소를 잃어버리지 말고 슬기롭게 자라다오.
아빤 언제나 너희들과 함께 호흡하고 늘 지켜보며 살아간단다.]

민경아! 선경아!
항상 미소를 잃어버리지 말고
슬기롭게 자라다오.
아빤 언제나 너희들과 함께 호흡하고
늘- 지켜보며 살아간단다.

순간 환청인지 아빠의 음성이 어디선가 들리는 것 같았다.
'아빠는 너희를 지켜보며 함께 살아간단다..'
아빠의 명상록을 와락 끌어안았다. 가슴이 터질듯이 벅차올랐다.
난 정말 느낄 수 있었다.
아빠가.
아버지가.
지금 내게 전하고 싶은 말씀이었다는 걸.
지금 아빠가 내 곁에 다시 와주셨다는 걸.

그만 울라고. 너무 슬퍼하지 말라고. 받아들이라고.
앞으로도 씩씩하게 살아가라고. 미소를 잃어버리지 말라고.

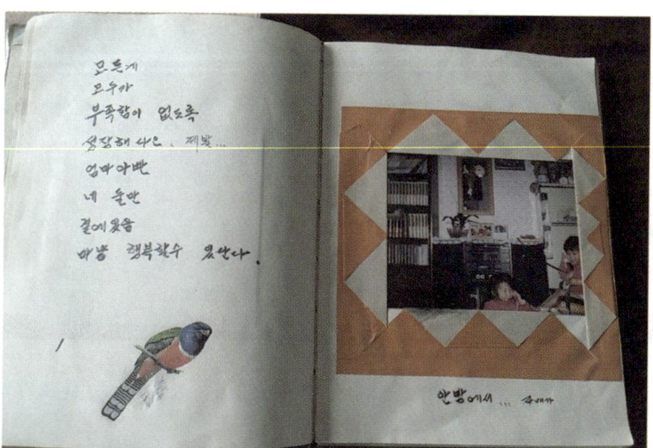

[명상록 中
모든 게
모두가
부족함이 없도록
성장해다오. 제발.
엄마 아빠
네 둘만
곁에 있음
마냥 행복할 수 있단다.]

아빠는 이미 내게 다 가르쳐주었다고.

넌 좋은 부모가 될 수 있을 거라고.

우리 딸. 지치지 말고 힘들어하지도 말고 그렇게 너의 삶을 잘 살아가라고. 아빠는 항상 지켜보고 있다고.

여전히 함께 하는 거라고.

아빠의 글이 나에게 말해주고 있었다.

아빠가 우리가족을 얼마나 사랑하고 아꼈는지.

'추억은 영원히...'

명상록 가장 앞면에 적혀있던 글이다.

추억은 영원하고, 우리가 기억하는 한 항상 우리 곁에 함께 있는 것이다.

아빠의 큰 그늘아래서 정말 행복했다.

아빠의 사랑을 받으며 성장할 수 있어서 정말 감사했다.

아빠는 비록 우리 곁에 없지만, 앞으로도 서로를 아끼며 더 위하며 행복을 느끼고 살아가라고 아빠는 그렇게 가르쳐주고 있었다.

그래서 난 눈물을 거둬보기로 했다. 자꾸만 이렇게 울고만 있진 않을 거다.

나도 이젠 부모가 되었다. 아빠의 사랑과 가르침을 잊지 않고, 나도 아빠처럼 내 아이에게 좋은 부모가 되어주고 싶다.

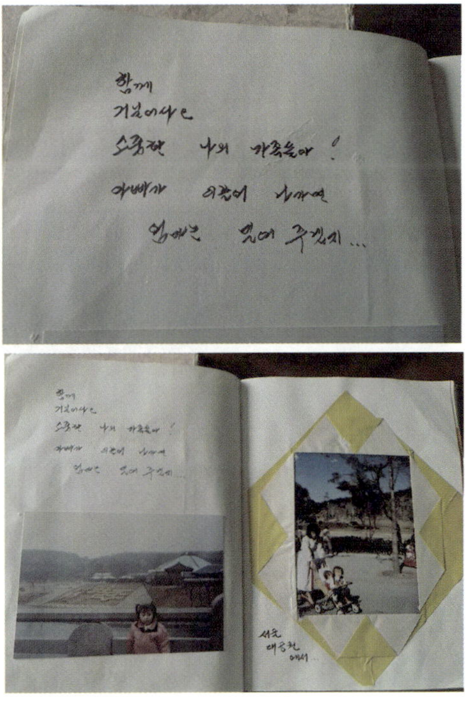

[명상록 中
함께 거닐어다오 소중한 나의 가족들아.
아빠가 이끌어 나가면 엄마는 밀어주겠지.]

다시 꼭 힘을 낼 것이다. 너무 힘들어하지 않고 너무 슬퍼하지도 않을 것이다.

아빠의 작은딸은 반드시 그래야 한다. 그래야 아빠의 작은딸이다.

씩씩하게 살아갈 것이다.

나의 삶을 살 것이다.

아빠.

꼭 지켜봐 주세요.

저 좋은 부모가 될게요. 그리고 저의 삶을 살게요.

이 세상에 저를 존재할 수 있게 해줘서, 그리고 사랑으로 키워주셔서 정말 감사해요.

늘 아빠를 추억할게요. 늘 가슴속에 소중히 간직 할게요.

정말 사랑해요. 아빠.

그리고 존경합니다.

나의 아버지.

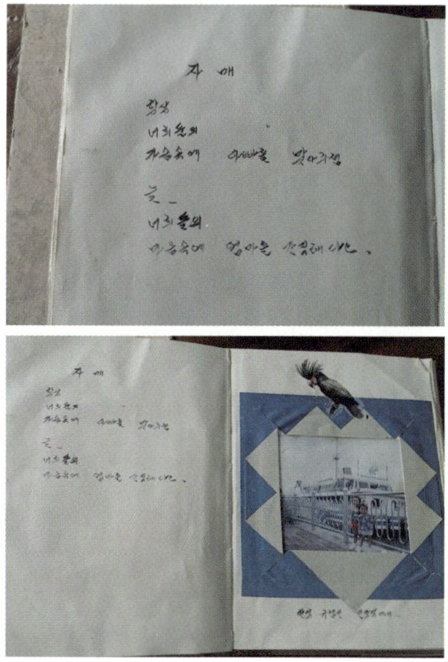

[명상록 中
자매. 항상 너희 둘의 가슴속에 아빠를 맞아주렴
늘 너희들의 마음속에 엄마를 간직해다오.]

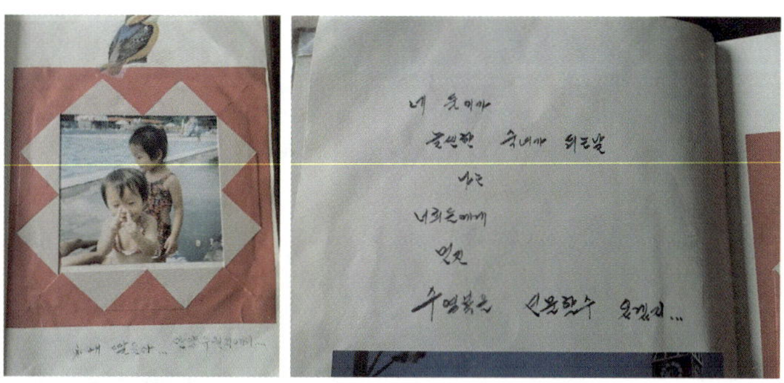

명상록 中
네 둘이가 늘씬한 숙녀가 되는 날 나는 너희들에게 멋진 수영복을 선물할 수 있겠지.
-내 딸들아. 안양 유원지에서-

#46 그저 살다보면

살아진다.

어느덧 출산휴가도 점점 끝나가고 나는 다시 서울 집으로 올라갈 날이 다가오고 있었다.

엄마를 이 큰집에 홀로 두고 가려니 상상만 해도 마음이 너무나 아팠다.

나의 딸아이의 이름을 '지민'이라고 지었다. 홍지민.

아빠가 떠난 텅 빈 집에 지민이와 내가 있어 엄마에게 조금이나마 위안이 됐는지는 잘 모르겠다. 오히려 우리가 귀찮고 아주 성가셨을지도 모르겠다.

아무튼 그렇게 도움이 됐던 안됐던 우리는 3개월 동안 부산 집에서 그렇게 함께 지냈다.

서울로 돌아가야 할 날이 점점 다가오다 보니 혼자 남겨질 엄마가 몹시도 걱정이 되었다. 쓸쓸할 엄마를 위해 취미활동이라도 찾아주고 싶어 도자기 공예, 아쿠아로빅 등 다양한 수업을 찾아보았다. 하지만 엄마는 그 어떤 것도 하고 싶어 하지 않았다.

우울하고 무기력해 보였다. 난 우선 돈 걱정은 말라며 내가 다 등록해줄 테니 일단 3개월만이라도 다녀보라고 말했다.

그렇게 엄마의 취미로 할 만한 것들을 계속해서 찾아보고 있던 중, 나는 지민이를 안고 둘이서 동네 한 바퀴를 돌다 엄마집 근처에 있던 중소형 마트에 뭘 사러 들어가게 되었다.

그곳에서 필요한 것들만 대충 사고 나오려는데 계산대 뒤로 하얀 종이 한 장이 붙어 있는 게 보였다. 그것은 구인공고였다.

[평일 근무 캐셔구함]

순간 그 공고가 눈에 확 들어왔고, 나는 결제할 카드를 내밀면서 계산대에 서있던 중년남성에게 그것에 관해 물어보았다.

"저기 여기 일할사람 구하는 거예요?"

내 카드로 계산하고 있던 남성은 내 말을 듣더니 바로 대답했다.

"아~ 네. 지금 구하고 있어요."

"그럼 몇 시부터 몇 시까지 일하는 거예요?"

"평일에 오전 10시부터 오후 4시까지 일할 사람 찾고 있어요."

근무시간도 길지 않고 딱 괜찮은 것 같았다.

"혹시 나이 제한 있나요?"

그 중년남성은 아기를 안고 있는 나를 슬쩍 훑어보더니 다시 말했다.

"딱히 그런 건 없는데, 왜 본인이 하시게요?"

"아~ 제가 아니고요. 저희 어머니요."

"네? 어머니 연세가 어떻게 되시는데요?"

"50대 중반인데 실제로 보면 더 젊어보이세요."

"어머님이 마트에서 일해본 적이 있으신 거예요?"

"아뇨. 그렇진 않은데…."

하지만 엄마가 여기 일하면 정말 괜찮겠다는 확신이 들었다.

일주일에 한두 번 가는 취미생활보다 매일 잡혀있는 새로운 일거리가 생긴다면 정신적으로 엄마에게 큰 도움이 될 것 같아서였다. 근무시간도 빡빡하지 않으니 남는 여가시간에 취미생활도 같이 할 수 있는 것이었다. 이 일자리를 엄마에게 꼭 안겨다 주고 싶었다.

"혹시 마트사장님이신가요?"

내 물음에 중년남성은 고개를 끄덕이며 자신이 여기 마트사장이라고 말했다. 나는 사장님을 똑바로 정면으로 쳐다보며 확실하게 말했다.

"제발 저희 어머니 한번만 써주세요. 정말 일을 하셔야 해요.

마트에서 일해 본 경험은 없지만 금방 잘 배우실거예요. 제가 장담할 수 있어요. 꼭 좀 부탁드리겠습니다."

애원인 듯 애원 아닌, 협박인 듯 협박도 아닌 그렇게 나는 정중히 부탁을 드렸다. 마트 사장님은 나를 조금 이상해했지만 이윽고 대답하셨다.

"그럼 어머니 이력서 들고 한번 와보시라고 해요. 면접은 직접 보셔야 하니까요."

나는 마치 엄마가 당장 합격이라도 된 듯 매우 기뻐했고, 사장님께 정말 감사하다고 인사를 크게 드리고 마트에서 곧장 나와 집으로 들어왔다.

집에 들어와 엄마에게 마트에서 구인한다는 내용을 대충 설명했다.

곧바로 이력서부터 작성하자고 엄마를 부추겼다. 하지만 식당일도 아니고 마트에서 계산하는 일을 엄마가 어떻게 하냐며 자신 없어 하셨다.

그래서 일단 지금 바로 채용된 것도 아니니 확실히 채용되고 나면 그건 그때 가서 다시 걱정하자고 엄마를 설득했고, 엄마의 이력서 작성을 도와준 뒤 엄마를 억지로 내보냈다.

잠시 후 마트에서 사장님과 면접을 보고 온 엄마의 표정은 살짝 상기되어있었다. 엄마에게 내일부터 출근을 해보라고 했다는 것이었다.

정말 너무도 기뻤다.

엄마는 갑자기 일자리가 생김에 얼떨떨해 하며 생각할수록 더 자신이 없는지 아마 오래 하지는 못할 거라고 엄마는 말했다.

나이도 있고, 해본 일도 아니고, 엄마의 귀 한쪽엔 장애도 있었다. 귀 한쪽이 거의 들리지 않다보니 엄마는 그런 면에서도 아주 자신 없어 했다.

그렇게 내가 서울로 돌아갈 날을 한 달 남짓 남겨두었을 때 엄마의 첫 일자리를 구할 수 있었다. 엄마의 출근 첫날.

엄마는 마트 일을 다녀와서 집에서 뭔가 분주히 적고 있었다. 뭐를 저렇게 적고 있나 가까이 가서 보았더니 바로 계산대 포스기 사용법이었다.

현금영수증 출력하는 법, 포인트 적립하는 법, 카드현금 나눠서 계산하는 법 등 뭐가 그리 많고 복잡한지 한눈에 봐도 쉬워 보이지 않았다.

엄마는 마트 사장님에게 배우고 왔는데 돌아서면 자꾸 잊어버린다며 결국 마트에서 급하게 따로 적어왔다고 했다. 그리곤 포스기를 그대로 상상하며 손가락으로 허공을 눌러보기도 했다. 아빠가 돌아가신 후 처음으로 엄마의 얼굴에 살짝 생기가 보였다.

일주일 동안 엄마는 그렇게 마트 일을 다녀오면 적어온 것을 다시 또 복습하고 반복하는 시간들이 계속 되었다. 자나 깨나 포스기 생각뿐인 것 같았다.

"아. 이게 맞는데 왜 안됐지?"

"뭐가?"

"아니. 현금영수증 하고, 포인트 적립해주는데 아까 해보니까 안 넘어가더라고. 분명 맞게 했는데."

"포스기가 많이 어려운가보네."

"그럼~ 엄청 복잡하고 어렵지. 절대 쉬운 게 아니라니까. 눈이나 잘 보여야 말이지. 눈도 침침해서 안 보이는데 보고 하려면 못해. 다 외워서 해야지."

엄마의 포스기 관련 설명은 활기차 보였다.

"엄마."

"응?"

"엄마 일 시작하고 나서 이제야 좀 사람답네."

"그래?"

"응. 엄마도 꼭 아빠 따라갈 것처럼 보였는데 지금은 좀 괜찮아 보여."

"그런가."

엄마의 눈에 금세 눈물이 차올랐다.

"그러게. 아빠 생각을 요 며칠 동안 정말 안 했네. 포스기 생각한다고. 못했다 못했어."

엄마는 눈물을 훔치며 말했다.

"그렇게 살아 엄마. 바쁘게 살아. 아빠 생각이 안 날 수는 없겠지만, 항상 그립고 아프겠지만 엄마. 우리 꼭 힘내서 잘 살자. 아빠도 그걸 바라실 거야."

그렇게 살아진다.

한사람은 가고 없지만, 그 자리를 누가 대신해줄 수도 없지만,

남아있는 사람들은 그렇게 아픔을 안고 그리움을 간직한 채 살아진다.

때론 시간에 맡긴 채, 시간에 기대어 그렇게 살아간다.

버틸 수 있어서 버티는 게 아니라 어쩔 수 없으니 버텨진다.

견딜 수 없는 아픔에 순간 따라도 가고 싶고, 죽음마저 두렵지 않다는 생각까지 들지만 다 참고 살아간다. 그렇게 다들 살아가더라.

사연 없는 사람 없고, 아픔 없는 사람 없이 다들 그렇게 인생을 살아가더라.

#47 나도 앎

아빠가 돌아가시고 어느덧 해가 두 번 바뀌어 2년이 흘렀다.

나는 아이를 키우며 여전히 직장에 다니고 있었고, 아빠가 자랑스러워했던 '서울 김 대리'는 이제 '서울 김 과장'이 되었다.

연봉도 많이 올라 살림에 큰 보탬이 되고 있었고, 신랑과 함께 여전히 알뜰한 생활을 하며 열심히 잘 살고 있다. 덕분에 6천만 원의 대출금도 다 갚았고 전세로 있었던 신혼집에서 이사 나와, 작은 빌라지만 서울에서 18평인 우리의 첫 집도 마련할 수 있었다.

엄마는 어느덧 내가 처음 구해줬던 마트에서 나와 점점 더 규모가 큰 마트로 이직도 했다. 이제는 능수능란하게 포스기를 잘 다루는 엄마였다.

아기 때 엄청 울어 나의 혼을 쏙 다 빼놓았던 지민이도 이젠 3살이 되어 정말 사랑스럽고 예쁘기만 하다. 하루하루가 알차고 보람되고 좋았다.

초봄. 아직은 날씨가 좀 쌀쌀하다.

우리 세 식구는 한강공원으로 산책 나가는 것을 참 좋아한다.

지민이는 유모차에 태우고, 신랑과 함께 이런저런 얘기를 하며 봄 햇살을 느껴본다.

찌릿찌릿.

오른쪽 가슴이 또 아파온다. 지난겨울부터 갑자기 한쪽 가슴이 아프기 시작했다.

지민이를 낳고 나는 젖몸살이 심해 모유수유를 하지 못했었다.

당시 병원에서 의사는 내게 말했다.

"약을 먹고 강제로 모유를 안 나오게 하는 거라서 나중에 가슴이 아플 수가 있어요. 안에 남아있는 모유가 염증을 유발할 수도 있거든요. 그럼 꼭 다시 병원에 가보셔야 해요."

그때의 말이 떠올랐다. 아무래도 작은 염증이 생긴 것 같았다.

하지만 난 병원에 바로 가지 않았고, 첫 통증이 시작된 후 3개월 동안 회사 일에만 줄곧 신경을 쓰고 있었다. 급한 회사 일부터 처리하고 나중에 가야겠다고 미루며 크게 대수롭지 않게 여겼다. 그 당시 회사 상황이 좋지가 않았다.

회사에서 별도로 투자한 영화 사업에 문제가 생겨 회사의 재정 상태는 갈수록 힘들어지고 있었다. 많은 직원들이 권고사직을 당하고 점점 회사를 떠났다.

처음 입사 시 80명이 넘었던 근무 인원은 어느덧 10명도 채 남지가 않았다.

그런 상황에서 나도 이제 그만 희망퇴직을 해야 하는 건가하고 고민을 하고 있었다.

지민이도 점점 커 가는데 막상 일을 그만두자니 생각도 많아지고 걱정이 많이 되었다.

회사일로 스트레스 받고 힘들어하는 나를 보며 신랑은 자기가 벌고 있으니 굶어죽기야 하겠냐며 너무 힘들어말고 그만두라며 용기를 줬다.

그리고 지금까지 충분히 고생했다고 이젠 집에서 지민이만 잘 돌보면서 편히 쉬라고 따뜻하게 위로를 해주었다. 그렇게 신랑의 격려에 힘입어 고민 끝에 결국 회사에 희망퇴직을 신청했다.

회사에서는 이렇게 그만두는 것에 대해 조금이나마 보상을 해주고 싶어 했다.

퇴직금과 실업급여는 당연히 지급되는 것이었고, 별도로 2~3개월 치의 월급을 보상급여로 받기로 하였다.

그렇게 난 3월 중순까지만 근무하기로 하고, 마무리를 위해 회사에 계속 출근을 했다.

2월이 지나가고 어느덧 3월이 되어서는 회사에 출근해도 딱히 할 일은 없었다.

내가 맡았던 업무도 거의 인수인계가 다 되어있었다. 그래서 출근도 좀 더 여유롭게 늦게 하고 있었다. 시간도 많은 김에 출근 전 동네 병원을 한번 찾아가보았다.

자꾸만 찌릿거리는 가슴통증이 신경 쓰여 검사를 받으러 갔던 것이었다.

그렇게 찾아간 동네에 한 영상의학과의원.

그곳에서 내 증상을 설명하고 유방 초음파를 찍었다.

그때도 난 별 생각 없이 편하게 누워서 검사가 끝나기만을 기다리고 있었다.

잠시 후 의사가 말했다.

"음. 여기 좀 모양이 이상해서 조직검사를 한번 해봐야 할 것 같아요."

"네?"

"확실한 건 조직검사 후에 다시 말씀을 드릴게요."

"아. 네."

순간 의사의 표정이 무거워 보였고 갑자기 걱정이 밀려왔다.

그래서 검사실에서 나와 의사에게 다시 물었다.

"선생님. 뭐 안 좋은 건가요?"

의사는 곧바로 대답하지 못했다.

조금 뜸을 들이다 의사는 대답했다.

"제가 보기에는 반반이에요.

결과는 다음 주에 나오니 결과를 보고 다시 얘기하도록 할게요."

그렇게 진료실에서 나왔다. 찝찝하고 마음이 무거웠다.

가족과 가까운 지인들에게 이런 검사를 받았다고 얘기를 하니, 자신들의 경험담을 얘기해주며 별일이 아닐 거라고 안심시켜주었다. '그래. 염증정도겠지.' 그렇게 다시 생각했다.

그리고 바로 며칠 뒤.

출근 전 검사를 해뒀던 동네병원에 들러 간단히 결과만 듣고 바로 출근하기로 되어있었다.

이윽고 차례가 되어 진료실로 들어갔다.

나는 먼저 의사에게 가볍게 인사를 한 후 앞에 놓인 의자에 앉았다.

잠시 후 의사는 담담한 표정으로 내게 말했다.

"조직검사 결과가 나왔는데요, 큰 병원으로 가보셔야겠어요."

99%는 괜찮을 것이라고 생각하고 왔는데 전혀 예상치도 못한 의사의 말에 나는 정말 너무도 놀랐다.

"네??"

"암입니다."

눈앞이 캄캄했다.

순간 사고가 정지됐다.

머릿속에서는 단 한 가지 생각만이 무한 반복되고 있었다.

내가 암이라니. 내가 암이라고? 나도 암이라니. 나도 암이라고?

이 일을 어떻게 해야 하나.

이 일을 정말 어쩌면 좋나.

순간 아빠의 얼굴과 엄마의 얼굴. 그리고 지민이의 얼굴이 바로 떠올랐다.

이윽고 신랑의 얼굴. 언니의 얼굴. 조카들의 얼굴. 가족들의 얼굴이 한 명씩 다 떠올랐다.

그렇게 진료실 밖으로 뛰쳐나갔다.

병원 밖 비상계단에 주저앉아 입을 틀어막고 울었다.

때마침 내 휴대폰이 울렸다. 엄마였다.

오전에 검사결과를 들으러간다고 무심코 말을 해뒀던 터라 걱정하던 엄마에게서 걸려온 것이었다. 잠시 울음을 멈추고 겨우 전화를 받았다.

"여보세요."

엄마는 나의 목소리가 심상치 않다는 것을 바로 아셨다.

"왜? 병원에서 뭐라는데?"

"엄..엄마.. 나도 암이래. 내가 암이래."

갑자기 수화기 넘어 폭풍처럼 오열하는 엄마의 소리가 들렸다.

"네가 왜! 아니 도대체 네가 왜! 우리 착한 딸이 왜!! 안 된다. 안 돼. 세상에 이럴 수는 없다. 너는 안 된다. 너까지 절대 안 된다."

그렇게 엄마의 처절하고 서러운 울음소리가 귓가에 한참 동안이나 들렸다.

난 어느 정도 마음을 추스른 후에야 다시 병원으로 들어갈 수 있었다.

눈이 새빨개진 나를 보며 간호사는 조용히 위로를 해주었다. 그리고 정신없던 나를 대신해 간호사는 차분하게 설명해주며 바로 큰 병원으로 진료부터 예약해주었다.

처음엔 나에게 병원 선택권을 줬다. 서울의 여러 병원을 제시해주었다.

그중에 아빠가 다녔던 병원도 있었다.

하지만 차마 그 병원에는 다시 가고 싶지 않았다.

그곳에 가면 환자복을 입고 있는 모든 사람이 아빠로 보일 것만 같았다.

그래서 일단 집에서 가장 가까운 대학병원으로 택했다.

그 병원도 서울에서 대표적인 큰 병원이었다.

그렇게 최대한 빨리 진료를 볼 수 있는 날로 예약했고, 대학병원에 가서 제출해야 하는 검사결과지 관련 자료는 준비하는 데 시간이 좀 걸린다며 3일 후에 다시 동네병원으로 오라고 간호사는 말했다.

도저히 출근도 못하겠어서 회사에다 내 사정을 얘기했다. 퇴사까지 3~4일밖에 남지 않았을 때였다.

회사에서는 어차피 내가 하던 업무도 다 마무리가 되었고 출근해도 해야 할 일이 없었다며 전혀 신경 쓰지 말라고 했다.

갑작스런 나의 암 진단 소식에 다들 놀라워할 뿐이었다.

어떻게 위로를 해야 할지 모르겠다며 회사에서 해줄 수 있는 게 없음에 많이 안타까워했다. 그리고 앞으로 치료에만 전념하라며 남은 근무일은 다 출근 처리를 해주었다.

아빠 때부터 여러모로 참 고마운 회사였다.

마지막 근무 날에 그동안 정말 감사했다고 웃으며 인사하고 회사를 나오고 싶었는데, 이렇게 차마 가보지도 못하고 나는 회사를 그렇게 그만두게 되었다.

아무튼 그렇게 동네병원에서 청천벽력 같은 소리를 듣고 곧바로 집으로 돌아왔다.

지민이는 어린이집에 있을 시각이었다. 그리고 신랑은 회사에 있을 시각이었다.

텅 빈 집안에 홀로 우두커니 앉아있었다. 그로부터 약 1시간 후.

현관문이 열렸다. 신랑이었다. 신랑도 나처럼 눈이 빨갛게 충혈되어 있었다.

그리고 손에는 장미꽃 세 송이가 쥐어져 있었다.

2018년 3월 14일. 그날은 우리의 3주년 결혼기념일이었다. 결혼기념일마다 신랑은 연차에 맞춰 장미꽃을 내게 선물했었다. 이제 결혼한 지 3년차가 되었으니, 장미꽃이 세 송이였다.

장미꽃을 들고, 장미만큼 빨갛게 물든 신랑의 눈을 바라보니 잠깐 멈추었던 눈물이 다시 흐르기 시작했다. 그런 날 보고 신랑은 신발을 벗고 들어와 나를 천천히 안아주었다.

그렇게 신랑의 품에 안겨 난 또 한참을 울어야 했다.

대학병원에서의 첫 진료일. 신랑과 함께 대학병원으로 갔다.

동네병원에서 챙겨온 검사결과지부터 우선 등록을 해놓고 진료실 앞에 앉아 차례를 기다렸다. 잠깐 기다리는 시간동안 많은 생각들이 오갔다.

가장 많이 생각났던 건 역시나 아빠였다. 아니. 사실 아빠 생각밖에 나지 않았다.

아빠도 이런 심정이었을까. 아빠도 이렇게 떨리고 무서웠을까.

부산병원에서 아빠의 첫 진료를 봤던 때가 떠올랐다. 아빠는 그때 누구에게 의지를 하고 있었을까. 엄마였을까. 언니였을까. 나였을까.

나는 지금 이렇게 신랑에게 많이 의지를 하고 기대고 있는데, 아빠는 과연 우리 셋 중 누구에게 의지를 하고 기댔을까.

지난날들을 돌이켜보니 울고 있던 가족들을 위로해준 건 항상 아빠였다.

정작 위로받아야 할 자신은 괜찮다고 말하며 머리를 쓰다듬어준 건 아빠였다.

그런 아빠를 생각하니 자꾸만 눈물이 나오려고 했다.

이게 이렇게 무서운 거였구나, 이게 이토록 괴로운 거였구나,

감히 가늠조차 할 수 없었던 거였구나.

아빠도 이랬겠구나.

잠시 후 내 진료순서가 되어 진료실 안으로 들어갔다. 연세가 지긋한 남자 의사 선생님 한 분이 앉아계셨다. 나의 검사결과를 훑어보시더니 천천히 말씀하셨다.

"상피내암이네요."

"네?"

"영기 암이에요. 수술 후 정확한 결과가 다시 나오겠지만 현재는 그렇게 보입니다. 잘 발견이 됐네요."

"네."

"우선 우측유방은 전 절제를 해야 합니다. 좌측도 다시 검사를 해봐야겠습니다만, 현재 수술방향은 그렇습니다."

"네. 선생님. 근데 전 절제라뇨?"

나는 순간 의사가 말한 수술방법을 완벽히 이해할 수 없었다.

초기면 수술이 간단할거라고 생각하고 있었다. 그냥 종양만 떼어내면 될 거라고 막연히 혼자 생각했다. 근데 전 절제라니. 전 절제면 나의 유방조직을 다 없앤다는 말이었다.

그럼 나는 어떻게 되는 거지? 상상도하기 싫었다.

내 물음에 의사선생님은 초기라도 병변 위치나 모양에 따라 전 절제를 많이 시행한다고 답했다. 덧붙여 외과적인 수술방법이 가장 확실한 방법이

고 현재로썬 그 방법이 최우선이라고 자세히 설명을 해주셨다.

그렇게 진료실에서 나왔다. 옆에 서있던 신랑의 얼굴을 보았다.

놀란 기색 없이 천천히 고개만 끄덕이고 있었다. 나는 신랑에게 물었다.

"당신은 이미 알고 있었어?"

신랑은 대답했다.

"어. 미리 검색해봤어. 대다수가 그렇게 하는 것 같더라."

"뭐? 그럼 진짜 다 잘라내야 한다고? 전부 다?"

"응. 그렇데."

나도 모르게 갑자기 눈물이 주룩 흘러내렸다.

"어떻게 그래. 어떻게."

흔들리는 내 어깨를 잡으며 신랑이 다시 말했다.

"괜찮아. 가슴 좀 없어지면 어때. 편하게 살면 되지."

그 말을 하는 신랑의 눈에도 어느새 눈물이 흐르고 있었다.

#48 물보다 진한

집에 웃음소리가 들렸다. 지민이의 웃음소리였다.

아무것도 모르고 아주 티 없이 맑은 얼굴로 해맑게 웃고 있었다.

그런 지민이를 보고 있으니 나도 저절로 미소가 지어졌다.

5월 초로 수술날짜를 받아두고 3주가량 대학병원에 들락날락 거리며 각종 검사까지 다 마친 상태였다. 정말 너무 힘든 나날들의 연속이었다.

수술도 수술이지만 유방암 환우 인터넷카페에서 알아본 수술 후의 부작용과 치료과정이 날 더욱 두렵고 괴롭게 만들었다.

회사를 그만두기로 마음을 먹었을 때 한 가지 계획해둔 게 있었다.

그건 바로 둘째아이였다. 나는 지민이의 동생을 낳고 싶었다.

신랑과도 충분히 상의했고, 그렇게 나는 회사를 그만두면 둘째를 임신해서 출산하리라는 계획을 나름대로 세워보고 있었다.

하지만 이렇게 갑자기 암 진단을 받게 되었고, 유방 한쪽을 다 없애야 하는 수술 과정도 들었고, 그 부작용에 대해서도 충분히 설명 듣고 알아보았는데 무엇보다 나를 가장 아프게 했던 문제는 바로 여성호르몬억제제였다.

이 억제제는 보통 유방암 수술 후 복용해야 하는 필수적인 약이다.

재발방지를 위해 짧게는 5년, 길게는 10년을 복용해야 한다. 이 약을 복용하게 되면 각종 부작용에 시달리는데 대표적인 게 불면증, 체중증가, 생리불순 등이었다.

그렇게 약을 복용하는 중 임신을 계획할 수 없다는 것이 가장 나를 힘들게 했다. 난 단 한 번도 나의 자녀를 외동으로 키울 거라고 생각해본 적이 없었다. 사실 할 수만 있다면 셋도 넷도 낳아서 키워보려 했다.

하지만 내게 갑자기 닥쳐온 시련은 나에게 그것은 이제 다 욕심이라고 내려두라고 한다.

정말 받아들이고 싶지가 않았다. 쉽게 받아들여지지도 않았다.

혹시나 다른 방법이 없을까 계속 고민을 하다가 수술 전 최종 진료 때 의사선생님께 결국 여쭤보았다.

"선생님. 수술 받고나면 저도 바로 타목시펜(여성호르몬억제제) 먹어야 하는 거예요?"

"네. 일단 5년은 기본적으로 복용해야 합니다.

그 후 추가로 더 복용할지는 나중에 다시 상황을 봐서 결정할 거고요."

"그럼 5년 동안 자녀 계획은 세우면 안 되나요?"

"네. 약 복용기간동안에는 태아에 미칠 영향 때문에 어렵고요, 약 복용이 중단되고 나서도 1년 이상 휴식기를 가진 후에 고려해보는 게 좋습니다."

의사의 답변을 들은 나의 표정은 침울하기만 했다.

그런 나를 조용히 지켜보던 의사선생님은 다시 내게 말했다.

"혹시 아이가 없으세요?"

"아. 아니요. 한 명 있어요. 올해 동생을 계획하고 싶었거든요."

"아이의 이름이 어떻게 되나요?"

갑자기 내 아이의 이름을 물어보는 이유를 알 수가 없어 좀 의아하긴 했지만 난 곧바로 답변을 했다.

"네? 지민이에요. 홍지민."

이윽고 의사선생님은 내 어깨에 살며시 손을 올리며 말씀하셨다.

"지민이… 지민이에게는 형제보다 건강한 엄마가 더 필요할 겁니다."

그렇게 의사선생님의 진심이 전해졌다. 따뜻한 말 한마디에 마음도 일렁였다.

그래. 정말 맞다.

지민이한테 형제보다 내가 필요하다. 엄마인 내가 더 필요하다.

아프지 않고 건강한 엄마가 되어줘야 한다.

해맑게 웃던 지민이를 떠올리니 지금 내게 가장 소중한 게 무엇인지 강하게 느껴졌다.

내려놓자. 내 욕심을 내려놓자. 나는 꼭 건강을 되찾아야한다. 우리 딸을 위해서.

우리 지민이를 위해서.

그렇게 마음먹고 마음을 굳게 다졌다.

욕심이라고 생각해본 적 없는 일이 이제는 꿈꾸면 안 되는 욕심이 되어버렸다.

내가 원해서 아픈 것도, 내가 택한 것도 아니지만 받아들여야 했다.

그렇게 꿀꺽 삼켜버리기로 했다.

이런 나의 소식을 듣고 친척과 친구에게서도 차차 연락이 왔다.

하나같이 나를 걱정하는 마음들이었지만 계속되는 연락에 점점 답변하기가 귀찮아졌다.

나는 아직 전혀 괜찮지가 않은데, 애써 괜찮다고 말하고 너무 걱정하지 말라고 내가 더 말해줘야 할 것 같은 상황이 견디기 버거웠다. 상대방을 헤아릴 마음의 여유가 없었다.

사실 나는 전혀 괜찮지 않다고, 너무 무섭고 힘들다고, 제발 꿈이었으면 좋겠다고 그렇게 소리치고 싶었다. 하지만 아무 말도 할 수 없었다.

더 이상 아무하고도 말하고 싶지 않았다.

도대체 내가 왜.

내가 무슨 잘못을 했기에.

왜 나만 이런 벌을 받는 걸까. 왜 나만 자꾸 이렇게 아파야하는 걸까.

세상을 원망하고 또 원망했다. 세상은 내게만 불공평하고 가혹하다고 생각했다.

이 세상 모든 게 너무 싫었다. 그렇게 혼자 있고 싶었다.

그러다 문득 왜 이런 병이 내게 왔을까. 궁금하고 억울했다.

나름 운동도 좋아하고, 식습관도 평범하고, 긍정적인 편인데 도대체 왜 내가 암에 걸린 걸까. 풀리지 않는 의문이 자꾸만 들었다. 아무리 생각해도 원인을 찾을 수 없었다.

한날은 지푸라기 잡는 심정으로 작명소도 찾아갔다. 오래전에 내 이름이 성명학적으로 안 좋다는 얘길 들었던 게 갑자기 떠올랐던 것이다.

작명소에서는 나의 이름 풀이를 하더니 가지고 있으면 절대 안 될 이름이라고 했다.

운이 나쁜 정도가 아니라 가족들과의 이별이 자꾸자꾸 찾아온다고 했다.

'사람은 언젠가 다 이별하는 거 아닌가?' 하고 생각했지만, 자식과도 연이 짧다는 말에 가슴이 철렁거리고 식은땀이 났다.

과학적으로 증명할 수 없는 게 사주팔자겠지만, 수술을 앞두고 있었던 터라 많이 심약해진 상태라 작명소에서 말하는 한마디 한마디가 마음을 무겁게 쿡쿡 짓눌렀다.

결국 나는 새로운 이름을 받았다. 김정연.

김선경에서 나는 김정연이라는 이름으로 그렇게 개명까지 하게 되었다.

35년을 '김선경'이라는 이름으로 불렸다. 아빠가 지어준 소중한 이름이기도 했다. 하지만 그 모든 것들을 단박에 내려놓을 만큼 암 진단은 내게 큰 충격과 공포 그 자체였다.

그렇게 나는 이제부터 '김정연'이란 이름으로 살아보기로 했다.

지치고 힘들었던 내 삶이 새로운 이름을 따라 조금이나마 편하게 숨 쉴 수 있기를 바랐다.

돌이켜보면 아빠가 돌아가신 후 2년 동안 많은 힘든 일이 있었다.

그중 아빠 돌아가셨다는 사실 자체가 가장 나를 아프고 힘들게 했다.

아빠의 마지막 바람대로 씩씩하게 살아갈 거라고 다짐을 하고 또 해봤지만 번번이 무너져 내리기를 반복했었다. 기쁜 날은 기쁜 날대로, 슬픈 날은 또 슬픈 날대로 아빠가 그립고 더욱더 생각났다. 서울에서 첫 집을 마련한 날이 그러했고, 회사에서 승진을 했던 날도 그러했고, 또 회사의 재정이 어려워질 때도 그러했다. 아빠가 이런 날 함께했다면 엄청 기뻐하셨을 텐데, 아빠가 이럴 때 계셨다면 따뜻한 격려를 해주셨을 텐데. 아빠의 부재는 나에게 너무 큰 스트레스였다.

그리고 맞벌이를 하며 아이를 키워낸다는 게 생각보다 쉽지 않았다.

회사에서 퇴근하고 곧장 집으로 들어와도 저녁 8시 반이 지났다. 나보다 퇴근이 빠른 신랑이 아이를 먼저 챙기고 있었지만, 저녁밥도 못 먹고 늦은 시각에 퇴근해서 집에 들어올 때면 간단한 편의점 음식으로 끼니를 대충 때우는 날이 많았다.

또한 우리의 맞벌이로 지민이는 일찍이 어린이집에 맡겨졌다. 그래서 그런지 유행하는 전염병이 있으면 어김없이 빠지지 않고 다 걸려왔고, 하루가 멀다 하고 열이 오르고 아픈 날이 많았다. 병원에서 받아온 약과 해열제를 먹이며 새벽까지 지민이를 돌보다 출근하면 업무가 시작되기도 전에 이미 난 녹초가 되어있었다.

내 아이와 가정을 위해서 돈을 번다고 생각했는데, 이게 정작 내 아이를 위하는 게 맞는 건지 회의감마저 들었다.

그리고 엄마에게 생기는 크고 작은 문제들도 내가 대신 나서서 해결해야 할 때가 많았다.

한번은 엄마가 살고 있던 다가구주택 1층 상가 세입자와 문제가 발생되었다.

세입자는 열 달이 넘도록 월세를 내지 않고 있었고, 결국 엄마와 갈등이 생겨 밀린 월세를 내려고 하지도 않고, 그렇다고 상가를 비워주지도 않으며 엄마를 힘들게 하고 있었다.

법정 싸움도 고려해봤지만 밀린 상가월세가 그리 큰 금액도 아니었고, 단 몇 백만 원 때문에 변호사 비용까지 지출하며 수개월을 싸울 수도 없는 노릇이었다.

결국 내가 중재자의 역할로 나서서 그 상가세입자에게 전화를 걸었다.

세입자는 세입자 나름대로의 억울함과 불만을 호소하였고, 그렇게 나와 몇 번을 더 통화했다. 길 때는 한 시간이 넘도록 통화를 한 적도 있었다.

결국 밀린 월세는 전부 없던 걸로 하고, 세입자가 걸어두었던 보증금도 전액 그대로 다 돌려준다는 조건으로 세입자를 금방 내보낼 수 있었다.

아마 아빠가 계셨다면 엄마에게 그렇게 함부로 말하지 못했을 것이다.

만약 아빠가 계셨다면 엄마도 그토록 겁먹지는 않았을 것이다.

나 역시 억울하고 분했지만 나는 거듭해서 사과를 드렸다.

저희 어머니가 임대업이 처음이라서 그렇다고. 서로 원만히 좋게 해결을 보자고.

그렇게 나는 세입자를 내보낼 수 있었다.

그리고 이번에도 엄마의 다주택 건물 때문인지 또 문제가 생겼다.

이번엔 아빠의 형제들과의 문제였다.

아빠는 5남매 중 장남이었고, 아빠의 부모님인 할아버지, 할머니는 시골에 다 살아계셨다. 그런 부모를 두고 장남이 먼저 떠나버렸다. 장남만이 먼저 죽음을 맞이해버렸다.

아빠가 살아계실 적에 할아버지, 할머니의 개인적인 사정으로 인해 할아버지의 돈 4천만 원 가량이 아빠에게 맡겨져 있었다.

아빠가 빌린 것도, 달라고 한 돈도 아니었다.

하지만 아빠가 죽고 나니 그 돈은 바로 갚아야 할 빚으로 되어버렸다.

엄마는 겨우 먹고 살 수 있을 정도의 월세만 나오는 건물일 뿐이고, 건물에 대출도 있다고 설명을 했다. 당장 4천만 원이라는 목돈이 없으니 엄마의 사정을 이해해달라고 했다.

장남은 떠나고 없지만 아빠의 몫을 외면하지 않겠다고 엄마가 끝까지 책임지겠다고 그렇게도 얘길 했다.

하지만 입장의 차이였을까. 아니면 더 이상 우리는 가족이 아니었을까.

그것도 아니면 가장이 떠나고 없는데 미망인이 떡하니 4층짜리 건물 한 채를 가지고 있던 게 문제였을까. 아빠가 돌아가신 지 이제 1년이 지나, 아빠의 첫 제사를 지낸지도 얼마 지나지 않았는데 아빠의 형제들은 엄마를 결코 이해하지 못했다.

모든 게 다 엄마의 잘못이고, 엄마의 욕심 때문인 건가.

엄마의 욕심 때문에 아빠랑 살았던 마지막 집을, 엄마가 가지고 있는 유일한 집 하나를 팔지 못해 이 사단이 벌어진 걸까.

아빠가 살아온 삶이 형편없어서, 아빠가 원한 것도 아닌 선택한 것도 아닌 그런 죽음을 맞이해서 이 사단이 벌어진 걸까.

차라리 우리를 아예 모르는 남들에게 들었다면 나았을 얘기들.

남이면 우리 아빠를 잘 몰라서, 우리 엄마를 잘 몰라서 저렇게 말할 수 있다고 이해라도 됐을 것을. 가족이었기에 우리를 안다고 생각했던 가족들이었기 때문에 나는 그들의 입장을 이해하고 받아들여줄 수가 없었다.

언젠가 아빠를 다시 만나게 되는 날, 그때 아빠는 나에게 뭐라고 말씀을 하실까?

아빠의 형제들인데 네가 좀 더 참지 그랬느냐 라고 하실까. 그때 가서 아빠가 씁쓸해 하더라도 어쩔 수 없었다. 나는 엄마를 지켜야 했다.

내가 해야 하는 건 가족 중 유일하게 혼자 남겨진 엄마를 지켜내는 것이었다. 아빠도 이런 날 이해해주실 거라 믿었다. 설령 이해받지 못한다 하더라도 어쩔 수 없다.

그날의 일을 나는 결코 후회하지 않는다.

아빠가 돌아가신 후 아빠의 형제들에게 나는 처음으로 전화를 걸었다.

몇 분은 전화번호조차 없어 엄마에게 물어보았다.

그렇게 서로의 입장 차이에 대해서 얘기를 나눴고, 엄마의 입장을 대변했다.

하지만 입장차는 좁혀지지 않았다.

누군가는 왜 어른들 일에 네가 함부로 나서냐고 했다.

어른들의 일이 아니라 우리 엄마의 일이었다. 아빠가 계셨다면 분명 내가 나서지 않아도 될 일이었다. 내가 나서고 싶어서 나섰던 게 아니었다.

내가 아니면 누구도 대신할 수 없는 일인걸 알기 때문에 내가 나선 것이었다. 언니도 있었지만 언니는 나와는 성향이 다른 사람이다. 감성적이고 여린 사람이다.

내가 아는 '우리 언니'라는 사람은 나처럼 아빠의 형제들에게 불을 내뿜을 수 없다.

언니도 엄마처럼 내가 지켜야 할 사람 중에 한 명이었다.

형부와 신랑도 대신 나설 수 없다.

가족이긴 하지만 나만큼 우리 아빠엄마가 살아온 인생을 이해하고 알지 못한다.

나만이 엄마를 대변할 수 있다. 나만이 엄마를 지킬 수 있는 것이었다.

그렇게 아빠의 형제 몇몇 분과 직접 통화를 했다.

한분과는 통화를 하다가 도저히 화를 참지 못하고 불을 내뿜기도 하였다. 내 가슴속에 잠들어있던 활화산 하나가 터져버린 것 같았다.

결국 나는 그렇게 아빠의 형제 모든 분들을 한자리에 모았다. 그렇게 그 참담한 자리가 만들어졌다. 이게 바로 아빠의 그늘이 없어진 적나라한 세상인가 싶었다.

만약 아빠가 아니라 엄마가 떠났다면, 엄마가 없어진 엄마의 형제들에게서도 남은 아빠와 나는 이렇게 되어야 하는 건가 싶었다. 정말 남보다 못하다는 말이 실감이 났다.

그렇게 가족이 분열되는 마지막 자리에서 한 사촌동생은 히죽히죽 웃으며 녹취된 통화내용 하나를 버젓이 틀어놓았다. 내가 아빠의 형제분 중 한 명에게 불을 내뿜던 소리였다.

그게 그 동생은 참 재미가 있었던 모양이다.

다 모인 자리에서 다 같이 들어봐야 한다며 크게 틀어놓았다.

그래서 나는 먼저 내가 뱉은 말이 아빠 형제분들께 상처를 드렸다면 진심으로 죄송하다고 고개 숙여 사과를 했다. 사과를 하는 건 결코 어려운 일이 아니다.

사과를 해서 해결될 일이라면 얼마든지 기꺼이 나는 사과할 수 있다.

하지만 사과로 해결될 일이 아니었다.

녹취를 틀어놓았던 사촌동생은 어느새 엄마와 나의 모습을 촬영까지 하고 있었다.

뭐가 그리 신이 난건지, 기념으로 간직해야 할 만큼 소중한 사건이었던 건지 여전히 웃으며 동영상을 열심히 찍고 있었다.

그리고 그 자리가 완전히 다 끝날 때쯤 기다렸다는 듯 그 동생은 내게 이렇게 말했다.

"그러게~ 왜 전문대 나와 가지고 설치긴 설쳐."

내가 대학입학 당시 부모님 경제사정을 생각해서 대학을 간 게 문제가 됐던 건지, 대학을 아예 가지 말았어야 했던 건지 도대체 뭐가 문제인건지 나는 알 수가 없었다.

나에게 "언니. 언니." 하며 웃고 지냈던 사촌 여동생인데…, 내가 전문대학에 입학한 지 15년이 지났다.

그 15년이라는 짧지 않은 시간동안 이 동생은 저 말이 하고 싶어서 그동안 어떻게 참았던 건지 정말이지 난 알 수가 없었다.

피가 물보다 진하다 해서 좋을 건 없다.

때론 피 한 방울도 안 섞인 남이 피가 섞인 가족보다 타인의 아픔에 더욱 공감하고 나눌 줄 아는 법이다.

'입장 차이'라는 냉정한 현실 앞에 가족은 남보다 못할 때가 있다.

내가 중학생 때 할아버지의 시골 땅과 재산이 경매로 넘어갔었다.

결코 아빠의 잘못은 아니었다. 아빠의 사업과도 무관한 일이었다.

경매로 넘어간 부모의 땅을 아빠는 되찾고자 했다. 하지만 당시 아빠도 IMF를 겪고 있을 때라 많이 힘든 상태였다. 결국 아빠는 빚을 더 냈고, 그 돈으로 고향의 땅을 조금이라도 지켜보려고 작은 땅 두 곳을 겨우 낙찰 받았었다.

그 땅이 엄마가 살고 있는 집 외에 아빠가 남긴 유일한 재산이기도 했다.

결국 우리는 그것을 아빠의 형제 중 한 분에게 다 넘겨주기로 했다.

땅을 넘겨줄 당시 아빠가 할아버지에게 받아뒀던 돈 4천만 원보다 다행히 땅의 값어치는 좀 더 높았다. 결국 난 돈으로 해결되는 일이 가장 쉽고 또 쉽다는 걸 깨닫게 되었다.

장기간 월세를 연체했던 세입자든, 아빠의 형제들이든.

그들은 다 똑같이 돈으로 잘 해결되었다.

그들 중 누가 과연 삶의 동반자를 잃고 혼자가 된 엄마를 가엽게 여긴단 말인가. 그런 건 함부로 바라면 안 되는 일이었다. 가족이라고 해서 기대하면 안 되는 거였다.

아빠를 떠나보내며 흘린 눈물의 양을 비교할 수는 없는 것이다.

하지만 누군가는 장례식장에서 우리보다 더 많이 울었다는 이유로 본인들의 아픔이 더욱 크다고 말한다. 피를 나눈 형제이기 때문에 그 슬픔이 우리보다 더욱 크다고 말한다.

하지만 결코 슬픔의 크기도 비교할 수 없다.

때론 눈물조차 가슴속에서 다 타들어가는 그런 깊은 슬픔을 겪어보지 않고선 절대 상대방을 이해한다, 더 아프다 말할 수 없다.

아빠의 부재.

아이러니하게도 아빠가 이제 없다는 슬픈 현실은 아빠와 같은 피가 흐르고 있다는 사람들 덕분에 더 철저히 느끼게 되었다.

조금 더 천천히 느껴도 됐을 일이었다.

아빠를 떠나보낸 마음이 좀 더 아물었을 때 그때 알아도 늦지 않았을 것이다.

그렇게 아빠 없는 하늘 아래의 지독한 현실은 나의 가슴을 두드리고 또 두드렸다.

#49 10%와 90%

수술 날짜를 받아놓고 기다리는 한 달 반의 기간이 참 더디게만 느껴졌다.

수술을 받기도 전에 계속해서 종양이 커지고 마구 자라나고 있는 건 아닐까 하는 무서운 상상이 들었다. 온갖 근심 걱정 때문에 쉽게 잠도 들 수가 없었다.

유방암 환우카페에서 검색해보니 다른 환우들도 다 비슷한 심정인 것 같았다.

유방암 전절제술. 병변이 있는 유방전체를 다 제거하는 수술이다. 제거된 가슴은 성형수술로 다시 복원할 수 있다.

처음엔 한쪽만 납작하게 없어질 내 가슴을 생각하니 너무 끔찍해서 의사에게 차라리 양쪽을 다 제거해달라고 했다.

'건강한 엄마가 더 필요해요'라고 말해주었던 자상한 주치의 선생님은 내게 아직 나이가 젊은데 그렇게 다 제거해버리고 복원도 하지 않으면 생각보다 큰 상실감에 더 힘들어질 수 있다고 했다.

우리나라 성형의술이 잘 되어있으니 의료진을 믿고 복원술을 받으라고 거듭 권유하셨다.

결국 나는 고민 끝에 주치의 선생님의 말을 따르기로 했다.

절제된 유방은 우선 겉 피부표면만 남게 된다. 그 안에 '확장기'라는 의료 장비를 넣는다.

이 확장기의 역할은 차후 2차 복원수술시 보형물이 들어갈 공간을 확보하기 위해 피부조직을 서서히 늘리는 것이다. 크게 수술과정은 이렇게 진행된다고 사전에 설명을 들었다.

그렇게 수술날짜만 기다리며 마음은 점점 초조해져만 갔다. 점점 또 무섭기도 했다.

혹시나 수술이 잘못되면 어쩌나, 수술 후 상태가 나빠지면 어쩌나 하고 많은 걱정들이 밀려왔고, 이 걱정들은 불안에 떨고 있던 나를 더욱더 못살게 굴었다.

검색을 하도 많이 해서 더 검색해볼 정보도 딱히 없었지만, 습관적으로 유방암 환우 인터넷카페에 올라오는 글들을 살펴보고 있었다.

그때 어떤 게시글 하나가 눈에 띄었다.

[저는 유방암 환자가 아닙니다]

자신은 유방암 환자가 아니라는 글 작성자. 해당 글을 클릭하여 살펴보니 나이는 나와 비슷한 30대 여성이었고, 그 작성자는 간암 진단을 받았다고 했다.

자신의 처지와 심경을 호소하며 구슬픈 사연들이 절절하게 쓰여 있었다.

그녀는 일단 간암 관련 인터넷 환우카페에는 자신과 같은 젊은 여성 환우가 거의 없어 유방암 환우카페에서 위로를 받고자 해당카페에 가입을 하고 글을 남긴다고 했다.

그녀의 글 밑에는 많은 사람들의 응원과 위로가 댓글로 줄을 잇고 있었다.

나 역시 꼭 힘내시라고 댓글을 남겼다. 다 같은 마음, 다 같은 심정이었을 것이다.

겪어보지 않았을 때는 차마 가늠조차 할 수 없었던 마음들이었다.

문득 간암에 대해서 궁금해졌다. 그래서 관련 검색을 좀 해보았다. 검색을 하다 보니 '5년 암 생존율'이라고 해서 질환마다 상대적 생존율에 대한 비교자료가 찾아졌다.

클릭을 해보았다. 병기마다 차이가 있긴 하겠지만 일단 내가 걸린 유방암의 5년 생존율은 90%를 넘고 있었다. 또한 유방암 생존율 그래프는 해를 거듭할수록 상승하는 곡선을 보이고 있었다. 좋은 현상이었다.

이어 환우카페 작성자가 진단받은 간암의 그래프를 보았다. 간암의 경우 5년 생존율은 고작 30%였다. 아. 이렇게 낮구나. 생각보다 낮은 간암 생존율에 놀랍기도 했고 아까 그 작성자가 더욱 걱정스럽기도 했다.

그리고 끝으로 맨 아래에 있던 췌장과 담도암 생존율이 보였다. 담도암 10%.

담도암이 발병하면 5년 이상 생존할 확률이 겨우 10%였다. 아빠는 불행히도 그 10% 안에 들지 못했다.

생존율 그래프를 비교해서 보고 있자니 내가 진단받은 암과 아빠가 진단받은 암이 극과 극으로 보였다. 물론 애시 당초 암 자체에 아예 걸리지 않는 게 가장 좋은 일일 것이다.

하지만 난 암에 걸렸다.

원한 적도 없는데, 바랬던 적도 없는데 이 암이 내게 어느 날 갑자기 와버렸다.

언제부터 자리 잡고 있었는지, 언제부터 내 안에서 자라나고 있었는지

도무지 알 수가 없다.

이 암은 35년간 내 몸속을 여기저기 마구 돌아다녔을 테고, 정착할 날만 기다리고 있다가 기회를 틈타 내 오른쪽 유방 11시 방향에 안착이 됐을 것이다.

하지만 다행스럽게도 나는 너를 빨리 발견했다.

네가 더 자라기 전에, 내 안에서 네가 더 영역을 차지하기 전에 넌 발각되고야 말았다.

그래서 나는 가차 없이 너를 떼어내 버릴 것이다.

네가 떨어져나가면 나는 5년 이상 생존할 확률이 90%가 넘는다고 한다.

10%가 아닌, 90%안에 나는 충분히 속할 수 있을 것이다.

그렇게 되면 적어도 지민이가 8살이 될 때까지는 나의 생명이 너 때문에 위태롭지는 않다고 한다. 그 가능성이 무려 90%라고 한다.

그래. 믿고 가보자.

그만 무서워하고 더 이상 움츠려들지 않고, 아빠가 싸웠던 10%의 희망에 비하면 9배나 높은 이 숫자를 믿고 어디 한번 가보자.

#50 아빠와 함께

2018년 5월. 가정의 달. 나의 1차 수술은 5월 초로 잡혔다.

어린이날에 지민이와 함께 놀아주지 못함에 수술을 며칠 앞두고 미리 놀이동산엘 다녀왔다. 놀이기구도 타고 동물원도 가고 피자와 파스타도 맛있

[놀이동산 파스타&피자집에서]

게 먹었다. 정말 즐거웠다.

그리고 사진도 많이 찍었다. 사진 속의 나는 마냥 행복해 보인다.

찰나의 순간을 담는 사진은 많은 것들을 담아내지 못한다. 웃고 있는 얼굴 뒤에 감춰진 슬픔과 아픔을 다 담아낼 수는 없다.

아무튼 그렇게 아침부터 밤까지 하루 온종일 놀이동산에서 신나게 놀았다. 마지막 야간 퍼레이드와 불꽃놀이까지 다 구경한 후에야 그곳에서 나왔다.

집으로 돌아오는 차안에서 지민이는 뒷좌석 카시트에 앉아 잠이 들었다. 많이 고단했던지 금세 깊게 잠든 모습이었다.

며칠 후면 나는 수술을 받으러 갈 것이고, 아직 어린 지민이에게 이 상황을 잘 설명해주지 못했다. 그냥 엄마는 잠시 볼일 보러 다녀올 테니 아빠랑 할아버지 댁에서 잘 지내고 있어야한다고 얘길 해뒀다.

입원전날. 병원에 가져갈 물품들을 하나씩 챙겼다.

편안한 슬리퍼와 세면도구, 수건, 스킨로션, 태블릿 그리고 공부중인 책들도 함께 챙겨 넣었다. 당시 한 6개월 전부터 하고 있었던 공부가 있었다.

2017년 겨울. 퇴사를 고민하고 있을 당시 미래에 대한 막연한 불안함이 있어 뭐라도 좀 준비를 해두고 싶었다. 그래서 예전부터 관심 있었던 '공인중개사' 자격증 공부를 시작하게 됐었다. 그렇게 2017년 11월부터 시작하였고, 2018년 10월에 시험이 있으니 약 1년을 계획했던 공부였다.

공부를 시작했을 때는 회사도 다니고 있었을 때라 자는 시간을 쪼개어 공부를 했었다.

새벽에 일찍 일어나 우선 집에서 3~4시간정도 공부하고, 출퇴근하는 왕복 2시간 지하철 안에서 또 공부를 했다. 그렇게 하면 평일엔 5~6시간을 온전히 공부할 수 있었다.

주말이면 신랑에게 지민이를 맡겨놓고 나는 집근처 도서관으로 향했다. 도서관 문이 열리는 시각에 들어가서 하루 종일 공부를 했다. 그렇게 직장을 다니면서 4개월 정도 공부를 하고 있는 와중에 결국엔 퇴사가 결정되었던 것이다.

그래서 한편으로는 차라리 잘됐다고도 생각했다. 이제 회사에 출근하지 않아도 되니 더 많은 시간을 편하게 공부할 수 있을 것 같았다.

하지만 퇴사를 코앞에 두고 암 진단을 받았다. 그래서 이젠 더 이상 공부를 하지 못할 거라고 생각했다. 시험까지는 약 6개월 정도의 시간이 남았지만, 수술도 받아야하는데 끝까지 포기하지 않고 계속해서 할 수 있을지 처음엔 자신이 없었다.

그래서 지금은 때가 아닌가, 다음에 다시 도전을 해야 하나 싶었다. 하지만 막상 마음을 접자니 회사 다니며 공부했었던 지난 시간들이 떠올랐다.

새벽부터 일어나 졸린 눈을 비비며 작은 방으로 들어갔다.

당시 우리 집에는 책상이나 식탁이 없었다. 그래서 상 하나를 펴고 방바닥에 앉아 책과 태블릿을 올려놓고 공부를 했다.

처음에는 너무 잠이 와서 동영상 강의 중 절반 이상은 꾸벅꾸벅 졸았던 것 같다. 세상에 졸린 눈꺼풀보다 무거운 게 또 있을까.

무거운 눈은 좀처럼 떠지질 않았다.

자리에서 일어나 체조도 해보고, 얼음물도 마셔보고, 창문을 열어 찬 공기를 맡아보아도 그때 잠깐일 뿐 자리에 앉으면 다시 꾸벅꾸벅 졸고 있었다. 허벅지를 꼬집기도 하고 볼을 툭툭 쳐가면서 그렇게 졸음과 싸우면서 공부를 계속 이어갔다.

그런 시간들을 떠올리니 이대로 포기하기가 너무 아깝다는 생각이 들었다. 합격을 못할지언정 시험에는 도전해보고 싶었다. 그래. 끝까지 가보자.

이대로 포기하지말자. 나 자신과 제대로 싸워보기로 마음먹었다.

동네병원에서 암 진단 받고나서 한 며칠 동안은 바로 공부할 수 없었다. 마음을 좀 추스른 다음에 공부를 계속 해야겠다고 다짐한 뒤부터는 매일 책을 펼칠 수 있었다. 중간 중간 대학병원으로 검사를 받으러 다니면서도 책을 펼쳤다.

여전히 새벽에 일어나 동영상강의부터 수강했다. 오전중 지민이는 어린이집에 보내놓고 계속해서 공부만 했다.

처음에는 공부가 머리에 잘 들어오지도 않았다. 자꾸만 '나는 암환자다'라는 생각에 내가 어쩌다 이렇게 됐는지 신세가 처량하게 느껴졌고 그런 생각이 들 때면 어김없이 눈물이 차올랐다. 열심히 산다고 살았는데 세상은 왜 또 내게 이런 시련을 안겨주나 싶어서 마냥 서러웠다. 눈물이 앞을 가려 동영상강의를 제대로 볼 수조차 없었다.

하지만 차츰 공부를 계속하다 보니 공부하는 그 순간만큼은 내가 암환자라는 걸 잠시나마 잊을 수가 있었다. 그래서 더욱 공부에 매달리게 되었다.

그렇게 졸면서도 공부하고 울면서도 공부하다보니 어느덧 공부를 시작한지 딱 6개월이 된 것이다.

이제 절반은 왔기 때문에 멈출 수가 없는 것이었다.

수술 당일.

부산에서 엄마도 올라왔다. 수술 후에 나를 간호해주러 온 것이다.

근심이 가득한 엄마의 얼굴. 아빠 때도 너무 많이 봤던 모습인데 2년 만에 나 때문에 이렇게 다시 보게 될 줄은 몰랐다.

엄마는 내가 암에 걸렸다는 충격에 여전히 휩싸여 있었다.

"왜 하필 네가 걸려. 엄마가 대신 콱 걸려버리면 좋겠다. 보험도 다 들어놨는데."

엄마의 말에 난 웃음이 나왔다.

"나도 보험 다 들어놨어."

아빠 일을 겪고 나서 우리 가족은 모두 보험에 새로 가입했다.

보험이 필요하다는 걸 절실히 깨달았기 때문이다. 그래서 든든한 구석도 있었다.

그리고 국가에서 지원해주는 중증환자 적용이 있어 환자는 병원비 총액의 5%만 부담하면 되었다. 실비보험과 암보험도 다 따로 들어놨으니 그 5%도 보험사에서 해결을 해줄 것이었다. 그래서 이것마저 아빠가 나를 도와주고 가셨구나, 라는 생각이 들었다.

또한 아빠 때처럼 친척과 지인들이 병원비에 보태라며 십시일반 돈을 보내주었다. 가족들에게 폐 끼친다고 미안해하셨던 아빠의 심정이 헤아려졌다. 감사하기도 했지만 정말 미안한 마음이 더 컸다. 마음이 아프고 무거웠다. 도움을 받는 쪽이 아니라 나도 도움을 주는 쪽이었으면 좋겠다고 생각했다.

아무튼 그렇게 수술복으로 갈아입고 수술을 기다리고 있었다.

2인실 병실엔 엄마와 큰이모와 신랑이 함께 있었다.

이모 덕분에 엄마가 그나마 힘이 나는 것 같아보였다. 이모에게 많이 의지를 하고 있던 엄마였다.

[엄마와 함께 병원 야외정원에서 따스한 봄볕을 쬐는 중]

오전 중 수술실에 가려나 생각하고 기다렸는데, 오후 1시가 넘어서야 수술실에서 호출이 왔다. 그리고 잠시 후 나를 수술실까지 데려다 줄 병원직원이 병실로 찾아왔다.

그렇게 난 이동식 침대에 누웠고, 담요도 가슴 위까지 잘 덮었다.

누워있는 채로 병원복도를 지나 승강기를 타고 수술실 앞까지 이동했다.

아. 이런 기분이구나.

누워서 이동하는 기분이 이렇구나. 나를 따라오는 엄마와 이모 그리고 신랑의 얼굴이 보였다. 엄마는 아까부터 자꾸 울고 있다. 이모가 그런 엄마를 옆에서 달래주고 계신다.

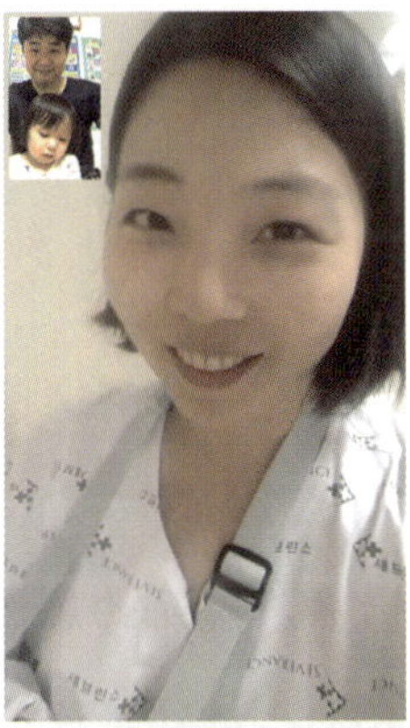

신랑은 무슨 표정인지 잘 읽을 수가 없다. 담담해보이면서도 슬퍼 보이고, 물렁거리는 것 같으면서도 단단해 보이고 입을 꽉 다물고 있던 신랑이었다.

수술실로 들어가기 전 가족들과 인사를 나눴다.

"그만 울어. 엄마."

◀[지민이와 영상통화중]

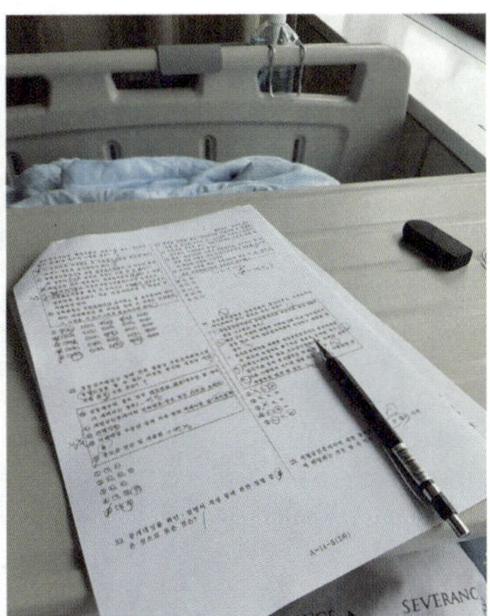

[병실에서 공부 중]

이모도 옆에서 엄마에게 그만 울라고, 엄마가 너무 울면 내가 마음이 안 좋을 거라고 계속 달래주셨다. 그리고 이모하고도 곧 인사를 했다.

"수술 잘 될 거야. 엄마 걱정은 하지 말고 이모가 잘 챙기고 있을게."

"네. 이모. 와주셔서 정말 감사해요."

이어 옆에서 신랑도 말했다.

"잘 받고 와."

"엄마랑 이모 모시고 점심 꼭 챙겨먹어. 배고프겠다."

"응. 신경 쓰지 마. 다 알아서 할게."

그리고 엄마의 따스한 손길이 느껴졌다. 엄마는 내 얼굴을 어루만지고 있었다.

수술실로 들어가는 입구 앞에서 수술복을 입은 채 이동식 침대에 누워있는 나.

그런 나를 보면서 엄마가 떠올릴 한 사람.

2년 전에도 그랬고, 2년 후에도 그렇고 엄마는 그저 이렇게 지켜볼 수밖에 없는 그 마음.

그것을 나는 안다. 너무도 잘 안다. 그래서 나는 그때의 아빠처럼 차마 눈물을 보일 수가 없다. 엄마의 슬픔에 나는 더 이상 보탤 수가 없다.

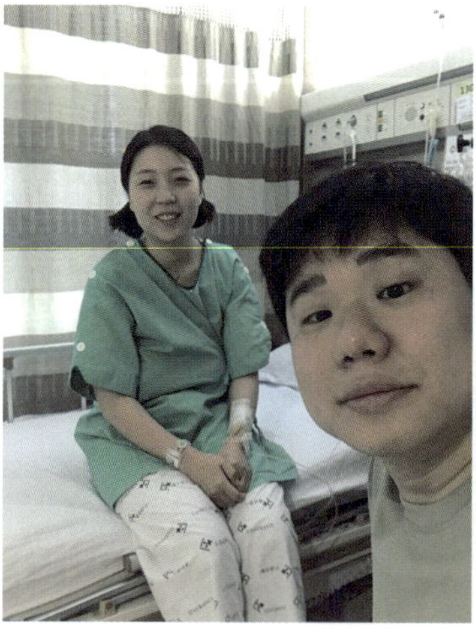

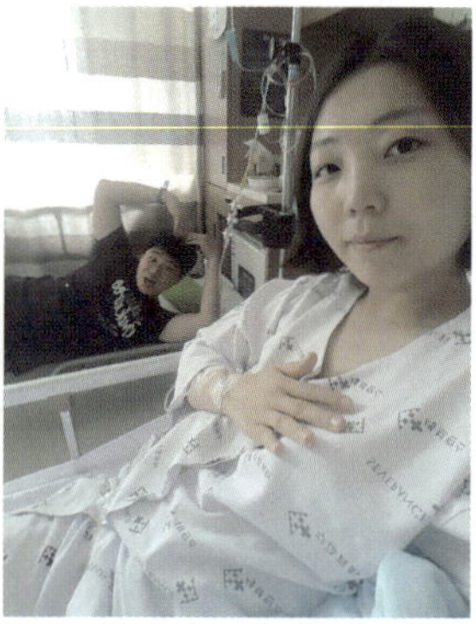

[1차 수술대기 중 모습(왼쪽), 수술 후(오른쪽)]

그래서 나는 울지 않기로 했다. 절대로 울지 않을 것이다.

떨리는 목소리로 엄마는 말했다.

"우리 딸. 아무 걱정 마. 다 잘 될 거야. 엄마가 기다리고 있을게."

눈물을 흘리는 엄마를 보며 나는 담담하고 씩씩하게 대답했다.

"응. 엄마. 배고프겠다. 굶지 말고 점심도 챙겨먹고 해. 수술 잘 받고 올게."

그렇게 수술 대기실로 홀로 들어갔다.

대기실에 누워 천장을 바라보았다.

기독교재단 병원이라서 그런지 천장엔 성경구절로 보이는 글귀가 하나 적혀있었다.

[두려워 말라. 내가 너와 함께 함이라.]

그 글귀를 보며 다시 아빠 생각이 났다.

보이진 않지만 아빠가 나와 함께 있을 거라는 생각이 들었다. 나의 곁에서 내 머리를 쓰다듬으며 우리 딸은 강한 아이라고, 이 벽도 잘 뛰어 넘을 수 있을 거라고 분명 응원해주고 계실 것이다. 그래. 나는 절대 혼자가 아니다. 그렇게 아빠와 함께 수술실로 들어갔다.

잠시 후 여자의 목소리가 들렸다.

"김정연 씨. 수술 다 끝났습니다. 회복실에서 잠시 대기하고 병실로 이동하실 게요. 다시 주무시면 안돼요. 계속 깨어 계셔야 해요."

정말 잠깐 눈을 감았다 뜬 것 같은데 수술이 끝났는지 간호사가 날 깨우고 있었다.

간호사는 내 옆에서 뭔가를 바쁘게 체크하는 것 같았다. 이윽고 심한 한기가 느껴졌다.

처음 느껴보는 한기였다. 왜 이렇게 춥지? 너무 추운데?

간호사는 내 체온체크는 안 하고 있는 건가? 정상체온이 아닐 것 같은데?

마치 냉동고에서 며칠 있다가 나온 것 같았다. 머리부터 발끝까지 꽁꽁 얼어버린 것 같았다. 그리고 수술도 하긴 했는지 오른쪽 가슴 부위가 엄청 아프다.

이 통증 역시 처음 느껴보는 고통이다. 악. 정말이지 너무 아프다.

아프다는 말로는 도저히 표현이 안 된다. 가슴만 절제하는 수술이 아니었나?

가슴부터 갈비뼈까지 다 뜯어낸 건가?

내가 대포를 맞아본 적은 없지만 대포를 맞으면 이런 느낌일지 생각이 들었다.

너무 아프다. 정말 너무 아파서 말도 안 나온다.

춥고 아프고. 철저히 단 두 가지만 느낄 수 있었다.

제발 둘 중에 하나만이라도 해결됐으면 좋겠다. 정말 견디기가 너무 힘들다.

추위와 통증 중 아무래도 추위가 더 빨리 해결될 거라는 생각이 들었다.

빨리 병실로 올라갔으면 좋겠다. 엄마와 신랑을 만나면 나를 이 추위에서 녹여줄 것 같았다. 가서 담요를 더 덮어달라고 하고 뜨거운 찜질팩도 달라고 하고 싶었다.

그래. 병실에 올라가면 추위는 해결되리라. 조금만 참자. 조금만 더 버텨보자.

어금니를 꽉 깨물어보았다. 하지만 자꾸만 치아가 탁탁탁 부딪힌다.

이런. 아빠 생각이 또 난다. 아빠도 이렇게 추웠던 거구나.

잠시 후 간호사가 곧 병실로 올라갈 거라는 반가운 얘길 해줬다. 고개를 조금 돌려 시계를 보았다. 저녁 8시가 훌쩍 넘어가고 있었다. 몇 시간동안 수술을 받은 걸까.

그렇게 냉동고 같던 회복실에서 거의 1시간을 있다가 병실로 올라갈 수 있었다. 전용엘리베이터를 타고 입원실 층에 내리니 날 마중 나온 신랑과 엄마의 반가운 모습이 보였다.

"아휴. 정말 고생했다. 정말 고생했다. 고생했어."

엄마는 계속 이 말만 반복하며 내 이마를 쓰다듬고 또 쓰다듬었다.

이모는 내가 나올 때까지 끝까지 기다려보려 하셨지만 예상했던 시각보다 더 길어지는 바람에 버스시간에 맞춰 집에 먼저 가셨다고 했다.

그렇게 나는 엄마와 신랑에게 살며시 웃어보였다.

여전히 춥고 아팠지만 최대한 씩씩한 모습을 보여주고 싶었다. 내가 아파하면 엄마가 더 아파할거라는 걸 알기에 나는 정말 아무소리도 내지 않았다.

그리고 병실로 돌아오자마자 내 계획대로 담요와 핫 팩부터 지원받았다. 그리고 따뜻한 죽 한 그릇도 뚝딱 먹었다. 소화기관 수술이 아니라서 그런지 금식이 바로 풀렸던 것이다.

그래서 나는 물과 음식물을 바로 섭취할 수 있었다.

침대의 등받이를 세워 기대앉아 죽을 열심히 떠먹고 있었다. 그런 나를 신랑과 엄마는 좀 신기한 듯 바라보고 있었다.

엄마는 수술실에서 올라온 나를 봤을 때는 금방이라도 울 듯한 표정이었지만, 내가 신음소리 한번 내질 않고 앉아서 죽만 잘 떠먹고 있으니 어느덧 눈물은 쏙 들어가고 어리둥절한 표정으로 보고 있었다.

이윽고 정말 궁금했는지 내게 물어보았다.

"이 수술은 안 아픈가? 전혀 안 아파?"

엄마의 말에 웃음이 났다. 악. 웃으니까 통증이 더 심하게 밀려왔다.

"아프지. 왜 안 아프겠어. 나 웃기지마."

엄마는 그래, 아플 텐데 어떻게 아프다는 소리 한번 안하냐고 나보고 참 독한 면이 있다고 놀라워했다. 죽 한 그릇이 다 비워갈 때 쯤 의사선생님도 병실로 들어왔다.

유방외과 선생님이 아닌 성형외과 여자교수님이었다.

내가 받은 수술은 유방외과, 성형외과 두 의료진이 협진해서 수술한다는 걸 사전에 알고 있었다. 유방외과 주치의 선생님은 내가 회복실에 있을 때 이미 다녀가셨다고 했다.

성형외과 의사선생님은 병실로 들어와 날 보자마자 깜짝 놀라시면서 환자 이름표를 다시 한 번 확인하셨다. 내가 너무 멀쩡하게 앉아있어 병실을 잘못 찾아온 줄 아셨다고 했다.

"어머. 좀 전에 수술 받고 나온 분 맞으세요? 이렇게 못 앉아 계시는데?"

어떻게 앉아있냐고 신기해하셨다.

이미 죽 한 그릇도 거의 다 비워진 걸 보시더니 더욱 놀라셨다.

"수술한 지 최소 3일은 지난 사람 같네요. 이런 분은 정말 처음 보네요."

나의 컨디션이 아주 좋아 보인다며 의사선생님도 매우 기분 좋아하셨다.

나는 수술을 잘해주셔서 정말 감사하다고 인사를 드렸다.

뒷날이 되니 통증은 반으로 줄어든 것 같았다. 밤새 그토록 아프더니 아침이 되니 정말 살 것 같았다. 신랑은 회사출근을 위해 밤늦게 집으로 갔다. 엄마가 며칠간 함께 있을 테니 신랑까지 보호자로 내내 있을 필요가 없었다.

엄마는 아빠 때와는 달리 보호자 침대에서 편하게 밤을 보낼 수 있었다.

아무리 아파도 난 엄마를 깨우지 않았다. 마음 조렸을 엄마를 최대한 푹 쉬게 해주고 싶었다.

어차피 진통제와 무통제도 투여되고 있었고, 간호사도 중간 중간 와서 체크를 해주니 엄마가 깨어있은들 걱정만 더 할뿐이지 딱히 해줄 수 있는 게 없었다.

통증은 철저히 혼자 감당해야 할 나의 몫이었다. 통증이 어서 빨리 사라져주길 기다리고 또 기다렸다.

아침이 되니 또 식사가 나왔다. 엄마와 함께 밥을 먹었다.

엄마는 밤새 아프지 않았냐고 물었다.

그래서 나는 무통덕분에 괜찮았다고 나도 잘 잤다고 대답을 했다.

잠시 후 아침 회진을 나온 유방외과 주치의 선생님이 찾아왔다.

진료실에서 뵐 때 보다 더욱 반갑고 더욱 따뜻하게 느껴졌다. 의사 선생님은 나의 수술이 잘 됐다고 말씀하셨고, 최종 조직검사결과는 며칠 후에 나온다고 설명을 해주셨다.

회복속도가 좋아 보인다며 매우 흐뭇해하셨다.

내가 멀쩡한 모습으로 있으니 엄마도, 의사선생님 두 분도 정말 기분이 좋은 듯 보였다. 그날 오후. 나는 이제 6인실 병실로 이동도 했다. 통증도 이만하면 참을만하고 엄마와 함께 병원복도로 나가 천천히 걸으며 운동도 조금씩 했다.

그리고 병실로 돌아와 공부하기 위해 가져온 책들을 펼쳤다. 나는 공부를 좀 할 테니 엄마는 자유 시간을 가지라고 했다. 그렇게 엄마는 간이침대에 누워 낮잠을 곤히 잤다.

잠시 후 성형외과 교수님이 다시 나를 찾아왔다. 회진을 온 것이다.

이젠 공부까지 하고 있어서 어제만큼 적지 않게 놀라셨다. 정말 궁금하신지 지금 뭐하는 거냐고 물어보셨다.

나는 자격증 공부하던 게 있어서 그걸 보는 중이라고 말씀드렸다.

선생님은 회복 속도가 빠른 것도 놀라웠지만, 이렇게 수술한 바로 뒷날부터 공부하는 사람은 처음 본다고 하셨다. 옆에 같이 온 다른 의사에게도 그렇지 않느냐며 동요를 구했다.

종종 책을 읽는 경우는 봤지만 공부를 하는 사람은 적어도 본인이 의사생활을 할 동안 본적이 없다고 하셨다. 그러면서 무슨 공부를 하는지도 궁금해 하셨다. '공인중개사'라고 알려드리니 어려운 공부지 않느냐며 또 놀라워하셨다.

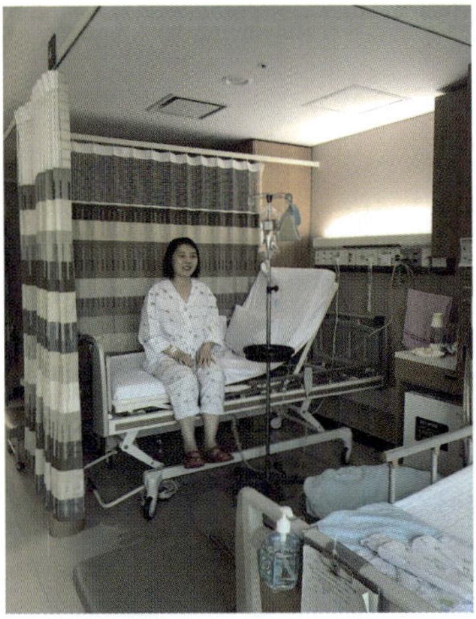

[신랑이 바깥 구경하라고 침상을 최대높이로 올려줌(왼쪽), 야외정원 커피타임(오른쪽)]

[병실에서 바라본 뷰(view)]

의술을 공부하신 분이 어려운 공부라고 얘길 하니 괜스레 쑥스럽고 부끄러웠다.

아무튼 나보고 정말 대단하다며, 시험이 언제인지 물어보셨고 10월이라 말씀드리니 응원하겠다며 그때 자기에게 합격여부를 꼭 알려달라고 하셨다. 이윽고 나의 수술부위를 정성스레 살펴보시곤 그렇게 병실을 나가셨다. 수술과 관련된 대화보다 시험에 관한 대화를 더 많이 나눴던 것 같다.

엄마는 마트 근무를 하고 있을 때라 며칠 후 다시 부산으로 가야 했다.

서울역으로 가기 위해 버스를 기다리는 엄마의 모습이 병실 위에서 내려다보였다.

잠시 후 기다리던 버스가 도착했고 그렇게 엄마는 버스에 올라탔다.

엄마. 너무 미안하고 정말 고마워.

많이 놀라게 해서, 또 가슴 조리게 해서 너무 미안하고 또 미안해.

다시 꼭 건강한 모습으로 엄마 보러 내려갈게. 조심히 잘 가요. 우리엄마.

엄마가 탄 버스가 점점 멀어지는 것을 보며 그렇게 조용히 마음속으로 인사했다.

#51 산 넘어 산

1차 수술을 끝내고 병원에 입원한지 2주가 좀 지나서야 퇴원을 할 수 있었다. 퇴원 후 첫 진료 때 최종결과와 치료 방향에 대해 자세히 설명을 들을 수 있었다.

처음엔 상피내암으로만 알고 수술을 했지만, 세부조직검사 결과 유방암 1기 진단이 내려졌다. 상피내암이란 '제자리 암'으로 암세포가 주변으로의 침윤 없이 상피조직 내에서만 증식한 경우를 말한다. 수술 전 받은 검사에서는 나 역시 이런 상피내암으로 알고 있었다.

하지만 수술 후 종양을 떼어내어 최종 조직검사를 해보니 0.2mm의 침윤 흔적이 발견된 것이었다. 나는 그렇게 1기 판정을 받았다.

나쁜 녀석. 내 안에서 퍼져나가려고 했었구나.

아무튼 유방암 1기로 최종판정을 받았고, 다행히 초기라서 그런지 항암치료도 받지 않아도 된다고 하였다. 여성호르몬억제제인 '타목시펜'만 5년 처방이 우선 내려졌다.

그리고 제거된 가슴 안에 넣어둔 확장기를 이용해 피부를 서서히 늘린 후 2차 수술을 받기로 하였다. 경과에 따라 빠르게는 3개월 후에도 수술이 가능하지만, 보통은 반년에서 1년 정도 지나서 수술을 받는다고 하였다. 나는 항암치료를 받지 않기 때문에 어느 정도 몸이 회복되고, 확장기를 넣어 둔 가슴에 별다른 부작용만 없으면 6개월 뒤인 11월경에 바로 2차 수술을 받을 수 있을 것 같았다.

이렇게 2차 수술예정일이 정해졌고, 10월에 치르는 공인중개사 시험을 먼저 보고나서 수술을 받으면 되겠다고 생각했다. 한 달에 한 번씩 확장기에 식염수를 투입하기 위해 병원을 다니면서 계속해서 공부를 이어나갔다. 1차 수술이 무사히 끝나 마음도 한결 가벼웠다.

하지만 한 가지 자꾸만 신경이 쓰이는 게 있었다.

전부터 목 안이 좀 불편하다는 느낌이 자꾸 들었다. 유방암 수술 때 전체적으로 검사도 다 해봤지만 특별한 이상이 발견되진 않았었다. 이상이 없다는데도 자꾸만 목을 수시로 만져보며 목안에서 느껴지는 작은 이물감에 걱정이 계속 되었다.

자라보고 놀란 가슴 솥뚜껑보고 놀란다고 암에 한번 걸려보니 몸에 조금만 이상함이 감지되어도 신경이 곤두서곤 했다. 배가 아프면 배가 아픈 대로, 머리가 지끈거리면 머리가 아픈 대로. 모든 것이 암이 아닌가 하고 의심부터 들었다.

결국 내가 계속 불안해하자 1차 수술을 받은 지 약 두 달이 지났을 무렵. 나는 같은 병원 갑상선과에 협진을 받아 다시 또 검사를 하게 되었다.

갑상선 초음파 검사를 하던 날.

내가 예민한 거겠지, 설마 또 다른 문제가 있겠어? 라고 마음을 달래며 검사를 받았다.

다양한 각도로 초음파 검사를 하던 중 의사가 뭔가를 유심히 살펴본다.

그러더니 내게 세침검사를 한번 해봐야겠다고 말했다. 세침검사 역시 조직검사와 같은 것이었다.

무슨 일인지 물었더니 우측 갑상선에 콩알만 한 크기의 혹이 보이는데 모양이 애매해서 검사를 해봤으면 좋겠다고 했다. 일단 검사를 해봐야 확실히 아는 거니 무섭지만 다시 또 조직검사를 해보기로 했다.

며칠 후 갑상선 검사결과가 나오던 날. 진료실에서 만난 의사의 표정이 또 좋지 않아 보였다. 뭔가 무거워보였다. 이젠 의사의 표정만 봐도 무슨 말을 할지 대충 알 것만 같았다.

쿠쿵- 역시나 또 암이란다.

이런 젠장. 내 몸 안에 암이 또 있다고? 또?

정말이지 어이가 없다. 하지만 이젠 큰 병원에 가보라고는 안 한다. 이미 이곳이 큰 병원이니까 말이다.

의사는 약 1cm 크기의 종양이 갑상선 우측에 붙어있다고 했다.

이것 때문에 그동안 목이 불편했던 건지 의사에게 다시 묻자, 이정도 크기로는 사실 느낄 수는 없다고 한다. 정말 잘 발견된 거라고 했다.

결국 유방암에 이어 두 달 만에 새로운 암을 난 또 찾아냈다.

이 괘씸한 녀석들. 정말 뻔뻔하고 염치도 없구나.

부탁이니 제발 더 이상 멋대로 내 몸속에서 돌아다니지 마라.

다행히 이번에도 초기에 발견되어 갑상선 우측만 제거하면 된다고 하였다. 좌측 갑상선이 남아있으니 수술 후 복용해야 하는 약도 평생 복용해야 하는 것은 아니라 했다.

하지만 아무리 '착한 암'이라고 불려도 발견된 이상 시간을 끌어서 좋을 건 없다며 최대한 빨리 수술받기를 권했다. 11월에 다른 수술이 잡혀있었다고 말하자, 갑상선과 의사선생님은 가능하다면 모든 수술을 한 번에 다 같이 하는 게 나을 것 같다고 하셨다.

그렇게 7월에 갑상선암을 추가로 진단받게 되어, 11월 예정이었던 2차 수술도 두 달 앞당기게 되었다. 결국 9월에 모든 수술을 한꺼번에 받게 된 것이다.

이번엔 성형외과, 갑상선과 두 군데 의료진이 협진 하여 수술하기로 했다. 성형외과에서는 좌측유방 축소 수술과 우측유방 보형물 삽입 수술을, 갑상선과에서는 우측 갑상선 전 절제수술을 받는다. 이렇게 세 가지 수술을 동시에 진행한다.

갑상선암 때문에 시험을 불과 한 달 앞두고 모든 수술을 받아야 할 수밖에 없었다.

갑상선암 추가 진단을 확인한 유방외과 주치의 선생님은 다시 한 번 나를 따뜻한 말씀으로 위로해주셨다.

“많이 심란하죠? 원래 다 이렇게 하나씩 고쳐가면서 사는 거예요.”

환자의 마음부터 따스하게 잘 헤아려주셨던 정말 좋은 분이었다.

맞다. 하나씩 고쳐가면서 사는 거다.

처음부터 고장 나지 않았다면 좋았으련만 그것은 나의 뜻대로 결코 되지 않는다.

가장 내 마음대로, 내 뜻대로 되지 않는 것이 건강 같다.

나름 건강관리를 한다며 살아왔지만, 이렇게 갑자기 날 배신도 하고 뒤통수를 치기도 한다. 억울하지만 어쩌겠는가. 받아들이고 고쳐야 한다.

그렇게 다들 이 세상을 살아간다고 한다.

아무튼 그렇게 세 가지 2차 수술 일정을 9월로 새로 잡아두고, 얼마 남지 않는 시험을 위해 나는 더욱더 공부에 매진했다.

열심히 공부하다가도 새로 암이 추가로 발견됐다는 생각만 하면 집중력도 흐려지고 정말 기가 막혔다. 하지만 정신을 차리고 다시 집중해야 했다. 지금당장 내게 중요한건 공인중개사 시험밖에 없었다. 이 공부를 하는 동안 회사 퇴직, 유방암수술, 갑상선암 추가진단까지 많은 우여곡절이 있었다. 그럼에도 포기하지 않고 매달려왔다. 앞으로 시험까지 3개월이 남았다. 더 이상 다른 것에 신경 쓸 여력이 없었다. 시험일은 점점 다가오는데 공부해야하는 양은 정말 끝도 없이 쏟아만 졌다.

원래 공인중개사 시험은 1,2차를 보는데 1차에는 부동산학개론과 민법 두 가지 과목을 보고 2차에서는 공법, 중개사법, 공시법, 세법 이렇게 네 가지 과목을 시험 본다.

1차를 먼저 합격하고 2차를 그 다음해에 봐도 되는 것이지만, 나는 처음부터 1,2차를 동시에 치르는 동차시험을 준비하고 있었다. 그래서 공부해야하는 양이 정말 만만치가 않았다.

여태껏 고군분투하며 매달렸던 공부인데, 시험 앞에 닥친 2차 수술 때문에 포기할 순 없는 것이었다. 수술은 병원에서 알아서 해줄 것이고, 내가 걱정한다고 해서 달라지는 건 없다.

그래서 나는 오로지 시험만 생각하기로 했다. 그리고 시험공부는 정말 그것을 가능하게 해주었다. 자나 깨나 시험생각밖에 없었다. 눈만 뜨면 책부터 펼쳤다.

수술에 대한 부담보다 시험에 대한 부담이 더욱 컸다.

올해 떨어지면 내년에 다시 도전해볼까 하는 타협조차 단 한 번도 생각하지 않았다.

무조건 끝까지 열심히 한다. 시험장에 들어가는 순간까지 내가 할 수 있는 최선을 다해 공부를 할 것이다.

이 벽을, 이 산을 나는 꼭 넘어야만 한다. 나를 위해서 말이다.

그렇게 2차 수술을 앞두고 있던 어느 날 잠깐 잠이 들었다.

꿈속에서 나는 어떤 환한 집에 들어와 있었다. 식탁과 냉장고와 싱크대 선반이 보였다.

여기가 어딘가 하고 주변을 천천히 둘러보는데 갑자기 아빠가 나타났다.

다행히 밝은 표정에 더 이상 아프지도 않고 건강한 모습이셨다.

아빠는 잠시 후 식탁 앞으로 가 의자에 앉더니 내게 밥을 좀 차려달라고 말씀하셨다.

난 아빠의 말을 듣자마자 정성스레 밥을 차려드렸다.

김이 모락모락 피어오르는 흰쌀밥을 한 공기 가득 담았고, 따끈한 국도 한 그릇 떴다. 그리고 냉장고를 열어 반찬을 꺼내려는데 싱싱한 풋고추가 눈에 들어왔다.

살아생전 아빠는 고추를 된장에 찍어 드시는 걸 참 좋아하셨다.

그렇게 냉장고 안에 있던 고추를 발견하곤 아빠에게 곧장 물었다.

"아빠! 여기 고추가 있는데 고추도 같이 드릴까요?"

아빠는 미소를 보이며 아무 말 없이 고개를 끄덕이셨다.

그렇게 식탁 위에 밥 한 그릇, 국 한 그릇, 풋고추와 된장이 금세 차려졌다. 아빠는 밥 한 숟갈을 뜨곤, 고추를 된장에 푹 찍어서 한입 탁 베어 무셨다. 그리곤 날 보며 평온한 표정으로 말씀하셨다.

"이제 됐다."

그렇게 그 꿈에서 깨어났다. 참 선명한 꿈이었다.

아빠의 표정과 아빠의 음성까지. 잠깐의 꿈이었지만, 아빠를 정말 만난 것 같은 기분이 들었고 기분이 좋았다. 내가 걱정되어 아빠가 다녀가신 걸까? 알 수 없다.

열심히 시험공부를 하며, 2차 수술을 앞두고 있던 그 어느 날.

아빠를 잠깐 만났을 뿐이다.

그렇게 내 꿈속에 아빠가 잠시 다녀가셨다.

#52 위대한 승리

그렇게 2차 수술도 무사히 받았다.

1차 수술과 비슷하게 7~8시간이 걸렸다.

사전설명에서 세 가지 수술을 동시에 받으면 세 군데가 다 아픈 게 아니라 가장 아픈 한 군데만 통증이 느껴질 거라 했다. 정말 그러했다.

축소수술을 받은 왼쪽 가슴의 통증 때문에 나머지는 깡그리 묻혀버렸다.

어찌나 아픈지 1차 수술과는 비교도 안 됐다.

수술실에서 나온 후 회복실에서 여전히 춥고 힘들었지만 극심한 통증에 추위까지 묻혔다. 마치 살이 갈기갈기 찢겨나가는 것 같은 소름끼치는 통증에 저절로 비명이 질러졌다.

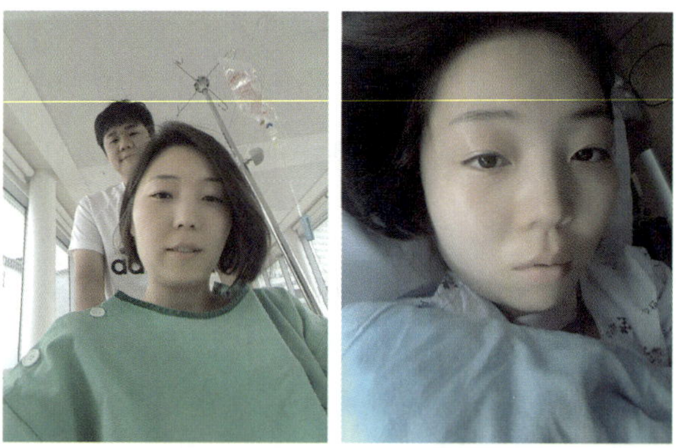

[2차 수술 후 병원에서]

축소수술은 선택이 아닌 필수적인 것이었다. 암이 발견됐던 우측 유방에 보형물을 삽입하게 될 경우 크기와 무게가 기존 가슴과 많이 차이가 나게 되었다. 이 때문에 향후 척추 틀어짐 등 2차 부작용을 막기 위해 나는 축소수술을 받아야 했다.

1차 때 받은 절제술과는 달리 축소술의 경우 부분적으로 조직을 떼어내는 거라 신경이 다 남아있음에 더욱 아플 거라고 의사는 설명했었다.

그래서 마음은 먹었지만 정말 차원이 다른 통증에 너무도 고통스러웠다. 병실로 돌아와서도 컨디션이 회복되지 못했다. 뒷날은 머리도 아프고 어지러워 구토까지 나왔다. 식사는커녕 물 한 모금조차 제대로 마실 수 없었다.

결국 무통주사를 제거하기로 했다. 내 몸이 회복되지 못해 진통제 거부반응을 보인다는 이유였다. 무통주사를 맞지 않으면 통증이야 더 느껴질 테지만, 일단 극심한 어지럼증이라도 해결하고 싶었다. 그렇게 무통제를 제거하고 나니 통증은 좀 더 느껴졌지만 두통과 어지러움이 해결되어 구토는 더 이상 하지 않으니 그나마 살 것 같았다.

그렇게 2차 수술의 고비도 잘 넘겼다.

몸 컨디션 회복 후, 곧바로 마지막 박차를 가하며 시험공부에 집중했다.

[집에서 공부 중]

두 번의 전신마취 때문인지 아니면 나의 암기력의 문제인지 분명 봤던 내용 같은데 완전히 처음 보는 것 같은 느낌이 들 때도 있었다. 당황스럽고 걱정도 되었지만 불안할수록 마음을 다잡고 더 공부하고 또 공부했다.

이제 시험까지 한 달도 채 남지 않은 시간. 더 이상 새로운 것을 암기하기보다 기존에 암기해뒀던 것을 집중적으로 반복학습하며 정리하기 시작했다. 틀린 문제는 세 번 네 번 다시 풀어보았다. 그렇게 시험 보는 날이 바로 내일 하루 앞으로 다가왔다.

드디어 시험 날.

떨리는 마음으로 시험장을 찾았다.

전날 밤 아무리 잠을 청해보려 해도 긴장감 때문인지 전혀 잠들지 못했다. 아침까지 거의 뜬눈으로 밤을 지새우다 1시간가량 겨우 잠들고 몽롱한 상태로 일어났다. 시험 볼 장소로 여유롭게 찾아가기 위해 준비해서 일찍 집을 나섰다.

막상 시험장에 들어서니 너무 긴장되어 손까지 떨렸다. 다행히 집에서 긴장완화에 좋다는 대추차를 좀 챙겨왔다. 보온병에서 따끈한 대추차를 조금씩 따라 마시며 마음이 좀 차분해질 수 있도록 달래보았다. 시험장 내 자리에 앉아 요점 정리한 것을 빠르게 훑어보았다.

그리고 잠시 후 정확한 시각에 맞춰 시험은 시작되었다.

그렇게 오전 9시 반에 시작해 오후 4시 반에 끝나는 1, 2차 시험이 동시에 치러졌다.

시험시간은 총 250분. 암기했던 내용을 떠올리며 차근차근 한 문제씩 풀어나갔다.

헷갈리거나 영 모르겠는 문제는 일단 체크만 해두고 바로 넘어갔다.

손목시계를 보면서 남은 시간도 수시로 체크했다. 사전에 문제 푸는 시간 연습도 해뒀던 터라 답안지를 제출하기 5분전 올바르게 마킹이 다 됐는지 한 번 더 확인할 수도 있었다.

그렇게 몇몇 다른 응시자들의 탄식소리와 함께 시험이 종료되었다.

집에 가서 채점해볼 생각에 내가 풀었던 시험지를 챙겨 시험장 밖으로 나왔다. 그런데 시험장 앞에 많이 보던 두 사람이 나를 기다리고 있었다.

바로 신랑과 딸이었다. 제법 쌀쌀해진 날씨에 신랑은 두툼한 조끼 하나를 껴입고 있었고, 지민이는 유모차에 방풍 덮개가 쓰인 채로 유모차 안에 타고 있었다.

날 보며 씨-익 웃던 그 둘의 해맑은 모습을 보니 정말이지 너무 반가웠고, 몇 시간 동안 내 내 몸을 휘감았었던 긴장감마저 스르륵 다 풀렸다.

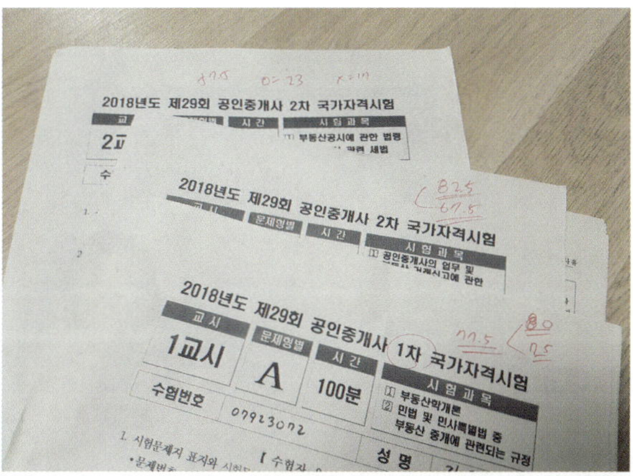

[시험지 채점](위)

[시험장에 마중 나온 지민이와 신랑(왼쪽),

합격점수 확인 후 저녁외식(오른쪽)]

난 마치 합격이라도 한 듯 함박웃음을 지어보이며 신랑과 지민이를 향해 달려갔다. 그렇게 시험이 끝난 후 약 1시간 뒤. 우리 셋은 집에 도착했다.

집으로 들어와 노트북을 켜고 인터넷에 빠르게 올라오는 임시답안지를 찾아보고 있었다.

내가 온라인으로 수강했던 학원 홈페이지에도 응시자들이 채점을 할 수 있도록 가답안을 공개하고 있었다. 그래서 난 학원 홈페이지에 올라온 답안지를 보며 신랑과 함께 빨간색 펜을 들고 내가 풀었던 시험지에 채점을 하나씩 해보았다.

동그라미. 동그라미. 엑스. 동그라미.

틀린 게 나올 때마다 심장이 쿵하고 떨렸다. 1차에서 치른 두 과목 채점 점수가 나왔다.

평균 77.5점. 1차 시험은 합격점이 거뜬히 나왔다.

수험번호	[illegible]		
응시시험	2018년 제 29회 공인중개사		
접수종목	공인중개사	시험구분	1차 및 2차
접수일자	2018년 08월 13일(월) 09:06:51	접수상태	접수완료
장애/편의요청	해당없음 / 없음 장애여부수정		
선택분야	해당없음		
시험일시	2018년 10월 27일(토)09:00		
시험장소	[illegible]중학교(주차협소(우천시절대불가)) 약도보기		

사진수정

시험결과 보기

시험명	구분	수험번호	응시종목	시험결과
2018년 제 29회 공인중개사	2차	[illegible]	공인중개사	합격
"김정연님 공인중개사[2차] 합격을 진심으로 축하드립니다."				
2018년 제 29회 공인중개사	1차	[illegible]	공인중개사	합격
"김정연님 공인중개사[1차] 합격을 진심으로 축하드립니다."				

[시험접수 내역과 합격결과]

이제 2차 시험지만 남았다. 2차 시험지를 매겨보려니 더욱더 떨렸다.

우선 첫 번째 과목부터 점수를 매겼다. 82.5점. 좋은 시작이었다.

그리고 이어 두 번째 과목도 점수를 매겨보았다. 67.5점. 보통 60점도 넘기 힘든 과목으로 알고 있었다. 조금 아쉽긴 했지만 충분히 양호한 성적이었다.

드디어 마지막 세 번째 과목 채점만이 남았다. 모든 과목을 합쳤을 때 평균 60점을 넘어야 하고, 40점 이하인 과목이 하나라도 있으면 시험은 불합격이다.

동그라미. 엑스. 엑스. 동그라미. 엑스.

마지막 과목에선 틀린 게 너무 많이 나왔다. 공시법과 세법. 세법에 가장 신경을 못 썼더니 확연히 티가 났다. 다시 동그라미. 엑스. 엑스.

반 정도 겨우 맞춘 것 같았다. 점수를 계산할 동안 정말 너무도 떨렸다.

그렇게 마지막 채점도 끝이 났다.

마지막 과목 최종점수는 57.5점.

이렇게 2차 시험과목의 평균점수는 69.1점으로 나는 공인중개사 시험에 최종합격점을 다 받아냈다. 신랑과 점수를 확인한 순간 둘이서 손을 잡고 껑충껑충 뛰며 환호했다.

지민이는 아빠엄마가 갑자기 왜 이러는지 몰라 어리둥절해 했다.

신랑을 얼싸안고 합격의 기쁨을 정말 온몸으로 만끽했다.

신랑은 나를 안고 크게 한 바퀴 돌려주었다. 정말 엄청 기뻤다. 그리고 무지무지 행복했다.

2018년 3월, 울면서 한해를 시작했지만 같은 해 10월, 활짝 웃으며 한해를 마무리 지을 수 있었다. 성취감은 이루 말할 수도 없었다.

내가 해냈다는 생각에 나 자신이 정말 대단하게 느껴졌다.

두 번의 암수술. 상황도 상황이지만 어려운 상황을 떠나 정말 쉬운 공부가 아니었다.

열심히 매달려 보고는 있었지만 정말 어떤 결과가 나올지 전혀 예상할 수 없었다.

합격, 불합격을 떠나 끝까지 해보고 싶었다.

힘든 일이 닥칠 때마다 포기해버린다면 앞으로 남은 인생 모든 일에 같은 자세로 살아갈 것만 같았다. 그렇게 살고 싶지가 않았다.

그리고 지금까지 그렇게 살아오지도 않았다.

나는 내 자신과 충분히 붙어 볼만 했다. 그래서 물러서지 않고 제대로 한판 붙어보았다.

그렇게 나는 이 싸움에서 승리했다. 나도 할 수 있다는 걸 이젠 확실히 깨닫게 되었다.

나는 내 자신을 제대로 이겼다.

[학원에서 준비한 합격자 축하모임]

#53 좋은 약은 쓰다

너무 좋기만 한 일도, 너무 나쁘기만 한 일도 없다고 했던가.

정말 그랬다.

아빠가 돌아가셔서 너무 힘들고 괴로웠지만, 부모가 어떤 존재인지 가족은 또 무엇인지.

앞으로 내가 또 어떻게 살아가야하는지 다시 한 번 크게 깨닫고 느끼게 되었다.

7년 가까이 만족하며 다녔던 회사를 그만두어야 했지만, 그 덕분에 맘 편히 병원을 다니며 치료에 전념할 수도 있었다.

또한 암에 걸렸지만 오히려 그 덕분에 더욱 공부에 매달려 시험에 합격할 수 있었던 것 같다. 그리고 보험금도 제법 많이 받았다.

아빠가 암에 걸렸을 때 보험이 없었던 위기를 경험했던 터라, 그 계기로 당시 새로 설계 받고 가입되어 있던 3년차 보험은 내게 큰 위로금을 주었다.

내가 직장을 그만두면서 신랑의 외벌이로 우리 세 식구가 생활할 것에 마음이 무겁고 걱정이 됐던 건 사실이다. 하지만 생각지도 못한 보험금 수

령에 정말 숨통도 트였다.

그리고 내가 직장을 그만둘 때 이미 신랑과 함께 생각하고 계획해둔 일이 하나 있었다.

바로 서울을 떠나 이사를 가는 것이었다.

신랑이 다니는 회사가 서울에 있었던 것도 아니고 내 직장생활 때문에 비싼 서울 땅에 꾸역꾸역 발을 디디고 살고 있었다. 지금 당장 맞벌이를 다시 할 수 있는 상황도 아니니, 서울 외곽으로 빠져나와 쾌적하고 좋은 환경에서 살아보고 싶었다. 하지만 이런 계획과 달리 서울에 마련한 우리의 첫 집은 잘 팔리지가 않았다.

당시 부동산 정책 때문인지 매매로 내놓은 집은 6개월이 넘도록 거래가 성사되지 못했다.

결국 경기도에 마련해둔 집으로 이사를 가야 하는 날까지 거래가 되지 않아, 서울 집은 전세로 내어놓고 우리는 경기도 어느 신도시에 있는 30평대 신축 아파트로 이사를 했다.

작은 호수공원이 내려다보이는 전망 좋은 아파트였다.

그렇게 이사 온 새집에서 맞이한 첫날 아침.

고요한 호수공원을 내려다보며 지난날들을 잠시 회상했다.

약 4년 전, 집값에 들어있는 순수 우리의 돈은 총 8천만 원이었다. 그렇게 시작한 우리가 어느덧 서울에 집이 하나 더 있고, 경기도에 있는 아파트 한 채도 무리 없이 마련했다.

신혼 때는 언젠가 엘리베이터 있는 집에만 살아도 좋겠다며, 위로 갈수록 점점 좁아지는 가파른 계단을 오르내리며 살았었다. 그렇게 신랑과 함께 정말 열심히 생활했다.

나의 암 진단으로 받은 보험금 덕분에 경제적 여유가 생긴 건 사실이지만, 그전에 신랑과 마음 맞춰 아끼고 살았던 값진 결과물이었다. 그 시간들이 없었다면 오늘의 여유는 우리에게 아직 올 수가 없었을 것이다.

좋았던 일이던, 나빴던 일이던 돌이켜보면 그 모든 순간순간들이 오늘이 있기까지 다 필요했던 것이었다. 당시 나쁘기만 하다 생각했던 일들도 좋은 결과가 되어 있기도 하였다.

그리고 이미 닥친 나쁜 일을 좋은 방향으로 바꿔 생각하는 법도 배우게 되었다.

암에 걸린 건 너무 억울하고 힘든 일이었지만, 차라리 나였기에 다행이라는 생각이 들었다. 남편과 자식이 아픈 거는 내가 더 못 견딜 일이었다. 그것은 정말 상상도 하면 안 된다.

신랑과 아이 그리고 나. 우리 셋 중에 누구한명이 운명적으로 꼭 아파야 하는 거라면 기꺼이 그건 나여야 한다고 생각했다.

신랑과 지민이를 대신해 이런 일을 다시 겪어야한다면 나는 얼마든지 또 받아들일 각오가 되어있다. 그렇게 생각하니 내가 아픈 것이 정말 천만다행이라는 생각이 들었다.

그리고 초기에 발견한 것도 얼마나 불행 중 다행인가.

좋은 쪽으로 생각해보면 분명 좋은 점도 참 많고 많았다.

그렇게 두 번의 수술 후 지금은 내려진 처방에 따라 매일 같은 시각에 맞춰 약을 복용하고 있다. 하나는 갑상선과 관련된 호르몬약이고, 하나는 유방암과 관련된 역시 호르몬약이다.

매일아침 정확한 시간에 약을 먹기 위해 강제기상을 해야 한다.

피곤할 때는 늦잠한번 푹 자고 싶은 날도 있어 아침 일찍 일어나 꼬박꼬박 약을 챙겨먹는 것이 영 귀찮고 힘들 때도 있다. 하지만 이젠 이런 일상이 주는 소중함을 너무나도 잘 안다. 그래서 평범하게 흘러가는 하루하루가 정말 소중하고 감사할 뿐이다.

하지만 수술 후 초반엔 엄마와 많이 부딪히기도 했다.

엄마는 주변 지인들의 경험담이나 방송에서 암에 좋다는 방법만 나오면 나에게 모든 것을 주문하고 알려주었다. 뭐가 좋다더라, 뭘 먹어봐라, 뭘 해야 한다, 꼭 해봐라.

당시 엄마의 생각과 심정을 헤아리지 못하는 건 결코 아니었다. 엄마의 트라우마를 나는 너무도 잘 이해한다.

하지만 나 역시 트라우마가 있었다.

방송에서 암과 관련된 정보가 나올 때마다 심장이 덜컹거리고 무서웠다.

자꾸 무서운 생각에 사로잡혀 겁도 심하게 먹게 되었다. 그러면서 기분도 많이 울적해졌다.

우울감이 심해질 때면 길에 그냥 지나가는 사람만 봐도 '저 사람은 안 아파보이네. 저 사람은 걱정 없어서 좋겠다.' 라고 생각하면서 마치 나만 빼고 모든 사람이 즐겁고 행복하게만 보였다.

그렇게 정신적으로 시달리고 있다 보니 너무 힘들어서 나 스스로 정신을 단련시킬 필요성을 느끼게 되었다. 그래서 TV에 암과 관련된 건강프로가 나오면 집중해서 보기보다 일부러 피해버렸다. 그리고 '나는 괜찮을 것이다', '나는 다 나았다'라고 생각하며 겨우겨우 마음을 다독거렸다. 그렇게 나를 자꾸 세뇌시켰다.

그래야만 이 불안함도 어느 정도 달래졌고, 심한 우울감에서도 잠시나마 벗어날 수 있었다.

이런 내 트라우마와 엄마의 트라우마는 입장이 확연히 다른 것이라 충돌할 수밖에 없었다. 난 억지로라도 괜찮다고 생각하며 애써 마음의 평화를 찾으려는데, 그런 내게 엄마는 끊임없이 '넌 이제 암환자야, 그러니까 관리가 필요해'라고 현실을 매섭게 상기시켜주는 사람이었다.

그 지독한 역할을 그만 좀하라고 소리 쳐봐도 엄마는 멈추지 못했다.

사실 멈출 수가 없는 것이었다.

엄마를 너무도 이해하지만 나도 정말 이해받고 싶었다. 내가 너무나 힘들었다.

나를 위한다는 엄마의 그 모든 주문들이 나를 얼마나 괴롭히고 외롭게 하는지 엄마가 제발 알아주길 바랐다.

그렇게 멈추지 않는 엄마에게 나는 화도 많이 냈고, 때론 엄마의 전화를 피하기도 하며 엄마에게서 거리를 뒀다. 그래야 내가 숨이라도 쉴 수 있을 것 같았다.

엄마가 시키는 걸 다 하고 살게 아니면 차라리 내가 어떻게 지내는지 모르는 게 더 나을 거라고 생각했다.

여름이면 시원한 아이스커피 한잔이 간절하게 생각난다.

하지만 차가운 것은 암 환자에게 좋지 않다며 한여름에도 뜨거운 커피를 마시라고 한다.

심지어 나는 유독 더위도 많이 탔다.

한여름에도 핫 커피를 팔긴 파는 건가? 사실 생각해본 적도 없다.

그리고 이젠 술도 마시면 안 된다고 한다. 회도 먹지 말라고 한다.

숯불에 구운 음식도 안 되고, 튀긴 것도 좋지 않고, 기름진 것도 좋지 않다고 한다.

먹으면 안 되고 하지 말라는 것도 많고 많은데 스트레스는 또 받지 말라고 한다.

스트레스가 가장 몸에 안 좋다고 한다.

참 아이러니한 문제다. 내가 먹고 싶은 걸 맘대로 먹을 수도 없고, 하고 싶다고 할 수도 없는데 스트레스는 또 받으면 안 된단다. 답답하다. 매우 갑갑하다.

몇 년간 매일같이 먹는 약은 차라리 낫다. 끝이라도 있으니까.

하지만 저 모든 것들을 나는 평생 지키고 살아가야 한단다.

그래야 다시 아프지 않다고 한다.

여름이면 시원한 생맥주에 치킨 한 조각 먹는 맛을 이미 알았다.

겨울이면 탱글탱글한 하얀 생선회에 소주한잔 곁들이는 맛을 이미 난 잘 알고 있었다.

너무도 잘 아는, 철이 오면 기다렸던 맛있는 맛들을 내려놔야한다.

건강하게 살려면 그 아는 맛들을 다 포기하고 마치 수행을 하듯 살아가야한다고 한다.

내가 어쩌다 이렇게 되었나. 올 거면 30대가 아니라 조금만 더 늦게 오지.

나에겐 이 모든 게 스트레스였다.

그리고 이 현실을 가장 자주, 가장 잘 알려주는 유일한 사람이 바로 엄마였다.

그래서 난 엄마를 점점 멀리했다. 아빠를 대신해서 잘 보살피겠다고 굳게 다짐했던 우리 엄마인데, 그런 엄마를 내가 괜찮아질 수 있을 때까지 나는 멀리해버렸다.

#54 바람의 소리

이렇게 나의 트라우마 때문에 정신적으로 한창 시달리고 있던 어느 날이었다.

지민이가 다니던 어린이집 선생님과 1:1 면담을 갖게 되었다.

정기적으로 학부모 상담이 있으니 형식적으로 하는 거라 생각했다.

그렇게 난 아무 생각 없이 면담 날 어린이집으로 찾아갔고, 담임선생님은 이것저것 지민이에 대한 생활기록부를 챙겨와 자리에 앉으셨다.

이사 후 새로운 어린이집에 다닌 지 3개월 정도 지났을 무렵이었다.

선생님은 지민이의 어린이집 생활에 대해 내가 잘 모르고 있던 부분도 많이 얘기해주셨다.

친구들하고 어떻게 어울리는지, 밥은 어떻게 먹는지, 또 어떤 놀이를 특히 좋아하는지…. 평범한 일상 속 얘기들이었다.

하지만 이윽고 조심스럽게 한 가지 다른 말을 꺼내기 시작하셨다.

지민이에게 작은 문제점이 있다고 하셨다. 바로 또래에 비해 말을 못한다는 것이었다.

단순히 '늦다'의 개념이 아니라 상호작용에 문제가 있어 보인다고 했다.

인지능력의 문제인지, 언어발달의 문제인지는 선생님도 정확히 알 수 없다며 전문기관에 가서 검사를 받아볼 것을 조심스레 권유하셨다.

지민이가 말을 잘 못한다는 것을 평상시 나도 알고는 있었다.

하지만 그냥 말이 좀 늦는 것이라고 생각했다. 늦는 아이들도 많으니까 말이다.

그래서 '언젠가 트이겠지'라고 생각하며 크게 대수롭지 않게 여겼다. 또 내가 걱정을 하면 주변에서는 애들이 말이 트이면 금방 재잘거린다며 괜한 걱정을 하는 거라고 안심시켜주기도 했다. 그들의 생각에 나도 동의했다.

하지만 3개월간 지민이를 관찰한 어린이집 선생님의 말씀을 달랐다. 선생님은 지민이를 또래들과 직접 비교할 수 있으며 가장 객관적으로 볼 수 있는 사람이었다.

선생님의 얘기를 듣고 바로 며칠 뒤.

집근처에 있는 아동발달센터로 지민이와 함께 상담을 받으러갔다.

그리고 그곳에서 여러 가지 검사를 진행했다.

결과적으로 지민이는 또래보다 14개월 정도 언어발달이 지연되고 있던 상태였고, 말 자체는 할 줄은 알지만 상황에 맞는 대화를 하는 능력이 현저히 떨어지는 것을 알게 되었다.

그리고 타인에 대한 두려움이 심하고 낯선 환경에 대한 적응력도 많이 부족하다는 것도 알게 되었다.

심리적으로 안정되어 있지 못하다는 이유였다.

지민이가 뱃속에 있을 때 나는 태교를 전혀 해주지 못했다. 태교는커녕 아빠 걱정에 항상 마음을 졸였고, 결국 아빠의 장례까지 치르며 뱃속에 아이를 생각할 겨를이 없었다.

지민이를 낳고 나서도 아빠 생각에 아이 앞에서 자주 눈물을 보였었다.

그런 지민이를 또 맞벌이를 한다는 이유로 어린이집에 일찍이 보냈었다.

회사를 그만두고서야 직접 돌보기 시작했지만, 또 어느 날 갑자기 구체적인 설명도 하지 않고 수술 때문에 2~3주씩 사라져버렸다.

아직 지민이가 어려 엄마가 아프다는 것을 알면 좋지 않을까봐 차마 설명 못 했던 건데, 지민이 입장에서 생각해보면 함께 있던 엄마가 말도 없이 갑자기 사라져버린 것이다.

그것도 가까운 기간에 두 번씩이나 말이다.

아무리 어리다고 해도 설명은 해줬어야 했다. 이해를 못할지언정 솔직하게 얘기도 해주고 엄마가 괜찮아져서 올 거라고 믿음을 줬어야했다. 하지만 미처 그러질 못했다.

그 모든 게 말도 잘 못하는 지민이에게는 스스로 알 길도 없고, 알 수도 없는 힘든 일이었다는 걸 뒤늦게 깨달았다.

지민이를 정말 잘 키우고 싶었지만, 정작 지민이 입장에서 생각 못 했다.

수시로 울고 있는 엄마, 그리고 갑자기 사라지는 엄마.

차마 말 한마디 못하고 얼마나 불안했을까. 그런 지민이를 생각하니 너무도 미안해 가슴이 또 한 번 쓰리고 아파왔다.

그래도 언어발달이 고칠 수 없는 것도 아니고 치료받으면 개선이 될 거라고 하니 너무 심각하게 받아들이지 않기로 했다. 계속 자책만 한다고 해서 나아지는 것은 없다.

지민이를 위해 정말 최선을 다하고 싶었다.

이제 엄마는 건강하다는 것과 엄마가 항상 너의 곁에 있다는 걸 알려주고 싶었다.

하루아침에 해결될 문제는 아니었다. 충분한 시간과 꾸준한 노력이 필요한 일이었다.

그렇게 지민이가 마음의 안정을 느끼고 좋아할 만한 것을 찾아 나섰다.

무엇보다 엄마와 함께 있을 때 가장 좋아하던 지민이었다.

그래서 어린이집 하원 후 매일같이 집 앞 공원에 들러 함께 햇살도 느끼며 충분히 놀다가 집에 들어갔다.

공원에 가서 각종 곤충도 잡고, 꽃구경도 하며 흔들 그네도 같이 타보았다. 엄마의 어렸을 적 추억놀이도 지민이에게 들려주며 집에서 준비해온 간식도 맛있게 나눠먹었다. 그렇게 둘이서 함께하는 오붓한 시간을 매일같이 보냈다.

지민이의 얼굴이 환하고 행복해 보였다. 그런 지민이를 보는 나는 더욱더 행복했다.

그러던 어느 주말 하루.

신랑과 함께 지민이를 데리고 근교에 있던 나지막한 산을 한번 오르게 되었다.

사실 처음부터 산을 찾아간 것은 아니었고, 그 산속에 있는 사찰에 한번 가보려고 나선 것이었다. 풍경이 좋다는 사찰에 가서 경치도 구경하고 바람도 좀 쐬고 오려던 참이었다.

그런데 그 사찰이 생각보다 가파른 곳에 있었고, 셋이 함께 오르막길을 꼬박 1시간을 넘게 걸은 후에야 겨우 사찰 입구에 도착할 수 있었다.

초봄 날씨였지만 사찰에 도착하니 온몸에 땀이 주르륵 흘러내리고 있었다. 겉옷은 이미 벗어 버린 지 한참 전이었고, 숨도 턱 끝까지 차오르는 통에 기진맥진 그 자리에서 뻗어버렸다. 조금 쉬다보니 목이 너무 말랐다. 마침 사찰에 샘터가 있었다.

그렇게 곧장 샘터로 가서 준비되어 있던 바가지에 샘물을 한가득 퍼 담았다. 벌컥벌컥. 한 바가지를 그대로 들이켰다.

아. 정말 명치까지 제대로 시원했다.

그리고 물맛도 정말 기가 막혔다. 땀을 한바가지 흘리고 마신 물이라 그런지 그 시원함이 엄청났다.

마음속에 있던 근심과 걱정까지 시원하게 흘러내려가는 것 같았다.

정말 너무도 개운했다. 오랜만에 가슴이 뻥 뚫리는 것 같았다.

그렇게 시원한 물맛을 보고 바람에 흔들리는 나뭇잎 소리를 가만히 듣고 있었다.

세상이 다 평화로운 듯 보였고 내 마음도 편안해졌다.

한적한 곳에 있던 작은 절이었지만 이곳을 찾은 다른 사람들도 한둘 눈에 들어왔다.

다들 무슨 간절한 바람이 있어 이 고요한 사찰을 찾아왔는지 조용히 기도드리는 모습이 보였다. 그 사람들을 가만히 보고 있자니 한 가지 생각이 들었다.

나만 아픈 게 아닐 것이다. 그렇지.

내 옷깃을 스치고 지나가는 모든 사람들을 붙잡고 물어보면 이만한 사연 하나쯤 없을까.

남들이 아무렇지 않아 보이는 건 내가 그들을 잘 몰라서 그럴 것이다.

그들의 눈에도 나는 멀쩡하게 보이는 평범한 사람이 아니겠는가.

어떤 노랫말처럼 산다는 게 다 그렇고, 한편의 소설을 쓰고 간다고 하지 않았나. 나 역시 그런 많고 많은 사람 중 한명일 뿐이고, 나만의 소설이 쓰이는 인생을 살고 있을 뿐이다.

무엇이 나를 이토록 지치고 우울하게 만들었을까.

아빠의 죽음? 아니다.

나의 암 진단? 그것도 아니다.

엄마의 잔소리도 아니고, 내 아이의 언어발달 지연도 아니다.

지난 고난과 시련의 시간들이 자연 속에 들어와 있으니 아주 작게만 보이고 작게 느껴졌다.

자연은 이 모든 것들도 자연의 일부일 뿐이라고 다 품어준다.
그래. 전부가 아닌 일부일 뿐이다. 그것이 전부라 여기며 살지 마라.
너의 아픔과 상처는 너의 전부가 아닌 너의 일부분일 뿐이다.
다 품어내라. 외면하지 말고, 벗어나려 발버둥 치지 말고 다 품고 가라.
그렇게 너의 일부로 품고 살아라.
따스한 듯 시원한 봄바람이 나의 귓가를 스치고 지나간다.
이 기분 좋은 바람이 그렇게 자신의 이야기를 살며시 들려주었다.

#55 영광의 발걸음

사찰을 다녀온 후 산에 다녀보고 싶다는 생각이 들었다.

건강관리를 위해서라도 운동삼아 등산하는 것도 아주 좋을 것 같았다.

한 달에 한두 번 정도 지민이를 시부모님께 맡기고 주말마다 등산을 다닐 수도 있었겠지만, 그것은 별로 내키지 않았다.

되도록 지민이와 모든 걸 함께 하고 싶었다.

당시 지민이의 나이는 만3세, 몸무게는 13.5kg이었다.

아이와 함께 등산을 다니기 위해 이것저것 알아보다 아이를 업고 등산할 수 있는 등산용품이 있다는 걸 알게 되었다.

가볍게 둘레 길 정도만 산책하려는 게 아니라 등산을 할 거였기 때문에 꼭 필요할 것 같았다. 하지만 유아 등산캐리어의 새 상품 가격이 생각보다 비싼 편이라 선뜻 구입하지 못했다.

여러 상품을 비교하고 찾던 중 구입하고 싶었던 제품하나가 중고거래로 올라온 것을 보게 되었다.

그렇게 신랑은 아이를 업을 수 있는 등산용 캐리어 하나를 중고제품으로 몇 만원 주고 사왔다.

그 캐리어는 아이의 몸무게 최대 20kg 이하까지 가능하다 했다. 당시 지민이의 몸무게는 권장 무게 안에 충분히 들어와 있었다.

하지만 캐리어 무게만도 3kg가 훌쩍 넘으니 신랑이 지민이를 태웠을 경우 신랑 어깨에 가해지는 무게는 족히 16kg이 넘었다.

그래서 되도록 낮고 험하지 않은 산만 다녀야겠다고 생각했다.

그렇게 온 가족이 함께하는 등산이 시작되었다.

캐리어를 구입 후 우리 세 식구는 약 두 달 동안 쉬지 않고 주말마다 산에 올랐다.

처음엔 해발 2~300m 정도 되는 나지막한 산만 찾아다니다가, 점점 7~800m가 넘는 산도 오르게 되었다. 강화도에 있는 고려산, 마니산으로 시작해 인천에 있는 계양산, 경기도에 있는 감악산, 소요산, 북한산까지 다 지민이를 업고 등반했다.

등산을 끝내고 집에 와 신랑어깨를 보면 빨갛게 짓눌린 자국이 보였다. 얼마나 쓰라리고 아팠을까. 신랑 혼자 너무 고생하는 것 같아 마음 한편이 짠해왔다.

그렇게 주말마다 계속되는 등산에 신랑의 몸에선 파스냄새가 항상 진동했다.

그런 파스냄새와 아빠의 땀 냄새를 함께 맡으며 지민이는 아빠 등에 잘 업혀 있었다.

한번은 산에서 만난 사람들 중 어떤 분이 지민이에게 넌 아빠를 잘 만나 임금님처럼 편하게 산행한다고 하셨다. 물론 아빠 등에 업힌 채로 등산하는 것이 단순히 편해 보일 수도 있었겠지만, 지민이 역시 결코 편하지만은 않았을 것이다.

한번 등산할 때 보통 5~6시간을 등산용 캐리어 안에서 앉아 있어야 했는데, 평지를 걷는 게 아니라 오르막과 내리막이 있는 산길을 걷는 것이라 캐

[마니산 산행(왼쪽), 계양산 산행(오른쪽)]

[소요산 산행]

리어는 많이 흔들렸다.

그 안에서 꼼짝 못하고 가만히 앉아 있어야 하는 것이 결코 쉬운 일은 아니었을 것이다.

산행이 길어질 때면 지민이는 엉덩이가 '아야' 한다고 말하기도 했다.

그럴 땐 잠시 캐리어에서 꺼내 엉덩이를 마사지 해주며 다 같이 휴식을 취했다.

여기저기 몸도 아프고 정말 쉽지 않은 산행이었지만, 힘들 땐 잠시 쉬어가며 또다시 천천히 걸어가며 그렇게 한 걸음 한 걸음 계속 산길을 걸었다.

다행히 지민이는 단 한 번의 큰 투정 없이 등산용 캐리어에 앉아 잘 버텨주었다.

산속에서 들려오는 새소리와 함께 아빠엄마의 숨소리를 듣다 어느새 캐리어 속에서 곤히 잠들어있기도 하였다. 또 집에서 챙겨온 도시락과 삶은 계란도 맛있게 먹으며 지민이도 어느덧 등산의 참맛을 아는 것 같았다. 원래부터 음식을 크게 가리지 않고 아무거나 잘 먹는 지민이었지만, 산속에서는 특히나 더욱 잘 먹었다. 고추장불고기에 쌈을 싸서 먹기도 하였고, 간을 잘못 맞춰 정말 맛이 없었던 주먹밥도 곧잘 먹어주었다.

고단함과 고생스러움만 생각하면 당장 그만두어야하는 등산이었지만, 산속에서 이렇게 세 식구가 온전히 함께 하는 시간만큼은 정말 특별하고 소중했다.

그 개운함과 즐거움에 우리는 주말마다 이산 저산을 다니며 정상까지 오르고 또 올랐다.

신랑은 기꺼이 지민이를 업어주었고 지민이 역시 아빠 등에 찰싹 잘 업혔다.

산에서 만난 다른 등산객들은 아빠 등에 아이가 업혀있는걸 보고는 어김없이 놀랐다.

[감악산 산행]

[산행 중 잠이든 지민이]

그리고 먼저 다가와 말을 걸어주었다. 우리에게 시원한 물을 건네주기도 했고, 자신들이 챙겨온 커피나 간식을 나눠주기도 했다.

또 우리가족사진을 정성스레 찍어주기도 했고, 단체등산객들은 우리에게 박수를 보내기도 했다.

지민이를 업고 산에만 가면 우리는 어김없이 스타가 되어 있었다.

그렇게 지민이는 아빠 등에 업혀 처음 보는 많은 사람들과 자연스레 인사를 나누게 되었다.

"이야~ 너는 참 좋겠다. 좋은 아빠를 만났다."

"몇 살이니?"

"이름은 뭐야?"

"엄마 아빠랑 산에 오니까 정말 좋지?"

"사탕 먹을래?", "초콜릿 줄까?" 하며 많은 사람들이 지민이를 반겼고 말을 건네주었다.

낯선 사람만 보면 눈을 질끈 감아버리고 숨거나 외면해버렸던 아이.

하지만 어느덧 그런 모습은 사라지고 산에서 만난 처음 보는 아저씨, 아줌마 등산객에게 생긋이 웃어 보이는 아이가 되어 있었다.

산에서 만난 등산객들은 훗날 지민이가 커서 멋진 산악인이 될 거라고 하셨다.

산에 오르면 힘은 들지언정, 내려올 땐 더욱더 힘을 얻고 내려오는 것 같았다.

그렇게 지민이를 업고 아홉 번의 산행을 했다.

할 수 있을 때까지 계속해서 하고 싶었지만, 사실 캐리어 권장 무게에 근접할 때까지 아이를 업고 등산할 수는 없었다. 각종 관련 사고가 많다는 것을 점점 알게 되었다.

[북한산 산행]

그리고 신랑이 지민이를 업고 발을 살짝 헛디딜 때면 뒤에서 보기에도 아찔한 순간들이 종종 있기도 했다. 지민이를 보호하기 위해 자칫 신랑이 크게 다칠 수도 있는 문제였다.

아무튼 지민이의 몸무게는 갈수록 증가할 텐데 안전을 위해서 무리하기보다 올해 안으로 계절이 좋을 때까지만 즐기고 가족등산은 이만 끝내기로 계획했었다.

그래서 장마가 오기 전 마지막으로 한군데를 더 등산해보기로 했다.

이번엔 어떤 산을 오를까 찾던 중 예전 산에서 만난 등산객중 한분이 우리에게 했던 얘기가 문득 떠올랐다.

"난 이렇게 애 업고 대청봉까지 올라온 사람도 봤어~"

순간 그분의 말이 다시 떠올라 대청봉을 검색해보았다. 대청봉은 설악산의 정상이었다.

해발고도 1,708m. 태백산맥에서 가장 높고, 우리나라에서는 세 번째로 높은 산이었다.

음. 우리도 한번 도전해볼까?

높은 산에 도전해보고 싶다는 의지가 생겨 지리산과 한라산도 후보지로 놓고 좀 더 고민을 해보았다. 산행코스 등 여러 가지를 종합적으로 고려해 결국 지민이를 업고 하는 마지막 등산은 설악산으로 최종 결정했다.

그렇게 오를 산이 정해진 후 계획을 금방 세웠다.

아이를 업고 갈 수 있는 최대 안전한 코스를 찾아보았다. 보통 단거리는 길이 가파르고 험했고, 장거리는 길이 완만한 편이었다. 그래서 우리는 장거리 코스를 택했다.

하지만 아이를 업고 설악산 정상까지 오른다는 건 정말 쉬운 일이 아니었다.

[등산 캐리어 속 지민이]

[설악산 산행 중 다람쥐에게 땅콩을 주는 지민이]

여러모로 위험이 많은 도전이었다. 자칫 체력조절을 잘못하면 등반 중 실신을 할 수도 있었고 쇼크가 와서 큰 사고로 이어질 수도 있었다

지금까지 했던 당일치기 등산은 아무래도 무리라는 생각이 들었다.

그래서 1박2일 코스로 계획을 짜보았다. 설악산에는 여러 대피소가 있는데, 이 대피소에서 1박을 하고 뒷날 정상에 오르고 하산하는 것이 우리의 계획이었다.

그렇게 여러 대피소중 우린 해발고도 1,420m에 위치한 소청대피소를 택했다.

들머리로 삼은 백담사에서부터 소청대피소까지는 총 12km의 산길을 올라가야한다.

약 10km의 수렴동 계곡 길을 지나, 해발고도 1,244m 지점에 있는 봉정암이라는 사찰도 지나야 한다. 봉정암은 불교신자들의 순례지로도 유명한 곳이다. 그만큼 오르는 길이 결코 만만치 않았고, '해탈고개'라고 불리는 곳도 넘어야 비로소 봉정암이란 사찰까지 오를 수 있었다. 길이 얼마나 힘들면 해탈을 한다고 하여 해탈고개로 이름이 지어졌을까. 궁금했다.

무튼 그렇게 1박2일 산행코스를 계획하고 소청대피소에 우선 세 명자리 1박을 예약했다.

사전에 투숙인 정보도 입력해야 함에 난 36세의 남성 1명, 여성 1명과 4세 여아 1명을 등록했다.

그리고 산행에 필요한 물품도 배낭에 챙겨 넣었다.

지민이를 업고 가야 할 신랑에게는 최대한 짐을 줘선 안됐다. 그래서 내 배낭에 우리 셋이 먹을 식량과 물, 그리고 옷과 비상용품까지 다 넣었다.

필요한 것만 고르고 골라 챙겨 넣었는데도 내 배낭무게도 13kg이 훌쩍 넘었다.

[설악산 산행 중 수렴동 계곡 길]

집에서 짐이 꾸려진 배낭을 미리 한번 메 보았더니 어깨가 그대로 내려앉을 것만 같았다. 이걸 메고 이틀간 산행할 수 있을지 살짝 자신이 없어졌다. 그래도 식품이 소진되고 나면 내려올 때는 좀 더 가벼울 거라 괜찮다고 생각하기로 했다. 한편으론 신랑이 그동안 지민이를 어떻게 업고 다녔는지 새삼 대단하게 느껴지고 놀랍기도 했다.

아무튼 생각보다 무거웠던 배낭무게 때문에 혹시나 좀 더 줄일 수 있는 게 없을까 싶어 꾸렸던 짐들을 다시 풀어헤쳤다. 결국 대피소에서 먹으려고 준비해뒀던 돼지목살 500g을 배낭에서 뺐다. 대피소 취사장에서는 화기를 사용할 수 있다고 하여 돼지고기를 구워먹을 생각에 목살을 사뒀었다. 깊은 산속에서 구워먹는 고기 맛이 과연 어떨까.

정말 돼지목살은 끝까지 포기하고 싶지 않았지만 500g이라는 무게의 압박에 배낭에서 뺄 수밖에 없었다. 대신 소시지가 있으니 그것으로 만족하기로 했다.

그렇게 내 배낭에는 물 4리터와 초코파이, 초콜릿, 소시지 4개, 컵라면 2개, 커피, 캠핑용 버너, 프라이팬, 속옷과 양말, 바람막이 점퍼, 우비, 비상약 등 세 식구의 등산 시 필요한 물품들로 가득 채워졌다. 그리고 땅콩도 한 봉지 챙겨 넣었다.

땅콩은 우리가 먹을 게 아니었고, 설악산에 가면 다람쥐가 등산객에게 먹이를 달라고 달려온다는 걸 등산 관련 정보를 보다 우연히 알게 되어 정말 오는지 궁금해서 한번 챙겨 넣어봤다. 신랑은 다람쥐에게 줄 땅콩을 들고 갈 여력이 있으면 차라리 돼지목살 한 장이라도 넣으라고 했다. 끝까지 돼지목살에 미련을 못 버리는 신랑이었다.

아무튼 그렇게 목살만 튕겨나간 상태로 최종 짐이 꾸려졌다.

대피소에서도 즉석 밥이나 물, 초코파이 정도는 판매하고 있기 때문에 하산 시 필요한 식수는 대피소에서 추가로 구입하기로 했다.

[해탈고개 오르기 전 (왼쪽), ▲ 해탈고개 오르는 중 (오른쪽)]▲

[봉정암을 지나 소청대피소로 향하는 길]◀

이제 모든 계획은 세워졌고 준비도 다 끝났다. 이젠 산에 오를 차례다.

그렇게 6월의 마지막 날.

우리 세 식구의 설악산 대청봉을 향한 1박2일의 여정이 시작되었다.

아침8시. 백담사에서 출발해 수렴동 계곡 길로 진입했다.

고요한 아침. 노루한마리가 산에서 내려와 계곡에서 물을 마시고 있다.

옥빛의 맑은 계곡물은 마치 여기가 신선이 머무는 곳인가 싶을 만큼 신비롭고 아름다웠다. 보고 또 봐도 감탄을 자아내는 계곡 길을 따라 그렇게 계속해서 올라갔다.

백담사에서 출발한지 2시간정도 지났을 때 수렴동대피소에 도착할 수 있었다.

이곳에서 배낭을 내려놓고 잠시 목을 축였다.

앉아서 쉬고 있으니 다람쥐들이 우리 주변으로 기웃기웃 거렸다. 그래서 난 준비했던 땅콩을 꺼냈다.

손바닥 위에 땅콩 몇 개를 올려 손을 내미니 다람쥐들이 금세 달려와 땅콩을 낚아채갔다. 지민이도 몰려드는 다람쥐가 무척 신기한 모양이었다. 땅콩을 포기하지 않고 끝까지 챙겨온 게 정말 다행이다 싶었다.

등산객에게 먹이를 익숙하게 받아먹는 다람쥐들을 보며 한편으론 야생성을 잃어버린 게 아닌가 싶어 안타깝기도 했다.

하지만 또 이렇게 가까이 다가와 먹이를 달라고 애원하는 다람쥐들을 보니 정말 신기하기도 했다.

무튼 그렇게 땅콩을 나눠주며 잠깐 휴식을 취한 후 다시 산길에 올랐다.

중간 중간 나오는 멋진 폭포도 구경했다. 힘차게 쏟아지는 시원한 물소리를 들으며 걷는 계곡 길은 정말이지 멋졌다.

[설악산 산행 중 소청대피소 도착]

[대피소 신발장에 놓인 우리가족 신발.
맨 위 왼쪽이 신랑 신발,
407번 자리, 나의 신발,
408번 자리, 지민이 신발]

하지만 계속해서 산길을 오르고 또 오르니 체력이 많이 소모되었다.

이제 겨우 반 이상 온 것 같은데 갈수록 계단도 많이 나오고 길은 가팔라지고 있었다.

그렇게 수렴동대피소에서 출발한지 4시간이 지나서야 봉정암으로 향하는 마지막 관문인 해탈고개 바로 아래까지 도착할 수 있었다.

백담사에서 출발한지 6시간이 지났을 무렵이었다.

해탈고개를 오르기 전 충분한 휴식이 필요했다.

해탈고개부터 소청대피소까지 향하는 구간거리는 약 2km가 좀 안되지만 난이도가 최상인 '매우 어려움'이었다.

결코 쉽지 않은 길이기 때문에 신경 써서 한발 한발 더욱 조심히 올라야 한다. 다리엔 이미 힘이 빠져 몸도 천근만근으로 느껴졌다. 땀도 많이 흘려 갈증이 도통 가시지 않았다.

해탈고개에 아직 발도 디디지 않았건만, 정말 해탈할 것만 같았다.

그렇다고 포기하고 내려가자니 올라온 길을 생각하면 내려갈 자신이 더 없었다.

무조건 전진. 올라가야했다. 그렇게 해탈고개에 드디어 들어섰다.

일명 '깔딱고개'라 불릴 만큼 아주 가파른 길이다. 정말 아무생각이 들지 않았다.

발을 디뎌야 할 바로 눈앞에 땅만 쳐다보고 올라갔다. 그렇게 한 시간을 올랐을까.

드디어 봉정암에 도착했다.

연세가 지긋하신 불교신자들도 많이 보였다. 무엇을 그토록 염원하기 위해 이 높은 사찰까지 찾았을까. 정말 대단해보였다. 그리고 중간 중간 우리를 먼저 지나쳐갔던 많은 등산객들도 그곳에서 다시 만날 수 있었다.

그들은 우릴 알아보고 반갑게 맞아주었다.

[소청대피소에서 즐거운 저녁식사]

일명 자신들이 '설악산 도사'라고 했던 세 명의 아저씨 등산객들도 먼저 와 있었다.

친구 사이던 아저씨들은 설악산 곳곳 안다녀본 곳이 없다고 하셨다. 이곳까지 아이를 업고 온 신랑을 정말 대단하다고 아주 높이 평가하셨다.

그리곤 하산 길 조언도 많이 해주셨다.

우리의 원래 계획대로라면 둘째 날 대청봉에 오른 후 올라왔던 길 그대로 다시 내려갈 참이었지만, 자칭 설악산 도사라고 하는 분들은 그것은 너무 무리라며 가장 단거리로 내려가라고 하셨다.

우리가 왔던 길 그대로 내려간다면 대청봉에서부터 13km를 가야 하는데 아이를 업고 너무 무리라는 것이었다. 대청봉에서 오색분소 쪽으로 내려가면 절반도 안 되는 5km라고 하였다.

물론 단거리인 만큼 길도 가파르고 계단이 많다며 세 친구의 의견도 나뉘었다.

어떤 분은 장거리라도 무난한 길이 낫다고 하셨고, 다른 분은 아이를 업고 이틀째 장거리를 등산하는 것은 체력적으로 너무 무리라며 위험하다는 의견을 내셨다.

우리의 하산 길을 놓고 얘기를 듣고 있던 주위 다른 등산객들까지 모여 각자 의견들을 말했다. 일기예보에는 비소식도 있다며 계곡 길보다는 오색분소로 내려가는 길이 나을 거라는 다수의 의견이 모아졌다.

아무튼 그분들도 소청대피소에서 다들 1박을 하신다고 하니 그곳에서 다시 뵙기로 하였고 우리보다 앞서 먼저 대피소를 향해 출발하셨다.

그렇게 우린 봉정암에서 좀 더 휴식을 취한 후 비구름이 몰려오는 것을 보고 오늘의 목적지인 소청대피소를 향해 무거운 발걸음을 다시 옮겼다.

봉정암에는 시원한 식수가 준비되어있었는데, 갈증 때문에 그 물을 얼마나 많이 마신지 모르겠다.

[소청대피소에서 커피타임 & 가족사진]

배가 부를 정도로 물을 너무 많이 마셔서 그런지 봉정암에서 부터 대피소까지는 약 3~40분만 더 가면 되는 거리였지만 정말 한걸음을 떼기도 버거웠다.

그렇게 꾸역꾸역 오르막길을 한 20분쯤 걸었을까. 빗방울까지 살짝 떨어졌다.

어느덧 몰려온 비구름에 하늘도 컴컴해졌다. 시각은 오후4시반이 넘어가고 있었다.

백담사에서 출발한지 8시간이 훌쩍 지났다. 다행히 빗방울이 더 거세지지는 않았다.

잠깐 흩뿌리고 가는 비구름 같았다. 숨이 차올라 잠시 쉬어가자 싶어 뒤를 되돌아보았다. 운무가 깔린 설악산의 풍경이 한 폭의 그림처럼 보였다.

우리가 설악의 품안에 있음을 제대로 느낄 수 있었다.

그렇게 보슬비를 맞으며 걷고 또 걷다보니 어느덧 사람들 목소리가 들렸다. 대피소까지 다 온 것이었다.

오후 4시 56분. 백담사를 출발한지 약 9시간 만에 우린 소청대피소에 무사히 도착할 수 있었다.

다른 등산로로 소청대피소까지 올라와 우리를 처음 본 등산객들은 아이를 업고 온 신랑을 보며 엄청 놀라워했다. 대피소에 있던 모든 사람들의 시선이 한순간 우리에게 집중되었다. 그렇게 다시 스타가 되었다. 신랑은 대피소에 있을 동안 “애 업고 올라온 아빠”로 불리며 많은 사람들의 칭찬과 격려를 한 몸에 받았다.

잠시 후 대피소 자리를 배정받기 위해 난 관리실 앞에 줄을 섰다. 나의 차례가 되어 예약자명을 말하고 신분증을 제시했다. 그때 대피소 직원은 갑자기 자리에서 일어나더니 아이는 어디 있는지 물으며 지민이를 찾았다.

[소청 대피소 우리 자리]

대피소 예약 당시 사전 이용객 정보를 등록할 때 '4세 여아 1명'을 입력해 뒀는데, 직원은 정말로 이곳까지 그 어린아이가 왔는지 무척 궁금해 했다.

바깥 테이블의자에 아빠와 함께 앉아있던 지민이를 손으로 가리켰다.

지민이를 발견한 직원은 무척 놀라워하며 본인이 대피소에서 근무한 몇 년간 이렇게 어린아이가 올라온 건 처음 본다고 했다. 그래서 대피소 예약자 명단을 사전에 확인했을 때 이 아이가 정말 여기까지 올 것인지 무척 기대하고 기다리고 있었다고 그는 말을 전했다.

아이를 업고 온 우리가 정말 대단하다며, 우리가족이 편히 쉴 수 있도록 좋은 자리로 미리 배정해두었다고 했다. 그렇게 배정받은 우리 자리를 찾아갔다.

정말 아늑하고 좋은 자리였다. 심지어 창가라서 누워서도 설악의 풍경을 내다볼 수 있는 최고의 자리였다.

대피소 직원은 우리 자리까지 찾아와 자리가 편안한지 물었고, 혹시나 불편한 사항이 있으면 언제든지 얘기해달라며 친절히 안내해주고 가셨다. 정말 특별대우를 받고 있었다.

대피소 직원들끼리 우리 얘기를 하며 우리가 정말 올지 궁금해 하고 기다렸다는 것이 재미있게도 느껴졌다.

아무튼 우리 자리에 배낭을 대충 풀어놓고 저녁밥을 먹기 위해 취사장으로 갔다.

메고 온 배낭 무게에 비하면 먹을 것이 너무 조촐하게 느껴졌다.

아. 돼지목살. 괜히 뺐나? 살짝 후회가 밀려왔다.

일단 대피소에서 판매하는 즉석 밥 3개를 구입하고 전자레인지로 데웠다. 그리고 챙겨온 캠핑용 작은 프라이팬을 꺼내어 가스스토브에 올려 열을 가했다.

[설악산 산행 둘째 날. 대청봉을 향해]

곧 열이 좀 오른 프라이팬 위에 소시지 4개를 올려서 구웠다. 챙겨온 조미김도 하나 꺼냈다.

소시지가 다 구워진 후 물을 끓여 네모난 컵라면에 뜨거운 물을 부었다.

그렇게 금세 저녁한상이 차려졌다.

메뉴는 조촐한 편이었지만, 소청대피소 야외 테이블에 앉아 내려다보이는 용아장성의 풍경은 그야말로 장관이었다. 한 폭의 웅장한 동양화 같은 멋진 경치를 감상하면서 밥 한술을 뜨자니 우리 세 식구가 함께 이곳에 와 있다는 자체가 믿기지 않았다.

정말 오길 잘했구나 싶었다.

그렇게 본격적으로 식사를 하려던 찰나. 우리 뒤쪽에 앉아있던 외국인 커플이 눈에 들어왔다. 해탈고개에서부터 한두 번 마주쳤던 이들이었다. 그 커플은 준비해온 음식이 전혀 없었는지 대피소에서 판매하는 즉석 밥 2개에 초코파이 2개만 놓고 저녁을 먹고 있었다.

밥 한 숟갈 먹고 초코파이를 반찬삼아 한입 베어 물고 있었다. 순간 그 맛이 어떨지 상상이 잘 되질 않았다.

그 외국인 커플의 저녁식사를 본 신랑은 우리 소시지 두 개를 그들에게 나눠주면 어떨지 내게 물었다. 그래서 나도 흔쾌히 동의했다. 곧바로 신랑은 소시지가 올려 진 프라이팬을 들고 그들에게 먼저 다가갔고, 그렇게 우리의 소시지를 좀 나눠줄지 물어보았다.

외국인 커플은 바로 "Really?!"라고 말하며 정말로 좋아했다.

그렇게 소시지 두 개를 전달받고는 몇 번이고 고맙다고 인사를 했다.

아무튼 금쪽같은 소시지 2개를 나눠주고 우리도 남은 소시지와 함께 맛있는 저녁식사를 했다. 라면국물을 마실 때는 온몸에 전율까지 느껴질 정도였다.

아니. 이게 도대체 무슨 맛인가. 이런 맛이 있었단 말인가.

[설악산 산행 둘째 날. 대청봉을 향해]

미슐랭 쓰리스타 식사가 부럽지 않을 이 세상 최고의 맛이 분명했다.

그렇게 엄청났던 저녁식사를 끝낸 후 설악의 풍경을 내려다보며 따뜻한 커피한잔을 느긋하게 마셨다. 모든 세상이 발아래 있는 기분이었다.

저녁 8시경. 다음날 산행을 위해 일찍 잠자리에 들었다.

지민이의 애착물건인 코알라베개를 가방에서 꺼냈다. 코알라 이 녀석. 주인을 잘 만나 설악산에도 올라와보는구나. 지민이는 코알라베개를 만지작거리며 안정을 느꼈고 고단했는지 낯선 곳에서도 금세 잠이 들었다.

잠이든지 몇 시간 후 창밖으로 쏟아지는 빗소리가 들렸다.

거센 빗줄기에 하산길이 걱정이 되었다. 새벽 4시경. 밖은 아직 캄캄하고 비까지 내리는데 설악산 도사 세 친구와 다른 등산객들도 차차 대피소를 떠날 준비를 하더니 먼저 산행 길에 나섰다.

그렇게 새벽 이른 시각부터 사람들이 한둘 떠나더니 아침 7시가 되니 꽉 찼던 대피소는 어느새 한적해졌다. 대피소 직원들과 소수의 등산객만 몇몇 남아있을 뿐이었다.

비 때문에 우리는 어차피 출발을 할 수 없을 것 같아 지민이를 아침8시까지 푹 재웠다.

그칠 줄 모르는 빗줄기에 하산 길을 걱정하며 신랑과 함께 일기예보만 계속 보고 있었다.

예보에는 오전시각 내내 비가 오는 걸로 되어있었다. 결국 신랑과 상의 끝에 우리가 올라온 계곡 길보다 가파르지만 단거리인 오색분소 방향으로 내려가기로 결정했다.

우리가 올라왔던 백담사 길로 내려가려면 대청봉까지 갔다가 다시 소청대피소까지 되돌아와야 하는데 그 거리만도 이미 2km가 넘었다. 차라리 총 5km정도라는 오색로가 비교도 안 되게 짧은 거리였다.

[중청대피소를
지나
대청봉으로]

가파르고 계단이 많다고는 했지만, 그만큼 더 천천히 조심히 내려가기로 했다. 다행히 빗방울도 점점 약해지고 있었다.

그렇게 우리는 대충 아침을 챙겨먹고 9시가 다 돼서야 소청대피소를 떠나 대청봉을 향해 다시 산길에 올랐다.

지민이는 최대한 비를 맞지 않도록 지민이가 타고 있던 캐리어 주변으로 우비를 둘러씌우고 우리는 바람막이 점퍼만 꺼내 입고 그렇게 길을 나섰다.

다시 산행을 시작한 후 1시간이 지나기 전까지는 몸이 풀리지가 않아 무척 고되고 힘들었다. 하지만 멋진 설악의 풍경을 감상하며 천천히 계속해서 걷고 또 걸었다.

간간히 마주 오는 등산객들은 아이가 업혀 있는 걸 보고 어김없이 다들 놀랐고 이제 대청봉까지 거의 다왔다며 다함께 응원을 보내주었다.

그렇게 중청대피소를 지나 드디어 대청봉으로 향하는 마지막 오르막길이 보였다.

한 걸음 한 걸음.

대청봉 능선을 타고 넘는 시원한 바람을 느끼며 계속해서 올라갔다.

사람들의 목소리가 들렸다. 이윽고 대청봉이 우리 눈앞에 들어왔다.

심장이 뛰었다. 벅차오르는 가슴을 느꼈다.

마침내 이곳까지 우리가 왔다.

정말 도착했구나. 포기하지 않고 열심히 올라온 것이다.

신랑은 지민이를 업은 채 그 자리에 엎드렸다. 거친 숨을 몰아쉬며 그렇게 한참을 엎드려 있었다.

대청봉에 먼저 올라와있던 사람들이나 뒤늦게 올라온 사람들에게도 우리가족은 또 주목받았다.

1708m
대청봉

1708m
대청봉

1708m
대청봉

젊은 등산객들은 자기들은 그냥 올라와도 이렇게 힘든데 어떻게 아이를 업고 왔냐고 감탄했고, 나이가 있으신 등산객들은 수년간 등산을 다녔지만 아이를 업고 여기까지 올라온 사람을 처음 본다며 신기해하셨다.

한 등산객 아저씨는 우리에게 다가와 아주 정중하게 말씀하셨다.

"본인들에게도 평생 잊지 못할 좋은 추억이 되겠습니다만, 당신들은 여기 있는 모든 사람들에게도 멋진 기억을 만들어주고 있네요. 정말 대단하십니다. 이곳에서 잠시나마 만날 수 있었음에 감사하고 영광입니다."

그렇게 우리 가족사진을 한 장 찍어 가고 싶다고 하셨다.

우리는 흔쾌히 사진촬영에 임했다.

대청봉 정상 비석 옆에 섰다.

정말 너무도 시원한 바람이 불어왔다.

설악산 가장 높은 곳에 서서 세상을 내려다봤다.

백두대간의 줄기와 동해바다가 눈에 들어왔다. 참 평화롭고 멋있었다.

언젠가 지민이가 커서 함께 걸어올 수 있을 때가 되면 그때 꼭 다시 이곳을 찾으리라 다짐했다.

그렇게 대청봉을 뒤로하고 우리는 오색분소 쪽으로 하산했다.

오색분소에 도착하니 오후 4시가 넘어가고 있었다.

그렇게 1박2일.

32시간 만에 우리가족의 설악산 대청봉을 향한 산행도 무사히 끝이 났다.

* * *

이제 대청봉에 오른 지도 어느덧 2년이 지났고, 지민이는 6살이 되었다.

여전히 평범한 듯 특별하기도 한 일상이 매일같이 이어진다.

그리고 여기까지가 나의 이야기이다.

[대청봉에서 우리가족]

작가 프로필에 내세울만한 스펙 하나 없는 내가 이렇게 글을 쓰게 될 줄은 몰랐다.

책 읽는 것을 좋아하는 편이라 종종 즐겨 읽긴 했지만, '책'이란 명문대 정도는 졸업했거나 아니면 크게 성공한 사람 또는 유명인들이나 쓸 수 있는 거라 생각했다.

그런 내가 이렇게 나의 책을 위해 글을 썼다.

이 글은 세계 어느 저명하신 박사님이라도 나보다 잘 쓸 수 없다.

아마 노벨문학상을 받은 수상자라도 나보다 잘 쓸 수 없을 것이다.

왜냐면 이것은 나의 이야기.

바로 마이 스토리다.

epilogue

이 책을 완성하기까지 가장 고마운 사람은 바로 신랑이다.

에피소드 1화부터 55화까지 신랑은 유일한 독자였다. 첫 독자로써 항상 응원을 아끼지 않았다. 신랑의 독려 덕분에 10년 전 호주에서 쓰고 그냥 내버려둔 나의 이야기를 이어서 다시 글을 쓸 수 있었다.

나의 첫 독자이자, 신랑에게 정말 감사한다.

그리고 이 책을 가장 선물 하고 싶은 사람은 나의 딸 지민이다.

언젠가 지민이가 10대를 겪고 20대를 겪으며 청춘을 보낼 때 같은 시간을 보냈던 친구의 마음으로 이 책을 선물해주고 싶다.

그리고 사랑스런 나의 딸에게 꼭 이 메시지를 전하고 싶다.

'부모님을 가장 기쁘게 하는 게 뭘까요?'

나는 이 물음에 답해주고 싶다.

지민아.

너의 길을 가라. 너의 삶을 살아라.

네가 진정으로 행복할 수 있다면 엄마아빠는 행복하단다.

그걸로 정말 충분하단다.

끝으로 나의 책을 봤더라면 가장 자랑스러워했을 분. 바로 아버지가 떠오른다.

이젠 마음으로만 전할 수 있는 메시지.

아빠. 저를 사랑으로 키워주셔서 감사해요.

아빠의 딸로 태어나 성장할 수 있었음에 저는 정말 행복했습니다.

다음 생애 다시 만난다면 그땐 아프지 마시고 건강한 모습으로 꼭 오래도록 함께해요.

너무도 그립고 보고 싶습니다.

사랑하고 존경합니다.

나의 아버지.

이 글을 아버지를 위해, 딸을 위해 그리고 나를 위해 바친다.